数字出版对文献资源建设的影响

——第五届全国文献采访工作研讨会论文集

2014年9月　天津市

全国文献采访工作研讨会组委会　编

國家圖書館出版社

图书在版编目(CIP)数据

数字出版对文献资源建设的影响:第五届全国文献采访工作研讨会论文集/全国文献采访工作研讨会组委会编. --北京:国家图书馆出版社,2015.1
ISBN 978-7-5013-5527-3

Ⅰ.①数… Ⅱ.①全… Ⅲ.①电子出版物—出版工作—影响—文献资源建设—文集 Ⅳ.①G253-53

中国版本图书馆 CIP 数据核字(2014)第 306161 号

书　　名　数字出版对文献资源建设的影响
　　　　　——第五届全国文献采访工作研讨会论文集
著　　者　全国文献采访工作研讨会组委会　编
责任编辑　高　爽　王炳乾　杨晓利

出　　版　国家图书馆出版社(100034　北京市西城区文津街 7 号)
　　　　　(原书目文献出版社　北京图书馆出版社)
发　　行　010-66114536　66126153　66151313　66175620
　　　　　66121706(传真),66126156(门市部)
E-mail　btsfxb@ nlc. gov. cn(邮购)
Website　www. nlcpress. com ——→投稿中心
经　　销　新华书店
印　　装　北京科信印刷有限公司
版　　次　2015 年 1 月第 1 版　2015 年 1 月第 1 次印刷

开　　本　787×1092(毫米)　1/16
印　　张　21.25
字　　数　530 千字

书　　号　ISBN 978-7-5013-5527-3
定　　价　80.00 元

第五届全国文献采访工作研讨会

主办

国家图书馆

协办

中国图书进出口(集团)总公司
中国出版传媒商报
中国图书馆学会资源建设与共享专业委员会
天津图书馆

承办

国家图书馆外文采编部

会议组织委员会

主　　任:陈　力　张纪臣　伍旭升　肖希明
委　　员:顾　犇　林　键　张维特　庞莉莉　张　玮
会 务 组:平　安　唐玉屏　王瑜世　辛　彬
总协调人:顾　犇　张　玮

专家评审委员会(按拼音顺序排列)

蒋　颖　孟连生　肖希明　余海宪

论文编辑

协调人:唐玉屏
编　辑:唐玉屏　杨　柳　杨士丽　王　菲

赞助单位

Cambridge University Press
Cengage Learning / Gale
Elsevier
John Wiley & Sons Inc.
ProQuest
Springer

序

本书是由国家图书馆外文采编部创办并承办的同名学术研讨会征文获奖论文结集而成。“全国文献采访工作研讨会”于2005年举办第一届，其后平均两年召开一次，多年来受到图书馆界、出版界和书商的密切关注和大力支持。作为该研讨会不可或缺的一部分，同名征文活动也一直受到业内外人士的积极认可和热情参与。第五届全国文献采访工作研讨会征文活动于2014年4月16日由国家图书馆发布征文通知，截稿至2014年8月20日，并于研讨会召开前完成了论文评审工作，确定出一、二、三等奖以及优秀奖若干。经过本届研讨会论文评审委员会的层层评审，从大量投稿论文中评选出来的获奖论文，最终形成了这本《数字出版对文献资源建设的影响——第五届全国文献采访工作研讨会论文集》。

2014年9月25—26日，第五届全国文献采访工作研讨会在天津顺利召开。本届研讨会由国家图书馆主办，中国图书进出口(集团)总公司、中国出版传媒商报、中国图书馆学会资源建设与共享专业委员会、天津图书馆共同协办，以“数字出版对文献资源建设的影响”为主题，旨在进一步推动全国图书采访工作领域内的学术研讨，促进同行业工作人员的交流，构建图书馆采访人员、出版社和书商三者之间的交流平台，加速图书行业的国际化进程。全国文献采访领域的专家及代表近180人参加会议。

国家图书馆副馆长、中国图书馆学会副理事长陈力，天津市文化广播影视局副局长金永伟，中国图书进出口(集团)总公司副总经理林键，天津图书馆馆长李培，中国出版传媒商报总编辑助理张维特，资源建设与共享专业委员会副主任、国家图书馆外文采编部主任顾犇出席开幕式并致辞。陈力在致辞中表示，图书馆的服务离不开文献资源的保障，文献资源是图书馆立馆之本、服务之本。随着数字技术、网络技术不断发展，整个出版发行产业发生巨大变化，给图书馆文献采访工作带来了新课题、新挑战。希望参会代表通过此次研讨会，积极探讨数字时代采访工作的新变化、新思路，交流文献采访经验，推动文献采访工作不断发展。

围绕会议主题，盛大文学华文天下总编辑杨文轩、上海图书馆采编中心主任倪道敏、天津图书馆副馆长孟繁华和中国科学院文献情报中心研究馆员郑建程分别做题为《互联网时代的出版转型》《省市级公共图书馆数字资源采购探索》《天津图书馆2014年中文普通图书政府采购招标工作情况介绍》和《数字资源评估应关注的问题》的大会报告。

本届研讨会首次引入“主题论坛”，让出版社和图书馆面对面，以对话形式，共同畅想文献资源建设前景。论坛由北京大学信息管理系教授刘兹恒和新华书店总店副总经理、中国出版集团数字传媒有限公司总经理赖雪梅主持，国家图书馆副馆长陈力，资源建设与共享专业委员会副主任、中国科学院文献情报中心副主任孙坦，南京图书馆副馆长许建业，电子工业出版社总编辑、副社长刘九如，盛大文学华文天下总编辑杨文轩，约翰·威立中国副总监汪亚文等分别代表图书馆方和出版方出席论坛，并就“数字出版对文献资源建设的影响”这一主题进行深入探讨。研讨会还分成三个分会场进行研讨，大家畅所欲言，现场气氛热烈。

会议于26日下午闭幕。三位分会场代表分别就分会场讨论结果做汇总报告，介绍了研讨所取得的具体成果。北京大学刘兹恒教授做了题为《国外高校图书馆信息资源建设发展动态》的报告，深入浅出地剖析了国外高校图书馆资源建设最新发展趋势，对国内图书馆文献资源建设具有很强的启发性。最后，顾犇致闭幕词，会议圆满结束。

中国图书馆学会学术研究委员会资源建设与共享专业委员会从第二届研讨会起就一直作为协办单位，负责会议的学术部分，包括征文的评审和大会学术报告的设计等环节。本次会议征文由资源建设与共享专业委员会委员主任肖希明教授负责，由该委员会专家组成评审委员会，对全部论文进行认真评审。

编者

2014 年 10 月 14 日

目　录

一等奖

外文地学电子书与印本书采选探讨…… 洪敬兰(1)

国家图书馆当代民间文献收藏现状与发展策略…… 黄梦洁　黄炜宇(7)

论一体化馆藏体系的构建 …… 王春生(12)

二等奖

浅谈数字化时代博士后研究报告的资源建设
——以国家图书馆为例 …… 李　璠(18)

石头记:海外中国学文献补藏举隅…… 李　晶(24)

口述史、影像史与图书馆资源建设…… 全根先(31)

数字时代学术行为视角下的文献采访工作 …… 唐玉屏(38)

数字时代的图书馆音像资源采访的困境及出路 …… 王会娟(44)

自助出版及其对图书馆外文文献采访工作的影响 …… 杨　柳(50)

浅谈图书馆中文图书信息流的整合与利用
——以国家图书馆为例 …… 于菲菲　李　蔓(55)

外文电子图书采访策略初探
——以哈尔滨工业大学图书馆为例 …… 于海涛　韩淑红(64)

英文艺术设计类图书采选工作研究 …… 张建亮(68)

三等奖

图书馆电子书资源复选与维护 …… 丁建勤　孙丽娟(74)

工科高校图书馆采集教材类图书建设馆藏再思考 …… 顾声权(79)

网络文学的发展与国家图书馆的采访应对 …… 韩　玲(84)

高校图书馆电子图书发展瓶颈与采购策略研究 …… 韩淑红(91)

数字出版环境下高校图书馆文献资源建设新思路 …… 何永进　饶思军(96)

数字时代学位论文的采集:国际经验及对我国的启示 …… 蒋宇弘(102)

招标采购给西文图书采选带来的变化和思考…… 李　伟(110)

图书馆文献政府采购存在的问题与建议…… 李新利(116)

韩国电子书出版产业状况及国立中央图书馆的电子书采选工作…… 朴　燕(121)

数字时代音像、电子出版物采访工作的困境及对策
——以国家图书馆音像、电子出版物采访工作为例 …… 孙保珍　陈国英(130)

自助出版物与图书馆…… 孙　羽　孙　晶(135)

PDA 在外文期刊采访中的应用 …… 王　菲　宋仁霞(139)

日本网络出版物法定缴送制度研究…… 王　薇(146)

国家图书馆学位论文采访实践与研究…… 王永富(152)

数字出版环境下中文数据库采访现状及思考
——以国家图书馆为例…………………………………………………… 于　琳(157)
国家图书馆西文法律文献信息资源建设分析…………………………… 朱硕峰(165)

优秀奖

数字半径下的图书馆文献采访新问题研究综述………………………… 陈　斌(172)
不断拓宽的文献采访之路
——浅析俄罗斯文献采访工作及其启示……………………………… 刁一卓(178)
中国国家图书馆与韩国"中国学"文献交换的回顾与展望 ……………… 段洁滨(184)
基于 Web3.0 思想的文献采访新模式探讨 ……………………………… 段　俊(189)
国家图书馆接受西文赠书工作的现状、问题与对策
——以 2008—2014 年西文赠书工作为例 ……………………………… 贺　佳(196)
新闻单位图书馆的特色馆藏建设及特色服务探究
——以人民日报社图书馆为例………………………………………… 何　宇(202)
浅析在基层图书馆(室)实施 PDA ……………………………………… 侯　宁(207)
非正式出版文献采访工作的问题与对策
——以国家图书馆中文资料组为例…………………………………… 黄炜宇(214)
数字出版时代地方文献采访模式的新变化、新思路
——以鄂尔多斯市图书馆为例………………………………………… 梁东艳(219)
浅谈电子商务对图书出版影响的现状及对策…………………………… 刘　冰(224)
数字时代实体图书馆的变革与坚守……………………………………… 刘　洁(229)
数字出版环境下图书馆文献采访新思考………………………………… 刘诗君(234)
浅谈数字出版时代以读者需求为导向的文献采访策略………………… 那　亚(240)
政府采购招标背景下公共图书馆面临的问题与对策…………………… 潘小艳(244)
数字出版下 EDI 技术在国家图书馆的应用思考 ……………………… 平　安(248)
走进数字时代　浅析传统纸质出版物面临的挑战………………… 秦　静　胡　谦(254)
数字出版环境下的文献采访策略………………………………………… 尚小辉(259)
开放获取环境下文献资源建设的思考……………………………… 宋仁霞　袁　硕(265)
国家图书馆俄文及小语种图书采访情况综述及思考………………… 宋振佳　张　芳(270)
数字出版时代下馆藏资源建设刍议
——以文献采访为视角………………………………………………… 苏志磊(276)
民间文献资源的价值和利用探讨………………………………………… 孙凤玲(281)
公共图书馆配置数字出版物的考量……………………………………… 孙元睿(286)
从文献建设协调发展的角度看待国家图书馆的外文数字出版物采访………… 王瑜世(291)
基于 PDA 的 eBook3.0 采访 …………………………………………… 王志军(296)
馆配会利与弊及发展方向探析…………………………………………… 武学良(300)
数字出版时代图书馆采访模式新变化、新思路 ………………………… 曾　月(306)
基于开放获取的外文特藏资源库建设
——数字时代国家图书馆建设国际组织与外国政府特藏资源的挑战与思考 … 张蕾累(310)
移动互联网时代电子图书与纸质图书的协调采访……………… 张美萍　张轶雯(321)
浅析联合国大学网络资源的开放获取…………………………………… 朱　虹(326)

外文地学电子书与印本书采选探讨

洪敬兰(中国地质图书馆)

1 前言

电子书(Electronic Book),维基百科对此解释为以电力所驱动的书籍与文字档案,或称e-book、数位化的图书。必须透过特殊的阅读软件,以电子档的形式(主流格式以PDF及EPUB为主),透过网络联结下载至一般常见的平台,例如个人电脑、笔记型电脑、iPad或是平板电脑,甚至是个人数码助理(PDA)、WAP手机,或是任何可大量储存数位阅读资料的阅读器上阅读的书籍(相对应于传统纸质的图书)。

进入21世纪以来,网络信息技术持续高速发展,为更大范围的建设数字图书馆提供了有力的技术保障,在外部良好的环境条件和图书馆人不懈努力下,图书馆资源建设和服务水平得到极大提升,图书馆事业发展到新的高潮。电子资源建设逐渐成为图书馆资源建设的关注热点,电子资源所占经费比重也越来越高。地学外文电子资源的类型由最初的GeoRef文摘数据库,到Springer、Elsevier、AGU、ACS、GSW、Wiley电子期刊,又发展到Springer、MyiLibrary电子图书。正如学者认为,电子图书是继参考资料库、电子期刊之后的电子出版业“第三次浪潮”。目前,图书馆订购外文电子期刊资源较多、较全,近几年才开始纷纷订购外文电子书,今后将逐步成为图书馆馆藏建设的重点。在外文电子与印本图书采购实践过程中面临许多问题,其中必然遇到资源重复问题,因此,如何利用有限的经费做好外文电子图书的采集,研究制定适合本馆的外文电子图书建设策略,是采访人员需要不断思考和积极面对的问题。

2 目前现状

2.1 地学外文电子书购买方式

中国地质图书馆从2007年开始购买外文电子书,分别与Springer公司和英格拉姆数字集团签订了购买协议。Springer公司的电子书平台SpringerLink,提供该出版集团旗下公司出版的电子图书,该出版集团在地学核心出版社排名第一,每年地学文献出版量约占10%;英格拉姆公司是全美最大的图书零售批发商,其电子书平台MyiLibrary集成了国际知名出版社出版的电子书,如我馆购买的Myilibrary电子书涉及几十家出版社,且不必与每一家出版社单独签署协议。

Springer公司电子书以学科打包方式销售,打包价格相比单本购买价格有大幅优惠,我馆购买了2005—2013版权年地球及环境科学学科图书包,共计1855种,平均每年约210种,年出版量呈逐年递增趋势,每年出版量见图1所示。

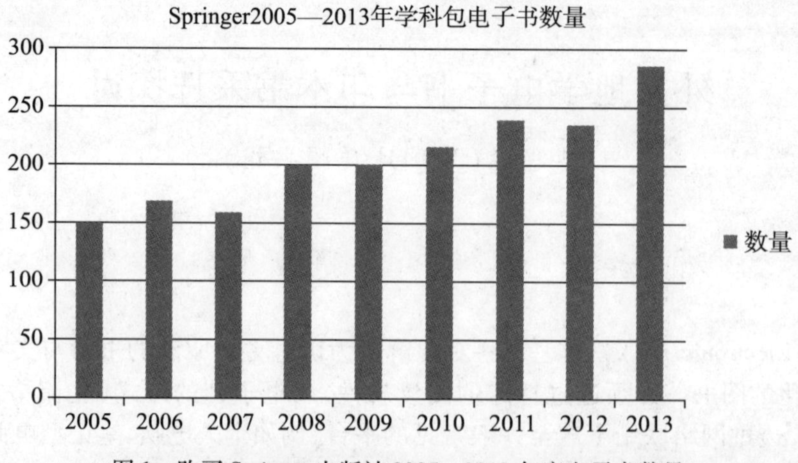

图 1　购买 Springer 出版社 2005—2013 年度电子书数量

MyiLibrary 电子书可以单本选择购买，我馆先后多次选购，涵盖 30 多家出版社的电子书，其中包含国际出版业巨头、地学图书出版排名第二位的 Elsevier 公司及其他核心出版社，各家出版社电子书分布数量见图 2 所示。

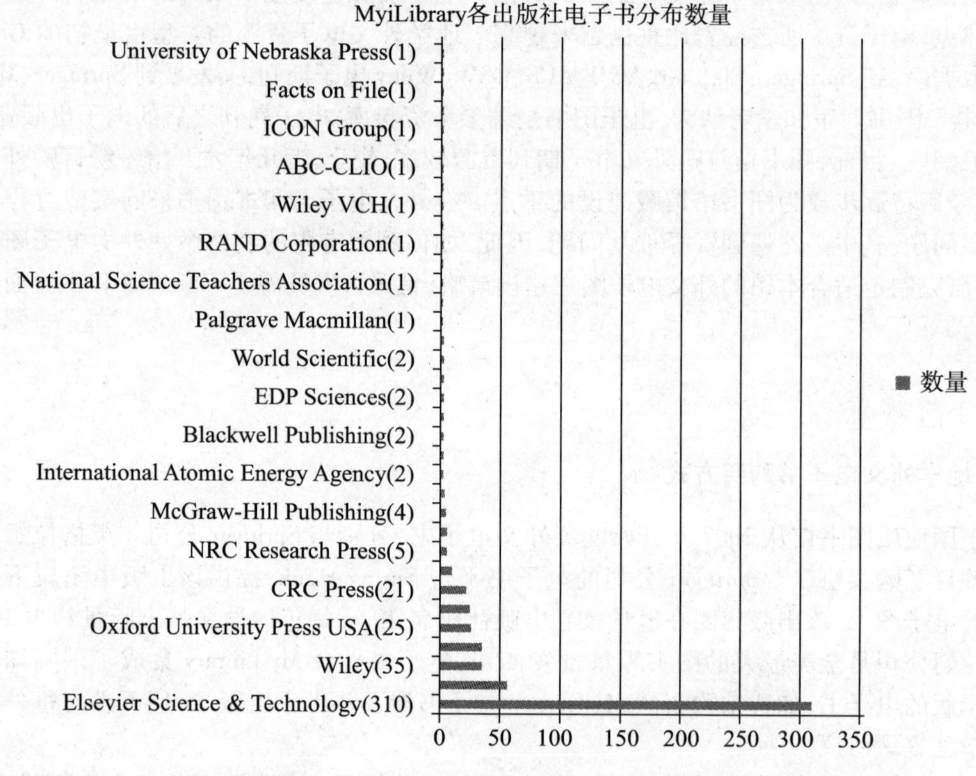

图 2　MyiLibrary 电子书各出版社分布情况

2.2　电子与印本图书价格对比

中国地质图书馆从 2008 年开始购买 Springer 出版社电子书，同时补订了 2005—2007 版权年电子书。2008—2013 年，Springer 电子书欧元报价比较稳定，单册平均价格维持在 85 欧元左右，但由于受到汇率变化影响，人民币对外升值，使单册电子书付款价格从800多元降至700多元。

近两年Springer印本书的人民币付款均价约为1100元，高于其他出版社印本书价格，所购印本多是重要的学术类专业精装文献，本身定价较高，加之进口环节、运输、服务等费用，价格必然比电子书打包价格高。

Springer出版社电子与印本图书价格差异从其报价也可得到直观印证。例如ISBN 978－1－4614－0750－8的图书，电子书报价为155欧元，印本书报价为185欧元，差价为30欧元，在实际购买过程中由于电子书打包购买，价格有折扣，而印本书由于环节较多，价格会偏高一些，印本比电子会高出300到400元人民币。

2.3 电子与印本图书重复情况

将购买的Springer出版社2005—2013年印本书，利用图书馆管理系统采访子系统进行查重，初步判断所购印本书均有对应的电子书。所购印本数量约占电子总量的三分之一，未购印本的这部分电子书内容与地学非密切相关，主要为大气、海洋、环境、农业等学科，不是本馆采集的范围。

MyiLibrary电子书涵盖几十家出版社，其中大型出版社如Elsevier、Taylor等电子书购买数量较多，电子书与印本书重复率为70%—80%；中型出版社如Oxford University Press等重复率约为55%，这部分图书数量不多；小型出版社仅购买1本或几本电子书如University of Nebraska Press等，基本不重复或重复率较低，这部分图书数量非常少。

由此可见，Springer出版社电子书包含了订购的所有印本书，其他出版社电子与印本重复率约为55%，因此可以说大多数是重复购买的。分析重复的主要原因可知：一方面是由于印本采访人员和数据库采访人员从两个渠道（国内书商和国外出版商、集成商）分别进行购买，缺乏沟通；另一方面是受购买方式影响，打包购买重复率高，单本挑选可以有效控制重复率。

2.4 电子与印本图书使用统计

以Springer出版社图书为例，分别统计电子书使用情况和印本书流通率，见表1所示。

表1 Springer出版社印本与电子图书使用情况统计

使用年度	2008	2009	2010	2011	2012	2013	年均
印本流通率（册数）	93	79	111	144	175	165	128
电子书浏览（种数）	554	871	651	1105	928	—	822
电子书下载（次数）	12 912	13 851	8302	18 433	13 262	—	13 352

Springer印本书流通率是利用图书馆管理系统流通子系统按册统计2008—2013年流通数据，Springer电子书流通率是统计浏览种数和下载次数（Number of Successful Section Request）。使用统计对比时客观存在两个问题：一是印本在中心书库的流通率可以被统计出来，但是本馆规定新书在新书阅览室存放两年后入中心书库，因此在新书阅览室时被读者阅览的次数是无法统计的，这部分使用未被计入统计数据，而电子书则可以统计出浏览次数和下载次数；二是电子书只能按章节下载，因此下载次数是章节数非整本图书册数，而印本流

通率统计的是读者借出完整的一本书的册数。即便如此,电子书使用中被浏览的种数是印本书借出册数的6倍多,下载次数则达到每年上万次。

2.5 用户需求调查

2013年,中国地质图书馆选择局属26家单位进行了资源与服务的需求调研。通过调研,进一步了解一线科研人员对图书馆资源与服务的需求情况,感受到他们对知识的渴求以及对图书馆工作的支持与期盼。300多位科研人员针对图书馆的资源与服务情况,共提出了195条意见建议。针对读者提出的关于文献资源建设方面的意见建议,整理出纸本资源类16条,电子资源类35条,数据库使用类48条。

建议购买的纸本资源,例如外国地质矿产类专著,譬如南非、阿根廷、巴西、东盟、中亚等,是境外地质矿产信息研究所急需的;建议增加矿业开采、选矿和综合利用方面的国外标准;建议购买国外有关地质钻孔数据库建设的标准、规范。建议购买的电子资源,例如国外勘探、调查、施工等国家或行业标准全文数据库;国际最新专利、专业会议资源;强烈建议将纸质图书(外文文献)数字化,建立专门的数据库等。

从读者需求来看,对电子资源的需求是更加迫切、更加强烈的,热切希望购买更多的外文数据库,但不是所有资源都有电子版,对于急需的资源也并没有要求一定要电子版。提出了希望资源量越大越好、多样化、方便查询、加强宣传指导的建议。

3 电子与印本图书协调采购政策

3.1 中国国家图书馆

国家图书馆购买的外文电子图书分两类:一是对过去严重缺藏的图书整库购买数据库,包括18世纪文献在线、早期英文图书在线、Emerald eBook Series电子书库、近代法律全文数据库、美国早期印刷品系列等外文图书数据库;二是补充缺藏的印刷版新书单本购买电子书,包括NetLibrary和MyiLibrary的电子书。

国家图书馆西文电子图书的馆藏建设在《国家图书馆文献采选条例》所规定的总原则下,制定具体的采选原则,其中包含电子图书与印本图书不重复原则和协调互补原则。国家图书馆外文采访人员表示,西文电子图书建设的目的,不是在图书馆已有的馆藏体系之外另建立一个电子馆藏体系,而是要通过采集电子图书,使已有的外文馆藏体系更加完善。西文电子图书仅是国家图书馆外文馆藏体系的一个组成部分,在实际馆藏建设中要与印本图书和其他外文资源互相协调,在文献内容和功能上实现互补。

但是,就目前的选书实践来说,电子图书的采购对纸本图书的采选策略有很大的挑战,比如,MyiLibrary中包含的大型出版社Elsevier、Wiley、Taylor等一直以来是纸本图书的优先选择对象,如果未来大型商业出版社都推出类似数据库,那这类公司的纸本图书是否要采购,两者如何协调,预算如何分配也是一个值得思考的问题。所以有必要制定指导采访的原则以确保经费的最优化使用,从而更有针对性地满足读者需求。

3.2 中国科学院国家科学图书馆

《国家科学图书馆资源与服务指南》表明,订购的外文电子图书数据库主要包括:Springer

Link 电子图书,Encyclopedia Britannica Online 大英百科全书,Knovel 工具书,Landolt-Bornstein (Springer Materials)工具书,Wiley 在线实验室指南。

国家科学图书馆图书采访基本原则中明确载体类型不同时的优先原则,第一,多种载体,在用户需求前提下,优先电子;第二,不需要提供印本保障和不需要长久保存的一般性文献,可只采集电子版;第三,具有重要保障作用和长久保存价值的重要文献,在电子版文献长久保存和长久提供使用尚未得到保证的情况下,采集电子版的同时采集印刷版。

国家科学图书馆采访人员表示,电子资源及时、便捷、完整的优势,吸引用户更多关注电子资源。印本资源的客观订购周期限制了对用户需求的快速响应和保障,同时又占用大量物理空间。在预算经费限制和电子资源订购费用高并存的情况下,图书馆"舍印本保电子"。资源保障体系中,电子资源扮演着重要角色,印本资源作为补充手段。面对印本文献出版市场的 e-only 转变,电子资源对印本馆藏资源的挑战,正在深入思考印本资源的需求主体、需求内涵、订购的定位以及订购能做些什么等问题。

4 建议

针对外文地学电子与印本图书资源重复的问题,图书馆应在需求保障、资源整合、成本效益等原则下,协调互补印本图书与电子图书的入藏。在实际操作过程中,可以具体问题具体分析,选择和试行印本优先、电子优先或电子与印本兼顾的方法。

4.1 减少重复,印本优先

目前,Springer 电子书只能打包购买学科包,不提供单本购买方式,导致购买的学科包中多半的电子书由于与地学非密切相关,使用率基本为零,相当于虽然以优惠价格购买了学科包,但是有一半是没用的。针对这种情况,可考虑只订印本,再对印本进行数字化,考虑版权和授权限制,在法律许可的使用范围内,仅在本馆范围内对读者开放使用。对于购买方式可以继续与出版商谈判协商,寻求更佳模式。

4.2 特殊类型,电子优先

对于工具书、百科全书、手册、指南、会议录、标准、规范等特殊类型的外文文献,可以考虑只购买电子书。值得特别指出的是,对于外文开放电子图书,例如,开放获取出版社地学类图书,网上既有免费电子版,同时又有纸质版订购,可以只采集网络免费电子资源。随着网络学术交流和开放获取运动的进一步发展,网络上各类开放资源的数量将进一步增加,开放程度将进一步扩大,各类开放资源在图书馆文献资源体系中所占的比例和重要性也将显著提高。图书馆应关注并尝试去发现、跟踪、遴选和采集开放资源,组织、揭示形成系统化、规模化的集成应用,构建开放资源发现和揭示平台。

4.3 职能保障,电子与印本兼顾

中国地质图书馆需要履行国家地学总书库职能,为解决职能保障与满足读者需求之间的矛盾,在目前电子资源长期保存问题尚未解决的情况下,订购电子图书的同时,继续订购部分重要的战略性印本图书,但是需要进一步精选范围,评价、遴选其中重要的连续出版物、

丛书丛刊、专著等文献。同时也考虑到虽然用户的阅读习惯在发生改变,但纸本图书的影响力仍不容小觑。所以,图书馆还应在采购中协调好二者的关系,让纸本和电子版发挥各自长处,满足用户不同的需求。

5 结语

图书馆的资源建设应是多元的,使不同形态、不同类型的文献能够整合集成于一个统一平台。面对电子资源对印本资源的挑战,中国地质图书馆正在调整结构,完善布局,适应新形势下的要求。改变过去历史形成的岗位分割,相互独立,缺乏沟通的格局。打破岗位壁垒,建立有效沟通,为读者提供涵盖不同类型资源,并能将多元化的资源融为一体的文献资源服务体系。

参考文献

[1] 电子书[EB/OL].[2014-08-01]. http://zh.wikipedia.org/wiki

[2] 尚小辉. 西文电子图书——国家图书馆外文资源建设的重要补充[J]. 新世纪图书馆,2011(6):23-26

[3] 罗祺姗. 印本采访——中外文图书、期刊[Z]. 图书馆文献信息资源建设及组织管理岗位培训班,2013

[4] 陈力. 论数字图书馆的多元化资源建设[J]. 中国图书馆学报,2004(5):11-15

国家图书馆当代民间文献收藏现状与发展策略

黄梦洁　黄炜宇(国家图书馆)

2008年,国家图书馆设立中文资料组,专职从事中文非正式出版物的收集、整理工作。经过六年的不懈努力,馆藏文献已经具备一定规模,且不乏特色[1-5]。国家图书馆中文非正式出版物馆藏建设,以系统收集富有学术资料性的文献为宗旨,主要包括会议文献、研究报告、资料汇编以及当代民间文献四大类。

民间文献是一个含义比较宽泛的概念,我们用它来指称数量庞大、内容各异的资料。目前,这类文献已经有比较丰富的积累。因此,有必要结合馆藏建设实践,对与之相关的理论问题进行探讨,得出某些规律性的认识,以指导我们未来的业务工作,并为图书馆界同行的类似工作提供参考。

1　当代民间文献的价值

一般所说的民间文献,指的是非官方编纂、未正式出版发行但在民间一定范围内流传或使用的文献资料,简言之,即是产生并保存在民间的文献。民间文献涵盖面非常广,举凡乡土史志、戏文唱本、碑刻拓片、契约文书、宗族谱牒、日用账簿、信函书札、笔记日志和集体档案等,内容丰富,形式多样[6]。民间文献广泛而生动地反映了社会面貌与一般民众的生活,近年来受到史学界的广泛关注,专题研讨论文层出不穷,还召开过多次以之为主题的学术研讨会,图书馆界也从馆藏角度积极参与相关问题的研讨[7-9]。有鉴于民间文献的史料价值,国家图书馆也积极从事富有历史文献价值的民间文献的收集和整理工作,比如古籍馆建立了契约文献专藏,保护了一大批古代民间文献。

本文讨论的当代民间文献,采用比较狭义的概念,主要指的是非官方团体或个人编纂的、非正式出版的图书或期刊,不包括文书、档案、账簿等手书文献,也不包括拓片等单页资料。严格地说,这不是从学术资料的角度提出的概念,而只是从图书馆文献征集工作的角度提出的概念。这个概念强调了民间文献的两个属性:一是民间性,即非正式出版,没有ISBN、ISSN;二是具备书刊的形式,即成册印刷品。从某种意义上讲,我们这里讨论的当代民间文献与正式出版发行的书刊是相对应的两类文献资料,二者之间有近似于雅与俗、精英与大众的区别。与正式出版物形式、内容上的规范相比,民间文献在各方面都具有繁杂多样、缺乏规范的特点,但其文献价值不容忽视。就我们工作中体会,收集、整理当代民间文献的意义,至少包括以下几个方面:

其一,弥补正式出版物的不足。民间文献承载着底层民众的思想、信仰和观念,其“原生态”内容立体地记载了当代社会中真实而又常常为主流社会忽视的方方面面,往往可以深刻地反映某一地域的社会经济、政治制度、历史、文化、教育、社会发展以及生产劳动、商业经营、社会交往、风俗习惯、宗教信仰等方面的最真实、最具体的状况,可以弥补正式出版物中对普通民众生活记录的不足。

其二,在社会发展上的重要意义。国家对出版业进行比较严格的管理与规范,因而一些基层民众的作品很难通过正式的渠道来表达,只能以私人印刷的形式传播。这类非公开出版的个人作品集或诗文集,在一定程度上反映了靠近底层群众的人士的呼声,在社会管理的决策层面,无疑也应得到尊重。理性的和谐社会,应能满足不同阶层人民的文化需要和表达权利,以促进社会的公平公正与稳定健康发展。因此,从社会发展这个角度来看,来自民间的文献也不应该被忽视。

其三,对学术研究的重要性。民间文献是社会生活和人民大众思想情感的载体,对于关注基层社会的学术研究领域,如政治史、经济史、法制史、社会史、历史地理学、历史人类学等,都有不同程度的支持作用。张廷银先生曾就民间文献中文学资料的价值、意义及图书馆进行搜集整理工作的必要性与艰巨性进行过深刻的探讨,认为民间的文学资料记载了居社会人群大多数的普通民众的思想和感情,普通大众的生活经验和感受也是现代社会需要更多关注的日趋多元的内容;民间的文学资料往往更具有鲜明的地域特色,是地域文学的最明显反映,因此在地域文学史中占有一定的地位[10]。民间文献不仅是开展某些领域学术研究的宝贵素材,而且对于转变旧的研究视角、拓展新的研究领域、催生新的研究领域,都具有重要价值。

我们相信,随着时间的推移,当代民间文献的史料价值、社会意义还会继续提升。目前,很多研究机构都已认识到当代民间文献的重要学术价值,正积极从事相关的搜集整理工作[11]。保存人类文化遗产是图书馆的社会职能之一,民间文献作为人类文化遗产的重要组成部分,理应列入图书馆的工作范畴,可以说,收藏、整理民间文献是图书馆界所应承担的不可推卸的责任。

2　国家图书馆当代民间文献采访工作的现状

截至2014年6月,国家图书馆中文资料组藏书总量为41 313种50 968册,其中当代民间文献12 490种16 130册,占藏书总量的30%。历年入藏当代民间文献的种数、册数如表1所示。

表1　历年入藏当代民间文献数量表

年份	种数	册数	占本年采访总量
2008	481	833	37%
2009	2056	4498	24%
2010	1847	2442	29%
2011	2794	2919	42%
2012	1849	1899	20%
2013	2315	2337	31%
2014(1—6月)	1148	1202	32%
总计	12 490	16 130	30%

从内容角度看,入藏的当代民间文献包含多个领域、多种形式的作品。国家图书馆中文资料组现有的当代民间文献中,各品类都有较为丰富的藏品,比如:

民间诗词或文学作品集,即个人或民间文学团体印行的文学类书刊及选集、全集。其中文学作品综合集 578 种,诗词集共计 3564 种,散文随笔类 1084 种,各类型小说 800 余种。

回忆史料,即重大事件亲历记、知青回忆录、个人生命史、家族史资料、个人纪念文集等。各类回忆录计有 2566 种,其中个人的生平事迹 1028 种、各时代革命回忆录 409 种、上山下乡知青回忆录 111 种、各类学校校友回忆录约 100 余种。

民间文化作品也是比较多的一类,包括各地区各少数民族的民间传说、民间故事、民间工艺、民间曲艺、民俗文化资料集(地方史、文化史)等。其中民间故事、民间文学作品 249 种,民歌、地方戏剧及其研究资料 421 种,各类新闻纪事类作品集 553 种(新闻报道 264、纪实文学 55、报告文学 220、访问记 14),各少数民族民歌 117 种,地方史、文化史资料 368 种,文化遗产研究 119 种。

各类总计 10 212 种,约占所藏民间文献的 84%。各类型文献占馆藏总量的比例,如图 1 所示。

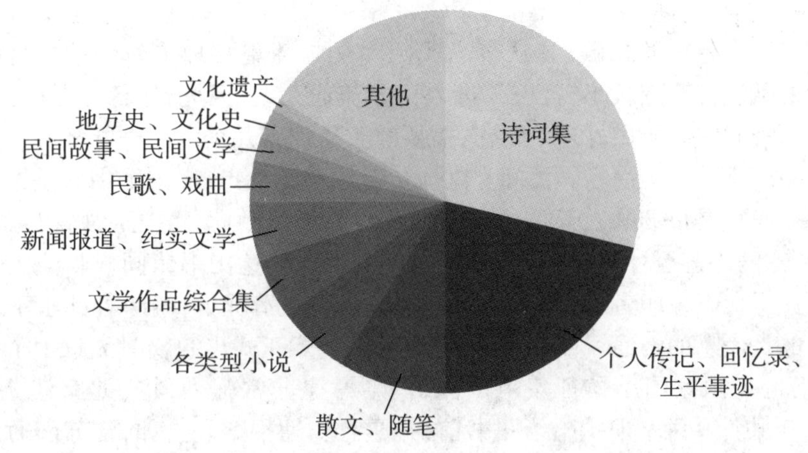

图 1　各类型民间文献占馆藏总量比例图

当代民间文献的采访途径,主要为受赠和采购两种。近四年受赠、购买民间文献种数如表 2 所示。

表 2　近四年受赠及购买民间文献数量表

年份	入藏总种数	受赠种数	购买种数
2011	2794	1336	1458
2012	1849	856	993
2013	2315	821	1494
2014(1—6 月)	1148	464	684

由表 2 可见,每年入藏的当代民间文献中,受赠种数均占总量的近一半。近年来,各机构、团体和各界读者向我们捐赠了大量的当代民间文献。比如,江西一位戏剧工作者,向我们捐赠了 100 余册地方戏曲书籍,包括《江西省古老戏种汇报演出——宁河戏部分资料》《赣

南采茶戏音乐(新腔选集)》《豫剧音乐征文选编》《现代戏唱腔集》《新编传统戏唱腔集》《绍剧锣鼓集》《桂剧传统音乐资料》《湖南戏曲传统剧本》等,内容非常丰富。又如,各省市诗词学会之类的组织,有41家和国家图书馆有赠书联系。

形成这一状态的主要原因是,民间文献的编印者主要是个人或小规模的社会团体,文献仅在一定范围内流通,较少进入商业流通系统。我们制订采访策略、开展具体工作,都应该在明确这一特点的基础上进行,有的放矢,事半功倍。

3 当代民间文献专藏建设策略初探

正如张廷银先生指出的那样,目前图书馆等文献收藏与整理机构对民间的文学资料较少加以关注,以至于研究者在讨论相关问题时,只能感慨资料的零星、分散、不容易搜集,从而无法展开系统、深入的研究。因此,张先生呼吁图书馆转变轻视、漠视当代民间文献的观念,改变被动接受甚至冷漠拒绝的做法,采取积极主动的采访方针,进行公开征集,全行业分工协作,确立切实的收集机制。毋庸置疑,文学资料以外的当代民间文献,同样值得我们注意,应着力加以搜罗、整理。

建设高质量、有特色的馆藏,是从事当代民间文献征集整理工作的重要目标。如上所述,当代民间文献流传范围较小,且极少进入商业流通系统,因此,进行系统征集工作,面临较大的困难。我们认为,要做好这一工作,需要着重从以下几个方面进行努力。

首先,开拓广泛的征集途径。民间文献流传范围小的特点,决定了捐赠是馆藏的最主要来源渠道之一,而且是市场购入等采访渠道无法代替的。因此,需要加强宣传工作的力度,通过报纸、杂志、网络甚至社交媒体等渠道,向广大公众传达图书馆同样收藏民间文献的信息,逐步提升民间文献编印者、阅读者的保存意识。一般情况下,编印者都乐于向图书馆捐赠文献,缺乏的是信息的沟通。如北京诗词学会,在捐赠正式出版物时无意中了解到其内部出版的诗词集也在国家图书馆征集范围内,捐赠意愿非常强烈,将《北京诗苑》合订本从1995至2013年共计9种9册捐赠给图书馆,并愿意长期捐赠。再如,江苏南通总工会退休的羌步蟾先生,通过友人得知征集信息后,从2010年就持续捐赠文献共计45种,并积极宣传征集工作,帮他人代寄文献50余种。

其次,图书馆采访人员应积极主动,以专题追踪的方式进行系统征集。毋庸赘言,同一专题的系列文献,能够比较全面地反映某一领域的情况,在学术研究上的作用较零散的文献更大。因此,图书馆采访人员应设法保证专题文献的丰富性和成套书刊的完整性,以便为学术研究提供更大的支持。一旦发现可能构成专题文献的资料,采访人员应积极联络追踪,补充缺漏,扩展相关资料。如我们曾经征集到贵州铜仁地区诗词楹联学会的诗词作品集《梵净山风韵》,为完善馆藏,我们主动和该会联系,承蒙该会大力协助,获赠全套丛书57册,为1999至2014年的所有资料。这种专题性、系统性比较强的资料,为我们的馆藏添色不少。再如,通过拜访陈嘉庚纪念馆,收集了《陈嘉庚先生纪念册》等11种16册文献,较为系统全面地反映了陈嘉庚先生的生平事迹。

其三,尝试建立协作征集网络。各地图书馆在征集本地民间文献方面,无疑具有地域上的便利。各地图书馆之间,可在征集文献方面建立协作关系,通过馆际之间的互通有无,进行信息、藏品等多方面的互换与交流,充实各自的馆藏。在协作较为充分的时候,还可以考虑各自进行分工,各馆各有侧重地征集某一类或几类文献,以较低廉的社会成本,达到资源的优化配置。在协作网络中,国家图书馆应当成为全行业的核心,起居中协调的作用。条件成熟的时候,还可以与博物馆界、档案馆界进行合作,打破行业之间的分割状态,形成全社会共建共享的机制。

其四,着力培养专业人员。应注意到,当代民间文献毕竟是非正式出版物,绝大部分没有经过专业出版流程的加工,选题有高下,编辑水平有优劣。图书馆不可能对所有的民间文献都无差别地入藏,只能采取择精采优的策略,选择内容充实、确有文献价值的,纳入馆藏。选择的过程,就是考验图书馆员学识与专业水平的过程。良好的专业人员队伍,是保证文献征集工作迈向成功的关键因素。图书馆应创造条件,支持从事采访征集工作的馆员参加培训与业界交流,扩展学术视野和知识面,培养其对学术资料的敏锐眼光,激励其对建设一流馆藏的热情。

当代民间文献作为一种特色馆藏,在性质、内容、流通方式等方面,有别于正式出版物,相应地,其采访征集的策略,也与正式出版的书刊有较大不同。这就需要我们在日常工作中不断总结经验,积极开展讨论,探索业界协作的可能,逐步完善征集、整理、收藏、服务的业务体系,产生积极的社会效益。

参考文献

[1] 赵志刚. 国家图书馆灰色文献征集的历史、现状与未来[C]// 国家图书馆外文采编部. 新信息环境下图书馆资源建设的趋势与对策:第三届全国图书馆文献采访工作研讨会论文集. 北京:国家图书馆出版社,2009

[2] 黄炜宇. 图书馆非正式出版文献的收集问题浅析——以研究报告为例[J]. 现代情报,2009(10):131-133

[3] 赵志刚,孙凤玲. 国家图书馆中文资料采访的实践与思考[C]//中国图书馆学会. 中国图书馆学年年会论文集(2010 年卷). 北京:国家图书馆出版社,2010

[4] 黄炜宇. 图书馆非正式出版文献的搜集问题浅析之二——以民间诗文采集工作为例[J]. 图书馆界,2011(4):50-52

[5] 黄炜宇等. 国家图书馆非正式出版文献采访工作的思考——基于捐赠文献的分析[C]//中国图书馆学会论文集(2011 年卷). 北京:国家图书馆出版社,2011

[6] 乔福锦. 挖掘民间文献的多重价值[N]. 人民日报,2009-07-17

[7] 刘晓莉. 刍议图书馆民间文献资源建设[J]. 河南图书馆学刊,2008(2):90-93

[8] 陈天伦. 图书馆缩微应关注民间文献的保护[J]. 数字与缩微影像,2011(3):26-27

[9] 王华. 华侨华人民间文献的收藏与利用——以暨南大学图书馆为例[J]. 八桂侨刊,2012(1):37-40

[10] 张廷银. 收集民间的文学资料的必要性与艰巨性[J]. 图书馆,2007(1):65-68

[11] 邓群刚. 当代中国民间文献史料的搜集、整理与利用现状综述[J]. 中共党史研究,2011(9):110-118

论一体化馆藏体系的构建

王春生(西安政治学院图书馆)

无论图书馆经历了怎样的内外部环境变化,馆藏文献资源一直是图书馆赖以提供各种服务的基础,甚至可以说是图书馆生存的基础。建设与图书馆使命任务相匹配的馆藏体系一直是文献采访工作应有的追求目标。自从数字化文献成为文献采访对象以来,馆藏文献体系中不同载体形式文献之间内容重复、纸质文献资源体系与数字化文献资源体系分离的现象一直存在,图书馆事实上存在两个相对独立的馆藏体系。如何构建一个纸质文献与数字化文献相统一的一体化馆藏体系是馆藏建设亟待解决的问题。

1 构建一体化馆藏体系势在必行

1.1 纸质文献与数字化文献分离浪费了宝贵的图书馆资源

数字化文献最初是以已经出版的纸质文献的另一种载体形式出现的(这种情况至今仍然没有太大的变化)。这样一来,图书馆将数字化文献纳入到馆藏体系之中,就意味着图书馆在传统的以纸质文献为主体的馆藏体系之外重新建立了一个馆藏体系。两个馆藏体系的内容大致相同,只是向读者提供服务的方式不同而已。馆藏中的纸质文献,特别是图书、期刊,基本上可以在数字化馆藏中找到相应的数字化版本。在数字化文献出现的初期,为了推广数字化文献资源,这种重复进行馆藏建设的情况是难以避免的。笔者也曾在一篇文章中将其称为馆藏建设的适度重复原则[1],并得到了一定的认同。但从本质上看,图书馆馆藏建设的目的是建立一个内容丰富、能够满足读者需求的馆藏文献资源体系。因此,大量重复采购与纸质文献内容相同的数字化文献,在一个图书馆建立两个内容相互重复的馆藏文献资源体系是背离馆藏建设初衷的,而且造成了图书馆在经费资源、空间资源、人力资源等方面的浪费。在社会普遍注重资金投入效益,文献资源价格不断上涨,图书馆经费难以保持相应增长的情况下,这种现象不可能长期持续存在,必须进行有效的纠正。

1.2 数字文献出版的发展为一体化馆藏体系提供了一定的现实基础

图书馆建设相互独立的纸质文献和数字化文献馆藏体系,既有推广数字化文献的原因,也由于数字化文献出版长期以来滞后于纸质文献出版,为尽快满足读者需求和适应不同服务方式的需要,不得不重复采购内容相同的纸质文献和数字化文献。同样的一种图书,纸本出版后,合法的数字化版本可能要几个月,甚至几年后才能够出现。因此,图书馆为了满足读者的需要就只能先采购纸质的版本。等到有数字化版本时,又会为满足网络服务需求而采购。随着文献出版数字化的发展,一些图书已经实现了纸质和数字化版本同时出版(期刊更是实现了部分期刊的数字化版本早于纸质版本出版)。2014 年 8 月 1 日,亚马逊网站在售的数字化版计算机图书中标明出版时间分别为 2014 年 5、6、7 月的分别有 19、18 和 14 种。这种纸质版本和数字化版本同时出版的现象将来必然十分普遍。图书阅读器的出现,使得数字化版本的图书可以像纸质图书一样方便借阅。移动服务可以使读者随时阅读数字化期刊。这样一来,图书馆就可以做到不再重复采购纸质和数字化版本,而是根据本馆情况(如以出版时间或载体形式为取舍标准)有选择地进行文献采购。

1.3 技术的发展已经能够支撑各种形式文献的一站式检索和获取

长期以来,与图书馆纸质文献馆藏体系和数字化文献馆藏体系相对应,图书馆也分别存在传统纸质文献馆藏检索系统和数字化馆藏检索系统。要检索馆藏的完整情况就必须对两个检索系统都进行检索。尽管也有图书馆对传统馆藏的书目和数字化馆藏的元数据进行了整合,但检索结果中,纸质文献和数字化文献仍然是分离的。2012 年以来,国内图书馆界出现了"知识发现系统"热,大大小小的图书馆都在酝酿着开发本馆的知识发现系统[2]。知识发现系统的一个主要功能就是通过将一种文献不同载体版本的元数据整合成一个元数据,实现各种馆藏的一站式检索与提供,换句话说,就是一条检索结果能同时容纳同一文献的纸质和数字化版本并提供相应的使用入口。图书馆馆藏检索系统的一体化,将促使图书馆在馆藏建设上对纸质文献和数字化文献进行统筹规划,形成统一的馆藏资源体系。

1.4 文献采购工作读者参与度的加深为馆藏建设一体化提供了机会

近年来,读者对文献采购工作的话语权和参与度在不断增加。2010 年以来,读者主导式采购(patron-driven acquisition,PDA)作为一种重视读者参与的文献采购模式被引入我国,更强化了人们对读者参与文献采购的关注,也促使图书馆不断进行新的尝试。PDA 的核心是读者参与图书馆的文献资源采购的理念。尽管存在这样那样的区别,PDA 和我国图书馆广泛采用的图书荐购在根本理念上是一致的,都是为了让读者参与图书馆文献采购工作,提高图书馆馆藏的使用率。事实上,图书荐购在国外也是被看作 PDA 的一种类型[3]。让读者参与文献资源的选购,为图书馆提供了一个统筹纸质文献和数字化文献采购,根据读者需要进行文献采购的机会。在很多情况下,读者只是想得到需要的文献,并不会机械地限定非要是纸质文献还是数字化文献。

2 构建一体化馆藏体系的主要内容

所谓一体化馆藏体系,就是以文献内容作为文献选择标准建立起来的、纸质文献与数字化文献有机结合的馆藏体系。在这个馆藏体系建设过程中,各种载体文献的选购不再相互分离,而是统筹考虑,根据实际需要进行选择与采集。构建一体化的馆藏体系,主要有以下三个方面的内容。

2.1 馆藏建设规划的一体化

馆藏建设规划是馆藏建设的基础和指导。一体化馆藏体系建设首先体现在馆藏建设规划的一体化。一体化馆藏建设规划,就是在进行馆藏建设规划时不再为纸质文献和数字化文献分别制定独立的馆藏建设规划,并分别赋予不同的资金比例,而是在统一发展方向和目标下,综合考虑纸质文献和数字化文献的发展规划,按学科内容或读者需求,而不是文献的载体形式来划分资金的投向。避免馆藏体系中内容的过度重复及由此带来的资金、空间和人力的浪费将是未来馆藏建设规划的一项主要工作。

2.2 纸质文献与数字化文献的一体化采访

文献采访是落实馆藏发展规划的具体行动。构建一体化馆藏体系行动的具体落实就是实现纸质文献和数字化文献的一体化采访。纸质文献和数字化文献的一体化采访主要体现在四个方面:一是统一进行纸质文献和数字化文献的采购。统筹数字化与纸质期刊采购,明确哪些期刊需求通过或主要通过纸质期刊来满足,哪些主要通过数字化版本期刊来满足,不再重复订购(至少不大面积重复订购)。例如大多数时尚和娱乐性期刊的需求完全可以通过博看期刊、龙源期刊等期刊数据库来满足。二是统一纸质文献与数字化文献的选购标准,改变标准不一的情况。现在纸质文献一般是按品种选购,数字化文献一般是按类选购。即使是可以按品种选购时,采访员也因害怕麻烦或其他原因很少按品种选购数字化文献。进行一体化文献采访就要做到尽可能按品种选购文献。三是明确文献采访的优先次序。对在什么情况下优先采购纸质文献,什么情况下优先采购数字化文献,什么情况下优先的次序可以进行调整等有明确的规范指导。有的图书馆已经实施过所谓的 E-only 模式,实际上就是一个数字化文献优先的文献资源采访顺序。在 E-only 模式下,如果读者需要的文献实在没有数字化版本,相信图书馆也会在可能的情况下去采购纸质的版本来满足读者的需求,而不是坐视不管。四是一体化的文献采访队伍。一体化的文献采访需要一体化的采访队伍来实施。一体化文献采访队伍就是纸质文献和数字化文献的采访不再分别由不同的工作部门(采访部和数字资源部或技术部)人员来完成,而是把文献采访工作交由一个同时熟悉各种载体的文献资源的文献采访队伍来实施,以便统一调配经费和人力资源,形成一个统一的工作系统。

2.3 纸质文献与传统文献的一站式检索和提供

一体化的文献检索和提供系统是构建一体化馆藏体系必须建立的一个保障系统。没有统一的纸质文献和数字化文献检索与提供系统,一体化文献采访的结果就无法呈现给读者,进行一体化文献采访也就失去了意义。建设一体化的文献检索与提供系统,首先是数字化文献和纸质文献编目工作的一体化。无论是纸质文献还是数字化文献都采用相同的编目规则进行文献编目。二是检索系统的一体化,就是在进行统一编目的基础上建立一个既收录纸质文献,同时也收录数字化文献的馆藏检索系统。三是统一文献提供的入口,即读者通过同一条检索记录,既可以获取纸质文献的收藏地址,也可以获取数字化文献的收藏地址。读者可以根据自身需要选择适合自己的获取文献地址。馆藏检索与提供系统的建设虽然在传统上并不是文献采访工作关心的内容,但在构建一体化馆藏体系的背景下则需要纳入采访工作的关心范围,因为数字化文献的元数据(即编目信息)经常是文献供应者提供的。供应商提供的元素据是否能够纳入,如何纳入本馆的书目系统则是进行文献采访时需要关注的问题。

3 构建一体化馆藏体系的主要障碍

3.1 文献供应商的盈利模式与图书馆构建一体化馆藏体系之间存在矛盾

所谓构建一体化的馆藏体系,就是图书馆不再对纸质文献和数字化文献进行重复采购,一种文献只采购一种载体形式的版本。这和当前出版商、供应商重复向图书馆销售不同载体的同种文献的反复盈利经营模式是相矛盾的。从出版商或供应商的角度看,一种文献卖给图书馆多少遍都没有关系,只要自己能盈利就行。出版商或供应商采取的任何商业模式都是以不损害自己的盈利为前提。这也就是为什么国外的出版商或供应商在数字化图书、期刊数据库销售方面向图书馆提出各种各样限制(如数字化学术期刊打包销售,大幅提高按品种选购的期刊价格[4]、数字化图书限制使用次数[5]、按篇购买的期刊论文限制使用时间[6]等)的原因。有的出版商为保证纸质图书盈利故意推迟数字化版本的出版。目前,我国图书馆在订购外文期刊数据库方面受到的许多限制都与出版商或供应商保护自己的盈利有密切的关系。国内中文纸质文献和数字化文献的供应商基本是分离的,图书和期刊文献的数字化版本基本上由数据集成商(超星、中国知网、万方数据等)销售。目前,大佳网是为数不多的由出版商经营的数字化文献销售平台。纸质文献和数字化文献销售的分离同样带来文献的纸质与数字化版本推出时间的差异。出版商或供应商为保盈利故意推迟文献数字化版本的销售时间,将影响图书馆对文献的自由选购,也是进行纸质文献和数字化文献采访一体化的主要障碍。

3.2 社会对图书馆的评价

图书馆是为完成一定的社会使命而存在的。在我国,图书馆很多时候并不能完全按照其应该的样子开展工作,向前发展。社会对图书馆的评价影响着图书馆的生存。现在社会上对图书馆的评价基本延续长期以来的评价标准,其中一个主要依据还是看馆藏量的多与少。比如教育部对高校办学条件的规定仍然有学生人均纸质图书指标的限制。这些社会评价指标的存在将阻碍图书馆完全按照实际需要进行文献资源的采集。为了适合某些评价标准的要求,图书馆有时必须采购某些类型的文献。这也是为什么有些图书馆热衷采购特价图书,甚至会发生按重量采购图书的现象。

4 努力构建一体化馆藏体系

4.1 更新观念

构建一体化馆藏体系,需要更新,或者说需要改变的观念有很多,主要有以下几点:首先是改变对馆藏文献体系的认识。要从过于关注纸质文献和数字化文献的差异转变为忽略它们之间的差异。充分认识到纸质文献和数字化文献都是普通的文献,只是载体不同而已,不必因为载体的不同就分别建立一套馆藏体系。其次是改变纸质文献应由采访馆员进行采购,数字化文献应由技术部门采购的习惯认识,形成两类文献应统一采购的观念。三是改变社会上对图书馆馆藏体系和服务能力评价的固有观念。不是说摆在书架上的才是馆藏。图书馆只要能够提供给读者的东西都可以被认为是图书馆的馆藏。对图书馆服务能力的评价应主要衡量其信息提供能力而不是收藏文献的数量。

4.2 改造图书馆文献采访工作组织和工作流程图书馆

改变图书馆文献采访工作组织和工作流程是构建一体化馆藏体系的应有之举。首先,要重组图书馆的文献采访部门,从现在分别由采编(采访)部负责纸质文献采购、由技术或数字资源部负责数字化资源的采购，转变为由统一的文献资源采访部门进行采购，技术问题由技术部门提供支持即可。具体到某个学科的采访馆员，既要负责纸质文献的采访，也要负责相应数字化文献的采访。其次，要将纸质文献和数字化文献各自独立的馆藏发展和采访计划转变为统一的计划，统筹不同载体文献的采访工作。再次，要打造融纸质文献采访和数字化文献采访为一体，由一个部门实施文献采访的工作流程，改变目前因为采访职能分散而带来的不同部门采用不同标准和工作流程分别处理读者需求、分别进行文献采购的现象。通过建立一体化的工作流程形成一个统一的区分、评价读者需求的标准和应对读者需求的工作预案。如读者需要一种图书，在需要采购的情况下，一体化的采购工作流程应将纸质文献和数字化文献同时作为满足读者需求的预案。在要求经费节约的情况下，则采购最经济的版本；在要求尽快提供的情况下，则选择最快能拿到的版本。这种情况在采访职能分散的背景下是难以做到的。

4.3 选好文献采访一体化的突破口

文献采访工作一体化是一个逐步实现的过程。在实施过程中应该采取以点带面，逐渐展开的推进模式。因此，能否选择好突破口是能否顺利推进文献采购工作一体化、构建一体化馆藏体系的关键。应优先选择那些纸质文献和数字化文献出版时间差异小或同步、读者对文献载体形式要求不高的文献类型为突破口，如休闲娱乐类期刊、小说、教学参考书等。读者对这些文献在载体形式上要求不高，有利于视情况灵活进行文献选购。通过试点摸索，逐步了解读者对各类文献的需求特点，然后再逐步推开，最终实现全部文献采购的一体化，进而构建起一体化的馆藏体系。

4.4 创新图书馆服务

创新的图书馆服务是构建一体化馆藏体系的一个保障条件。因为构建一体化的馆藏体系，必然会引发图书馆实际拥有的馆藏，或者说实际能够向读者提供的文献在载体形式上不能完全匹配读者需要的现象。这种现象只有通过创新图书馆服务来满足。如读者需要一本纸质图书，而图书馆只能提供数字化版本时，可以通过提供图书阅读器外借或按需印刷服务来满足读者的需求。通过创新服务模式，可以使读者在最低程度感觉不便的情况下得以满足需求。没有创新的服务做支撑，构建一体化馆藏体系的工作难以顺利实现。

4.5 不断提高文献采访人员的业务工作能力

一体化的文献采访对采访馆员的要求较目前肯定会有大幅度的提高。采访馆员不仅要熟悉纸质文献的特点、出版与销售状况，还要熟悉数字化文献的特点、出版状况、销售模式等。文献采访人员不能再把自己限定在一个小范围内了，要成为文献采访的通才。现在无论是从事纸质文献采访，还是从事数字化文献采访的人员都存在一个学习与提高的问题。

构建一体化馆藏体系，不是建设一个纯数字化的馆藏体系，而是建立一个包含了纸质和数字化文献，尽量避免内容重复的馆藏体系。构建一体化馆藏体系，虽然不会马上就十全十美，但它却是图书馆馆藏建设工作的必然发展趋势。图书馆的经费、人力和空间资源都已经不能再长期支撑在一个图书馆建立两个相互独立的馆藏体系的现象存在了。构建一体化的馆藏体系，虽然还需要进行很多的探索和努力，但值得图书馆界同仁为之付出共同的努力。

参考文献

[1] 王春生. 论20世纪90年代以来文献采访工作的发展趋势[J]. 大学图书馆学报,2005(5):25-29
[2] 邵晶. 西安交通大学学术资源发现系统调研与实施[EB/OL]. [2014-08-20]. http://www.docin.com/p-586102419.html
[3] Schroeder R. When Patrons Call the Shots: Patron-driven Acquisition at Brigham Young University[J]. Collection Building, 2012(1):11-14
[4] Bergstrom T C. Librarians and the Terrible Fix: Economics of the Big Deal[J]. Serials, 2010:77-82
[5] 陈大庆. 国外电子图书发展述评及未来展望[J]. 图书馆杂志,2014(5):84-91
[6] 何琳. 美国大学图书馆电子期刊订购按篇付费(PPV)的实践[J]. 图书馆杂志,2013(10):82-85

浅谈数字化时代博士后研究报告的资源建设
——以国家图书馆为例

李　瑨(国家图书馆)

博士后研究制度起源于美国,第二次世界大战后,在西方各国开始兴起。20 世纪 80 年代后期,在我国建立。近 30 年的时间,博士后制度不断发展和完善,造就了一批高新技术的创造性人才。博士后研究报告是他们的研究成果的集中体现,有重要的文献价值,加大博士后研究报告的资源建设工作,对于这一部分文献的保存和利用都有重要意义。

1　博士后制度及在我国的发展

1.1　博士后的起源

博士后培养事业起源于美国。1876 年,美国约翰·霍普金斯大学设立了一项研究基会,用以资助优秀的青年学者在较好的研究条件下从事科学研究工作。由于在最初基金资助的 20 人中有 4 人已经获得博士学位,后来人们习惯性称之为“博士后”[1]。最初,美国的博士后制度主要是科研机构由于自身科学研究发展的需要而建立。一直到 20 世纪上半叶,美国博士后培养事业发展缓慢。但是,在第二次世界大战及其以后的一段时间里,美国联邦政府的积极支持成为美国博士后培养事业迅速壮大的重要力量。很多西方国家政府也开始重视这一制度对人才培养和科研技术发展的积极作用,在财政和政策上给予大力支持。从此,博士后制度迅速发展,现在已经成为各国深化科学研究、培养高水平科研人员的主要方式之一。

由此可见,博士后不是一个学历,也不是一个职称,而是一段工作经历,是指获得博士学位后,在高等院校或研究机构专注从事一段时期的研究工作的阶段,是一种培养优秀专业人才的模式,现也泛指在博士后流动站或博士后科研工作站进行专题研究的人员。

1.2　我国博士后制度的发展情况

20 世纪 80 年代初,我国面临十分严峻的人才短缺问题,科技人才队伍青黄不接,高科技人才更是稀缺,同时,一些海外学成归国的研究人员,没有可以发挥才能的空间,没有相应的制度支持他们的研究与工作。而此时,西方发达国家的博士后培养制度正蓬勃发展,在培养和造就高水平人才、推动科技事业发展方面有着显著的成效。

正是在这种背景下,1983 年和 1984 年,诺贝尔物理学奖得主李政道先生两次给中国领导人邓小平写信,建议借鉴国外的博士后制度,在中国设立博士后科研流动站,建立和实行博士后培养制度。

1985 年 5 月,国务院各有关部门召集各方面的专家多次论证,提出设立博士后科研流动站、试行博士后制度的方案,1985 年 7 月由国务院批准开始试行,并成立了有关部委高级官员和著名科学家组成的全国博士后科研流动站管理协调委员会。此后,经邓小平同志批准,由国家拨专款设立博士后科学基金,用于鼓励和支持博士后研究人员中有科研潜力和杰出才能的年轻优秀人才开展科研工作。从此,开起了中国博士后制度的大门。1994 年,我国开始在企业建立企业博士后工作站,越来越多的博士后研究人员走进企业,为我国各行业研发机构注入了新鲜血液,加速了科技成果转换为企业效益的进度,很好地推动了我国市场经济的发展。

在人事部和全国博士后管委会 2006 年发布的《关于印发〈博士后管理工作规定〉的通知》中,将我国博士后制度定义为:是指在高等院校、科研院所和企业等单位设立博士后科研流动站或博士后科研工作站,招收获得博士学位的优秀青年,在站内从事一定时期科学研究工作的制度。国家建立博士后制度,旨在吸引、培养和使用高层次特别是创新型优秀人才,建立有利于人才流动的灵活机制,促进产学研结合[2]。博士后工作由国家人力资源和社会保障部、全国博士后管委会办公室统一管理。截至 2013 年年底,我国已设立博士后科研流动站 2703 个[3],博士后科研工作站 2772 个[4],累计招收博士后 118 403 人[5],累计出站 70 289人[6],出站博士后大多成为相关领域和单位的科研骨干和学术技术带头人,成为许多设站单位培养、吸引、选用高级人才的一个重要渠道。

2 博士后研究报告的资源价值及收藏现状

2.1 博士后报告的文献收藏意义

博士后研究报告是指博士后研究人员在博士后流动站或工作站完成研究工作,在出站时向主管部门提交的研究总结报告,主要呈现这一段时期内科学研究的成果、重大发现、实验结果或科研进展等。博士后研究报告,是研究人员对专业领域的深入探索和研究,从而得出的结论或总结,往往反映我国在这些领域的最新成果、最前沿技术或高学术水平的科研论题,对于国民经济和社会发展都有很好的引领和指导作用,很多理论需要被相关专业学习人员或政策研究者甚至普通大众所知晓和了解,但是目前,博士后研究报告利用率并不高。

另一方面,博士后研究报告一般不公开发表,其流通范围有限,早期管理较为混乱,有的博士后主管单位都没有留存报告,也没有上交全国博管会和指定收藏单位,使得相关研究人员很难查阅和参考。这样,博士后报告成了一类不容易获得的灰色文献,对于科研交流、科技查新、科研信息共享等都十分不利。

在近 30 年的时间里,中国博士后事业取得了长足的发展。尤其近十年,博士后进站人员数量迅速增加,由此带来的是每年出站博士后的博士后研究工作报告数量不断增加,涉及的学科和领域更加多样化。由此可见,科学、及时、系统地收藏博士后研究报告,积极开发、有效利用这些资源,迫在眉睫。

2.2 博士后报告的资源开发现状

近 30 年,我国博士后制度不断发展,研究报告的管理也经历了一个不断完善的过程,管理部门根据当时学术需要和管理要求,颁发了一系列规章制度。1993 年,全国博士后管理委员会发布博管办〔1993〕1 号文件《关于使用新的博士后进出站表格等问题的通知》,其中规定:从 1994 年 9 月 1 日起,博士后研究人员工作期满出站必须提交博士后研究报告。同年 9 月,北京图书馆学位学术论文收藏中心(后更名为国家图书馆学位论文收藏中心)和全国博士后管委会办公室联合制定并发布了《博士后研究报告编写规则》。1996 年,发布博管办〔1996〕号文件《关于博士后进出站管理问题的通知》,其中第八条规定,经与北京图书馆商定,设站单位也可将《博士后研究报告》直接送该馆博士论文收藏中心。2006 年,人事部和全国博士后管委会联合发文(国人部发〔2006〕14 号)《关于印发〈博士后管理工作规定〉的通知》,其中第五章第二十九条规定:博士后人员工作期满,须向设站单位提交博士后研究报告(以下简称报告)和博士后工作总结等书面材料,报告要严格按照格式编写。设站单位应将报告报送国家图书馆。2014 年 1 月 26 日,中国博士后官网再次将此规定发表于政策法规头条位置。2013 年 5 月,全国博士后管委会向全国博士后流动站和工作站逐一下发《全国博士后管委会办公室关于进一步加强博士后研究报告收集工作的通知》,特意强调了博士后研究报告的管理,首次涉及了电子版的上传[7]。文中规定博士后研究人员期满出站时,须向所在设站单位、国家图书馆和中国科技信息研究所分别报送一份纸质研究报告。通过这些规定和文件可以看出,国家有关部门对于博士后研究报告的收藏是有远见的,清楚地意识到了博士后研究报告的文献价值和保存的重要性。这些规章制度的颁发与实行为博士后报告的收藏工作提供了有力的支持,是博士后资源建设工作的坚实基础。

国家图书馆作为博士后研究报告的全面收藏单位,负有管理博士后研究报告的责任。各博士后科研流动站、博士后科研工作站和培养单位,根据全国博士后管理委员会的有关规定,在博士后研究报告的收集方面也都做了不少工作,取得了一定成绩。一部分高校收藏了本校的纸质本博士后研究报告,少数高校有电子本存档。

目前,收藏博士后研究报告的机构并不多,主要的有:国家科技图书文献中心(National Science and Technology Library,简称 NSTL)的学位论文数据库收录博士后研究报告 8500 余种[8],而且实行付费阅读或内部阅读权限。万方数据《中国学位论文数据库》网站可查询到博士后研究报告(全文)264 种[9]。而国家图书馆现有可提供阅览的博士后研究报告 31 000 余种,近几年增长数量较大,逐年呈递增态势。可以看到,这些收藏数据与实际出站的博士后人数相比,差距十分大,缺藏情况相当严重。尤其是早期博士后报告的缺藏情况更为严峻,同时对于博士后研究报告的整体开发利用情况也十分不理想,没有发挥其本身巨大的资源优势和科研价值。

2.3 国家图书馆博士后研究报告收藏现状

国家图书馆现入藏的博士后研究报告有 42 000 余种,近三年增长迅速,完成编目与数据处理,可在国家图书馆馆藏目录中查询到的有 31 671 种,可提供纸本阅览,但是暂不提供电子版阅读与下载,也没有很好地建立起博士后研究报告数据库,只是依附于学位论文数据库的建设。

国家图书馆学位论文收藏中心是具体负责博士后研究报告收藏的执行部门。自从博士后研究报告提交制度运行以来,就开始了博士后研究报告的收藏工作。但是由于其主要工作任务和重点还是学位论文的收藏,而且学位论文采访工作本身也较为繁重,人员流动频繁,博士后的采访工作长期处于真空状态,没有专人负责,由学位论文采访人员兼职承担部分采访工作,没有系统和条理,很长时间处于坐等上门的状态,与现在资源建设高速发展十分不协调。2011 年开始,该中心专设博士后研究报告采访岗,开始重新建立与各流动站和工作站的联系,全面开展博士后研究报告的采访工作,这是全面开展博士后研究报告开发利用的大好契机。

目前,国家图书馆博士后研究报告的采访主要以呈缴为主,呈缴模式主要有四种:①高校为主体的流动站,统一由各高校人事部门下设的博士后管理办公室或者师资科负责收集缴送;②企业为主体的工作站,由企业的研发部门等机构负责缴送;③博士后本人在出站时,直接到国家图书馆学位论文收藏中心交送;④部分省市,由人力资源和社会保障厅专家技术处,负责统一收集全省(市)的出站报告,统一寄送。目前,这四种方式同时并存,各有优势和不足,但是都需要采访人员与各呈缴单位频繁沟通,适时督促,才能基本完成当年全国博士后研究报告的收藏工作,但是漏缴率依然不容小觑,无法达到全面入藏。

3 全面开展国家图书馆博士后研究报告资源建设

3.1 加大博士后研究报告的收藏力度

近三年来国家图书馆博士后研究报告的采访量有了很大幅度的提高,虽然在 2011 年设立专人专岗,但缺口还是很大。每年因为保密、某些单位的不配合及对于工作站的联系建立还没有全面开展等诸多原因,当年的报告都没有办法完全收集,仍有不少遗漏。

在国家有关部门政策的有力支撑下,国家图书馆应该进一步加强对博士后研究报告的收藏力度,给予人力及经费等的支持,同时大力宣传国家图书馆在博士后研究报告收藏方面的权威性、公益性和重视度,获得流动站、工作站和博士后本人对于采访工作的支持和理解。学位论文收藏中心应进一步加强与全国博士后管委会的合作,努力合作筛查馆藏缺藏情况,并通过向社会公开征集、向各高校图书馆补藏、与各单位联系追缴等方式,努力补漏往年博士后研究报告。同时,加大现在的采访力度,与各级单位多沟通,多联系,多宣传收藏政策及馆藏意义,尽力做到当年的非密研究报告完全收藏,保密报告尽量收藏进学位论文收藏中心保密库,同时建立未到馆保密报告的名单目录。

3.2 建立国家图书馆博士后研究报告数据库

当今社会,信息技术发展日新月异,各级数字化图书馆逐步建立并迅速发展,图书馆馆藏特色之一的各种灰色文献的电子化工作,得到了越来越多的关注。博士后研究报告作为学术性极高的研究成果,数量逐年增加,全面收藏、资源建设与数据库建设工作都方兴未艾,大有可为。

同时,博士后研究报告既属于科学研究成果,与学位论文在形式上有相似性,在研究上有传承性和延续性,而且学位论文和博士后研究报告的采编工作都由国家图书馆学位论文收藏中心完成,随着国家图书馆学位论文数据库的建设,同时建设博士后研究报告数据库,可以达到事半功倍的效果。

但是,国家图书馆目前馆藏的 4 万余种博士后报告,要全部建成博士后全文数据库,需要大量人力、物力、时间和经费的投入和支持,困难不少,需要分阶段完成。可以先全面建设博士后研究报告的书目和摘要数据库,然后再着力建设当年博士后研究报告的全文数据库,最后有计划地对往年的报告进行数据库回溯建设,最终实现中国博士后研究报告数据库的全面完整建立,并建立定期维护机制,使这一数据库成为中国国家数字图书馆的亮点之一。

3.3 加大博士后研究报告电子版的征集力度

当今社会,信息技术的迅猛发展,网络已深入到各行各业和人们的生活中,各种电子出版物也开始流行,作为当代人类文化事业的一个新兴产物,其文献资源意义极大,所以电子出版物有必要成为国家图书馆典藏的重要组成部分。电子出版物的呈缴和收藏,也逐渐成为图书馆采编工作的新热点。

电子版文档是数字化时代出现的新的文献载体,较之纸质本,电子版具有全文检索、长期保存、节约空间、共享和便捷获取等优势。由此可见,博士后研究报告电子版的采集,十分必要,我们应该顺应时代潮流,适时加大博士后报告电子版的收藏力度,这对于博士后报告数据库的建立,有着积极的作用,可以节省资源,省时省力,并且快速入藏,及时提供查询和阅览,最大限度地发挥这些成果的科研价值。

博士后研究报告的电子版收藏,最大的阻碍是版权的授权问题。相比学位论文的版权主体比较复杂,博士后研究人员是国家正式工作人员,对于在站期间的科研成果,有较大的发言权和更高的版权自主权。所以在博士后提交纸质本和电子版报告时,应与博士后本人签订版权授权协议同时征求所在单位的意见,解决版权问题,避免版权纷争。

在解决了版权问题之后,还需要建立电子版的缴送平台。从 2013 年开始,中国博士后网上办公系统添加电子版博士后研究报告上传平台,初步建立电子版上交机制,很多博士后对于上传电子版已经比较认可。国家图书馆应尽快与中国博士后管委会商谈,达成共识,尽快开始合作开发这些电子版资源。同时,国家图书馆也应建立自己的 OA 或 FTP 上传平台,可以更加快速便捷地获取电子版博士后报告,及时进行数据处理和编目,并直接与博士后进行版权、报告格式、查阅权限等方面的沟通。

总之,博士后研究报告是非常有特色的文献资源,它集中反映了中国几十年科研高新人才的研究道路、成就,以及未来的发展态势,是很重要的科技文献。全面开展博士后研究报告的资源建设工作,对于保护这一人类文化遗产意义重大。随着越来越多的人重视这一资源,建设博士后研究报告正是时候,机遇与挑战并存,国家图书馆作为主要收藏单位,要把握好时机,加大文献建设工作的力度,努力满足科研需要,为科学事业发展做出贡献。

参考文献

[1] 博士后[EB/OL]. [2014-08-20]. http://baike.baidu.com/view/1788.htm? fr=aladdin

[2] 关于印发《博士后管理工作规定》的通知[EB/OL]. [2014-08-20]. http://res.chinapostdoctor.org.cn/BshWeb/info.shtml? id=4790

[3] 各年度博士后流动站设站情况[EB/OL]. [2014-08-20]. http://res.chinapostdoctor.org.cn/BshWeb/info.shtml? id=667fd384-9e73-4e2c-bc0e-844c9aa7ce2f

[4] 各年度博士后工作站设站情况[EB/OL]. [2014-08-20]. http://res.chinapostdoctor.org.cn/BshWeb/info.shtml? id=57c89f08-2638-4fd5-ad6c-9d98a5182a32

[5] 各年度博士后人员进站情况[EB/OL]. [2014-08-20]. http://res.chinapostdoctor.org.cn/BshWeb/info.shtml? id=5cc33312-4328-43c6-9295-1d71760965ac

[6] 各年度博士后人员出站情况[EB/OL]. [2014-08-20]. http://res.chinapostdoctor.org.cn/BshWeb/info.shtml? id=68036f49-558f-4207-994c-3bebe90bcfb3

[7] 全国博士后管委会办公室关于进一步加强博士后研究报告收集工作的通知[EB/OL]. [2014-08-

20]. http://res.chinapostdoctor.org.cn/BshWeb/info.shtml? id=f6740f57-97ef-4c9e-8fad-e3d9e12c15ee

[8] 国家科技图书文献中心/国家科技数字图书馆官方网站[EB/OL].[2014-08-20]. http://www.nstl.gov.cn/NSTL/facade/search/uniformSearch.do? kw_uniform=%B2%A9%CA%BF%BA%F3&doc_uniform=D01%2CD02

[9]"博士后"万方数据知识服务平台[EB/OL].[2014-08-20]. http://s.g.wanfangdata.com.cn/Paper.aspx? q=%E5%8D%9A%E5%A3%AB%E5%90%8E%20DBID%3AWF_XW&f=c.Thesis

石头记:海外中国学文献补藏举隅

李　晶(国家图书馆)

笔者供职于国家图书馆外文采编部,负责部分海外中国学文献的补藏工作。由于自身的研究方向是中国古典小说英译,因而对相关文献较为关注,日前在国外网站浏览《红楼梦》诸英译本时,发现了一部奇特的图书。书名为《石头记:一部对中国小说经典〈红楼梦〉的摄影阐释》(*Story of the Stone: A Photographic Interpretation of the Classic Chinese Novel Dream of the Red Chamber*),摄影者、编者、设计者均为夏威夷摄影师 Linda Ching。从书中的出版信息来看,该书 1997 年 10 月由编者自印精装版,首印于香港;1998 年,美国“十速”出版公司(Ten Speed Press)印刷出版平装本[1]。该书同时面向澳大利亚、加拿大、新西兰、南非、东南亚及欧洲市场发行,按常理讲不应寂寂无闻;况且近年来海内外《红楼梦》英译研究日渐升温,国内学人对中国港台、英、美、澳等地区和国家的出版物也不乏了解,这本书却几乎无人提及。以海外中国学文献为采访、收藏重点的国家图书馆也没有该书的馆藏。细考此书,颇有引人瞩目之处,不过,其价值要放在《红楼梦》英译和译评研究的背景下看,才能得以彰显。因此,下文先对《红楼梦》的英译情况简要做以交代,以成书的英译作品为主,兼及国家图书馆在这一专题方面的馆藏及补藏情况。

1　《红楼梦》英译史回顾及相关馆藏文献述略

《红楼梦》的英译最早开始于 1812 年。英国传教士、汉学家马礼逊(Robert Morrison)翻译了《红楼梦》第四回的部分内容,附于一封书信之后,不过该信并未发表,这段摘译也无人得见。1816 年,马礼逊编纂出版的中文课本[2]中又选译了《红楼梦》第三十一回的部分内容,由此开始了这部小说在英文世界中的传播。此后多年间,英国汉学家德庇时(Sir J. F. Davis)、罗伯聃(Robert Thom)、包腊(E. C. M. Bowra)、翟理斯(Herbert Giles)等陆续都有节译内容发表或出版。到了 19 世纪末,英国驻华领事乔利(Henry Bencraft Joly)出版了两卷本的《红楼梦》节译本(1892),内容为前五十六回,出版商是香港必发图书公司。乔利计划翻译全书,但未完成即去世。值得一提的是,乔利译本近年来出了多种新版,以 2010 年的Tuttle 版质量最佳,两卷合一,正文之前添加了著名汉学家、《红楼梦》译者闵福德[3](John Minford)的一篇长文,系统梳理了《红楼梦》在英文世界中的早期传播情况,是译介史上的一个回顾,对后来的研究者已产生一定影响①。

早期译者的这些译介工作多为个人行为,值得钦佩,但在西方并未产生较大影响。直到 20 世纪 20 年代末,美国哥伦比亚大学的中文教授王际真的《红楼梦》节译本出版,正文前还有英国著名翻译家、学者阿瑟·韦利(Arthur Waley)所做的一篇序言,《红楼梦》在英文世界

① 参见:葛锐(Ronald Gray). 道阻且长:《红楼梦》英译史的几点思考[J]. 红楼梦学刊,2012(2)。原文为英文,由笔者译成了中文。本文中所引英文资料的中文也均为笔者自译。

中才渐渐为人所知。此后多年间,虽然杨宪益、戴乃迭合译的*Dream of the Red Mansions*(《红楼梦》)与霍克思(David Hawkes)、闵福德合译的*Story of the Stone*(《石头记》)两部全译本相继出现,但迄今为止,《红楼梦》的英译名,最为人熟知的,仍是王际真节译的*The Dream of Red Chamber*(《红楼梦》)。

20世纪中期,1958年,麦克休姐妹(Florence and Isabel McHugh)出版了一部582页的《红楼梦》节译本,是由库恩1928年的德文节译本转译而来。同年,王际真也修订了第一版节译本,增补了近一倍的内容,重新出版。70年代至80年代,英国企鹅公司和中国的外文出版社分别出版了霍译本和杨译本这两部全译本,至此,《红楼梦》的故事才开始完整地呈现在英语世界的读者面前。(杨译本的部分内容1986年以节译本形式出现,系从全译本中截取部分内容而来[4]。这一节译本在国内流传不广,但在海外汉语教学中时或用作中文教材,还是值得关注的[5]。)直到近年,学术界才发现20世纪60年代还出现了一部《红楼梦》的英文全译本,译者是彭寿神父(the Rev. B. S. Bonsall,又译邦斯尔),不过该书未能正式出版,影响有限。彭寿译本打字稿由香港大学收藏,电子版有相关网页可供浏览[6]。

以上所述均为以文字形式为主的《红楼梦》(英译本)。以图像形式为主的,在Linda Ching一书之外,可见的只有2010年上海新闻出版发展公司与Better Link Press联合出版的《孙温红楼梦绘本》(*A Dream of Red Mansions:As Portrayed Through the Brush of Sun Wen*)。该书中收录有红楼场景的230帧绢本绘图,由清代画家孙温所绘,并配有《红楼梦》英文译文,编辑为Zhou Kexi,译者为Qian Ren和Dorothy Zhang。而以摄影形式为主、辅以英文,向西方读者介绍《红楼梦》的图书,本文所述的《石头记》为笔者所见所闻之第一部,也是迄今所知唯一的一部。

简要了解在西方较有影响或较有特色的《红楼梦》英译成书作品之后,可以梳理一下国家图书馆相关图书的馆藏情况。据笔者查询所知,上述各种英译本的主要版本,在国图的馆藏中还是比较丰富的:

- 乔利节译本:1892年版,有馆藏;2010年版,无。
- 王际真节译本:1929年版,有馆藏;1958年版,有馆藏。
- 麦克休姐妹节译本:1958年版,有馆藏。
- 霍克思,闵福德全译本:企鹅版五卷,1973—1986年出齐,有馆藏。印第安纳大学精装版五卷,1979—1987年出齐,无馆藏。
- 杨宪益,戴乃迭全译本:外文出版社三卷,1978—1980年出齐,有馆藏。据此而来的1986年节译本,无馆藏。
- 英文版孙温绘本:2010年版,有馆藏。
- Linda Ching的英文版摄影集:1997年版,无馆藏。

这样看来,以文字为主的《红楼梦》英译图书,需要补藏的主要是霍译本的精装版、杨译本的节译版和乔利译本的2010年单卷本新版;而以图像为主的,则是本文开篇所述的"石头记"。下面对此书的情况略作介绍,其价值则庶几可见。

2 《石头记》述略

了解到《红楼梦》从早期到新世纪以来的译介背景之后,再回来看这部只诠释了原著中前五回内容的图文并茂之书,大概能对它的意义多几分了解。

此书篇幅不长,只有130多页。方形开本,装帧是朱红底色,封面上金色英文标题"*STORY of the STONE*",英文上方是无色凸印的中文标题"石頭記"。中英文字下方一帧服饰鲜明的古装女士头像,珠钗绣衣,手捧玉石。从内文来看,版权页和目录做成对开,底图是朦胧的秋香色晕染背景上烘托出的大枝白海棠,令人一望即可联想起大观园中的"海棠社",以及怡红院中的"女儿棠"。后文的图片以影印的《红楼梦》诸稿本中内容相对较为完整、较为接近原著面貌的庚辰本十五回文字开始,朱墨离披,引领起后面一页页铺陈开来的红墙碧瓦、飞檐斗拱、紫藤垂柳、灼灼桃花,中国古典园林的气息扑面而来。

关于此书的由来,编者在自撰的"前言"中做出了简要介绍:

> 《石头记》勾勒出的一个关键框架——一百二十回中国小说经典《红楼梦》的前五回……这部小说已经译成英文,不过对于西方读者而言,要领略到作品的整体魅力依然十分困难……人们相信最精妙的思想是不能形诸言辞的,因为往往意在言外。此外,理念自一种语言向另一种语言的传达中,许多微妙之处和深层意义都可能丢失无存。我摄制出这些画面,期望能够以英文翻译未能达到的一种方式,来帮助西方人想象出曹雪芹这部经典著作的恢宏瑰丽[7]。

从书中"致谢"可见,此书是与夏威夷大学、北京大学、北京一家影视工作室等机构诸多人员合作的结果。编者出于对《红楼梦》的热爱而来到北京,探寻与小说相关的历史、地理背景,并且对杨宪益、周汝昌等资深研究者做了访谈,还征得杨宪益允准,在行文中套用了杨译本的多处文字。

从目录来看,全书除了作者前言和一篇"简介"之外,主要分为五个部分,分别是:做梦者的回忆(reflecitons of a dreamer),石头记(story of the stone),泪债(a debt of tears),太虚幻境(land of illusion),红楼梦(dream of the red chamber),基本交代出补天遗石幻形入世、绛珠草与神瑛侍者的渊源、宝玉梦游太虚幻境,领略"红楼梦曲"等关键情节。书中的文字特色确如编者所言,除了第三、四、五部分的章节标题处引用霍克思译《石头记》第一卷中的文字以外,其他诗词和大部分叙述文字均摘自杨宪益、戴乃迭合译本,加上作者自己撰写的部分介绍性文字,成为一个独特的拼贴本。

这部别致的图书在西方影响如何,尚待考察;不过从图书本身的信息可见,它确实得到了国内一些学者的肯定。以曹雪芹家世考证著称的《红楼梦》研究者周汝昌为此书撰写了推荐语,排在封面函套上的三种荐语之首:

> 祝贺你!你的艺术作品让我感到莫大的快乐和享受。你创作出一个丰富的世界——一片充满东方氛围、味道与芳馨的天地。
>
> ——周汝昌,著名作者、学者、《红楼梦》研究专家

国内学者赞赏外籍艺术家对《红楼梦》的痴迷,乃至为之题写几句荐语,并不足以为奇。值得关注的是杨宪益和戴乃迭与此书的关系。两位先生是海内外首部《红楼梦》全译本的译者,也是对《红楼梦》的版本与艺术特色、文学价值了解深透的研究者。杨先生不仅慨然允准

Linda Ching 直接采用了杨译本的多处译文,还专门为此书写下了一段“简介”。这篇简介不足千字,相较于英文中其他许多对《红楼梦》的评介而言,既不详尽,也无特出之语,但却关系到《红楼梦》译介史上的一个重要议题:杨译本的译者对小说原著的评价与态度。这很值得细究。

3 从杨译底本角度看杨宪益所撰“简介”及其价值

据笔者统计,自20世纪70年代末80年代初杨宪益、戴乃迭合译《红楼梦》全译本问世以来,截至2014年7月底,国内以杨译本为研究对象的学术文章已有500余种。不过,绝大多数文章只是针对全译本中的片段文字或语言文化内涵的某一方面来谈,整体性的解读与评价较少,对《红楼梦》原著版本的复杂情形及其相关的英译本底本问题关注更少,基于底本问题来探讨译者主体性的成果则愈加少见了。

先来简述一下杨译本的底本问题。根据杨译本责编多年后的回忆,杨译《红楼梦》并非译者自定的选题,而是当年外文出版社的一个政治项目,从项目的设立、底本的选择到翻译中采取的一些具体译法,单位都有明确规定,译者不得自主;而外文社选定的底本,前八十回来自人民文学出版社影印的有正本,后四十回来自人民文学出版社影印的程乙本[8]。这和杨译本第一卷出版说明中对底本的交代一致,但杨译本的审定者,《红楼梦》的资深研究者吴世昌对此却持不同说法。杨译本出版不久,他就在《读书》杂志上撰文,说明杨译本前八十回底本是庚辰本,后四十回底本是程甲本[9]。而杨宪益在接受《人民日报》海外版访谈时的说法也与吴世昌所言相符,与英译本的前言相悖[10]。此后多年间,杨宪益与吴世昌两位先生基本都没有就这个问题再发表过只言片语。

版本问题历来是《红楼梦》研究中的一个重点,原因主要在于原著前八十回流传过程中出现了多种传抄本,无一完整,并且各抄本的内容之间歧异重重;程伟元、高鹗“补足”后四十回,出版程甲本、程乙本,这两种刻本的文字也存在多处差异。牵涉杨译本前八十回底本问题的有正本与庚辰本,各回文字之间的差异也不在少数。后来的翻译研究者或对原著的版本了解不足,或因考辨困难而核校不清,对译文的评价出现了许多误读,由此,对译者的文化立场、翻译理念等也因而语焉不详或出现误判。

对此问题提出过明确意见的,首推杨宪益的妹妹,英美文学研究者、译者杨苡,再就是致力于《红楼梦》翻译与译评研究的洪涛和范胜宇等人。杨苡曾言及杨宪益翻译《红楼梦》初期对她诉苦,直言翻译《红楼梦》是一个“很讨厌的活儿”[11]。洪涛探讨杨译本的底本问题时,也认为杨宪益对底本关注程度不够,并且原因在于译者对原著的态度:

> 杨译《红楼梦》,不是出于自家挑选,译者本人没有强烈的个人动机……因为,杨宪益自己明说《红楼梦》他“看不下去”。雷音的《杨宪益传》,白纸黑字记载杨宪益的话[12]。

对霍克思英译本研究较详的范圣宇在杨译本的底本及译者主体性问题上持另一种看法。他注意到《人民日报》对杨宪益报道中的底本问题,也详细考察过吴世昌的文章。但他通过回目及部分回内文字的中英文对照,认为杨译本的底本是有正本,虽然对庚辰本也略有

参考,并且肯定说:

> 杨宪益选择的有正本,是脂本系统中相对完整的流传本……从版本选择的角度而言,杨宪益的做法似乎更为可取……他选择脂本系统中相对而言较有代表性的有正本,应当说是比较明智的[13]。

洪涛指出了杨译底本不是由译者自行选择,但杨宪益对《红楼梦》的主观感受是否糟到“看不下去”,则是另一个问题。范文中提出“杨宪益选择的”有正本,倒确实是误解。不过无论如何,译者在翻译中的动机与立场不应只凭人云亦云来判定。要查考这个问题的究竟,还是需要厘清杨译底本的真实面貌,以此为据,才能切实推断出译者的“能为”“不能为”与实际“所为”。

笔者在写作博士论文期间,通过对杨译本与有正、庚辰两种影印本的全文对照细读,已基本确定:杨译前八十回是以有正本为第一底本的基础上,大量参照庚辰本修订、增补而成,凡两种底本此有彼无之处,尽量保证内容的完整丰富,内容互相歧异者,则根据对传统文化知识的积累与对《红楼梦》文学内涵的理解,择善而从。吴世昌与杨宪益两位先生在译文出版初期的陈述,原因或许正在于此。

据笔者统计,综合篇章结构与具体行文内容来看,原著前八十回两种底本的差异之处,一回之内,少则十几例,多则数十例。歧异数量上的不等,首先源于《红楼梦》原著各章回的内容多少不均,同时也与各底本文字在过录或修订中抄手的笔误及流传中的脱落散失不无相关。纵览八十回的统计,越往后的章节歧异越多,第七十八回更达近百处。这样从头至尾系统核校与修订的工作量,再考虑到译者在当年社会历史背景下面对的重重桎梏,如果不是出于对原著文学与社会价值的认知及尊重,恐怕是难以完成的。不过是译者不言,一般读者不察,寄寓在皇皇三卷译本中的深意无人得知而已。

除了英译《红楼梦》,杨宪益还就原著中的一些文化细节问题撰写过小文章[14]。不过此类文字不多,也难据以说明他对原著的认知与态度。笔者查找相关资料多年,直到从事海外中国学文献采访工作之后,才在英文出版物中看到以往未能了解的文献:杨先生为 Linda Ching 撰写的前言。篇幅不长,却是迄今所见的杨先生留下的与《红楼梦》直接相关的最后笔墨。文献难得,全文直录于此,以资参考:

> 《红楼梦》是一部生动的现实主义中国小说巨制。不妨坦言,这是一部非常长的长篇故事。一百二十回的篇幅,扣人心弦地描述了清朝走向衰落时期一家富贵巨族的败落。大概在中国文学作品中,这是最受欢迎、最为普及的一部小说,在中国也享有极高的文学评价,与莎士比亚作品在西方文学中的地位相仿。
>
> 小说于两百多年前由曹雪芹撰写。书中描写了一个富贵之家在美轮美奂的园林中度日,将他们的享乐生活和命运变迁一一道来,其中缠绕着一个母题,以年轻主人及其美丽而纤弱的表妹之间的爱情故事为中心。
>
> 鉴于书中铺陈的丰富细节,有些评论家相信《红楼梦》是作者自传;另有一些则相信这是一部政治寓言,预示着老旧帝国的最终衰亡。围绕小说诞生了丰富的文学批评与研究,同时也有不少人沉迷于小说中超越凡俗的一些特质,以及与之相伴

相生的含蓄的政治隐喻。

直到本世纪的后半叶之前,这部小说只有摘译或节译的英文版,译名为 *The dream of the Red Chamber*,或 *Red Chamber Dreams*。有一部全译本由英国汉学家霍克思完成,译名为 *The Story of the Stone*;我妻子和我完成了另一部全译本,译名是 *A Dream of Red Mansions*。

Linda Ching 女士对《红楼梦》前面几章内容的阐释性艺术"翻译",为这部作品单纯的"太极"形式增添了一种恰切的阐释:真正是小说精神的一种缩影,不过是通过艺术与现实之间的纯粹冲突所构成的氛围来传达的。通过她的艺术创作,我们能够想象出中国古典园林的美丽与光彩,书中男女主人公的纤弱秀雅——悲剧式的伟大化成实实在在的形象。艺术家"描绘"了一个现在只能在梦中忆起的世界,这个世界的悲剧性的脆弱。希望您能像我一样喜爱这份向曹雪芹致敬的精美作品,甚至能受此书鼓舞,去阅读、欣赏书中描摹的那部伟大的文学原著[15]。

此文撰写于 1997 年,距离他们三卷本的成书出版已近 20 年。译作出版初期的喧嚣与纷扰渐趋无声,当时戴乃迭先生尚健在,杨先生写下这些文字的时候,心境应该是相对宁静平和的。对那个"只能在梦中忆起的世界""那部伟大的文学原著",他的认知与感情,不言自明。

这篇"简介"使得"杨宪益对《红楼梦》的态度"这一现代中外文学交流史上众说纷纭的问题,终于得到一个有力的旁证。结合杨译本的种种特点,此问题可以暂告一段落。采访工作中挖掘材料、发现材料,让一手资料为学术研究服务,意义正在于此。

4 结语

海外文献的补藏是一项兼具必然性与偶然性的工作。采访人员若在平时工作中时刻保持补藏意识,"妙手偶得之"是一种状态;若能对某些学术课题多一些深入了解,从专题文献的搜集出发,有的放矢,顺藤摸瓜,创建一定的资源专目,则是另一种状态。两种状态都是正常的工作情形,不过后者的主动性相形之下要高一些。从《石头记》一例可见,文献采访工作中应该具备一定的学术史意识,大旨求全,首要求精,做好补藏。

另一方面,与中国学相关的文献补藏,在当今国家政策空前重视中国文化"走出去"的大背景下,有着更为实际而深远的意义。中华文明源远流长,语言文字、诗词书画、饮食医药、服饰器具、园林花木……都是民族精神与民族文化的具体载体。要通过他民族的语言来介绍这林林总总,需要大批学者、译者踏踏实实的多年努力才可逐渐落实。"他山之石,可以攻玉,"如果能够多方借鉴域外学者几个世纪以来对中国文化的理解与传达,应该是一种事半功倍的做法。从这一角度而言,业界人士更应加强外语世界中与中国学相关的散佚文献的搜集与补藏工作,从而能够更好地为学术研究服务,切实履行图书馆工作者"为书找人,为人找书"的职责。

参考文献

[1] Ten Speed Press, P. O. Box 7123, Berkeley, California [EB/OL]. [2014 - 08 - 20]. http://www.

tenspeed. com

[2] Robert Morrison. Dialogues and Detached Sentences in the Chinese language, with a Free and Verbal Translation in English[M]. Macao: East India Company's Press, 1816

[3] John Minford, Foreword, Cao Xueqin. The Dream of the Red Chamber[M]. Trans. by Henry. Bencraft Joly, North Clarendon: Tuttle Press, 2010

[4] Tsao Hsueh-chin. A Dream of Red Mansions: An Abridged Version[M]. Trans. by Yang Hsien-yi and Gladys Yang, Hong Kong: Commercial Press, 1986 (Hardback); Boston: Cheng & Tsui, 1999 (Paperback)

[5] Andrew Schonebaum, Editions and Translations. Approaches to Teaching The Story of the Stone (Dream of the Red Chamber)[M]. New York: The Modern Language Association of America, 2012: 15

[6] 王金波. 被忽视的第一个《红楼梦》120 回英文全译本——邦斯尔神父《红楼梦》英译文简介[J]. 红楼梦学刊,2010(1)

[7][15] Linda Ching. Story of the Stone: a Photographic Interpretation of the Classic Chinese Novel Dream of the Red Chamber[Z], 1997

[8] 汪祖棠.《红楼梦》英译本初版始末[M]// 中国外文局五十年回忆录. 北京:新星出版社,1999:441

[9] 吴世昌. 宁荣两府"不过是个屠宰场而已"嘛? ——论《红楼梦》英译本的出版说明[J]. 读书,1980(2)

[10]《红楼梦》英文全译本出版[N]. 人民日报,1979-05-08(4)

[11] 李晶. 南京访杨苡——忆杨宪益先生[J]. 外国文学,2010(2)

[12] 洪涛. 女体和国族:从《红楼梦》翻译看跨文化移植与学术知识障导论[M]. 北京:国家图书馆出版社,2010:23

[13] 范圣宇.《红楼梦》管窥——英译、语言与文化[M]. 北京:中国社会科学出版社,2004:27-29

[14] 杨宪益.《红楼梦》里提到的金星玻璃[J]. 文汇增刊,1980(1)

口述史、影像史与图书馆资源建设

全根先(国家图书馆)

人类对于历史的记录,在语言出现以前,只能通过物质传递;语言产生以后,通过口耳相传的形式,记录和传授历史。自从发明了文字,又通过书写传递。物质、语言与文字,直到现在仍是人类文明代代相承的基本方式。近代以来,随着摄影、录音、录像技术乃至当今多媒体、互联网技术的发展,人类记录历史、传递文明的方式空前发达,数千年来传递人类文明的主要载体——文献,其概念也发生了深刻的变化。根据1983年中国文献工作标准化技术委员会制定的《文献著录总则》规定,文献指"记录有知识的一切载体"[1]。这就意味着,长期以来以纸质文献为核心的图书馆文献资源体系正在发生重大的变革,一批新的文献类型将被吸纳到图书馆的文献资源体系之中。而通过摄影、录音、录像等手段采集的口述史、影像史资料,无疑在新的图书馆文献资源体系中占有十分重要的地位。

1　口述史学、影像史学概说

1.1　口述史学的产生与发展

口述历史是历史学最古老的形式,起源于远古时代的民间传说或口头传说。中国古代的《山海经》中有许多神话和民间传说,一部分就属于历史范畴。司马迁的《史记》、班固的《汉书》等,均吸收了大量民间传说。古希腊《荷马史诗》也不全是文学作品,如特洛伊木马传说,已被考古研究所证实。近代许多西方学者都对口述历史做出过贡献。马克思的《资本论》、恩格斯的《英国工人阶级状况》中,引用了许多生动翔实的口述史料。20世纪20年代,美国芝加哥学派的社会学家在他们的研究中,采纳了很多直接来自社会调查的第一手资料。

口述史学,Oral History,作为现代历史学的一个分支,一般被认为创建于1948年。当年,美国历史学家A. 内文斯(Allan Nevins,1890—1971)在哥伦比亚大学创建了历史上第一个研究口述史的专门机构——哥伦比亚大学口述历史研究室。而在此10年前,他在《通往历史之路》一书中已主张口述历史研究。1966年,美国口述历史协会(OHA)正式成立,标志着口述史研究进入到一个新的发展阶段。英国、法国、德国等西方国家也开始将口述史学纳入高等教育;在亚洲的一些国家和地区,口述史学作为一门新的学科悄然兴起。

中国学者对于口述史学的研究始于20世纪80年代。就口述史的实践而言,旅美历史学家唐德刚此前已出版了几部口述史著作,如《胡适口述自传》《张学良口述历史》等。30多年来,中国口述史研究大体经历了三个发展阶段:一是20世纪80年代,主要以翻译和介绍西方口述史学理论与方法为主;二是20世纪90年代,学者们在对西方口述史学理论与方法进一步译介之时,开始将主要精力放在构建自己的口述史学理论与方法上;三是进入21世纪后,中国口述史研究理论与方法逐渐成熟,2004年12月中华口述历史研究会在江苏扬州成立,掀起了口述史学研究与实践的高潮。截止到2014年7月24日,仅见诸中国知网,以口述史为题的论文就达459篇。

1.2 影像史学的产生与发展

与口述史学相比,影像史学的产生要晚得多。尽管人类很早就用图画记录历史,如远古时期的岩画,但是不能作为影像史学的源头。影像史学与摄影、电影有关。摄影起源于19世纪40年代。电影的起源可以追溯至,17世纪德国耶稣会士基尔谢(Athanasius Kircher,1601—1680)发明的幻灯,1825年英国人约翰. A. 派里司(John A. Paris)发明的幻盘(Thaumatrope),1832年比利时人约瑟夫·普拉托(Joseph Plateau)发明的诡盘(phenakistiscope)。20世纪初,电影开始风靡全球。不过,不是所有的电影都是人类生活的真实记录。作为现代历史学一个分支的影像史学,正式诞生是在20世纪80年代。1988年12月,美国历史学家海登·怀特(Hayden White,1928—)在《美国历史评论》上发表《书写史学与影视史学》一文,提出了"Historiophoty"这一概念。他认为,影像史学就是"以视觉影像和电影话语来表现历史和我们对历史的见解"[2]。

1992年,中兴大学周梁楷教授连续发表文章,对怀特的研究成果进行译介,并对影像史学提出了自己的见解。复旦大学张广智教授于1996年发表《影视史学:历史学的新领域》一文,向内地学术界首次介绍这一概念。他在文中指出:"从史学史的角度看,我以为历史学大体可以分为'精英史学'和'大众史学'。自古以来,'精英史学'为当权者所驾驭,如西方的传统史学着力要表现的是政治事件和显要人物,书写史学是为这一宗旨服务的……目下西方学界流行的影视史学,正是大众史学在当代的一种最新表现。"[3]随着电影、电视的广泛传播,影像史学方兴未艾。截止到2014年7月24日,仅中国知网,以影像史学或影视史学为题的论文就达177篇。

1.3 口述史学、影像史学的特点

口述史学作为一种新的历史研究方法,与传统史学研究方法有显著的区别。张广智先生说:"现代意义上的口述史学,实际上是通过有计划的访谈和录音技术,对某一个特定的问题获取第一手的口述证据,然后再经过筛选与比照,进行历史研究。"[4]钟少华先生认为,"口述史学方法是一种独特的方法""人民群众的历史性和历史的群众性都可以通过口述史来表述"[5]。由此可见,口述史学至少有四个特点:一是历史研究的资料来源由采访所得,而非来自书本或其他文献;二是口述采访的手段主要是录音,有的还辅以摄影、录像;三是采访的对象不仅是一些重要人物,广大的民众均可参与;四是口述采访得到的录音材料整理成文字,成为史学著作的一部分。

与口述史学类似,影像史学也改变了以文字书写历史的传统形式,借助摄影、电影、电视等影像技术,来记录历史事件与历史人物。影像史学所记录与表现的,也不局限于一些重要人物,为平民参与历史的书写、展示历史发展的过程提供了广阔的空间。影像史学通过生动形象、丰富有趣的动态描述,使枯燥无味的历史知识变得鲜活直观,拉近了历史学家与普通民众的距离。正如黄朴民先生所说:"用现代意识对历史进行生动鲜活的解读,让历史从历史学家营造的象牙之塔中走出来,走入千家万户,走入每个人的心里。"[6]

口述史学与影像史学在现代史、当代史研究中具有独特的优势。因为口述史、影像史所记录的对象,大多是活着的历史的见证者。由于人类自然生命的有限性,决定了这项工作的

重要性。尤其是对于重大历史事件参与者的口述采访与影像记录,更是为国家保存珍贵的历史资料,理应成为图书馆文献资源体系的重要组成部分。

2 图书馆与口述史、影像史

目前,图书馆的文献资源体系基本由传统纸质文献和数字文献组成。以音频、视频记录历史的口述史、影像史,作为一种新型文献类型,已进入许多国家和地区图书馆馆藏文献体系之列;而这类文献资源在国内图书馆界的馆藏体系中所占的比重都不大,甚至有的处于微不足道或空缺状态。将口述史、影像史纳入图书馆文献资源体系之中,不仅能为国家和民族留下珍贵的历史遗产,还有助于改善图书馆文献体系结构,提升图书馆公共服务水平,更好地履行传递文明的历史责任。

2.1 国外图书馆

美国国会图书馆是目前世界上馆藏最为丰富、现代化水平最高的国家图书馆。美国国会图书馆十分重视口述史、影像史资料的收集开发,并将其纳入到"美国记忆"项目之中。"美国记忆"项目起源于1990年的探索性课题"美国记忆试验计划",1994年正式启动。"美国记忆"的内容包括重要档案记录、照片、录音、民俗宗教、文学乃至特定时期文化现象,几乎是美国历史文化的百科全书。

"美国记忆"项目成立至今,已拥有900万件以上记录美国历史和文化的数字化藏品。"美国记忆"项目按主题,共分18个资源库,下设140个专题资源[7]。这些专题资源可通过多种途径在网上查询。目前,"美国记忆"已成为美国公民教育的重要平台和对外宣传的一张文化名片。

继"美国记忆"之后,世界各国和一些国际组织实施了一系列类似的记忆项目,如1992年联合国教科文组织发起的"世界记忆"工程,2002年日本国会图书馆以记录日本历史文化为内容的"日本年历"。英国国家图书馆目前收藏有超过5万份的录音、影像及相关文献资料,1987年还设立了"国家生活故事",以采集制作口述史资料。荷兰国家图书馆负责的"荷兰记忆"项目,记录荷兰的人文、历史、地理以及其他方面资料。德国国家图书馆以当事人讲述的视频短片为特色资源,成立了"我们的故事——民族的记忆"资源库。

值得一提的是,由新加坡国家图书馆负责规划实施的"新加坡记忆",它是由每个国民和家庭记忆所组成的、参与人群和范围最广的国家记忆项目。该项目于2009年提出、2011年正式批准,由新加坡政府直接领导。"新加坡记忆"除征集照片、实物外,大量地采用了口述史、影像史方法。不过,新加坡的口述史、影像史研究与实践,主要是在国家档案馆。新加坡国家档案馆下设口述历史中心和声像档案处,其藏品十分丰富,1999年就有电影胶片、录音带、录像带8340盘,口述历史访谈17 000部[8]。

2.2 国内图书馆

目前,国内已有多家公共图书馆从事口述史、影像史资料采集制作。一些公共图书馆建立了具有地方特色的记忆项目,如首都图书馆的"北京记忆"、上海图书馆的"上海年华"、长春图书馆的"百年长春",专门收集和整理地方特色文献。湖南省图书馆的"抗战老兵口述史”、山西社会科学院历史研究所的“山西抗战口述史”、大连大学教授李小江的“20世纪(中国)妇女口述史”、中央电视台主持人崔永元的“我的抗战:抗战老兵口述史”等,是较早开展的口述史项目。港澳台地区也有类似项目开展,如“香港记忆”“香港口述历史库藏计划”“澳门记忆”“台湾记忆”等。这些项目都是在传统馆藏文献和数字资源的基础上,着重收集口述史、地方文献,形成专题资源库。

国家图书馆于2012年正式启动“中国记忆”项目。该项目以中国现当代重大历史事件、重要人物为专题,以图书馆原有馆藏文献为基础,以动态发展的口述史、影像史等新文献为补充,进而建立专题文献资源库体系。目前,“中国记忆”项目中心在口述史、影像史采集制作方面已取得不少成果。口述史方面,以沧州孙氏家族成员孙泰来代表家族捐赠国家图书馆《明渤海孙氏积善堂题赞手卷》为契机,对著名学者孙楷第之子孙泰来进行口述史资料的采集工作。迄今已完成和正在进行的口述史项目有大漆髹饰、蚕丝织绣、东北抗日联军、中国远征军、冯其庸专题、我们的文字等。随着“中国记忆”项目的不断推进,国家图书馆馆藏体系将变得更加丰富、更加多元化。

3　口述史、影像史的采集整理

3.1　采集对象

3.1.1　国家记忆

所谓国家记忆,就是国家的历史,民族的历史。国家和民族的历史,可以从最高的国家层面来考察,可以从一个地区来考察,也可从一个社会群体甚至个人来考察。组成中华民族大家庭的各个民族,都有自己的历史。民族、地区或个人的历史,都是国家记忆的组成部分。世界上一切事物都是在不断变化的,历史中最原始、最真实的载体个人,其生命是十分有限的。自然生命的消失,自然与社会环境的改变,都会带走一部分历史。某些历史对于国家记忆来说可能是很重要的。公共图书馆负有传承文明的重大使命,在资源建设中,进行口述史、影像史资料采集,不仅是对馆藏资源的丰富和扩充,更是在“为国存史”,履行传承文明的神圣使命。国家记忆内涵丰富,诸凡自然地理、语言文字、科学技术、传统遗产、文化艺术、社会民生、政治历史等,都属于口述史、影像史研究范畴。

3.1.2　非物质文化遗产

根据2003年10月联合国教科文组织通过的《保护非物质文化遗产公约》第二条定义:非物质文化遗产,指被各群体、团体、有时为个人所视为其文化遗产的各种实践、表演、表现形式、知识体系和技能及其有关的工具、实物、工艺品和文化场所[9]。非物质文化遗产最大的特点,是以人为本的活态文化遗产,强调的是以人为核心的技艺、经验、精神,不脱离民族特殊的生产和生活方式,是民族个性、民族审美习惯的“活”的显现。中华民族的非物质文化遗产资源异常丰富,包括民间文学、民间音乐、民间舞蹈、传统戏剧、曲艺、杂技与竞技、民间美术、传统手工技艺、传统医药、传统民俗等。截至2013年12月,中国入选联合国教科文组织非物质文化遗产名录项目总数达37项,是世界上入选该项目最多的国家。国务院正式发布的三批国家级非物质文化遗产名录,累计达1219项(包括扩展项目,共1530项),国家级代表性传承人1488名。2014年7月16日,文化部发布的第四批国家级非物质文化遗产推荐名单,共有298项[10]。各省、自治区、直辖市乃至各市县也都相继建立了自己的非物质文化遗产保护名录。这些数量庞大的非物质文化遗产，理应成为图书馆文献资源建设的重要对象。

3.2 采集方法

3.2.1 独立采集

独立采集是目前国内图书馆界进行口述史、影像史采集的主要手段。国家图书馆已经完成或正在进行的口述史、影像史采集工作，以独立采集为主，不排斥必要的合作。以国家图书馆"中国记忆"项目中心编的《大漆髹饰传承人口述史》为例，该项目在进行过程中，分别对北京雕漆技艺、平遥推光漆器髹饰技艺、扬州漆器髹饰技艺、天台山干漆夹纻技艺、福州脱胎漆器髹饰技艺等19个项目、25位传承人进行了口述采访和现场拍摄，由项目组成员独立完成[11]。此外，蚕丝织绣、东北抗日联军、中国远征军、冯其庸专题等，也均由"中国记忆"项目中心独立采集。首都图书馆的"北京记忆"、上海图书馆的"上海年华"、长春图书馆的"百年长春"、湖南省图书馆的"抗战老兵口述史"等，也是由这些图书馆独立采集。

3.2.2 合作采集

无论是国家记忆还是非物质文化遗产，其数量都十分巨大，要对其进行口述史、影像史采集，需要很大的物力与人力支持，绝不是某个图书馆所能完成的。在这方面，势必需要进行有效的合作，包括图书馆业内的合作与跨界别的合作。就图书馆业内合作而言，某些跨地区、跨领域的项目，可以采取合作的方式，在合理分工、优势互补的前提下进行，实现资源的共建共享。就跨界别的合作而言，一方面是图书馆以外的部门或单位可能已经对某些项目进行了口述史、影像史采集，有了一定的基础（当然还未完成）；另一方面是因为某些较为专门的项目，若与相关部门合作采集，有利于取得良好的效果。2009年10月，云南省档案馆与新加坡国家档案馆就双方合作抢救云南口述历史项目签署了备忘录，2010年3月获得国家档案局批准。这是中国与新加坡档案工作者共同合作、抢救保护少数民族口述历史档案的一项尝试，值得图书馆界学习借鉴[12]。

3.2.3 征集或购买

国家记忆与非物质文化遗产，是各族人民共同拥有的珍贵遗产，通过口述史、影像史记录，加以永久典藏，具有十分重要的价值，对于政治、经济和文化的发展具有重大的战略意义。因此，建议有关部门尽快出台相应的政策法规，责成所有已经制作完成的口述史、影像史作品，无偿地缴送图书馆特别是向国家图书馆缴送，由图书馆永久保存。同时，对于某些征集确有困难的口述史、影像史作品，建议图书馆在进行文献采访计划时，拨付专项资金加以购买，力争做到口述史、影像史资料不缺位、不遗漏。

此外，图书馆也可通过社会或个人捐赠，获得口述史、影像史资料。

3.3 资料整理

口述史、影像史的资料采集，是资源建设的基础，只有经过整理，才能真正进入图书馆文献资源体系。口述史采集的一般步骤是：草拟口述史的计划大纲、与受访者联系、初步会面划定访谈范围、访谈录音、访谈打成文稿、修正文稿。一项口述史访谈完成后，通常还要与受访者签订协议，尽量征得受访者同意，让公众能参考引用其访谈资料。在口述史采集资料整理中，将录音访谈的内容转换成文字是很艰苦、很重要的一步。因为通常在口述史采集过程中,受访人会脱离所拟定的内容加以讲述,或是受访人文化水平不高,讲述时不按预设顺序,或是语言表达出现问题。在整理成文字稿时,必须进行较大幅度的调整。但是,这些还不是最重要的,真正关键的是要对其讲述的内容进行文献、其他当事人甚至实物佐证。

影像史是通过摄影、电影和电视,野外的拍摄只是基础性的工作(当然是必需的),必须进行整理才能成为可供利用的文献资料。历史题材纪录片的制作,最基本的构成是影像与历史事件,历史事件通过历史人物、影像语言加以展现。在对影像资料整理过程中,必须对资料进行符合历史、合乎逻辑的编排,通过艺术手法的处理,增强其历史的真实感与感染力。有些历史的纪录片,可能进行了艺术处理,甚至可能改变了某些历史真相,因此在整理时需要查阅有关资料进行核实,或者与其他当事人,或是实物相互佐证。有的影像史项目可能相当庞大,如华闻视角红色经典文化传媒有限公司正在制作的大型编年体历史纪录片《中国近现代影像史》,全片共3000集,是国内迄今为止规模最大的历史纪录片。对于这种题材庞大的影像史资料的整理,进行整理时必须慎之又慎。

作为一种文献资料,在进入图书馆馆藏体系之前,都必须进行编目加工。口述史、影像史资料的编目加工,所遵循的标准与其他文献基本相同,即主要依据《中国图书馆分类法》《中国分类主题词表》《中国文献编目规则》《中国机读目录格式》。在规范而统一的编目规则下,口述史、影像史资料可以便捷地供读者利用,也可方便地进行馆际交流。

3.4 开发利用

口述史、影像史经过采集整理,正式进入图书馆馆藏体系,可以供读者阅读观看,也可为社会提供服务。对于口述史、影像史资料,图书馆可以发挥自身优势,通过多种方式开发利用,如将口述史整理成书正式出版,将录音资料制成录音制品,影像制品可直接向公众播放。还可以举办各种公益性展览或是学术讲座,作为图书馆履行社会教育职能的重要形式。口述史、影像史资料还可以做成许多专题数据库,在图书馆网站上展示。有条件的图书馆,可设立专门的口述史、影像史资料阅览室(或资料室),供读者平时浏览与利用。特别是国家图书馆,作为国家总书库、中文文献资源最大收藏单位,建议尽快出台相关政策,积极开展口述史、影像史资料采集整理与开发利用,在保存国家记忆和非物质文化遗产保护领域发挥更大的作用。我们坚信,在不久的将来,口述史、影像史必将成为图书馆文献资源体系中的一支生力军。

参考文献

[1] 中国文献工作标准化技术委员会. 文献著录总则[S]. 1983-07-02

[2] Hayden White,周梁楷译. Historiography and Historiophoty[J]. 当代,1993(8):10-17

[3] 张广智. 影视史学:历史学的新领域[J]. 学习与探索,1996(6):116-122

[4] 张广智. 西方史学史[M]. 上海:复旦大学出版社,2000:331

[5] 钟少华. 中国口述史学漫谈[J]. 学术研究,1997(5):46-51

[6] 黄朴民. 历史的第三种读法[N]. 光明日报,2007-05-18

[7] 沈立,李媛媛. 同一个世界,不同的记忆[J]. 文化月刊,2014(3月上):10-15

[8] 赵辉,姜之茂. 新加坡国家档案馆及其口述历史中心[J]. 北京档案,1999(11):31-32

[9] 文化部对外文化联络局. 联合国教科文组织《保护非物质文化遗产公约》基础文件汇编[M]. 北京:外文出版社,2012

[10] 文化部办公厅关于公示第四批国家级非物质文化遗产代表性项目名录推荐项目名单的公告[EB/OL].[2014-08-20]. http://zwgk.mcprc.gov.cn/auto255/201407/t20140716_30299.html

[11] 国家图书馆中国记忆项目中心.大漆髹饰传承人口述史(上、下册)[M].北京:国家图书馆出版社,2014:1-2

[12] 子志月.云南少数民族口述档案开发利用研究[D].昆明:云南大学,2013

数字时代学术行为视角下的文献采访工作

唐玉屏(国家图书馆)

数字时代其实就是电子信息时代的代名词。因为电子信息的所有机器语言都是用数字代表的,所以人们将其简称为数字时代[1]。随着数字时代的到来,整个社会生活方式发生了巨大的改变,学术行为也不例外,专业图书馆、研究性图书馆以及高校、科研院所图书馆的学术文献采访工作同样也将迎来挑战。

1　图书馆的学术资源建设职能

据美国科学基金会(National Science Foundation,简称 NSF)的一项统计显示[2],一个科研人员花费在查找和消化科技资料上的时间需占全部科研时间的51%,计划思考占8%,实验研究占32%,书面总结占9%。由此可以看出学术信息和文献资源的查阅以及获取,在科学研究等学术行为中的作用极为重要。

专业图书馆、研究型图书馆以及高校、科研院所图书馆是各个专业学科、专门领域和专题信息的情报提供中心,是专业知识和学术前沿信息传播、深化并应用于实践的中转站。来自美国田纳西大学的 Carol Tenopir 和 Donald W. King 等研究人员经过30多年针对4万名科研人员的调研发现[3],早期出版的文章对于读者往往更有价值,同时更有可能是来自图书馆的馆藏。因此,在这个信息获取渠道变得日益多元化的数字时代,图书馆作为学术文献资料机构的作用并不会逐渐消退,其不可替代性不容置疑。从很大程度上来说,图书馆的学术服务职能及其获取学术信息的权威性,是图书馆其他任何职能所不可取代的,所以图书馆的学术文献质量和学术信息服务是任何时候都不能忽视,更不能放弃的。

另一方面,由网络所主宰的数字世界所带来的,并不只有动态的知识概念、多元的信息结构和崭新的信息媒介,它还大大改变了科研工作者和学习研究者们的信息需求和信息行为[4]。当大量学术研究和科研工作必须利用网络和计算机才能得以进行并完成,图书馆便相应地需要提供符合使用者实际需求的、必不可少的资源和服务,甚至需要调整职权范围,优化资源结构,改进服务模式。但是如何平衡传统资源和数字资源的关系,更有效地履行学术文献建设和学术信息服务的职能,这是个值得思考的问题。

2　数字时代的学术信息及其传播

网络信息技术的发展促使信息的呈现方式和获取手段日益多样化,用户自主选择信息提供机构的自由度空前扩展。特别是信息技术的迅猛发展促使学术交流体系发生变化——电子出版、网络出版变得越来越普遍;学术交流的渠道增多、范围更广,开放获取运动和机构存储成为网络环境下学术信息出版及传播的一种新的方式;等等。

2.1 学术信息记录载体

学术信息的记录载体随着人类文化的发源和科学技术的发展,经历了漫长的发展历程。从龟甲、兽骨、泥板、石头、树皮、简牍、锦帛、草纸、皮纸、纸张等直接记录可读信息的载体,到现代的胶卷、磁带、磁盘、闪存等需要借助专用设备转读的载体,再到网络时代具有超大容量和超高传输率的网络存储和传播载体[5],记载学术信息的载体已经从单一可直读的形式,向可应用、可集合和系统化的信息存储模式不断发展。

2.2 学术作品出版渠道

各类学术研究人员的研究成果以图书专著或期刊文章等形式出版、发表,是学术作品进入公共知识领域的最常见渠道。网络技术的发展加速了学术作品从传统的印刷型出版方式向网络化出版方式拓展和转型。无论是从技术发展现状,还是从科研作者写作习惯、出版成本,又或者从读者的查询、阅读习惯,学术成果的传播便利性,以及出版商的出版、发行、仓储各环节成本来看,网络出版学术作品已成为发展的必然趋势。但是,受传统出版观念、学术价值评估体制、知识产权保护力度和用户体验舒适性[6]等因素的制约,学术作品的网络出版还需克服诸多障碍。

2.3 学术资源交流媒介

学术活动中获取信息和传递信息的工具,就是学术信息交流的媒介,是各种科学知识、信息、文献传递、流通、传达所运用的具体工具,主要分为零载体媒介、纸质媒介和电子媒介三种。其中,零载体媒介主要是指科研工作者们彼此通过语言交流学术思想,探讨问题,沟通想法;纸质媒介包括图书、期刊、书信、学位论文、研究报告、手稿、笔记和其他印本等媒介;电子媒介则包括学科专业网站、出版者站点、论坛、电子公告、电子邮件、博客、时事通讯、FTP、即时通信工具、电子会议和网络会议、电话、在线数据库、电子期刊、电子图书、在线索引目录或全文数据库、虚拟图书馆、开放获取库等多种形式的工具。

3 数字时代的学术行为及其变化

网络的急速发展,给学术界带来了一场空前的革命,学术研究者学习和研究的方式发生变化,许多人习惯于用搜索引擎查找资料,对电子书刊的阅读日益增加,也希望借助网络扩大研究成果的影响力。具体来说,在一个公众承认的、采用一定学术标准及技术标准的平台上,学术研究者可以通过网络发表并存取自己的研究成果,同时这些成果也是其他研究者希望及时得到的最新科研思想。但是在网络环境下,学术研究者的信息交流也存在很多的障碍,如网络平台、媒体类型、信息格式处理与转换等,以及学术信息的搜索、获取、服务等。

3.1 学术信息需求特点

Carol Tenopir 博士和他的团队经过多年研究发现,人们在查阅学术信息资源的时候,往往呈现出以下行为偏好和倾向[7]:花费更少的时间查阅更多的资料;利用更多的途径获取所需的信息;更加信赖图书馆提供的学术资源;以学术期刊为代表的学术资源因其利用便利而成为最佳选择。

可以看出,学术行为中用户的期望值体现在:货币、时间、精力等“成本”耗费低;信息获取简便、直接;资源系统化且利用便利。其中,图书馆资源的可信赖度不容忽视。

而对于海量繁杂,学术信息浓度低的网络信息,另有研究人员调查结果显示,学术人员的信息需求表现出一系列新特点[8]:集成性、针对性、相关性、重要性、直接性、互动性、易用性等。

3.2 学术信息获取途径

一般而言,获取学术信息主要有直接和间接的以下几种途径:

根据信息需求满足程度不同,可以浏览学术图书、期刊以了解学术动态和学术研究内容,可以利用文摘索引、搜索引擎、图书目录、期刊目录、数据库等,有目的地查询、检索某一学科、主题的学术文献,也可以通过某篇学术文章或书籍的参考文献进一步获取相关文献来源,还可以经由他人的推荐、介绍,以及通过订阅、网络提醒和媒体推介等其他方式。

根据资料阅读来源不同,可以分为图书馆实体资源借阅、个人购买和订阅、网络免费资源等。

根据信息载体和利用方式不同,可以通过纸本图书和期刊、电子书、电子期刊、网络集成数据库、门户网站和论坛等渠道获取学术信息。其中,以网络为标志和主宰的一系列学术信息获取实践正在以多样的姿态发展着。

3.3 以网络为标志和主宰的学术信息获取实践

长期以来,传统图书馆在人类的知识传播和文化交流中始终是重要的中介机构。一方面,图书馆收藏着人类长期积累的知识精华;另一方面,图书馆员对知识的加工整序使人们更容易发现他们所需要的知识与信息。然而,在网络环境下,传统图书馆的这种中介作用正在受到来自一般搜索引擎、学术论坛、专业门户网站、Google 网上图书馆等媒介的严峻挑战[9]。网络学术信息检索主要途径,见表1。

表1 网络学术信息检索途径

类型	内容	特点
网络全文数据库	数字期刊产品、专门性全文型数据库检索系统等	方便检索,检索途径多,信息量大,原文获取方便等
搜索引擎	“Google 学术搜索”和“CNKI 搜索”等	涵盖信息量广,查找资料迅速,可从图形搜索、表格搜索等多种角度进行搜索
学科信息门户	学科信息门户的构建是基于学科分类体系,如中国科学院国家科学数字图书馆的学科信息门户①	提供层级浏览结构和主题浏览,并支持基于关键词或主题词的检索

① 中国科学院国家科学数字图书馆已经建成了包括物理、数学、化学、生命科学、资源和环境科学、图书情报学在内的六大学科信息门户。

续表

类型	内容	特点
图书馆联机馆藏目录以及资源导航	如我国国内高等教育文献保障系统(CALIS)的联机公共数据库、国家图书馆通过其网站向全球提供的OPAC检索服务等	学术信息资源丰富、参考价值高

除此之外,网络学术信息检索途径还有电子期刊、专业网站以及论坛、博客等。首先,期刊一直都是学术研究者重要的信息源之一,随着网络的普及,电子期刊日益成为科技人员获取专业信息的重要渠道之一。其次,互联网上分布着许多各行各业的专业网站,其中不乏知名大学、研究机构和政府机构主办的优秀站点,还有许多从事科学研究的学会网站,这些网站会及时展示最新研究领域、研究成果、学术动态、会议信息等。最后,互联网上有许多包括各类学术专题讨论区在内的论坛,各个论坛涉及的主题和专业范围各有侧重,学术研究者可选择自己感兴趣的论坛,参与讨论,发表见解,征询建议,从而激发学术研究的灵感与热情。

4 学术文献采访工作的应对

人类历史发展的经验告诉我们,需求是推动事物向前发展的原动力,面对社会环境、信息内容和传播媒介以及用户需求的变化,图书馆的学术资源建设也必须适应发展变化,迎接转型的挑战。

4.1 资源结构:因馆制宜协同采访纸电资源

根据不同类型的图书馆、不同的服务对象和用户需求、不同学科专业、不同类型的学术文献,如纸本书刊、缩微资料、声像资料和电子文献等,图书馆资源的构成各有其特色,即使在学术资源和学术行为数字化程度明显的今天,在文献类型的选择上,也不可能搞任何一刀切的模式。一般来说,纸电资源的收藏比例可以从藏书量比例、经费比例、读者使用率、文献出版连续性、图书馆服务能力来考虑,电子资源的采访要遵循权威性、适用性、经济型、系统性和协调性等原则[10],而学术资源的采访又受到学术行为的直接影响。

除了提供传统纸质学术文献,电子书、电子期刊、电子报纸成为一种有力补充,专业学科领域的会议报告、统计资料等是一般图书馆往往忽略的藏书内容。此外,基于学科研究、学习的需要,书目、索引和百科全书等文献也是学术研究不可或缺的工具书,而且在数字时代出现的在线书目、数据库目录、电子工具书等都是使用率较高的专业信息资源。所以,电子资源和印刷型资源将在很长一段时间内并存,成为图书馆学术资源不可或缺的组成部分。

4.2 书目信息:围绕书目数据有效整合信息流

图书馆信息流涉及一切图书馆信息的收集、存储、分析和传递,采访工作中的信息流是围绕书目数据的挖掘、采集、筛选、分析、加工、整合、利用而产生的。数字时代面对越来越庞杂的信息来源和书目数据,如何尽可能全面地获得有用的信息,并加工成为图书馆采访甚至是编目、揭示和服务各环节都可以利用的系统数据,是采访人员面临的重要问题。采访信息流的整合需要图书馆采访方针决策者、采访馆员、出版社、书商和信息技术人员共同来完成，学术型文献的书目信息更需要专业的采访馆员、畅通的信息获取渠道、扎实的信息甄别能力、可靠的数据传导技术来保证。

4.3 采访流程:利用信息技术改进采访模式

一般而言，通过购买途径到馆的印刷型文献和实体型电子资源要经过书商招标、预算控制、信息采集、文献选择、文献发订、验收和登记、结算和付款这几大主要流程；而非实体型电子资源则要经过采购前的经费控制、搜集信息、初步评估、试用邀请及推广、试用资源评估，采购中的制订采选方案、提交专家评审、商务谈判、签订合同，以及采购后的结算与付款、数据库开通与验收、推广与培训、数据库续订等一系列环节，才能正式成为图书馆的馆藏。

但是，受专业研究人员重视的各学科研究型文献、学术期刊数据库、百科数据库、学位论文等资源，在采购过程中会出现有较高学术价值的书目信息不及时或不全面、现有书目选中率低、馆藏查重烦琐重复、书目数据不合规范、数据库续订价格涨幅大、推广难度大等问题。如果能联合出版社、书商和图书馆信息技术部门，引进 EDI 电子数据交换技术进入书目数据的传统传输、选择、发订、登到的流程，就能改善书目信息流失、查重烦琐、数据格式不统一等问题。而拓展数据库 VPN 访问模式，开启图书馆联合采购和应用格局，强化数字资源的整合模式和检索工具，也能缓解数据库涨价严重、利用率低等问题。

4.4 合作机制:深化从内容到技术的行业合作

在学术文献资源的采访过程中，图书馆与出版社、书商，要互相了解彼此的需求，加大合作力度，拓宽合作模式。一方面图书馆要追踪学术发展动态，加强在文献采访、资源利用和共享方面的馆际合作，加深与专业科研机构、科研人员、综合性专业信息门户网站及地方性专业门户网站的合作，强化与学术出版社的良性互动，及时互通有无，为书商在书目数据标准化上提供技术支持。另一方面出版社和书商可以利用自己在出版信息、采购渠道、销售人才以及物流渠道方面的优势，提高书目报道的数量和质量，定期举办学术出版信息培训，提供信息技术方面的企业支持，有条件地开放资源共享权限，有选择地开发跨学科专业信息整合与获取途径，开拓多种合作式情报信息提供模式，提高数据库使用平台的便利性等。数字时代的学术信息和情报提供格局下，单枪匹马势单力薄，只有合作才能迎来共赢。

4.5 人员配备:组建具有综合信息素养的学术采访团队

学术文献资源的采访工作需要有专人来完成，他们的专业能力和信息素养主要体现在以下几个方面:①要具有一定的专业学科背景知识，学术文献的采访不同于其他大众阅读或儿童文献的采访，对学科历史、科研动态和相应的馆藏结构要有比较清晰、系统、深入的认识，要了解学科研究人员的研究兴趣、使用习惯和需求，这个过程往往枯燥，过于专业，没有相应的专业知识难以保证采集到的学术信息的专业性、准确性和全面性。②要能运用 JCR 等评价工具判定学科专业核心期刊，或利用 web of Science 等学术期刊库和统计分析手段挖掘核心作者及其所在的核心研究机构[11]，依据所得信息理清采访思路，确定采访方针，梳理现有馆藏，以便后期追踪采访和学术补藏，书商也可以据此提供能满足图书馆学术需求的专题书目，提高采访质量。③单凭采访人员个人的能力往往难以为整个学科的科学研究提供全部的文献资源支撑，所以集专业机构科研人员、高校教师和研究生等科研学者的集体力量，形成一个沟通顺畅、信息反馈及时的采访体系，将采访团队的信息来源从个人扩展到学术大圈，将对学术文献采访工作的全面开展有重要意义。

5 结语

综上所述，随着学术信息传播媒介的发展，以及科研人员学术行为的变化，专业图书馆、研究型图书馆以及高校、科研院所图书馆在数字时代的新形势下，从纸电信息资源结构到专业信息的数据整合，从数字技术影响下的采访实务到专业学科与图书馆、科研机构、出版行业之间的合作，以及具备专业知识和学术信息技术的采访团队的构建，都有巨大的发展潜力和广阔的发展前景。图书馆学术信息资源供求的良性发展道路将越走越宽广。

参考文献

[1] 徐红霞，王安文. 论数字时代与图书馆[C]//新环境下图书馆建设与发展——第六届中国社区和乡镇图书馆发展战略研讨会征文集(上册)，2007：60

[2] 美国科学基金会[EB/OL]. [2014－08－18]. http://www.nsf.gov

[3] Carol Tenopir. 电子期刊如何改变阅读模式[EB/OL]. [2014－08－18]. http://www.docin.com/p-83599821.html

[4] Wilfried Sühl-Strohmenger. Digitale Welt und Wissenschaftliche Bibliothek-Informationspraxis im Wandel. Determinanten, Ressourcen, Dienste, Kompetenzen. Eine Einführung [M]. Wiesbaden: Harrassowitz, 2008

[5] 郑玉凤. 学术信息交流媒介及其数字化演进[J]. 江苏建筑职业技术学院学报，2012(4)：88

[6] 郑永晓. 论网络出版与学术著作出版方式的转型[J]. 图书情报论坛，2006(4)：58

[7] Peter Boyce, Donald W. King, Carol Montgomery, et al. How Electronic Journals are Changing Patterns of Use [J]. Serials Librarian, 2004, 46(1/2): 121－141

[8] 刘秀华. 学术用户的数字信息需求研究[J]. 图书情报工作，2008(9)：59

[9] Barbara Quint. Google Scholar Focuseson Research-Quality Content [EB/OL]. [2012－06－15]. http://www.infotoday.com/newsbreaks/nb041122-1.shtml

[10] 朱硕峰，宋仁霞. 外文文献信息资源采访工作手册[M]. 北京：国家图书馆出版社，2014

[11] 陶蕾. 学术评价下外文文献采访研究[J]. 图书情报论坛，2011(3－4)：13－17

数字时代的图书馆音像资源采访的困境及出路

王会娟(国家图书馆)

作为人类视听记录的音像资源,其载体大致经历了胶片、唱片、磁带和光盘的发展过程,大约每20年就会有一种新的记录载体问世[1]。当前,音像资源已经进入到数字出版阶段,互联网的飞速发展对音像出版产业产生了真正的冲击,随着国家三网合一的推进,以及宽带用户、无线网络用户的增加,数字电视、平板电脑、智能手机的普及,通过有线、无线网络观看视频已经毫无问题。网络上的音像资源逐渐摆脱版权困扰,可以点播的音像资源极大丰富,网络原生的音像资源数量也在增长。此外,音像资源的光盘出版物数量在减少,音像资源的主要阵地也从音像出版社转移到网络。

这种情况下,传统的图书馆音像采访工作面临新的挑战和选择,如果拘泥于传统的光盘等物理媒介,就会错失很多重要资源。在数字化时代,如何适应音像资源从传统出版发行向数字化和网络传播的变化,及时调整工作思路和方式,准确及时采集这个时代具有影响力和代表性的音像资源,是图书馆音像采访工作必须直面的现实问题。

1 音像资源的光盘出版状况

近年来,音像出版业遭逢网络出版的强力冲击,陷入前所未有的低谷。音像出版陷入了困境。我国音像出版单位每年制作发行的原创节目量明显减少。根据2007年新闻出版总署年检资料,年出版50种以下的音像出版单位占了将近一半,年出版品种在50—300区间以及500—1000区间的单位数量呈递减趋势,音像制品的出版能力明显偏弱。此外音像制品的结构不合理,品种单调贫乏,重复、跟风出版品种甚多,原创品种少,更多的是“冷饭”,选题雷同,内容相近,甚至连封面都差不多[2]。从事音像经销的公司数量大量减少,对这个行业的热情也开始降温。来自中国音像协会的消息表明,占音像销售市场大部分份额的民营批发、零售渠道开始萎缩,广州市2500余家音像店,现在只有几百家还在营业,北京的音像大厦已经由鼎盛时的6层30余家,到现在仅剩下1层不足10家,销售额也大幅下降[3]。

对中文音像资源出版物全部采访,是国家图书馆中文音像采访工作的目标。国家图书馆的音像资源收藏已经有近30年的历史,其间经历了多次音像载体的更迭,由最初的录像带、磁带收录,到21世纪初CD、VCD、DVD为主。如今录像带、磁带等载体正在终结,光盘出版物的数量也开始下降,网络出版的资源成为新的主流。从国家图书馆的实际采访工作中,也感受到音像出版物的下降趋势非常明显。2010年之前,还会有音像公司或者经销商主动向图书馆推荐他们的出版品,提供出版物目录,虽然各家提供的目录重复度非常高,但近一两年,从事音像经销的公司越来越少,仅剩的几家也多是勉力维持,对于每种出版物只需要一份的图书馆,很难提供出足够的新品目录,更没有主动来和图书馆推荐资源的音像经营公司。目前国图的中文音像采访合作方除了老牌的西单图书大厦和一家音像经销商北京华视伟业文化发展有限公司,很难再开拓新的供应商。

通过对出版社的调研和访谈,更加强烈感受到如今音像出版业的衰退状况。受盗版、网络、数字出版等因素的影响,音像出版整体上不景气,传统出版大省也辉煌不再。广东省音像出版社共计29家(包含有出版资质的公司),2011年共出版音像制品2629种。新时代影音公司、广州音像出版社及广东省科技音像出版社等都先后注销。上海市音像电子出版单位也由原来的40余家减少到目前的29家,每年音像出版物约有3000种,其中新品种约为1500种。辽宁省的音像出版物总量下滑到20世纪90年代高峰期年出版量的十分之一。数量下降的同时,原创和精品更加缺乏。如今能在市场上销售3000份以上的都是年度优秀作品,而70%左右的出版物是"自出自销"型,通常发行量不超过200份,只在本地流通。电子音像出版社的生存绝大多数依赖所谓"书配盘",原因是光盘容易被盗版,而图书被盗版相对难一些,另外,音像店基本倒闭,书店生存情况相对好一些,"书配盘"还能借书店渠道与书捆绑在一起销售[4]。

此外,音像出版中定向出版的情况比较明显。定向出版即单位或个人与出版社合作,由单位或个人出资进行出版。定向出版主要包括:①教材配套光盘,该领域竞争激烈,销量下降但尚能维持,前景却不乐观;②政府采购工程,农家书、远程定制教育出版物,销路有保障但是受到采购政策、计划、社会评价走向的影响大;③开拓企业定制服务,宣传片纪录片,全套服务,从策划、制作到流通,全流程、全媒体的包管服务。这些定向的制品基本上不流向市场,有些也仅限于在局部地区销售。

对于音像出版产业的发展未来,普遍认为依托网络技术的数字出版是方向,光盘作为一种载体,也将同磁带一样走向终结。从产品信息的传播看,网络音像信息可通过搜索引擎直接到达用户,要优于传统音像出版;从产品形态看,网络音像不需要光盘介质,成本远远低于传统音像制品;从物流看,网络音像可以在线观看和下载,比传统音像产品通过音像店、书店流通渠道到达用户快速和便利;从资金流看,网络支付、手机支付比传统支付更便利。电子音像出版产业最终将走向数字出版,以光盘为载体的电子音像出版只是一个过渡[5]。

2 网络音像资源的情况

随着广播电视网和互联网的结合,音视频信息的频繁交换,网络音视频服务逐渐成为信息交流的主要载体。网络电视、网络视频的出现使得传统的广电音像出版的界限变得模糊。电视台利用网络播放节目,视频网站也可获得广电总局颁发的"广播电视节目制作经营许可证",从事影视综艺节目的制作;还可以通过版权购买,接受网民上传等方式,提供更加丰富的资源。网络音像资源有标清、高清、蓝光、超高清等多种版本可选,播放过程流畅;对用户提供从免费到收费VIP的多样化服务,免去用户购买大量DVD光盘以及播放设备的麻烦,移动平板电脑和智能手机播放音视频资源很快被大众接受并喜爱。

2.1 大量的电视、电影、广播资源直接通过网络发布

音像出版物内容主要来源就是电视台、电影厂、唱片公司、广播节目等。后者一直是音像出版产业的密切相关产业,属于资源的源头。如今电视台、广播电台直接在自己的网站提供点播,电影、唱片等通过版权合作,授权给视频网站。网络提供了容量大、成本低、获取便利、影响广泛的传播渠道,既可以实现与电视台同时播放,也可以提供随时点播,使得电视

台、广播电台不再需要光盘出版的方式,就能赢得大量用户。

目前,比较有影响的网络电视有央视网、湖南电视台的芒果网等。专业的视频网站有优酷网、土豆网、爱奇艺、搜狐视频、新浪视频、腾讯视频、凤凰视频、酷6网、乐视网、PPS网络电视等。提供在线音乐服务网站也已经做得比较成熟,如百度音乐、一听音乐、酷狗音乐、搜狗音乐、虾米音乐、QQ音乐、九天音乐、网易云音乐、音悦台、豆瓣FM等。专业的在线音乐、在线视频网站更加注重提高用户的服务体验,有快速准确的搜索功能、内容丰富的音视频节目按照分类、排行榜等方式的专题推荐,还有面向用户的个性化服务,打造用户的私人空间;同时提供UGC视频上传(User Generated Content,用户原创内容)、分享、视频下载、主题服务等多种服务方式,通过PC机、手机、PAD等多终端为用户提供服务。

2.2 网络原生音视频资源正在大量产生

在线音乐网站为民间音乐人提供发布作品的空间。比如百度音乐平台上,个人或者乐团通过非常简便的注册方式就成为百度音乐人。注册信息审核通过后,能够获得百度音乐平台提供的唯一个人音乐主页,原创作品可以加入到百度正版曲库,如果有收益,音乐人还可以参与分成。百度音乐平台会通过音乐人排行榜、原创音乐排行榜等方式来推荐好的原创音乐。

专业视频网站都有自己的原创版块,原创内容主要是影视综艺节目。一些原创的节目已经成为品牌,比如“优酷原创”于2009年成立,至今已经产出78部微电影、10余部网络剧、数百个人气节目,共有微力影院、优酷微剧场、天行动漫剧场三大联动平台。优酷原创曾推出高晓松主持的互联网脱口秀节目《晓说》;2012年开始的“大师微电影”系列,每年都聘请四位亚洲顶级的电影人担当导演,每人制作一部微电影;2013年的网络周播剧《万万没想到》,每集只有5分钟,平均点播率却达到3680多万次。这些作品先后获得包括上海电影节、戛纳国际电影节、温哥华国际电影节、釜山国际电影节等40多个国际电影节青睐。搜狐视频正在上映的《匆匆那年》改编自畅销小说,像电影大片一样在一线城市投放大量公交站灯箱广告,首映分别在北京、广州、沈阳、成都和郑州的各大4K影院举行。

微电影是网络视频时代发展起来的一种新的电影类型,真正的起步始于2010年的《一触即发》和《老男孩》。很多专业人士都对其寄予很高的期望。参与微电影创作的有专业人士,也有电影爱好者。微电影主要通过网络传播,由于传播方便,功能也被充分利用,不仅有电影从业者、爱好者利用微电影来实现自己的电影梦,也有国家机构利用微电影来文化宣导,比如中央电视台策划组织的《唐诗宋词微电影系列108部》是一个大型公益性传统文化普及项目,2013年在上海国际电影节正式启动。2014年后微电影的发展进入一个平稳时期,那些扶持新人、强调艺术创新的微电影,以及展示各个行业、各个领域精神风貌的微电影成为微电影新的支点。微电影的专门网站有V电影、爱奇艺·微电影等。微电影已经拥有诸多专业电影节,如中国国际微电影节、北京国际微电影节、成都微电影节等。微电影的品质和数量都已经相对进入成熟期,影响力也在不断扩大。

2.3 音视频类数据库经历十余年的发展,相对成熟

国内比较成熟的音视频类数据库公司已有十余家,认可度较高产品有《网上报告厅》《库客》《新东方多媒体学习库》《名师讲坛》《知识视界》《天方有声数字图书馆》等。音视频

类数据库内容比较全面,有专题片、学术报告、影视剧、音乐、有声书、语言学习、大师课程、技能培训、社会考试辅导等。音视频类数据库包含的资源丰富且经过相对专业的组织,又能提供便利的检索功能,也可以提供个人空间、评论分享等服务,比较适应网络时代用户的使用习惯,已经成为图书馆资源的重要组部分。

3 采访工作遇到的挑战

出版形态的变化必然影响到图书馆的采访工作。如今的音像类资源出版情况十分复杂,仅仅通过新华书店等传统采访渠道关注光盘出版物,就会错失掉很多优秀资源。出版社的定制出版物流通少,难以通过新华书店购买到。通过购进音视频类数据库,能有效地满足大众的需求,却不利于图书馆通过长期积累,形成本馆特有的资源。这对图书馆的音像采访工作提出了挑战。

3.1 定制出版光盘

目前,音像社多转向定向出版,包括给一些单位、公司、企业来定制光盘。这一部分出版品仍然会有很多优秀的资源,比如一些大企业的宣传片、纪念影像,都是反映当前国家经济、社会文化的重要资料。一些从事艺术类的企业,定制的出版品具有很高的艺术水平。比如,笔者在追踪钧天云和乐团大剧院演出的纪念光盘《无痕》的过程中,了解到这是钧天坊定制出版的光盘,所有光盘都归属钧天坊,而钧天坊主要通过培训班学员认购以及合作琴馆来销售,不通过新华书店销售。

很多艺术院团会定制出版本团的精品节目,在演出现场出售。笔者曾在晋剧《傅山进京》的演出剧场外看到剧团出售晋剧院精品剧目的光盘《范进中举》《傅山进京》等。这两部新编晋剧,已经使主演先后获得第十六届中国上海“白玉兰戏剧表演艺术主角奖”“第二届中国戏剧奖·梅花表演艺术奖”,也曾到法国演出,反响热烈。然而在京城图书大厦的音像区以及网店上都找不到这些光盘出售,国家图书馆迄今没有收藏这些光盘。

定制出版光盘绕开了新华书店的销售渠道,或由于出版数量有限,只内部赠送,而不会流经市场,如果采访人员一家一家去追踪,费时费力,且难以收效。

3.2 互联网上的音像资源

互联网上的音像资源基本不出光盘,全新的资源载体对采访工作构成挑战。原本与音像产业密切相关的电视台、电影、广播等资源不再优先选择光盘出版,而是直接通过音视频网站传播。网络剧、微电影、网络原创音乐等网络时代的原生产品,为网络传播而制作,也在网络上获得成功,很少再回到光盘出版。图书馆如何收藏网络原创的音视频资源,没有先例可循。曾经的光盘出版,图书馆还可以通过光盘购买或者出版社样本呈缴等方式获取。如今网络出版物的重点是版权,音视频网站获取的只是传播权。图书馆的音像采访,基本没有涉及直接购买资源版权的方式。如何采访网络出版物,是一个全新的问题。

3.3 音视频类数据库,商业化与特色化的两难

购进音视频类数据库能有效地满足大众的需求,却不利于图书馆通过长期积累,形成本

馆特有的资源。音视频类数据库因为其商业性特点，收录的资源受限于厂商可以拿到版权的能力，以及资源普适性。一些好的资源，因为版权原因，或者因为需要的图书馆不多，就无法形成商业数据库。我们曾经接触一家公司，计划做美国国家地理视频库，后来因为授权费高昂，最终放弃了该计划。一些优秀的资源，因为没有太高的商业价值，在音像出版社难以出版，在数据库公司，依然难以被做成商业数据库。一些优秀的艺术类高校都拥有丰富的音像资源，因为没有太高的商业价值，也不能形成数据库出售。

图书馆通过采访音视频类数据库，可以有效补充音像资源，然而，如果只有购买的音视频数据库，各馆的音像类资源就趋向一致，主要区别只是在于购买数据库的数量。而那些不能形成数据库的音像资源将流失于图书馆之外。

4 图书馆音像采访工作需要做出的应对策略

身处于音像资源繁荣的时代，可以很便利地获取各种各类的音像资源，为图书馆收藏音像资源提供了良好契机。但数字技术、网络技术的快速发展，使得音像资源的对载体形式的依赖逐渐减弱，生产与传播开始摆脱对出版社、发行系统的依赖，甚至变得个人化、随意化。习惯以出版品为传统采访对象的图书馆必须主动做出调整，加强对网络音视频资源的关注和了解，才能避免错失网络时代的优秀音像资源。笔者根据工作中的经验和思考，总结出以下几种想法，与大家探讨。

4.1 加大对音像资源收藏的宣传，提高社会认知度

尽管国家图书馆收藏音像制品已有近30年的历史，形成了丰厚的馆藏。可是社会上对图书馆主要认知仍然停留在图书馆是看书、借书的地方，很多人不了解图书馆对音像资源的收藏以及需要。如果有机会能够让更多的人知道图书馆音像资源的收藏政策、收藏意义，就可以调动社会参与热情，获得各种捐赠资源。国图音像组今年受赠费翔新作《谎》MV 缘于偶然的机会，费翔工作室的人员得知图书馆收藏音像资源并且接受个人捐赠，主动同国家图书馆联系并赠送了光盘资源。钧天坊的工作人员了解国家图书馆的音像收藏情况后，把公司已经出版的 CD、DVD 捐赠给国家图书馆，并表示愿把以后出版的资源继续捐赠给国家图书馆收藏。一位从事纪录片制作的导演，通过国家图书馆音像采访人员的宣传，了解收藏政策后，当即表示他所有公司的纪录片资源，都可以捐赠给国家图书馆。目前，只依靠音像采访工作人员个人宣传，影响力非常有限。如果可以通过图书馆的网站、微博等渠道，广泛宣传图书馆的收藏政策以及希望获得捐赠的资源要求等，一定可以收到更好效果。

4.2 音像采访工作人员要广泛了解音像资源的生产和收藏情况

网络时代的音像采访工作不能再依赖新华书店或者音像经销商提供的目录，而需要变为主动寻访资源。不论网络资源还是定制出版资源等，都应该纳入音像采访人员的关注范围。要深入了解网络原创影视综艺节目、微电影、在线音乐等新型音像资源，从网络上发布的资源联系到线下的制作方、出品方等，摸清网络资源的版权归属情况，为图书馆采访到这些资源提供先期基础。对于优秀的定制出版光盘，需要了解到哪些机构会有比较多的定制出版，比如一些艺术院团的出版品、一些高校的内部出版物等。要掌握这些信息，不仅要充

分利用互联网上的咨询,还要主动走出去,同视频网站、院团、艺术院校等机构多交流,获得一手的信息。国家图书馆的音像采访人员近一两年通过主动走访,才了解到音像出版社、艺术院校、视频网站的一些情况。

4.3 抛开载体成见,创新音像采访工作方式

传统的音像出版物,不论是磁带、录像带,还是CD、DVD等,资源内容和物质载体绑定在一起,图书馆都可以通过简单的购买行为或者接受缴送本的方式来获取。进入网络出版时代,内容对载体的依赖降低,很多资源采取硬盘存储或者云存储的方式,如果再要求这些资源一定回到光盘的形式才可以被图书馆收藏,就有“削足适履”之嫌。不如顺应时代发展的要求,把硬盘存储、云存储的方式应用到图书馆音像资源的采访工作中。例如,图书馆可以建立一个接受资源的平台,经过协议签订的资源方,可以直接把最高标准的音像资源上传到这个平台。既有采访光盘出版物,又容纳网络出版的音像资源,不论载体形式怎样,图书馆都有合适的渠道和方式收纳进来。如此方可广泛收藏到优秀的音像资源。

4.4 争取配套工作环节的支持

如果图书馆以硬盘存储、云存储的方式接收音像资源,现在常用的Aleph编目系统、光盘库房的保存方式都需要随之调整。原本的一种资源对应一个条形码、排架号的编目方式,应该转换成给每一种资源一个URL的网络识别方式。除了排列整齐的光盘库,还应该加入硬盘阵列。从硬件到技术,以及工作标准、人员配备,都需要配套调整。网络时代的图书馆音像采访任重道远,只有得到这些工作环节的支持,才能不拘一格地开展音像采访工作。

(特别说明:文中关于广州、上海、辽宁音像出版社现状参考了国家图书馆中文采编部孙保珍、张静、韩飞的外出调研结果,在此向三位致谢。)

参考文献

[1] 刘兹恒. 非书资料采访工作手册[M]. 北京:北京图书馆出版社(今国家图书馆出版社),2004

[2] 蒋顺. 音像出版的困境和出路[J]. 编辑学习,2006(1):62

[3] 朱启会等. 中外音像出版产业及相关政策研究[M]. 北京:中国书籍出版社,2009

[4] 朱启会等. 改革开放30年的中国音像出版业[J]. 出版发行研究,2008(7):15-19

[5] 李华. 电子音像出版的困境与走向[J]. 中国编辑,2010(5):50-54

自助出版及其对图书馆外文文献采访工作的影响

杨　柳(国家图书馆)

自助出版(Self-publishing)是一种存在已久的出版方式。许多今天的经典图书都曾经通过这种方式与读者见面。早期的自助出版更多是一种无奈之举,只有作品被传统出版社拒绝的作者才会选择通过自助出版的方式出版自己的作品。但近年来,自助出版却越来越成为许多作者的首选出版方式。

1　自助出版的概念和特点

自助出版,又称自出版,指由作者本人在不借助其他任何第三方出版机构的情况下自行出版所著作品的出版方式。作者本人对作品出版的整个环节负责并控制其进程。以图书而言,作者本人需负责图书装帧设计、体例、价格、发行、市场营销和公关等。上述工作可以由作者独立完成,也可以部分或者全部外包给专门提供此类服务的公司来完成。自助出版的载体并不仅限于实体书,也包括电子书、音像制品等其他载体形态。

1.1　自助出版兴起的背景和原因

自助出版由来已久,但是近年来数字技术的蓬勃发展是自助出版飞速发展的直接原因。首先,以亚马逊(Amazon. com)为代表的网络零售商将越来越多的读者从传统的实体书店吸引到网络书店;其次,按需印刷(Print On Demand,POD)技术能够印刷出版质量与传统出版社相媲美的图书;第三,电子书的出现大大简化了出版流程,降低了投入成本,同时电子书阅读器和平板电脑的更新换代也在不知不觉中改变着大众的阅读习惯。以上几点因素共同作用,使得自助出版在近十年间产生了飞跃性的发展。

1.2　自助出版的规模

以美国为例,2002 年,美国自助出版图书仅 3.3 万种,自助出版在当时还算是一种非常小众的尝试。但是近年来随着数字技术日新月异的发展,自助出版已经成为一股不可忽视、不可阻挡的潮流。以下是美国鲍克公司统计的 2007—2012 年间的美国自助出版数据,见表 1。

表 1　2007—2012 美国自助出版数据(由美国鲍克公司统计)

图书类型 \ 时间	2007	2008	2009	2010	2011	2012	2007—2012 增长量	2007—2012 增幅
实体书	66 732	77 132	96 724	114 108	158 674	234 931	168 199	252.05%
电子书	8265	8336	14 635	38 763	88 238	156 837	148 572	1797.60%
总量	74 997	85 468	111 359	152 871	246 912	391 768	316 771	422.38%

从该统计数据可以看出,从2007—2012年短短六年时间里,美国自助出版规模发生了翻天覆地的变化。2007年,自助出版的电子书和实体书总量仅不足10万种,而2012年这一数值便上升到将近40万种,增长了四倍多,其中又数2010—2012三年增长速度最快。总体而言,实体书和电子书自助出版规模均有所扩大,而借助数字出版技术的发展,电子书自助出版的发展速度比起实体书更胜一筹。

1.3 自助出版分类及流程

自助出版分为电子书自助出版和实体书自助出版两种形态,两者的出版流程略有不同。

电子书自助出版的流程相对简单,主要分为以下几个步骤:①图书写作;②图书设计;③图书发布;④收益查询;⑤收益体现;⑥版税支付。电子书自助出版的所有环节都通过网络完成,操作十分简便,一般情况下作者只需将作品编辑成word格式,选择想要合作的出版平台上传作品,平台自会提供相应的软件将word格式的作品转换成多种流行的电子书格式供读者下载。目前比较知名的电子书出版平台有隶属于亚马逊的Kindle Direct Publishing,巴诺书店的Nook Press平台、Smashwords平台等,流行的格式有EPUB, MOBI, PDF, HTML和亚马逊的AZW等。电子书自助出版基本上无须任何费用,因此这是自助出版作者选择最多的出版方式。

而自助出版实体书所涉及的工作环节较为复杂,有些需要线下合作机构配合完成,如提供自助出版相关服务的公司等。大部分自助出版公司都可以向作者提供书号。比较知名的从事印刷图书自助出版公司有Author Solutions,旗下汇集了Author House,iUniverse, Trafford Publishing, Xlibris等知名自助出版公司。

在实际操作中电子书和实体书的自助出版之间并没有严格的界限。许多作品通过出版价格低廉的电子书积累了人气,吸引了大量读者,从而引起传统出版社的注意,继而购买其版权出版实体书。这一现象在文学作品中尤其常见,如休·豪伊(Hugh Howey)的《羊毛战记》(*Wool*),最初就是以电子书的形式开始出售。另外随着按需印刷技术的普及,也有一些并非为追求名利而出书的作者,印制少量的自传、游记等馈赠亲友,体验出书的乐趣。

2 自助出版的优势与劣势

2.1 自助出版的优势

自助出版有着传统出版模式不可比拟的优势。

首先,自助出版降低了出版门槛,为大量籍籍无名的普通人提供了一个实现梦想的机会。同时也给一些确实有才华有能力却被传统出版社拒绝的作家提供了一个新的机会。

其次,自助出版耗时较短,十分适合一些时效性较强的图书。在传统出版模式下,作者将书稿提供给出版社之后,需要经历漫长的审核、校对、编辑和设计装帧等环节,整个过程往往长达数月,甚至数年。而采用自助出版模式,作者足不出户,利用出版平台提供的软件自行设计图书的板式和装帧,几十分钟便可完成全过程。

再次,自助出版便于作者控制出版环节中的每一个细节,能最大限度展现作者自身的创意和才华。在传统出版模式下,大部分作者都无权对作品的封面、装帧和定价等提出意见,和编辑就作品内容产生分歧的情况也时有发生。选择自助出版的作者则可以独立决定作品的每一个细节，最大限度发挥作者自身的创作力。

第四，自助出版模式下作者能够获得更多的版税收入，同时拥有更全面的作品改编及开发权利。选择自助出版的作者拥有作品的外文版权、电子版权、影视改编版权、电视改编、游戏改编、话剧、歌剧改编以及外围产品开发的所有权利。作者还可以获得更高的版税，标准是每本书零售价格的30%—70%，远高于传统出版模式下5%—25%的版税。

最后，随着Web2.0技术发展得越来越成熟，自助出版平台能够为作者和读者提供更多的互动和有效的交流，从而刺激作品的销量，提高作者的收入和知名度。传统的图书出版是单向传播，而自助出版可以通过网络平台让作者与读者进行有效的互动，建立忠实的读者群体，作家也能广泛采纳和搜集读者对图书内容的意见，并在随后的写作、编辑、包装中修正不足。

2.2 自助出版的缺陷

自助出版的便利性是一把双刃剑，它在为作者带来方便和高收益的同时，也使自助出版存在天然的缺陷。自助出版绕开传统出版社，产生的主要问题有出版物内容的质量、电子书版权的保护、作品的侵权等。而和图书馆外文文献采选息息相关的最重要的问题则是自助出版物的质量问题。

自助出版绕开了传统的出版社，自然也就避开了传统出版社为保证作品质量而进行的挑选、审核、编辑、校对等把关过程。而把关过程的缺失导致的最直接问题就是自助出版物的质量问题。没有经过专业出版社的挑选，作品本身的水准和主题的价值就难以保证，因此在自助出版图书中可能会见到迷信、暴力和淫秽内容；作品若未经过校对，其中的技术性错误往往难以避免；没有经过专业编辑的加工润色，作品的可读性就难以保证；而作品的版式和封面设计也只能依靠往往并不专业的作者自己进行，审美价值难以保障。这样的作品即使进入了发行销售渠道，恐也难引起消费者的兴趣。

3 自助出版对图书馆外文文献采访的影响

自助出版是数字化时代出版革命的产物，它使出版变得简单易行，使每个人都有可能成为作家，它代表了一种新的尝试，为出版行业提供了一种新的可能性。目前，从欧美国家的实际情况来看，自助出版已从小众尝试扩大为一种规模化产业，很好地激活了出版市场，丰富了图书品种，扩大了产业规模，带动了图书出版业的繁荣。在美国，通过数字平台实现自助出版的作品呈现井喷之势，并催生一批新的畅销书作家，在这一现象的带动下，又有更多的作家弃传统出版商转投自助出版平台。

选择自助出版的畅销书作者数量不断增加，使得自助出版也逐渐摆脱了过去不受重视的地位。亚马逊、培生集团、巴诺书店、西蒙·舒斯特等零售商、出版商也相继涉足自助出版领域。2012年，培生出版集团(Pearson)斥资1.16亿美元购买了专注自助出版的Author Solutions公司，这也是近年来主流出版商试水自助出版的一个重大举措。一些主流书评机构也改变过去只评论主流出版商出版的图书的做法，开始对自助出版的图书给予更多的关注。

但是，鉴于自助出版与生俱来的缺陷，对于国内以入藏高质量外文文献的图书馆而言，自助出版的持续升温无疑为图书馆日常的文献采选工作提出了更多的难题。目前，国内图书馆文献信息资源的采购均通过招标完成。图书馆采访馆员通过中标代理商提供的图书目录,结合本馆馆藏发展政策和读者需求等来选择需要购买的图书。而在实际操作中,中标的代理商所提供的图书目录中充斥着大量自助出版的书目。究其原因,一方面是代理商自身能力有限,目录搜集和书目信息鉴别的能力有待提高;另一方面也不能排除个别代理商对书目信息不重视,或是为完成招标合同要求而滥竽充数。

采访馆员肩负重任,要在海量的书目信息中筛选出学术价值高、具有一定收藏价值的外文文献,日常工作非常繁忙。书目中充斥的大量自助出版图书无疑加大了采访馆员的工作量,而且因为自助出版图书的内容鱼龙混杂、良莠不齐,采访馆员所付出的巨大的时间和精力往往付诸东流,并不能取得多少实质性的成果。一些自助出版作家为了赢取读者关注,获得更多受益,往往在题名、内容简介上面大做文章,一些个人修行、个人感悟类型的图书经常"披着"宗教、哲学的"外衣",使自己的作品"看上去很美"。假如采访人员缺乏应对此类图书的经验,可能会误选,造成工作中的失误。

要减轻自助出版对图书馆外文文献采访工作的不良影响,可以考虑从以下几方面着手:

首先从招标环节入手,严格把关,选择综合实力过硬的代理商。目前,鉴于我国绝大多数图书馆的文献信息资源都是通过招标方式来购买,在招标过程中就应该考虑到图书文献招标采购的特殊性,全面考虑投标人的综合实力,尤其是投标公司专业人员队伍的信息搜集、分析加工和编辑等软实力因素,而不仅仅只考虑价格因素。只有拥有一支素质较高、全面了解国外出版动态和发展趋势的专业人员队伍,才能保证在中标后定期提供和图书馆馆藏政策契合度较高的专业图书目录,从源头上减少自助出版图书在图书目录中的数量,节约采访馆员的时间和精力。

其次,图书馆自身应有清晰准确的定位,并根据自身职能定位制定符合本馆实际的外文文献采访政策和外文馆藏发展政策。目前,我国大量入藏外文文献的主要有国家图书馆、大型公共图书馆、高校图书馆和专业图书馆四种。这四种不同类型的图书馆,其职能、定位、服务对象也迥然各异。其中国家图书馆和专业图书馆对外文文献学术水平要求较高,采访馆员在日常选书工作中遇见自助出版图书应严格按照馆藏政策做出正确选择;而高校图书馆和公共图书馆则可在收藏经典文献的基础上兼顾服务对象的通俗阅读需求,对一些自助出版的作品灵活把握。

最后,采访馆员应意识到文献采访工作的重要性,熟练掌握本馆外文馆藏发展政策,并在实际工作中以此为指导,谨慎对待每一本书;采访馆员应在日常工作中不断学习,勤于总结,多进行内部交流讨论,实现信息资源共享;采访人员和中标代理商之间应建立起良性互动机制,采访人员定期和中标代理商进行交流沟通,及时反映目录中存在的问题,对于一些新的出版社,代理商若把握不准,也可及时向资深采访馆员讨教。对于屡次出现此类问题且解决态度不积极、不诚恳的代理商可以考虑根据合同规定进行警告、罚款等不同程度的处罚措施,起到惩戒的作用。

虽然自助出版在国外持续升温,并产生了一定的国际影响,一些自助出版公司和网站已经在本国之外设立办事处等分支机构,但是由于自助出版难以解决的内在问题,短期内自助出版还不足以改变现有的出版格局,也不足以对传统的出版社构成实质性的威胁。绝大部分具有较高学术价值的优秀图书还是会流向传统出版社,因为传统出版社所提供的专业服务能够保证出版物的质量,同时控制网络出版难以控制的侵权问题,同时传统出版社拥有更为通畅和宽广的发行渠道,更能保证作者的经济收入。因此,作为图书馆外文文献馆藏建设者,采访馆员一方面应该立足本馆定位和职能,熟练掌握馆藏发展政策,深入了解读者实际需求,在文献采选过程中练就一对"火眼金睛",对自助出版图书严加甄别,根据实际情况灵活处理,区别对待;另一方面也应该发挥自身语言和学科优势,利用各种资源,持续追踪自助出版在国内外的发展动态,为今后的外文文献采选工作提供借鉴。

参考文献

[1] 陈洁,陈佳. 数字时代自助出版现状与困境探究——基于中美两国出版市场的比较[J]. 出版广角,2013(9下):32-35

[2] 侯鹏. 浅析英国自助出版及其对我国的启示[J]. 出版参考,2013(12下):37-39

[3] 刘蒙之. 美国自助出版的发展现状与存在问题评析[J]. 现代出版,2012(11):63-67

[4] 刘蒙之. 美国图书"自出版"模式的历史、现状与评价[J]. 燕山大学学报(哲学社会科学版),2012(12):141-143

[5] 郑一卉. 美国自助出版热潮评析[J]. 中国出版,2008(5):68-70

[6] 朱硕峰,宋仁霞. 外文文献信息资源采访工作手册[M]. 北京:国家图书馆出版社,2014

[7] Jim Milliot. Self-Published Titles Topped 764,000 in 2009 as Traditional Output Dipped[EB/OL]. [2014-08-18]. http://www.publishersweekly.com/pw/by-topic/industry-news/publishing-and-marketing/article/42826-self-published-titles-topped-764-000-in-2009-as-traditional-output-dipped.html

[8] Calvin Reid. Pearson Acquires Self-Publishing Vendor Author Solutions For $116Million[EB/OL]. [2014-08-20]. http://www.publishersweekly.com/pw/by-topic/industry-news/publisher-news/article/53077-pearson-acquires-self-publishing-vendor-author-solutions-for-116-million.html

[9] Bowker. Self-Publishing Sees Triple-Digit Growth in Just Five Years[EB/OL]. [2014-08-20]. http://www.bowker.com/en-US/aboutus/press_room/2012/pr_10242012.shtml

[10] Bowker. Self-Publishing in the United-States, 2007-2012[EB/OL]. [2014-08-20]. http://www.bowker.com/assets/downloads/products/selfpublishingpubcounts_2007_2012.pdf

浅谈图书馆中文图书信息流的整合与利用
——以国家图书馆为例

于菲菲　李　蔓(国家图书馆)

1　信息流的概念

信息流是传播学中的一个重要概念,它最早由美国传播学者罗杰斯提出,后引申到各个领域中。广义的信息流是指人们采用各种方式来实现信息交流,从面对面直接交谈直到采用各种现代化的传递媒介,包括信息的收集、传递、处理、储存、检索、分析等渠道和过程。狭义的信息流是从现代信息技术研究、发展、应用的角度看,指的是信息处理过程中信息在计算机系统和通信网络中的流动①。

虽然目前为止,在图书馆学中并没有一个明确的关于信息流的概念,但是从上述概念中不难看出,信息流是一个过程,一种活动,它并不是静止的,所呈现出来的状态是不同的。简言之,信息流就是信息的传递过程。同时,它也是实现图书物流的基础,是先于物流的重要保障。根据信息流的概念可以判断,图书的信息流主要包括产生、获取、解析、加工以及服务等。

2　图书馆中文图书信息流的传递渠道及过程

从上述信息流的概念来看,信息流所描述的是信息流动过程中所呈现出来的各种状态。以国家图书馆为例,仅就中文图书信息流而言,可以将其分为两个阶段,即图书馆外部信息流和内部信息流(如图 1)。

图书馆外部信息流主要体现在信息生产者以及信息传递的媒介上。其中,图书信息的产生主要来自于出版社发行部门的全品种书目、各级书商的馆配书目、其他图书馆的馆藏目录、读者推荐书目、新书发布会、总编室的缴送样书清单以及原书作者赠书清单等。这些数据分别通过各种虚拟媒介(如网站、QQ 群、博客、微博、微信二维码等)和实体媒介(如报纸、杂志、广播、电视等),从不同的维度渗入到图书馆的采访工作中,成了图书馆内部信息流开发利用最重要的前提要素。

图书馆内部信息流主要是指各种图书信息在流入图书馆内部之后,被获取、解析、细化、分类、加工,最终用于服务读者的一系列操作过程。可以将其大致分为 4 个模块:信息获取、信息解析、采编加工、信息服务。如图 1 所示,采访人员通过各种方法从不同渠道获取图书信息后,经过统一格式、保留有效字段、删除冗余信息、汇总信息等工序,得到较为全面准确的采访书目信息,通过对书目信息的查重甄选后,有针对性地进行采购和访寻工作。随后,编目和加工人员则开始对到馆藏图书信息进行细化、分类、加工,所生成的馆藏目录信息最终被读者浏览利用。

---

① 摘自 MBA 智库百科中的“信息流”条目。

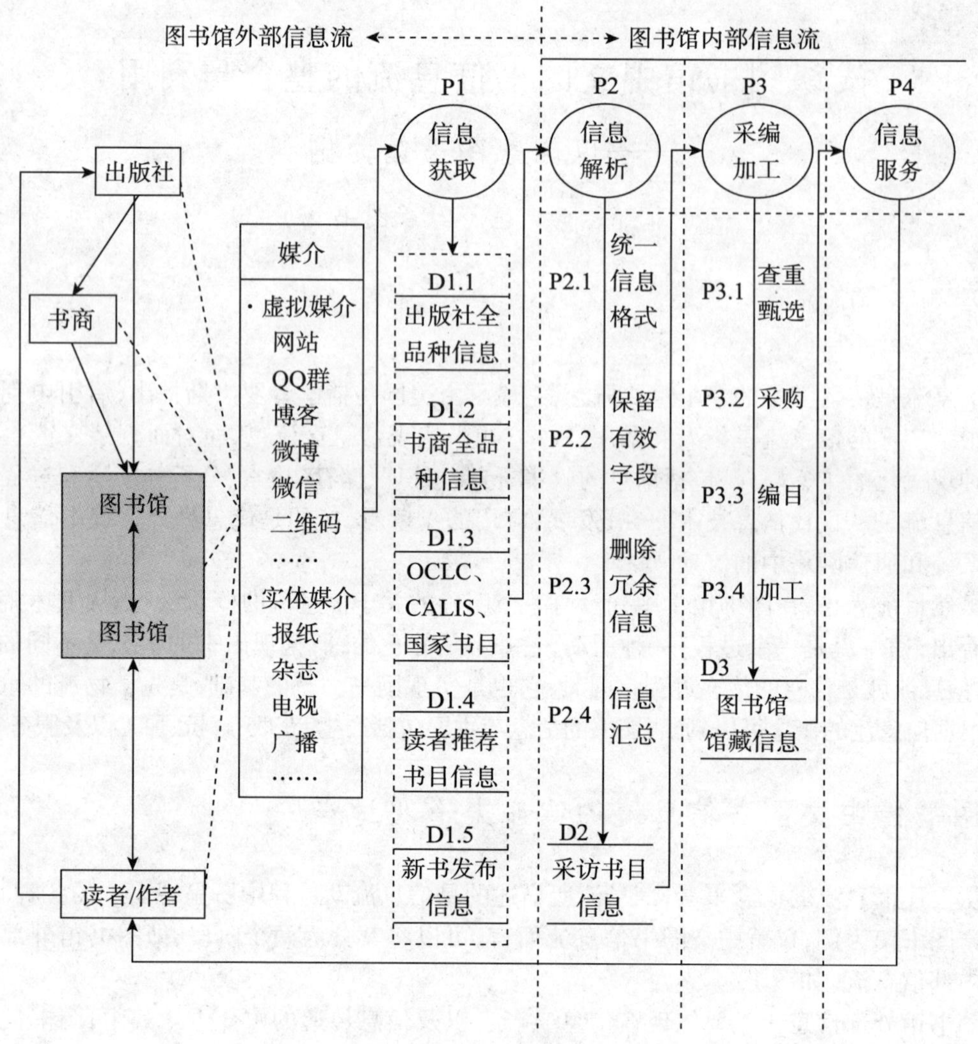

图1　中文图书信息流模式图

简言之,图书馆外部信息流是实现图书馆内部信息流内容保障,而图书馆内部信息流则是图书馆外部信息流的一种具体表现。需要指出的是,在内部信息流开发较为成熟时,它会变为其他图书馆的外部信息流的一部分,在整个信息流的产业链上,两者充分实现了双向流动的过程。所以,笔者认为两者不仅是递进关系,更多的是相互促进的关系。

3　图书馆中文图书信息流整合利用所面临的困境

图书馆图书的各种外部信息流通过多种媒介输送到图书馆变为内部信息流的过程中,图书采访环节就变得尤为繁杂,涉及面广,随着出版产业化的发展,以及新技术的快速更迭,图书馆现有的人力、技术似乎已经远远跟不上信息传播的速度以及数量。以国家图书馆中文图书信息流为例,从图书信息的获取到整合汇总再到编目加工都面临着一系列的困境,中文图书信息流的整合利用需要更加有效的研究实践。

3.1　图书信息全面获取的困境

图书采访环节的第一步首先是图书信息的获取,也就是使图书馆外部信息流变为内部信息流的关键环节。在这个过程中,采访人员需要从书商、出版社、读者、作者和其他图书馆等各种途径获取图书信息,但由于目前出版发行市场的复杂化,使得图书信息的获取仍不能满足国家图书馆全品种目录的目标。

3.1.1　书商书目存在漏洞

目前,国家图书馆和大多数公共图书馆都采取政府采购的模式采购图书,因此书商提供的全品种书目成为获取中文图书信息的重要手段,而新华书店系统的书商与民营书商在经营理念和管理运作上各有利弊,没有一家书商可以将全部的书目信息提供给国家图书馆,比如部分包销、合作出版、地区偏远没有合作的出版社、折扣较高且学术性强等的书目常常无法获取。

3.1.2　出版社书目无法囊括全部出版信息

由于书商提供的书目信息存在漏洞,采访人员就更需要从外部信息流的源头——出版社获取书目。但是部分出版社将很多图书的发行权交予其他公司或个人,出版社的发行部门仅仅掌握部分书目信息。尤其是目前大量民营出版公司具有独家出版发行权,大多数出版社总编室与发行部门相脱节,出版社不但不能发行此部分图书,连书目信息也无法获取。因此采访人员有时从出版社获取的书目也无法囊括全部的出版信息。

3.1.3　图书馆之间信息流共建共享尚需开发

图书馆之间的书目信息流合作较少,目前我馆依靠全国图书馆联合编目系统可获取到大部分图书馆馆藏信息书目,但对于一些非成员馆书目信息仍然处于空白状态,尤其是西北、西南地区或具有地方特色的图书馆所藏图书,正是我馆中文图书信息获取的瓶颈。

3.1.4　读者推荐信息纸质化,作者赠送被动化

目前,我馆的读者推荐书目仍然采取纸质化管理,读者推荐的信息被传递到采访部门后需要专人处理及时回复,但获取到的读者推荐信息并不多,与采用网络的量化推荐模式相比,劣势明显。同时,一些各种渠道都无法获取的包销书,我馆主要处于被动接受的状态,还没有实现主动出击的索赠模式。因此对于外部信息流的读者和作者环节应当引起图书馆的重视。

3.1.5　媒介信息利用率低

所有外部信息流都是通过各种媒介进行传播和利用,而面对信息高速发展的数字化时代,书目报和杂志等一些实体媒介一般对于量化的采访部门而言利用率较低,仅可对于一些畅销书或重点书引起关注。同时,对于各类网站、QQ 群、博客、微博、微信、二维码等虚拟媒介充斥人们生活的时代,图书信息流作为必不可少的元素也加入其中,而我馆的采访环节对上述虚拟媒介的利用更是少之又少,无法实现虚拟媒介的主动利用。

3.2　信息整合汇总的困境

当各种外部信息流经过媒介的传播成为图书馆内部信息时,要想使书目信息顺利流通到下一环节,并顺利完成批查重,快速有序地整合汇总就成为重要步骤。以国家图书馆获取的中文图书信息为例,人工化的书目信息整合面临着很大困境。

3.2.1　信息整合汇总技术手段原始单一,人工成本较大

就目前而言,我馆信息整合汇总工作的技术手段仍然以利用 Excel 处理信息为主,大部

分书目信息需要人工手动逐一完成，耗时耗力。虽然也有批量合并整理的小型应用程序，但多数处于分散状态，并未进行功能集成，要求使用者具备较为初级的编程知识，并且对于批量处理的文件要求格式、字段名和字段数量统一，操作起来具有一定的局限性。这些小程序在一定程度上减轻了信息整理人员的工作负担，但其仍处于辅助工具的地位。有时候需要多个程序交替使用，才能完成一部分的信息整合工作，很多书目信息整理软件存在着操作性不强、界面不友好等问题。

以某出版社的书目为例（见图2），首先要手动将ISBN号进行录入；其次将所有单元格取消“合并单元格”的选项；再次按住“Ctrl + G”调出“定位”对话框，对书目中所有图片进行定位删除；然后根据B列进行排序，将书目中不需要的内容删除；最后与之前收集到该出版社信息进行比对去重，得到最终的书目信息。

《近代史所藏清代名人稿本抄本·第一辑》影印（145册）

精选影印中国社科院近代史所收藏的清代邓廷桢、吴婿书、乔松年、阎敬铭、秋瑾、张树声、岑毓英、翁同龢、陈宝箴、孙毓汶、吴大澂、荣禄、奕劻、长顺、奕譞、张曾敭、唐景崇、陆钟琦、奕谟、绰哈布、陈夔、梁敦彦、易顺鼎、梁鼎芬、李盛铎及端方26位名人的书札、日记及各种公私文档，多属手稿真迹，亦为珍稀文献资料，涉及有清一代政治、经济、文化、外交、社会的方方面面，具有极其重要的史料价值和学术价值。

该丛书为国家清史编纂工程项目，作为我国新世纪标志性文化工程，大清史的编纂和出版无疑会在海内外引起广泛关注，其社会效益自不待言。中国社科院近代史所图书馆馆藏的这批清代名人稿抄本，具有及其重要的史料价值，清史编纂委员会能够下决心将其列入清史编纂工程项目，其学术价值可见一斑。从古籍整理的角度看，一个时代政界、文化界名人的未刊稿抄本，无论从资料的原始珍稀程度，还是内容的丰富性、代表性和权威性都是无可挑剔的，其影印出版必将促进学术的发展、文化的传承和祖国优秀文化典籍的有效保存。

序号	条码及书号	书名	编著者	定估价（元）	开本	出版日期	包册	订数
1	ISBN 978-7-5347-6250-5 9 787534 762505	近代史所藏清代名人稿本抄本（第一辑）	中国社科院近代史所编 虞和平主编	85000.00	大16开	2011.11	1	

《近代史所藏清代名人稿本抄本·第二辑》影印（253册）

张之洞（1837—1909）的生平已众所周知，他仕途经历丰富，为官时间久长，各方关系众多，历史影响巨大。他的档案是中国社科院近代史研究所保存最完整最系统的档案，奏折、公文、电稿、试卷、信函、家书、藏札、履历等一应俱全，其珍贵价值自不待言。

图2　某出版社书目信息内容

3.2.2　信息格式多样复杂，内容存在大量冗余

目前，由于技术的发展，信息存储方式的不同，信息格式也越来越复杂多样。目前，我馆采访人员所收集到书目信息主要有“.xls”“.xlsx”“.pdf”“.iso”“.doc”“.docx”“.exe”“.txt”“.mxl”等格式。格式种类繁多，除了Excel和Marc格式的信息，其他格式的信息都需要较长时间进行整理才能加以利用。这种情况在出版社提供的书目中更为普遍，尤其是使用pdf格式的图书信息更加难以整合，对于图书馆的采访人员来说，pdf格式的图书信息一般情况下都是通过重新手工录入到Excel来完成整理，这样就会造成人力成本和时间成本的增加，对于以“中文求全”为采访方针的国家图书馆来说极为不利。

除了格式多样，由于我馆采访人员从不同途径获取图书信息，所以在这些书目信息中存在着大量的冗余信息，这就涉及另一个难题——删除冗余数据。以一个书目信息的文件为例，要想删除全部的冗余数据，则至少需要两次的删除操作，即文件自身的比对删除、与历史

数据比对删除。同时,Excel 比对删除的默认条件为所比对内容要完全一致,如果存在丝毫的差距,则只能通过人工来进行判断。此外,由于从各种渠道获取的书目信息不可能要求统一的标准,因此书目信息的字段千差万别,而完成批量整理和批查重的前提条件就是字段统一,这也就造成了只能手动整理信息的局面。甚至,有些出版社的书目只有 ISBN 和题名,这也对图书整理工作带来一定影响。

我们抽取了八家出版社提供的书目信息为例(见表1)。

表1　部分出版社信息格式及内容

序号	出版社	格式	包含字段数量	所需主要字段						所缺字段
				ISBN	题名	价格	出版时间	分类号	主题词	
1	大连出版社	PDF	6	√	√	√	√	×	×	分类号 主题词
2	黄河出版社	DOC	7	√	√	√	√	×	×	分类号 主题词
3	外语教学与研究出版社	ISO	4	√	√	×	√	×	×	价格 分类号 主题词
4	成都地图出版社	XLS	8	√	√	√	×	×	×	出版时间 分类号 主题词
5	东南大学出版社	XLS	8	√	√	√	×	×	×	出版时间 分类号 主题词
6	济南大学出版社	XLS	6	√	√	√	×	√	×	出版时间 主题词
7	人民东方出版社	ISO XLS	29	√	√	√	√	√	√	无
8	厦门大学出版社	ISO XLS	18	√	√	√	√	√	√	无

从上表可以看出,大部分的出版社图书信息格式均为 XLS 和 ISO 格式,也有部分很难整合的 PDF 格式。从内容上来看,基本上都具备 ISBN、题名和价格字段,但是对于出版时间、分类号以及主题词这三个字段而言,出版社就相对没有那么重视了。然而,由于我馆不同时期出版的图书由不同书商负责采购,出版时间是区分供书商的一个重要标志,所以没有出版日期的图书信息在我馆的采购环节可以视为无效信息。

3.2.3　网络信息抓取技术较为落后,处于单件写入阶段

随着网络技术的发展,人们购书方式的改变,网上书店的规模越来越大,其中存在着大量的书目信息,这些信息往往与我们从其他渠道获取的书目会有一些差异,如何整合这些信息也是我馆采访部门近几年一直在探讨的问题。虽然我馆已经设计开发出抓取网络书目信息的程序,但是仍然是单件操作,无法实现自动批量处理,整合信息也只能部分批量整合,操

作流程烦琐,人工操作比重较大,信息不能快速准确地被整合利用,距离智能自动化网络信息整合还有一些差距。

3.3 信息采编加工过程存在的问题

当信息经过整合汇总后,有利用价值的信息才真正进入到采编环节,缩小后的信息流经过采访环节的批查重或人工查重,书目信息经过发订采购,再进行图书馆内部的编目加工,最终服务于读者。就国家图书馆而言,由于中文图书采取政府招标采购的模式,大部分的图书是信息“被动”流通并配送到馆,但采访人员仍然需要对缺藏书目信息进行“主动”整合并加以利用,在这个过程中,信息流的利用仍然存在难点。

3.3.1 信息查重任务较重,批查重系统仅处于结构化的开发阶段

众所周知,馆藏信息查重工作是采访工作的重要一环,查重的速度与质量直接决定了采购图书能否顺利进行。由于国家图书馆对于中文图书的采访方针是“求全”,所以较其他图书馆而言,查重任务更为艰巨。由于人工查重速度的局限性,国家图书馆已具备了批查重的初步功能,但是由于实现该项功能的系统仍基于结构化的理念模式,不具备更加个性化细化的功能,所以在实践工作中,馆藏缴买无法区分、新书馆藏数据更新不及时、旧书馆藏复本量无法判断等都成为批查重系统的弱点,从而导致大部分书目信息仍然要进行人工查重判断才能够继续采购。

3.3.2 中文图书信息筛选标准不明确,有效信息易流失

当一部分有效信息查重后进入到发订采购环节,仍然需要对不符合购买条件的图书信息进行进一步筛选,由于国家图书馆中文图书的采访方式以缴送为主,购买为辅,因此部分图书仅接受缴送,需要在采购环节将信息剔除,如低幼读物、少儿文献、中等教育以下的教材教辅等。由于对这类图书信息的判定无法形成规定性的条例,因此这些信息的筛选判定存在很大程度的主观性,很难达成统一,易发生有效信息的流失。在实际采购环节中,少儿文献的判断是最为困难的。这不仅考验采访人员对图书内容以及采访政策的掌握,更重要的是与书商的沟通技巧及诠释能力。一旦理解发生歧义,就有可能造成漏买、错买,从而影响馆藏资源建设。

3.3.3 图书编目加工业务外包,信息揭示出现疏漏

由于近年来文献数量的激增,大多数图书馆都采用编目加工业务的部分外包,国家图书馆的编目加工业务外包多数是由书商各自承担,由于外包编目人员对文献编目规则的理解与执行不同,也就产生源数据著录时的各种差异,图书信息在被编目员揭示过程中出现疏漏。另外,外包编目或加工人员往往都是采取计件工资制,所以为了追求数量和速度,经常会忽略查重或错打书标等,出现信息重复著录、版次不分等劣质数据或索书号查询不到的情况,从而导致图书信息不能有效流通和利用。

4 图书馆中文图书信息流开发与利用的实践探索

基于上述图书馆中文图书信息在流通与利用的过程中面临的一系列困境及难题,应针对信息流的有效整合与利用进行深入研究,探索出适应数字时代图书馆发展且满足图书采访需求的可行性对策。笔者根据现代信息技术的发展及图书采访环境的变化,拟提出以下方法。

4.1 提高信息流整合技术手段，建立基于云计算的图书信息共享平台

云计算是一种能够通过网络以便利的、按需付费的方式获取计算资源（包括网络、服务器、存储、应用和服务等）并提高其可用性的模式，这些资源来自一个共享的、可配置的资源池，并能够以最省力和无人干预的方式获取和释放。这种模式具有5个关键功能，还包括3种服务模式和4种部署方式。将云计算运用于信息流整合中，可以使信息整合更加智能便捷，提高图书馆信息资源的利用率，并相对降低成本投入。基于云计算的信息共享平台的功能主要体现在以下几个方面（见图3）。

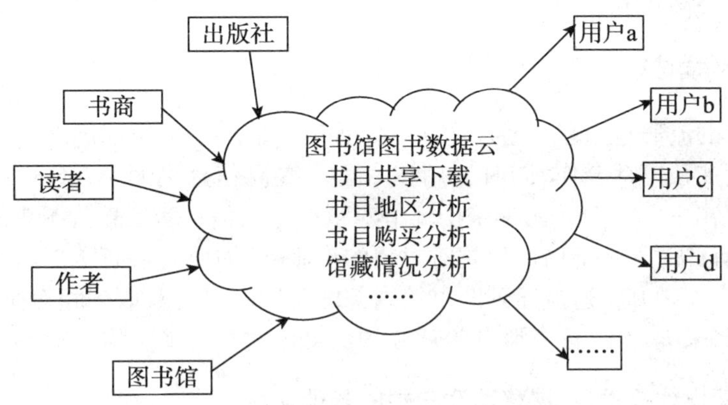

图3 基于云计算信息共享平台功能结构图

（1）统一规则，实现自动化解析功能。如书目的整理汇总无须过多手工操作，实现一键式完成机制。

（2）多用户操作，实现跨区域信息共享。联合出版社、书商、读者以及其他出版社等各种信息发布源，建立统一的信息数据库，最大程度上实现资源共建共享。

（3）加强跟踪，实现鼓励与监管并存的采访模式。随时跟踪自费图书的出版情况，对图书采购进行严格监管，提高图书采访质量。

根据上述分析，我们可以初步设计出云计算图书信息共享平台的各个功能模块（见图4）。

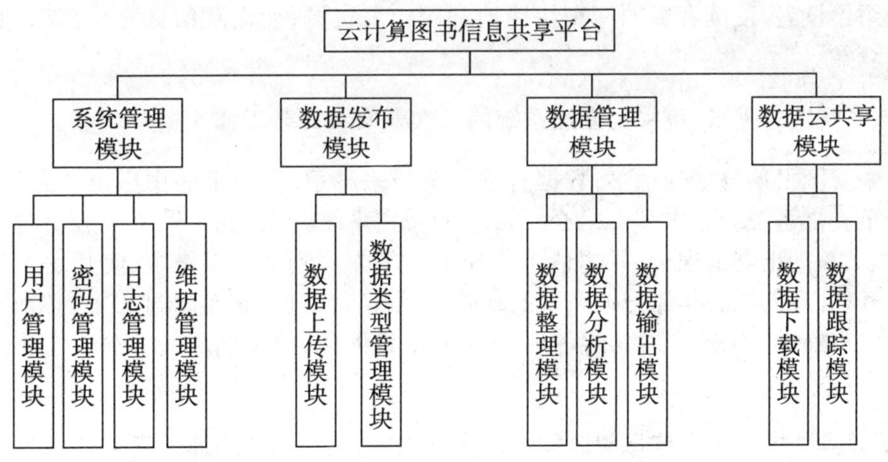

图4 云计算图书信息共享平台模块图

4.2 建立完善的区域化采访机制，促进馆社合作

针对上述信息全面获取的困境，采访人员应以书商提供的书目信息为基点，扩展与出版社、出版公司、其他图书馆之间的关系网，建立完善的区域化采访机制，对现有书商缺买信息、出版社书目信息进行区域化分析，得到完整的区域缺买原因比例图，从而有针对性地获取各地区各出版社全部书目信息，而获取的来源就是要在采访人员逐渐建立起来的馆社关系网，因此促进馆社合作是当务之急，虽然出版社的书目无法囊括全部出版信息，但只有促进馆社之间的共建共享，才能真正了解到出版社无法获取的部分书目信息，采访人员才能完成全品种书目信息的获取工作。

4.3 重视“访”的实践性

图书馆信息的流通范围和流通速度在一定程度上取决于采访部门对信息处理的全面性和及时性。除了加强馆社合作，同时利用技术手段提高信息利用率，还应重视“访”的实践性，采访人员“走出去”，一直是图书采访环节对掌握最新信息和信息流源头的关键。参加各种图书订货会，有针对性地走访信息相对封闭的出版社，加强对书商掌握信息能力的考核等行为，是外部信息流顺利快速流通到图书馆内部的关键。只有获取到相对全面的书目信息，才能为信息解析、采编加工、读者服务等后续的信息流通奠定坚实的基础。

4.4 充分运用新媒体技术，扩展移动客户端的各项功能

随着电脑技术和通信技术的快速发展，图书馆官网的 Web1.0 技术已经远远不能满足采访人员以及读者的需要，Web2.0 的技术介入迫在眉睫。Web2.0 更重视交互性，不仅能实现用户在发布内容过程中与网络服务器之间的交互，而且，也实现了同一网站不同用户之间的交互，以及不同网站之间信息的交互。同时，还要重视移动客户端的开发，加强客户端的各种功能。就采访环节而言，可以让读者直接用手机的客户端来完成图书推荐、评论等功能，而作者则可以足不出户地将自己的图书信息上传至手机客户端。同时，利用 RSS 推送技术将这些信息发送给采访人员，以便采访人员及时准确地进行图书采购，使得图书馆外部信息在流入内部信息的过程中得到有效利用。同样，图书馆也可将自己的馆藏信息通过手机客户端介绍给读者，使读者更加便利快捷地利用馆藏资源，使馆藏信息充分流动，实现信息流的双向获益。

4.5 深入了解业务需求，重视批查重系统的二次开发和完善工作

由于中文图书信息量的增多，数据查重任务越来越重，批查重的作用也就越来越明显，因此基于批查重系统的二次开发是必不可少的。在系统开发之前，采访人员要对自己的工作进行汇总，整理出需求报告，并邀请系统开发人员深入到采访工作中，使开发人员更加了解采访业务的流程，能够整体把握系统的缺陷以及开发计划。在整个过程中，必须有采访人员全程跟踪和辅助，力求将系统的各项功能细化具体化，为节省开发费用，尽量避免重复建设。

4.6 注重兼具图书采访和信息整合能力的人才培养，提高信息流通效率

随着信息整合技术的不断更新，采访人员不仅要具有专业的业务知识，还要有一定基础

的计算机操作能力。然而,鉴于上述图书信息整合汇总的难度,对于采访人员的要求有所提高,兼具图书采访和信息整合能力的人才培养已经迫在眉睫,要求采访人员不仅能够熟练操作计算机或具有编程知识基础,而且能在众多繁杂的图书信息中选取最有效信息进行解析汇总,并能对未来图书信息进行预测估计,即便是技术环境有限,也可以运用自身的专业知识来解决所遇到的问题,最大限度地提高信息流通效率。

5 结语

总之,数字图书馆时代的到来使得图书馆系统的信息内容更为广泛和复杂,而目前在图书馆采访工作中,外部信息迅速顺利转换为内部信息时面临着一系列的困境,这就需要采访人员改变以往手工化、被动化的采访模式,提高信息流整合技术手段,充分运用新媒体技术,建立完善的区域化采访机制,使文献资源建设的各个环节高效运转,信息流最终被读者有效利用。

参考文献

[1] 岳修志,姜艳. 图书馆系统信息流的分析[J]. 图书馆理论与实践,2005(2):75-77

[2] 肖茵. 基于云计算的图书管理平台的设计[J]. 科技情报开发与经济,2014(1):143-145

[3] 信息流[EB/OL]. [2014-08-20]. http://wiki.mbalib.com/wiki/%E4%BF%A1%E6%81%AF%E6%B5%81

[4] The NIST Definition of Cloud Computing[EB/OL]. [2014-08-20]. http://csrc.nist.gov/publications/nistpubs/800-145/SP800-145.pdf

外文电子图书采访策略初探

——以哈尔滨工业大学图书馆为例

于海涛　韩淑红(哈尔滨工业大学图书馆)

进入21世纪之后,随着计算机技术与网络技术的飞速发展,各个高校对数字图书馆建设的进程也在不断加快。其中,数字化资源的建设是数字图书馆工程中的重中之重。因此,图书的采访方向也从原来的纸本图书逐渐转向电子图书。

外文电子图书是图书馆电子资源的重要组成部分,因为,它不但具有和外文纸本图书相同的特点,即专业性强、内容权威、覆盖学科广泛、接触国际科研最前沿,是高校师生了解国外先进科研和先进经验的重要信息源,而且还有自己特有的优点:易于保存、传播和共享。因此,外文电子图书采访质量对整个数字图书馆的资源建设也有很大影响。

1　国内外文电子图书采购方式以及存在的问题

目前,外文电子图书都是通过数据库购买引进的,主要有两种采访方式,一种是全库购买或专业包购买,另一种是单本挑选购买[1]。

通过全库购买或专业包方式购买外文电子图书虽然整体价格较低,数量较大。但是,在所购买数据库中,并不是所有的外文电子图书都符合学校专业的需要。这就造成了图书馆资源的浪费,而且还使得数据库中外文电子图书的整体使用率大大降低,不能很好地满足读者的需求。通过单本挑选方式购买电子图书,由于所购买的外文电子图书是由读者推荐,虽然能够满足学校专业的需要和读者的需求,但是由于每次进行购买都需要读者从电子图书目录中进行挑选推荐,而电子书目中包含每种图书的信息相对较少,并且电子书目数据量较大,因此会给推荐图书的读者造成采选疲劳,产生心理的抗拒,从而导致所挑选的外文电子图书质量下降[2]。

基于上述外文电子图书采访过程中所遇到的问题,笔者进行了深入的思考,结合现有的采访方式,最终制订了一个较为科学合理的外文电子图书采访策略,即根据已有外文纸本图书的采访数据进行统计分析,对出版社和图书分类号之间的关系进行挖掘,形成规律,继而应用到外文电子图书的采访工作中。

2　哈尔滨工业大学图书馆外文电子图书馆藏情况及统计分析方法

2.1　外文电子图书馆藏情况

我馆从2010年开始正式购买外文电子图书,到目前为止,已经购买了Springer、金图、博图、Wiley和CRC等外文数据库的电子图书。其中因为Springer的外文电子图书的学术水平较高且价格合理,我馆对该数据库进行了包库购买。金图和博图为集成外文数据库,因为这两个数据库所包含的出版社比较全且价格较低,我馆对其中符合我校学科的专业包进行了购买,Wiley 和 CRC 两个数据库由于价格较高,我馆只是进行少量的单本挑选购买。整体来说,还处于外文电子图书采访工作的起步阶段。但是,由于数字图书馆建设的不断发展,外文电子图书馆藏的建设必将是以后采访工作的重点,因此制订一个较为科学合理的外文电子图书采访策略是十分必要的。

2.2 统计分析方法

本文制订外文电子图书采访策略中心思想为:通过对外文纸本图书的统计分析来制订外文电子图书的采访策略。具体步骤为:首先对我馆所购买的外文纸本图书进行统计,并对所统计的数据按照《中国图书馆分类法》进行分类、整理;然后通过分类整理后的数据,对出版社和分类号之间的关系进行分析,即对所采购的某一类外文图书的出版社进行统计,如果某一出版社的外文图书在这类图书中所占比重较大,说明该出版社的图书能够更好地满足我校读者对此类图书的需求。因此,如果要采购该类的电子图书,应优先考虑对这家出版社的电子图书进行专业包方式购买。而其他相对图书较少的出版社,可以根据读者的需要进行单本挑选购买。

3 通过统计分析对采访策略进行制订

3.1 数据的分类和整理

本文统计的记录为哈尔滨工业大学图书馆 2008 年 1 月 1 日到 2013 年 12 月 31 日,由读者推荐所购买的理工类外文纸本图书,由于我校购买了 Springer 出版社的全库外文电子图书,因此该出版社并没有列入统计范围之内。通过统计可知,由读者推荐,符合我校学科专业设置的以下几类图书的数量较多(数量大于 200 册),分类号为:O 类数理科学和化学、TB 类一般工业技术、TN 类无线电电子电信技术、TP 类自动化计算机技术、TQ 类化学工业、TU 类建筑科学和 X 类环境科学,其中 O 类数理科学和化学最多(数量接近 2000 册)。本文将以由读者推荐的 O 类纸本图书为例,对出版社和图书分类号之间的关系进行分析。

3.2 统计分析及其结论

由于 O 类图书的采访记录的数据量较大,对 O 类图书的数据进行了筛选和整理,剔除了收藏图书数量少于 10 册的出版社,因为这些出版社对采访策略的制定不会构成影响。剔除前的采访数据量为 1963 册,剔除后的采访数据为 1859 册。为了更直观地体现我馆在每个出版社购买 O 类外文纸本书的数量和比例,笔者对整理后的数据进行了可视化结果和饼形图的构建,见图 1。

从图 1 可见,我馆由读者推荐 O 类藏书最多的出版社为 Wiley,藏书数量为 614 册,其次分别为 World Scientific(291 册)、Cambridge(229 册)、American Mathematical Society(114 册)和 CRC(110 册),说明这 5 家出版社出版的 O 类图书最能满足我校读者的需求。而其他出版社所出版的图书,相对数量较少。

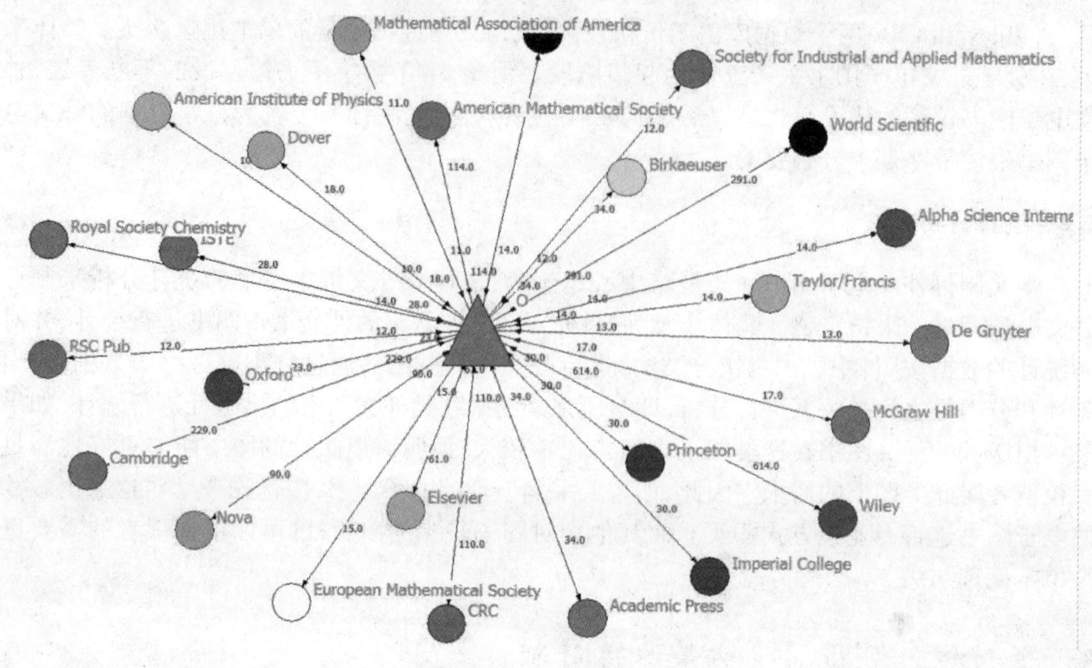

图 1　可视化结果

根据以上数据的统计和分析，可以得出这样一个规律，即我校读者推荐 Wiley、World Scientific、Cambridge、American Mathematical Society 和 CRC 这 5 家出版社所出版的 O 类图书数量相对于其他出版社明显较多，最为符合读者需求。笔者认为，这个规律可以应用到外文电子图书的采访工作中。根据这个规律，可以进一步制订一个较为合理的 O 类外文电子图书采访策略，即当购买 O 类外文电子图书的时候，可以 Wiley、World Scientific、Cambridge、American Mathematical Society 和 CRC 这 5 家出版社为主，进行包库购买这 5 家出版社 O 类图书的数据库，而其他出版社的 O 类电子图书可以作为补充，让读者进行单本挑选购买。由于这个策略的制订是根据纸本图书推荐购买的结果为依据，较为合理，因此，该策略能提高电子图书的使用率，并且让读者通过电子书目进行挑选图书的工作量减少，使得所挑选图书的质量提高，不会造成资源的浪费。这个策略能够基本解决以往在外文电子图书采访过程中所遇到的问题。

根据 O 类外文电子图书采访策略制定的原则，可以扩展到符合我校重点专业的以下几类外文图书：TB 类一般工业技术、TN 类无线电电子电信技术、TP 类自动化计算机技术、TQ 类化学工业、TU 类建筑科学和 X 类环境科学。通过统计分析得到的外文电子图书采访策略，见表 1。

表 1　外文电子图书采访策略表

分类号	TB	TN	TP	TQ	TU	X
包库购买出版社的数据库	Wiley、CRC、Nova	CRC、Cambridge、Wiley	Information Science Reference、Wiley	Wiley	Wiley、Routledge	Wiley、CRC

4 结语

哈尔滨工业大学图书馆的外文电子图书馆藏建设工作刚刚开始,今后的采访工作将任重而道远。根据对外文纸本图书的统计分析来制订外文电子图书的采访策略,可以解决现行采访方式中存在的问题。尽管在实施过程中会遇到一些难题,但如果通过在实践过程中,不断积累经验,不断改进,必将提高外文电子图书采访工作中的质量和效率,保证外文电子图书馆藏科学、合理的建设,更好地为学校教学和科研服务。

参考文献

[1] 王晓翎. 浅谈电子图书及采访策略[J]. 黑龙江教育学院学报,2011(2):190－191
[2] 王芙容. 基于读者决策的图书馆电子图书采购研究[J]. 情报探索,2013(5):65－66

英文艺术设计类图书采选工作研究

张建亮(上海图书馆)

《上海市文化创意产业发展‘十二五’规划》提出,力争2015年文化创意产业占全市生产总值12%,成为重要支柱性产业,把上海打造成“设计之都”[1]。目前,上海总体的艺术设计水平与欧美等发达国家都市还有一定差距,工业设计、建筑设计、会展设计较国外也有较大差距。针对这一现状,上海必须加强对国外艺术设计的理念、技术、专业和成果的引进、消化和吸收,从而有效提升艺术设计的水平,而国外有关艺术设计的出版物正是这种优秀的设计理念和设计成果的集中体现。上海图书馆(以下简称上图)读者对艺术设计类图书年外借量不断上升,J大类英文图书的外借量,2012年比2007年上升了23%,而且在阅览室时常能看到读者翻阅艺术设计类图书。针对这种情况,本文从采选方式、选书参量两方面调研,探讨该类图书的采选策略,希望为图书馆提供质量优秀的文献,满足读者的需求,提升我国的艺术设计水平。

1 艺术设计类图书采选方式

1.1 现货初选+目录复选

外文图书采选的主要方式是从原版目录、代理商目录、书评刊物、选书网站中挑选,向代理商发出订单,再由出版商向代理商供货,代理商发货给图书馆。这种方法的缺点是仅能从目录中圈选,无法看到图书,而读者希望艺术设计类图书有大量的照片、图片、图纸,馆员容易误选,而且代理商供货周期较长,一般3个月能到货20%,6—9个月能到70%左右,一年后能到85%—90%①,而读者希望到货速度快,因为设计的形式与表现是不断变化的,一两年后就过时了。针对以上情况,近年来,上图对英文艺术设计类图书的采选,大量采用现货初选+目录复选的方法,即我们到专营海外艺术类图书的书店,翻阅图书的内页,挑选现货,回馆后研究现货目录,上网查找该书的评论、作者学术地位、出版社水平、该书同类主题的数量、国外著名图书馆收藏率,最后决策下订单的模式。该方法的优点是既能审读图书内页,保证图书的质量,又能达到较快的进货速度,满足读者对信息新颖性的需求。2014上半年,我们通过上海外文书店、迪赛纳图书、上海图书馆上海视觉艺术学院联合主办的春季书展、各代理商在上海举办的书展等现货展示的机会,采购了大量高质量的艺术类图书。

1.2 走合作采选之路,弥补采选馆员选书缺陷

大学图书馆基本采用专家选书(教师选书)为主,学科馆员辅助的方法,选书针对性较强,利用率高。而公共图书馆主要采用馆员选书的模式,但我馆采选馆员的学科背景大都是图书馆学,对学科知识虽然不断努力学习研究,但与专家的专业选书视角,还是有一定的差

① 本数据来源于2007—2013年上海图书馆代理商评估数据,是取多家代理商到货率的平均值。

距。针对这种情况,我们与复旦视觉艺术学院的老师展开合作,参加书展时也经常通知该院的老师一起参加,由他们选中的图书,一部分可以由上图采购。合作采选模式,应大力推广,因专业教师,长期从事教学和科研工作,对某一学科领域有较高的学术造诣,掌握学科最前沿的动态,这是采选馆员所不足。当然采选馆员对出版社、读者对象、作者学术水平、文献内容重要性等采选参量有独特研究的优势,双方合作,能真正实现双赢。而且合作者的范围可以从高校向研究所、设计师事务所(工作室)、高职拓展。

1.3 区分出版社,精选代理商

国外艺术设计类图书,市场总体较小、发行量少,价格比较昂贵。近年来因为市场比较热门,各类代理商都主动进货,但他们的渠道各不相同,有的同一本书,报价有20%—30%的差距,而且艺术类图书著名专业出版社并不是很多,建议对代理商进行多渠道多方式调研,分清哪些是从出版社直接进口,哪些要通过国外代理商,精简渠道,节约成本。当然,我们在采选工作中也碰到有些图书馆,只能通过一两家代理商进货,这就需要有一个比较灵活的招标采购机制,有一部分用以现货采购不受渠道制约的资金,争取以最合理的价格,买到最好的书。

2 艺术设计类图书选书参量研究

英文图书选择要考虑多种因素,我们称为选书参量,本文选择艺术设计类图书三个重要的参量加以研究。

2.1 重点细分学科主题

艺术设计类图书细分学科范围较广、内容众多,每年新出版的艺术设计类图书在5000—6000个品种①。2013年我馆的上海文化创意产业信息中心正式开放,目标是建立一个有特色的、有影响的文化创意产业文献信息集藏地、情报导航服务地。为更好地完成这一任务,精选图书,通过上海文化创意产业发展"十二五"规划(以下简称创意产业规划)、读者阅览外借数据和艺术书店选书人员访谈等多种形式调研,本文认为以下细分学科主题应是上图收藏重点。

(1)建筑设计:创意产业规划提出"提升发展能级,繁荣建筑设计"。重点围绕城市规划设计、建筑设计、室内装饰设计、工程勘察设计等领域,大力发展规划咨询、概念设计等产业链高端环节业务,开拓国际国内高端建筑设计市场,打造具有国际知名度的建筑设计行业领军企业和领军人。细分学科关键词,应包括公共建筑、住宅建筑、古典建筑、工程勘察、建筑材料、建筑结构与技术构造、建筑历史与理论、建筑模型、园林景观、城市规划、室内设计(办公空间、餐厅/酒吧、公共空间、酒店空间、居住空间、商业空间)等。

(2)会展展示设计:会展业是文化创意产品化及其衍生发展的重要方面,提升会展业创

① 本数据来源于艺术书店采选人员调研:每年新出版的艺术设计类图书在5000—6000个品种,其中,纯艺术(绘画、摄影、雕塑、装置艺术以及艺术理论)大约4000个品种,设计类(建筑设计、环境艺术设计、视觉传达设计、产品设计、服装时尚设计)大约2000个品种。

意创新能力，不断挖掘其对先进制造业和其他现代服务业的带动作用。上海世博会的举办，也使会展业获得了快速的发展，展览活动空前活跃，在全球展览业中异军突起。会展业的发展主要体现在会展个数的增加和场馆建设的热潮。创意产业规划提出到“十二五”期末，上海会展场次和面积达到世界前三、国内第一位，引进培育2—3个国际顶级展会品牌，5—6个亚洲顶级展会品牌，使上海成为与东京、香港、新加坡并驾齐驱的亚太地区会展中心城市之一。关键词应包括展会设计、博物馆、展览馆等展馆设计。这可以作为建筑设计类的一个特殊的类别加以单列。这类图书中有不少全球各国展览的年鉴，是我们理想的选择。

(3)工业设计：工业设计业是文化创意产业与制造业结合的重要领域，是提高产品附加值、增强企业核心竞争力、提升传统产业能级的重要途径。美国工业设计协会调查统计，美国企业平均在工业设计上每投入1美元，可新增销售收入2500美元；在年销售额10亿美元以上的大企业中，工业设计每投入1美元，销售收入甚至能增加4000美元[2]。该类设计以消费品和时尚产品为主，包括电器电子、家具设计、交通工具、服装设计、玩具设计、钟表设计、珠宝首饰等。通过此类图书，我们能提升工业设计的设计品质，进而形成由中国制造到中国设计、中国创造的阶段演变。

(4)平面设计：平面设计与商业活动紧密结合，在国内的就业范围非常广泛，与各行业密切相关，同时也是其他各设计门类的基石。在国内各类高校中大部分开设了设计专业，而平面设计又是开设最普遍的专业。这类图书对设计人员的创意具有很大帮助，读者利用率较高。关键词包括广告设计[户外广告、文案/创意(楼书设计)、影视广告等方面]、POP设计(店头陈设)、VI/CI(企业形象)设计、版式设计、包装设计、插画、导向设计、海报设计、书籍装帧设计、网页设计、纹样图形图案设计、字体设计等关键词。

2.2 核心专业出版社

艺术设计类图书出版社数量较多，传统的著名出版社 Cambridge University Press(剑桥大学出版社)、Oxford University Press(牛津大学出版社)、John Wiley& Sons(威利)、Routledge(劳特利奇)出版该类图书数量较大，如果使用布拉德福区域分析法，他们肯定排在核心出版社前列，但该类出版社比较偏重于理论，实用性、时效性不及专业出版社。下文介绍英、美、德等国的一些专业出版社，这些出版社的出版数量虽只有100种左右，但很多出版物都是艺术设计类的大师杰作，而且有精美图片，实用性强，国外图书馆收藏率高。

2.2.1 美国

美国的艺术类图书出版社，比较有特色的有：ABC-CLIO, Inc.; AMMO Books, LLC; The Art Institute of Chicago; ArtbookDAP; Chelsea House Publishers; Last Gasp Publishing of San Francisco; Limelight Editions; McFarland & Co.; Metropolitan Museum of Art; Museum of fine arts; Rizzoli; Sterling Publishing Co., Inc.; Yale University Press 等十多家。

(1) AMMO Books, LLC：该社是一家以创意设计，绘画和创意摄影为主的独立出版社，依靠着一群创造力十足而又专注的编辑，在短短两年时间就已在专业领域占得一席，可以推荐给创意类设计人员和图书馆收藏[3]。

(2) Last Gasp Publishing of San Francisco：是全世界漫画及动漫、卡通设计出版社中历史最为悠久，出版量最为庞大和专业的出版社。在其成立的41年中为动漫业发掘出了诸多年轻艺术家，屡次被纽约时报、华尔街日报、出版家周刊等报纸杂志提及与引用，并且蝉联

2009、2010、2011年洛杉矶最受好评出版社的荣誉。图书适合漫画设计人员、电影电视媒体广告设计人员、各艺术院校、漫画爱好者收藏购买之用[4]。

(3)Limelight Editions(Hal Leonard Performing Arts Publishing Group):在过去的20年内,该社是世界上最主要的表演艺术出版社。其出版物为在职的演员以及有抱负成为演员的人们、制片人、作家、导演、场记与布景人员提供各类素材,以及帮助他们在电影、剧院事业中如何取得成功,也包括如何管理一个剧院。其图书适合于电影、戏剧专业大学学院研究以及演员、经纪公司等购买收藏之用[5]。

2.2.2 德国

德国著名的艺术设计类出版社有:ARNOLDSCHE Art Publishers;Birkhäuser(施普林格下属公司);Braun Publishing;Gestalten(DGV);Hirmer Publishing;JOVIS Verlag GmbH;Red Dot Edition;teNeues publishing groups;Taschen GmbH、Kerber;Hatje canztz、H. F 等。

(1)ARNOLDSCHE Art Publishers:欧洲知名艺术、首饰、设计出版社,出版物包括创意珠宝设计、古董和藏品收藏、当代陶瓷艺术造型、艺术以及摄影等多个门类。这类图书对推动我国的艺术品设计水平有很高的参考价值。

(2)Gestalten:该社是一家在德国柏林成立的国际知名艺术和设计书籍出版商。它一直在与当下最有潜力的设计师和艺术家合作,推动视觉文化发展。目前,已出版450多种设计、插画、建筑、字体、当代艺术、城市文化类相关书籍,在近100个国家和地区销售。

(3)JOVIS Verlag GmbH:该社是专业的德国建筑出版社,出版物以艺术、摄影、空间建筑、环境建筑、观念建筑和建筑史论为主,书目非常适合艺术/建筑类院校、艺术家收藏和高端设计师/设计事务所购买。另外,书目里面有一些有关中国传统、当代建筑的书目,非常适合图书馆收藏。

(4)Taschen GmbH:该社不但出版艺术摄影、绘画、设计、时尚、广告史、电影和建筑方面的主流艺术书,而且也将那些非主流艺术如拜物景象、奇异艺术带入更广阔的公众视野。出版物种类繁多,从详尽记载达·芬奇作品的巨大画册到非常罕见的中型图书,再到袖珍的Icon系列、Basic art 系列、Basic architecture 系列等。

2.2.3 英国

英国著名的艺术设计类出版社有 British Museum Press、Laurence King、Other Criteria、Prestal、Tate Publsihing、Thames & Hudson、Phaidon Press 等。

(1)Thames & Hudson:该社始建于1949年,他们的激情和使命在于以非常高标准的书籍和较低的书价向公众世界揭示艺术,以创建"无墙"博物馆为目标,吸引了大量高质量图书的作者,包括艺术家、设计师、插画家和摄影师等。年出版约180本新书,有2000种图书再版,专注于艺术(精细、适用、装饰、表演)、考古学和历史、建筑、设计、摄影、旅游和流行文化类图书出版。出版了最知名的 *The World of Art series*(世界艺术系列)、*New Horizons series*(新地平线系列)、*Collectors' Editions*(珍藏版系列)等丛书[6]。

(2)Phaidon Press:该社出版的艺术、建筑、设计、摄影图书以其独立的观点、全球的视角、精选的图片、中肯的评论为特点,一直以来被列为全球前3名的艺术类出版社,每年用25种文字出版60多种图书,年销售量达200万册,营业额为1800万英镑(约合2760万欧元)。而近些年来出版的菜谱、儿童、电影类图书又以专业而又时尚,儒雅而又艺术的编纂手法屡登畅销榜单。出版图书适合各艺术、建筑、设计、摄影院校馆藏。其出版特点,是多语种,以读者可接受的价格定价和高销量。该社出版的艺术图书的销售量大部分为6000—10 000册,一部分为1—2.5万册,有些高达10万册,《艺术历史》《艺术博物馆》《世纪》等则明显高于10万册。*Phaidon 55 Series*(55丛书)的前25种图书已经销售了100多万册[7]。艺术设计类图书多语种出版(包括与国内合作中文版)是国外出版社全球营销的一种方法,对这类出版社①的图书,在订购时要注意不要订重,因为书中大部分是图片,英文版和其他语种版应该作为复本处理。

(3)Other Criteria:该社出版类型以英国当代艺术为主,以善于发掘各类型的当代艺术家出名,其中Damien Hirst(达明·赫斯特)的绝大多数出版物也都是由他们出版,是图书馆收藏英国当代艺术家图书的理想目标[8]。

2.2.4 其他国家

其他国家的艺术设计类出版社有:法国Flammarion;意大利White Star Publishers;荷兰Idea books;捷克Slovart Publishing Ltd.;西班牙LOFT、MAOMAO、ACTAR;澳大利亚Images Publishing;新加坡Page one等。限于篇幅就不详细介绍。

2.3 著者的学术水平

著者在所从事领域内的地位如何,是学术带头人、权威学者,还是普通研究人员,可能决定了该书的影响力如何,某种程度上也代表该书的学术水平。

对于传统学术图书,我们可以通过作者以前图书、论文的引用情况,来研究作者的学术水平。但艺术设计类图书,因为书中大量的是图片,用这种方法不可行。那如何研究著者的学术地位呢?除了仔细阅读书评,查找著者介绍,研究著者曾经设计项目地位和所获设计奖项(如美国Idea奖,德国Red dot奖,德国IF奖)外,可参照国外著名艺术设计类图书馆的收藏率来研究作者的学术水平,笔者认为,高学术水平的著者,其著作国外著名图书馆收藏率也高。目前,OCLC WorldCat Collection Analysis(OCLC馆藏分析系统)能提供这一项服务,该服务是一项基于网络的服务,依据世界上最丰富的馆藏数据库WorldCat中一亿多条书目记录的信息,提供对图书馆馆藏的分析,帮助图书馆工作人员根据图书馆馆藏数据比对结果进行数据分析,做出馆藏管理决策。采选馆员可以把艺术设计类图书和美国英国艺术设计类大学排名前十位(见表1)的图书馆进行比较,对该类图书馆共同收藏的图书,我馆没有收藏的进行补订,对他们没有收藏而我馆收藏的图书,仔细研究该作者的学术水平,发现其共性问题,以便完善将来的采选决策。当然OCLC馆藏分析系统,是需要编目上传数据后再比对的,这种方法适用于进行定期的馆藏质量研究。对新书,采选馆员可以直接用WorldCat高级检索限定图书馆代码来检索,或通过这些艺术设计类大学图书馆网站查询数据,如果这些图书馆都没有收藏,该作者的学术水平应该是比较普通的。

---

① 根据牛筱桔《国际艺术图书出版中的CO-EDITION问题》一文报道:目前采用全球营业员销较多的出版社是“Harper Design”“Images”“Laurence King”“Rotovision”“Rockpon”“Phaidon”“Taschen”等。

表 1　英美艺术设计类大学排行榜

	美国艺术类大学(学院)排名综合排名[9]	英国大学艺术类泰晤士报最新排名[10]
1	Rhode Island School of Design(罗德岛设计学院)	Oxford university(牛津大学)
2	Art Center College of Design(艺术中心设计学院)	University College London(伦敦大学学院)
3	Parsons University(新大学)	University of Edinburgh(爱丁堡大学)
4	Virginia Commonwealth University(弗吉尼亚州立联邦大学)	University of Glasgow(格拉斯哥大学)
5	California Institute of the Arts(加州艺术学院)	Brunel University(布鲁内耳大学)
6	Art Institute of Chicago(芝加哥艺术学院)	Lancaster University(兰卡斯特大学)
7	Pratt Institute(普瑞特艺术学院)	Loughborough University(拉夫堡大学)
8	Yale University(耶鲁大学)	Newcastle University(纽卡斯尔大学)
9	School of Visual Arts(视觉艺术学院)	University of Reading(雷丁大学)
10	Cranbrook Academy of Art(克兰布鲁克艺术学院)	The University of Leeds(利兹大学)

总之,希望通过不断开展采选方法创新研究,为图书馆提供质量优秀的文献,满足读者的需求。

参考文献

[1] 上海市文化创意产业发展十二五规划(修订版)[EB/OL]. [2014-08-20] http://wenku.baidu.com/view/5aed4f5777232f60ddcca18e.html

[2] 工业设计大赛为杭州创新发展插上翅膀[EB/OL]. [2014-08-20]. http://hzdaily.hangzhou.com.cn/hzrb/html/2011-11/27/content_1178058.html

[3] AMMO[EB/OL]. [2014-08-20]. http://ammobooks.com/pages/about-us

[4] Last Gasp[EB/OL]. [2014-08-20]. http://en.wikipedia.org/wiki/Last_Gasp

[5] Hal Lennard Performing Arts Publishing Group[EB/OL]. [2014-08-20]. http://www.halleonardbooks.com/index.jsp? subsiteid=167

[6] Thames & Hudson[EB/OL]. [2014-06-05]. http://www.thamesandhudson.com/aboutus.html

[7] 于平安. 英国费登艺术图书出版社的成功秘诀[J]. 出版参考, 2005(7):36

[8] Other Criteria[EB/OL]. [2014-08-20]. http://www.othercriteria.com

[9] 美国艺术类大学排名[EB/OL]. [2014-08-20]. http://www.acgedu.cn/info/rank/118.html

[10] 英国大学艺术类 TIMES 最新排名[EB/OL]. [2014-08-20]. http://www.acgedu.cn/info/rank/153.html

图书馆电子书资源复选与维护

丁建勤　孙丽娟(上海图书馆)

目前,包括电子书在内的电子资源已成为图书馆资源建设和服务的重要内容,但电子书资源复选与维护尚未引起业界广泛重视。究其原因,可能是电子书不需要类似印本书那样占用大量的物理空间,也几乎不存在类似印本书的利用损耗(破损),更重要的是图书馆电子书资源建设和服务尚处于初期阶段,业务模式尚待完善,以及国内相当一部分图书馆电子书资源数量相对偏少,因此业界相对更关注资源采选。或许随着资源数量的不断增长,良好的资源管理可能需要筛选、调整、剔除和维护一些电子资源。

与印本资源相比,电子书存在较多的差异,因此图书馆电子书资源复选与维护,应充分结合电子书资源的特性、类型、业务模式等,进行探讨。

1　电子书的特性和类型

1.1　电子书的定义和类型

电子书也可被称为电子图书。电子图书是以数字形式制作、出版、存取和使用的图书,主要来源于印刷型书籍数字化或直接以数字形式出版的图书[1]。

从表现形态看,当下电子书主要有三种类型:其一为封装型电子书,如存储在 CD-ROM 等载体上的实体电子书;其二为与电子阅读器相捆绑的便携式电子书,如《辞海》悦读器;其三为虚拟电子书,一般通过网络提供服务,如出版商、内容和平台服务商集成的电子书。

根据来源进行电子书划分,也是一种重要的方法。据调研,国家图书馆电子图书主要来源有三种类型:其一是订购的电子图书数据库,如方正、书生等;其二是国家图书馆将印刷型图书数字化而成的电子书;其三是网络原生电子图书。

1.2　电子书资源复选及其特性

馆藏复选是指图书馆根据一定的原则和标准,对馆藏文献进行筛选、调整和剔除的过程[2]。由于某些电子书图书馆未必真正拥有,而仅仅享有访问权,因此严格地说,对于相当一部分电子书图书馆未必拥有馆藏。为叙述方便,笔者暂且将包括实体资源和电子资源在内的复选笼而统之地称为资源复选。

Jeanette Larson 修订更新的《CREW:现代图书馆馆员图书剔旧手册》①指出馆藏淘汰有六大好处:

(1)可节省空间(You save space);

(2)可节省时间(You save the time);

① CREW 是 Continuous Review Evaluation and Weeding(持续性评估与淘汰)的缩写。该手册 2012 年修订版在 2008 年版的基础下增加了电子书相关章节。

(3)可让馆藏更具吸引力(You make the collection more appealing);

(4)可提高图书馆声誉(You will enhance your library's reputation);

(5)可满足读者对馆藏的需求(You will keep up with collection needs);

(6)可获取关于馆藏优缺点的持续反馈(You have constant feedback on the collections strengths and weaknesses)[3]。

从典藏和资源组织角度而言,实体资源复选的目的主要有:

(1)节省和优化存储空间,缓解资源增长与存储空间的矛盾;

(2)优化资源配置体系,调整或剔除已丧失使用价值、保存价值不高、利用率低或多余的复本资源;

(3)活化资源细分配置,减少低利用率资源的占架空间,保持和提高细分借阅空间(如专题阅览室、普通外借处)的利用效率。

相对而言,电子书资源较为复杂:

(1)有的需要占用物理空间,如实体电子书、便携式电子书,有的不需要占用物理空间,如虚拟电子书;

(2)从理论上说,实体资源和虚拟资源的复本存在天壤之别。纸本图书的内容与载体密不可分,其复本指的是物理形态。虽然实体电子书、便携式电子书的复本与纸本图书基本类似,但图书馆通常不会重复配置。虚拟电子书的供应商和服务商一般通过数字版权管理技术,实现复本控制功能,有些出版商甚至可能规定每个复本的外借次数。此时图书馆可能需要通过购买一定的复本和并发用户数,实现类似纸本书复本借阅的服务,这种意义上的复本与实体资源完全不同;

(3)实体资源复本存在物理剔除的可能性,如破损或多余复本的剔除,而虚拟资源通常不会破损,除非供应商资源调整导致图书馆用户无法访问,当然不排除特殊情形下图书馆资源的物理删除。

2 虚拟电子书业务模式与资源复选、维护

2.1 资源存储

虚拟电子书资源存储大体上有本地镜像(包括云存储和长期保存)和服务商(出版商、内容和平台服务商)存储两种主要方式。

尽管电子书不占用书架物理空间,但依然需要占用服务器的存储空间。《普通高等学校图书馆馆藏复选指南》规定"本馆服务器的磁盘空间不足以容纳数据库的本地镜像时,可适当考虑剔除一些次要的数据库或更换为远程访问数据库",同时要求"与其他数据库重复率较高的数据库,应考虑剔除;使用频次较少、投入经费相对较大的数据库,应考虑剔除,同时用文献传递等其他有效办法满足相关读者需求"[4]。

对于服务商(出版商、内容和平台服务商)存储,由于图书馆仅仅享有访问权,因此图书馆更多的是需要做好沟通和资源维护工作,通常情况下图书馆不会涉及资源的物理删除。

2.2 资源揭示和组织

目前国内图书馆提供查询电子书的途径主要有 OPAC、图书馆电子资源网页接口、整合

查询系统[5]。

国内2011年一项调研发现,大多数图书馆会利用数据库商提供的MARC数据对电子期刊和电子图书进行编目。清华大学图书馆先后利用过Springer、MyiLibrary、NetLibrary、Safari、Ebrary、Wiley、Eighteenth Century Collections Online(18世纪作品在线)等多个西文电子图书数据库商以及超星电子图书和书生之家电子图书等中文数据库商所提供的MARC数据进行编目,并利用这些数据在OPAC中揭示[6]。上海图书馆实践表明,随着Springer电子图书编目工作启动,数据加入Horizon图书馆集成管理系统后,电子图书的借阅量有了显著的提高。

整合查询系统整合了检索结果,避免了利用图书馆电子资源网页接口访问多个服务商的服务器而给读者带来的诸多不便。台湾地区的调查显示,图书馆电子资源网页接口、整合查询系统是读者使用电子书的主要途径(占比54.2%)。

无论是实体资源,还是虚拟电子书,都存在读者查找体验问题。物理细分借阅空间(如专题阅览室、普通外借处)通常按一定的标准(如内容价值、学科主题、读者对象、利用率、年限)定期或不定期地开展复选,剔除一些实体资源复本,从而减少低利用率资源的占架空间,活化资源细分配置。OPAC检索通常可以通过二次检索(如限定馆藏位置)和检索结果排序优化(如按出版年)改善用户查找体验,从而避免读者为了寻找所需资料,而在大量无关资源中进行搜索,考验读者耐心和承受力。

如何改善虚拟电子书查找体验,避免无谓搜索,既与检索技术有关,也与资源揭示服务以及资源复选、维护有关。

统计显示,2008年1月至2009年12月,上海图书馆共购买了7次电子图书,每次图书入库后的第二个月的借阅量都会大幅上升。如2008年4月有一批新书入库,2008年5月的图书借阅量就比2008年4月的图书借阅量高出近40%;又如2009年1月有一批新书入库,2009年2月的图书借阅量比上月上升了一倍多。这表明读者的借阅更倾向于新书、好书[7]。

因此,根据虚拟电子书使用情况,复选和合理地组织、揭示资源,努力实现检索显示结果符合读者预期,改善用户体验,使电子书能跟得上时代的发展并保持适用性和相关性。

3 电子书资源复选与维护方法

3.1 格式、资源调整及其剔除和维护

电子书通常以一定的格式存储和显示,随着技术发展,可能导致一些电子书的格式已经不能在现行的阅读设备上使用。《普通高等学校图书馆馆藏复选指南》规定“因产品变质损坏、更新换代或制作质量差,导致阅读设备无法正常读取的可予以剔除”,同时明确“记录内容已部分或全部被抹去或破坏的可予以剔除”。当然对于某些承担资源保障和文献传承任务的图书馆,可以依据《信息网络传播权保护条例》第七条之规定,对存储格式已经过时,并且在市场上无法购买或者只能以明显高于标定的价格购买的作品,为满足保存版本的需要,可以不经著作权人许可以数字化形式复制,并不向其支付报酬[8]。

美国《数字千年版权法》(*Digital Millennium Copyright Act*,DMCA)进一步明确了图书馆享有规避技术保护措施的权利。DMCA(2010年修订版)的配套文件《关于豁免规避版权技术保护措施访问限制的规定》第6项规定,当所有现有著作的电子图书版本(含授权实体制

作的数字文本版本)设有访问限制,换言之,不能由文本格式转换成专门的朗读版本或屏幕阅读时,图书馆享有 DMCA 第 1201(a)(1)技术保护措施条款的豁免权,在图书资源用于非侵权用途的情况下,规避访问限制,提供著作的电子版本[9]。

由于种种原因,服务商提供访问服务的资源存在调整或下线的可能,因此图书馆应根据服务商提供的信息,及时更新维护元数据,删除已不能访问的资源的元数据。当然对于只能在一定的流通次数或流通时间内使用的电子书,若不再续订,图书馆也应及时更新维护元数据。

3.2 资源内容的复选

提供合适的资源以满足读者的需要和期望是图书馆的职责所在。与纸质图书一样,过时的电子书资源提供的不正确信息,对读者是不利的。因此内容判断是资源复选的重要依据。《普通高等学校图书馆馆藏复选指南》明确的内容复选标准主要包括:

(1)内容陈旧过时,已为新的出版物所取代;

(2)内容重复,已有新的修订本或新的版本;

(3)内容已不符合本馆方针任务和不适应本馆需要;

(4)内容不适于公开流通等。

同时规定视听文献、缩微文献和电子文献"内容不符合本馆收藏范围和读者实际需要的或陈旧过时的,可予以剔除"。

《CREW:现代图书馆馆员图书剔旧手册》提出了针对图书和其他资源进行剔旧的 6 个标准(MUSTIE),这些因素大多数也适用于电子书。

(1)误导(并且/或者不正确)(Misleading):剔除不再准确的、过时的版本和图书。留意近期信息有变化或信息变化迅速的领域,如医药和旅游;

(2)不美观(Ugly):与电子图书无关;

(3)作废(Superseded):特别针对参考类图书、测试指导或旅游指南,将旧版本剔除,大多数公共图书馆为研究价值考虑而无须保留旧版本;

(4)无关紧要(Trivial):将较旧的题目剔除,这些书只有短暂的价值或与过时的大众文化有关;

(5)不相关性(Irrelevant):即与读者的需要和兴趣无关,尽管是电子书,图书馆仍然希望至少其每几年能流通一次或在线使用一次,一些私人出版的没有流通过的电子书应剔除;

(6)在别处(Elsewhere):指资源或信息可以从其他地方免费获得,如果可以通过一些渠道获得免费的资源,不应在图书馆的书单加入那些没有价值的或者已经过时的书目。

3.3 资源利用与复选

利用情况是资源复选的重要依据。《普通高等学校图书馆馆藏复选指南》要求"以一定时期内的流通、阅览、检索或下载次数为复选标准。确定在一定时期内流通、阅览、检索或下载次数少于规定次数的文献作为复选对象"。因此,应该定期或不定期地汇总统计图书馆集成管理系统、整合查询系统和服务平台、服务商平台中的资源利用统计数据,为资源复选提供基础数据。当然,学科文献半衰期的测定,将有助于确定各学科文献的有效时间,图书馆可以据此确定各类资源复选的重点年代范围。

应指出的是,若存在元数据质量问题而导致的低流通率,应尽可能完善元数据。换言之资源复选应充分考虑资源利用情况和内容价值。

3.4 资源剔除和元数据维护方法

正如纸本图书剔除主要是剔除多余复本一样,通常情况下,大多数电子书不会被真正剔除。对大部分图书馆而言,更多的是做好图书馆集成管理系统、整合查询系统和服务平台中元数据的维护工作,如通过收藏级别或书评等元数据记载复选情况,引入 Web2.0 技术,鼓励读者创建评注标签,从而为检索结果优化创造条件;又如包括删除在内的停用资源,在剔除实体电子书、删除图书馆服务器上的虚拟电子书(包括图书馆将印本书数字化而成的电子书)的同时,应及时删除相应的元数据。应注意的是,虚拟电子书业务模式、采购方式等对电子书资源剔除和维护产生着重要的影响。当然对于联合采购和服务联盟而言,情况或许更为复杂。

应指出的是,电子书和纸质书的复选、剔除应尽可能同步进行,从而保证资源复选政策的一致。图书馆也可以在剔除纸质书的同时保留电子版,同步协调处理好两者之间的关系。

参考文献

[1] 郑巧英,梁蕙玮,陈幼华. 国家图书馆电子图书元数据规范和著录规则[M]. 北京:国家图书馆出版社,2013

[2] 钟建法. 馆藏复选研究报告[J]. 文献资源发展政策研究,2007(10):216 - 236

[3] Larson, Jeanette. CREW: a weeding manual for modern libraries[EB/OL]. [2014 - 08 - 20]. https://www.tsl.texas.gov/ld/pubs/crew/index.html

[4] 教育部高等学校图书情报工作指导委员会. 普通高等学校图书馆馆藏复选指南[J]. 文献资源发展政策研究,2007(10):34 - 42

[5] 陈昭珍,谢文真,詹丽萍等. 台湾地区大学图书馆电子书使用现况调查[J]. 数字图书馆论坛,2011(5):29 - 40

[6] 贾延霞,杨慧. 利用数据库商提供的电子资源 MARC 数据的策略[J]. 图书馆建设,2012(8):25 - 27

[7] 宾锋. 基于使用情况分析的电子图书采购和服务建议——以上海图书馆为例[J]. 图书馆建设,2010(11):28 - 31

[8] 信息网络传播权保护条例[EB/OL]. [2014 - 08 - 20]. http://www.gov.cn/zwgk/2013-02/08/content_2330133.html

[9] Rule making on exemptions from prohibition on circumvention of technological measures that control access to copyrighted works[EB/OL]. [2014 - 08 - 04]. http://www.copyright.gov/1201/2010/

工科高校图书馆采集教材类图书建设馆藏再思考

顾声权(华北电力大学图书馆)

1 引言

凭借行业优势,工科高校经过多年积累形成了鲜明的专业特色办学,并设有获广泛认可的高标准、高水平、高质量的主干学科。工科高校建设特色品牌专业,其培养的学生受到业内一致好评,在工业制造的重要技术领域具有极其重要地位。工科高校特色专业人才的教育实践,得益于图书馆文献专业特色资源建设,其采集教材类图书对促进跨学科应用型创新专业人才的培养具有重要意义。工科高校图书馆的资源建设策略要从主要收藏学术著作调整为重点收藏资料性文献,顺应时代发展要求开展教材类图书资源建设。

教材类图书是工科高校图书馆特有的文献类型,是教学过程中指定的辅助性必读学术资料,具有开阔视野、培养自学创新能力的功效。教材类图书兼具思想性、系统性和权威性,是教师指导学生进行教学科研必备的参考资料。采集教材类图书是工科高校图书馆建设文献资源、服务教学科研直接、具体的体现。教材类图书反映国内外学科发展课程建设的高水平、新成果,具有科学性、先进性,是一种优质资源的载体。教材类图书是馆藏中的重要资源建设品种,影响力是其他品种的文献资源所不可比拟的,是工科高校图书馆读者获取专业知识所需要的文献资源。

2 原则

工科高校图书馆采集教材类图书建设馆藏资源是系统工程,要随着时代的发展而更新,要及时掌握专业学科课程的发展动态合理采集,为教学科研提供文献资源保障。教学建设需要以教材类图书文献资源为依托,因此采集符合学科建设、教学学习和参考需要的教材类图书,是馆藏建设的重要内容。

2.1 系统性

采集教材类图书、建设系统性的工科高校图书馆资源,要把不同时期、不同版本的资源按照通用规则构成层次分明的有机整体。要围绕学校相关学科,专业系统地收藏不同版本的教材类图书,且注意收藏相关配套的教辅教参、光盘课件等文献资源。由于教材类图书具有时效性,采集的时间、内容上都更要求系统性。工科高校图书馆要以国家优秀精品教材为基准,及时跟踪国内外的相关专业教材质量评价动态,把精品优秀教材推介给相关学科,为读者做好教材类图书资源的导读工作,提高利用率,完善教材类图书的馆藏建设。采集教材类图书应注意相关的教辅教参的电子光盘打包收集,使教材类图书浓缩成系统化立体的资料包(以纸质教材为主,配以电子光盘、网络信息等其他载体形式),形成以图书馆网站为中心的、系统的文献资源保障共享链,为学校的教学提供整体化的解决方案。

2.2 发展性

工科高校图书馆要适应时代进步，根据专业学科发展制定文献资源建设策略，采集教材类图书。要充分考虑到信息网络化进程，制订的相关策略要便于规范化、标准化和资源共享的实施；要充分考虑因科技发展产生的读者需求更新、阅读方式进步等的变化，要保持前瞻性。随着专业学科发展和读者需求变化，工科高校图书馆的采集教材类图书资源建设体系也必须与时俱进，才能为教学科研服务提供合理的文献信息保障。采集教材类图书建设馆藏资源必须充分调研，分析馆藏结构情况及读者需求意向，根据专业学科的发展计划明确掌握现有教学科研需求，保证必要的预见性，满足教学科研和专业设置未来可能的需求，建立有效的动态采集调整机制。

2.3 经济性

工科高校图书馆采集教材类图书建设馆藏资源的经济性，是指文献资源建设过程中要合理使用经费，以最小的购置成本获取最大的使用效益。分析文献的采集利用状况，了解读者需求，合理预算调配经费，适时调整重构馆藏资源建设的发展政策及馆藏体系。经济性是衡量文献资源合理构成配置的依据，工科高校图书馆建设馆藏文献资源要杜绝重复、闲置等弊端，要周期性进行投入产出的效益评价及成本效益比对分析。对馆藏文献资源建设评价的重要依据是文献利用率，工科高校图书馆要根据不同类型的文献资源利用情况来确立文献资源建设的规划及经费的流向，使馆藏资源结构更合理。

2.4 共建性

单一图书馆没有条件将所有的教材都收集齐全，凭自身资源也不可能完全满足读者需求。随着网络技术的深入，海量文献资源加入互联网，工科高校图书馆可以通过网络推送资源服务，也可以通过网络使用兄弟馆的资源和服务，使用网络技术拓展工科高校图书馆的资源服务空间，实现全球资源共享。工科高校图书馆采集教材类图书建设馆藏资源要加强与其他机构的合作共享，努力突出本校的专业学科特色，协调相互间的重点学科收藏，共建共享教材类图书资源。

3 范围

工科高校图书馆采集教材类图书建设馆藏资源，要围绕教学科研需求、学科建设发展情况及学校专业设置的特点，来确定教材类资源的收集范围。

3.1 历年教材

工科高校图书馆采集教材类图书，首选收藏本校历年使用过的教材，便于读者系统回顾知识，更满足深化教学研究的需求。根据办学定位、专业设置及重点学科建设，采集相关内容的基础课、专业课和主干学科的教材类图书。对历年来本校使用的各专业课程教材类图书进行全面系统的收藏，服务教学需求，展示学科沿革，促进图书馆资源建设的系统性、连续性。

3.2 优秀教材

工科高校图书馆采集教材类图书建设馆藏资源,遵循择优选用的原则,要尽量收藏与本校学科专业相关的国家级、省部级精品优秀教材,这些教材入藏能够促进读者了解研究相关领域,扩大了教材类图书选择的范围。特别要选择已立项建设的本校重点专业学科的国家级规划教材、精品教材及优秀教材类图书的采集,更要注意对新版优秀教材类图书的收集。

3.3 别校教材

工科高校图书馆采集教材类图书建设馆藏资源注重收集兄弟高校与本校课程有关的教材,要注意广泛性与适用性相结合,要选择与本校办学层次、办学性质和培养目标相适应的教材,不能盲目采集。为丰富知识面开拓教学思路,对不符合本校教学风格,但具有代表性或是经典性的教材类图书也要适度收藏,其往往代表着风格迥异的教学模式和各种经典的教学流派。

3.4 教辅教参

工科高校图书馆采集教材类图书建设馆藏资源注意筛选教辅教参资料,由于教材自身具有的系列性、多样性的特点,对与专业学科主干课程相关的其他版本的教材和各类配套的教学辅导用书、习题集以及教学参考资料,都要关注并采集。工科高校图书馆采集教材类图书入藏的同时,也要关注教材的研究评价以及教材评优获奖情况等。

3.5 相关资料

工科高校自编教材讲义是主干课教材的有效补充,不一定正式出版,却是科研成果、教学心得的结晶,是对学科专业内容的概括,反映了本行业的先进理念。特别是一些新兴学科、交叉学科特色课程的高质量的自编教材,对教学科研有着重要参考价值。工科高校图书馆要注重收集教材出版信息,与相关出版社联系,定期获取出版信息征订目录,通过不同渠道了解教材类图书简介、研究评价及获奖情况等,及时反馈建设馆藏,服务读者。

4 途径

4.1 本校教材

工科高校图书馆要与本校教材中心协调,查重后直接从教材库存中提取所需教材类图书复本补充馆藏。对以后时段引进的新教材,图书馆可继续沟通,在新教材中直接用教材目录进行查重,对馆藏缺订的教材类图书增加调拨数量,为图书馆增加馆藏。

4.2 书商捐赠

在工科高校图书馆招标中中标的馆配供应商一般都会捐赠一些图书,可以以协议的方式约定其捐赠图书成分要有与本校课程相关的教材类图书。有的出版社为了拓展教材市场,每学期都会统计其出版教材的使用量,根据使用量反馈适当比例的教材样书给校方,图书馆可以尽量协调,使之加入馆藏。

4.3 展会采选

工科高校图书馆可以与教材中心合作,积极组织读者参与出版社举办的教材展、专家讲座会、学术研讨会或者座谈会等活动,并加强与同类高校教材部门的交流与联系,以便于收集同类院校的自编教材和其他有重要参考价值的特色教材样本和参考资料,广泛采集教材类图书建设馆藏,供读者借鉴参考。

4.4 交流互换

工科高校图书馆要主动掌握本校教材使用情况,与院系资料室合作收集其内部自编的教材、讲课提纲等材料来扩充馆藏教材类图书资源,以备教材评优或交流使用,进一步形成馆藏资源特色。

4.5 征订海选

工科高校图书馆要定期向不同机构收集教材类图书征订信息,建立教材类图书信息库,将搜集的目录建立链接或直接挂在网上,读者选用教材类图书时可直接查询、参考。教材类图书是根据教学大纲为施教学习而编写的资料,包括教科书、讲授提纲、讲义资料等,以及各类专业学科的教学参考用书和教学辅导资料等。

5 其他

工科高校图书馆的主要职能是为学校的教学科研提供文献信息保障,其教材类图书资源被读者有效利用,才能真正体现其价值所在,所以需要深化教材类图书馆藏资源建设。

5.1 设立教材样库

工科高校图书馆可以协调开展教材样本库的建设,根据办学定位、专业设置、重点学科建设等要求专项采集教材类图书样本,优先收集"面向21世纪课程教材""十一五国家重点规划教材"、评优获奖教材、省部级以上优秀专业教材等。开辟独立的教材类图书样本库,能够使读者在相对集中的空间里方便使用;在教材类图书样本库中,根据特点做好优秀教材评价工作,有针对性地推荐给读者使用;同时在教材类图书样本库里集中展示本校教师自编出版的各类教材,使其成为学校科研成果的展示平台。

5.2 提高馆员素质

工科高校图书馆采集教材类图书建设馆藏资源,离不开具体馆员操作,只有重视业务,对学科规划、专业设置、教材发展建设关心,在科学基础上选择采集教材类图书,才能提高资源建设促进服务,进一步体现馆员的素质能力。通过启动业务培训机制引入人才,使馆员熟练掌握图书馆情报知识及计算机技术,提高外语水平,扩大知识面,了解专业学科基础,才能全面准确及时地搜集处理信息,使教材类图书建设服务教学科研。

5.3 加强教材导读

工科高校图书馆教材类图书资源日益丰富,通过读者利用才能发挥价值,若宣传引导不够势必造成浪费。用举办教材学术讲座和研讨会的形式，组织读者并向其介绍教材的馆藏情况及国外教材动态；同时图书馆还可以加强对读者的宣传引导，通过网站、宣传栏、走访教学单位等活动将教材类图书信息、检索手段、馆藏资源分布等传播出去，提高利用图书馆的能力。

5.4 推送网络资源

工科高校图书馆采集教材类图书建设馆藏资源不能停留于收藏纸质文献，要依托网络环境强化信息发展，利用优势对网上的教材信息资源整合利用，建立信息导航服务，把重要网站链接设在馆内主页上。电子教材出版物的出现，对读者学习研究提供了上佳参考，馆方应按计划引入电子教参并做好推广应用工作，有效弥补馆藏纸质教材类图书不足，更好地补充、完善资源。

随着技术发展，数字化教学成为趋势，教材类图书在数字化过程中由单调的文字变成生动、活泼、立体的影视，数字化教材实现原来纸质教材没有的查找、搜索、链接、三维展示、在线做题、在线阅卷、即时讨论等多种功能，并增加与读者的互动性，提高其主动学习的能力。工科高校图书馆作为数字化教材建设过程中的传播者，在推广发布时更要尽心尽力，使数字教材更加丰富生动。

工科高校图书馆的网络课程因其丰富的共享资源、互动的答疑方式、远程的授课形式、灵活的上课时间等优势，受到读者欢迎。采集教材类图书越来越关注资源配套，精品课程的配套教材或是重点教材要求有网络资源，在网上免费提供课程录像、多媒体课件、考试自测系统、在线答疑交流等多种资源供读者使用。

6 结语

工科高校图书馆采集教材类图书建设馆藏资源是逐步创新的过程：通过提高馆藏利用率，更好地推进文献资源建设；通过统筹管理，逐步完善相关的制度以保证正常运行，做好协调工作，避免重复、闲置；加强不同路径的合作共享，相互依托、取长补短，吸取转化异体的优势资源。工科高校图书馆在采集教材类图书建设馆藏资源中要做的工作还很多，必须把教材建设看成图书馆工作体系中的重要内容，重视其独特作用，加强研究是十分必要且任重道远的课题。

参考文献

[1] 吴慰慈. 图书馆学概论[M]. 北京:北京图书馆出版社(今国家图书馆出版社),2002:33 - 35
[2] 初景利. 复合图书馆理论与方法[M]. 上海:上海交通大学出版社,2004:38 - 41
[3] 梁洪杰. 图书馆科学管理论丛[M]. 北京:机械工业出版社,2008:49 - 51
[4] 毕强. 数字资源建设与管理[M]. 北京:科学出版社,2010:99 - 101
[5] 徐雁. 藏书与读书[M]. 北京:国家图书馆出版社,2008:31 - 33
[6] 王启云. 图书馆学随笔[M]. 北京:国家图书馆出版社,2011:61 - 75
[7] 杨肥生. 文献采访决策概要[M]. 合肥:中国科技大学出版社,2006:28 - 35
[8] 李德跃. 中文图书采访工作手册[M]. 北京:国家图书馆出版社,2004:63 - 65
[9] 蔡莉静. 图书馆藏书建设[M]. 北京:海洋出版社,2009:101 - 107
[10] 王启云. 图书馆学笔记[M]. 北京:知识产权出版社,2013:22 - 35

网络文学的发展与国家图书馆的采访应对

韩　玲(国家图书馆)

互联网络的发展使得我们身处的信息环境发生了翻天覆地的变化,我们以“文学作品”这一个类别进行具体的分析,探析网络是怎样从传播方式入手,借助资本运作的大手,从生产上渐次影响了它的写作、出版和改编,从传播上逐渐渗透到社会阅读人群的各个角落,直至今日形成了以网络为基础的整个文学产业链。国家图书馆应敏锐意识到阅读环境发生的改变,并积极调整采访观念、入藏网络文学作品,在理念与服务上与时代发展同步。

鉴于网络传播过程中对文学概念范畴的弱化,以及中国“文史不分家”的文化传统,文中的“文学”以“大文学”概念呈现,除了包括诗歌、散文、小说、剧本、寓言、童话等,也包含一些历史哲学类作品。

1　文学网站的出现与网络文学的诞生

1.1　文学作品的“网络化”

“文学网站”顾名思义是“文学”与“网站”发生关系的产物。计算机网络普及之前,文学作品与其他形诸文字的作品类型一样,与读者见面主要借助于书籍的印刷与流传,因此,文学作品的阅读量与文学书籍的获取量有直接关系。网络的发展,使得传统文学作品可以上载于网页,借助于搜索引擎,我们可以非常便利地随时查阅,因而即便家中毫无藏书,也不妨碍我们获取海量文学知识。文学网站的第一个类别就是以上载文学名家名著为特色的网页集合,这种文学网站其实可以被看作传统文学作品的“网络化”。就文学作品本身而言,它的产生和出版与以往相比并无不同,只是借助于网络,扩大了流通范围,增加了阅读的便利性。

1.2　原创性文学网站的产生

提及“原创文学网站”,就不得不提及这个行业的开山鼻祖——“榕树下”网站。这个网站由美籍华人朱威廉创办于1997年,1999年以前一直是以个人主页的形式存在。创始之初的榕树下网站借鉴了传统文学刊物的编辑审稿制度,作者投稿,经过审核后在网页上载出,它的创办人意在“将榕树下办成一个中国的网上‘收获’”[1]。从运作方式来看,榕树下网站还没有摆脱传统文学刊物的影响,但基于以下三点,它依然开创了文学网站的先河:第一,它真正促使了“网络文学”这一新文学形态的诞生。以网络为载体而发表的文学作品,关键是要“首发于网络”。第二,它使得文学作品的作者走下了神坛,只要有写作的欲望,人人都可以是作家。第三,它通过网络宣传手段,增强了网络文学的影响力,扩大了文学作品的读者群体。

1.3　商业运作模式的引入

早期的原创性文学网站几乎都是基于创办者个人兴趣建立的,没有考虑到盈利的需求。

随着网站规模的扩大，运行开支随之增加，如果不解决创收的问题，网站的生存必将受到威胁；另外，对于网络原创文学作者来说，长期的免费写作也无法保证其创作热情，作品“中断”现象时有发生。当年的榕树下网站即因资金周转不善，几经转手，于2009年被盛大文学收购，而创办于2002年的原创性文学网站起点中文网，则由于引进了成功的商业运行模式，一直延续至今。2003年起点中文网首创VIP阅读模式，即对网上优秀作品进行签约，前半部供读者免费试阅，后半部则需付费阅读，按每千字2—3分钱的价格进行销售。2006年开始，起点中文网依靠占比仅5%的付费读者实现了盈利[2]。起点的这一做法几乎成为后来的行业标准，为各大原创文学网站所仿效。

因为一切以读者的实际需求为导向，各有影响力的文学网站基本上都呈现出综合化的发展趋势，一方面上载传统文学作品，一方面发展原创文学作品，以“经典阅读”和“原创文学”等标签做区分。

借助于互联网络无所不在的触角与庞大的人口基数，文学网站开拓了读者领域、扩充了作者群体，并且还创造了可持续的盈利模式，之后的大发展已然是顺理成章的事。

2　网络文学的发展对文学阅读环境的改变

2.1　产业大鳄的出现

网络文学市场的巨大潜力引起了商业资本的追逐，并最终产生了像盛大文学这样的产业大鳄。2004年，从网络游戏起家的盛大集团以收购的起点中文网为基础，组建了盛大文学公司，到了2008年，盛大文学旗下已经拥有或控股起点中文网、红袖添香、晋江原创网（2010年2月正式更名为晋江文学城）、榕树下、小说阅读网、言情小说吧和潇湘书院七家文学网站[3]。这7家文学网站是历年前十榜上的常客，拥有它们基本上已经占有了网络文学的大半壁江山[4]。盛大文学的CEO在2013年的一次发言中说：“在中国有2.3亿人在看网络小说，这意味着每6个人就有一个人在看网络小说……我们占其中80%的份额。在我们的平台有超过160万作家写作，每天超过1亿字。现在在百度上，搜索的100种小说中有95种来自盛大文学。”[5]巨大的市场份额也让其运营方式成为网络文学产业运作的范式。

2.2　网络文学产业对阅读市场的开拓与占领

2.2.1　网站内容规划上，突出优势，兼收并蓄

以盛大文学为例，其旗下的三家原创文学网站原本就有比较偏重的受众人群：起点中文网以玄幻小说为主，主要面向男性群体；晋江文学城以言情作品见长，读者主要是女性白领群体；榕树下保持了当年偏向严肃文学的特色，以现实题材类的作品为主。之后的小说阅读网则侧重青春校园类作品，目标是校园用户群体。

相对清晰的目标受众有助于网站发挥特长，在相应的领域保持较高的市场占有率。以晋江文学城为例，该网站成立于2003年，号称全球最大女性文学基地，拥有在线作品65万部，并且每天有750部新作品诞生。拥有注册用户700万，并以每天近1万新用户的速度增加[6]。

除了各自主要的目标人群外，各大文学网站也尽可能地扩充作品类型，以期吸引其他读者群。例如，晋江文学城作品中除女性群体偏爱的穿越、言情、婚姻、青春校园外，也有武侠、

玄幻、悬疑推理、科幻、历史、散文诗歌等。而以玄幻作品起家的起点中文网为了吸引女性读者的目光,以原先的起点女生频道为基础,衍生出起点女生网,大力发掘女性题材小说,如今也号称“类型丰富,涵盖了传统现实类小说的各种题材,有校园的回忆、职场的暗战、官场的门道、军事的热血、历史的传奇、情感的波澜、婚姻的离合、乡土的眷情。针对各个年龄层,各个阶层的读者,都有合适的作品供其阅读,真正实现全年龄层、全方位的阅读体验”[7]。

2.2.2 获取手段上电脑终端与移动终端并举

除网站建设外,“盛大文学积极布局移动互联网业务,并取得了突出成绩:2011 年已成为三大移动运营商阅读基地最大的内容提供商,2012 年来自中国移动手机阅读基地年度总访问用户数近 1.5 亿,较 2011 年翻了一倍。自有移动互联网端,日活跃用户数 500 万,月活跃用户数过千万,从 2013 年 4 月到现在,收入实现了倍增,已经超过互联网端”[8]。

文学网站的运营者抓住了现代人阅读时间零散化的特点,大力发展网络文学在手机终端上获取的便利性。除了内容上“人人有网络文学可看”外,渠道上也可“时时看网络文学”。

2.3 网络文学对文化领域的渗透

以盛大文学为例,作者一旦与网站签约,即将作品版权卖给了盛大公司。盛大文学旗下还拥有“华文天下”“中智博文”和“聚石文华”3 家图书策划出版公司,是国内最大的民营图书出版公司[9]。盛大文学可以通过自己的图书策划公司将作品出版,也可以通过版权拍卖的方式将作品出售给其他出版社出版。

盛大文学执行官曾说:“最早盛大文学是数字出版公司,现在定义是文学产业链公司,毫无疑问,以后它会是版权投资公司。但无论如何,它都是一个版权运营公司。”[10]谁拥有了版权,谁就拥了图书改编权,文学作品可以改编成游戏、漫画、影视剧,文学网站旗下的众多作家也可以被批量培养成剧作家,给影视公司提供剧本定制服务。2012 年,盛大文学共计售出版权作品近千余部,根据旗下版权作品改编的电视剧《小儿难养》《裸婚时代》《步步惊心》等收视率不俗,改编的电影《搜索》(陈凯歌导演)、《致终将逝去的青春》(赵薇导演)获得了很大的社会反响[11]。

图书、游戏、影视剧多元化的呈现方式表明网络文学已经超越了“文字”的范畴,以全方位的传播手段渗入我们的文化生活,并将毫无疑问地参与塑造我们这一代人的精神世界。

3 国家图书馆对新文学阅读环境的回应

3.1 新文学阅读环境的特点

当下文学阅读环境的特点,我们大致可以将其概括为两点:一是在阅读方式上,网络技术的发展使得人们越来越倾向于阅读电子书,网络文学最被认可的英文译名 electronic literature 直译过来就是“电子文学”。虽然纸质书没有退出历史舞台,但其所占份额被电子书大大蚕食确是不争的事实。二是在内容上,网络文学作品挤占了传统文学作品的空间。虽然经典作品还会一直存在并发挥其影响效力,但时下的流行文学已被网络文学攻占,流行文化也充斥了网络文学的元素。

3.2 国家图书馆对阅读方式“电子化”的回应

面对这种阅读环境的改变,图书馆并非没有回应,然而其主要的应对措施还在于对互联网技术的使用上。例如国家图书馆的“数字图书馆工程”就将很多文献资源电子化,放在互联网上供读者查阅。进入“中国国家图书馆 · 中国国家数字图书馆”网站,在中文数据库下栏目下可以看到如下数据库:“中华经典古籍库”“全宋诗分析系统”“全唐诗分析系统”“二十五史研习系统”“国学宝典”“方正电子图书”“阅读中国——当代文学作品(数字)推荐工程”“电子漫画馆”“中华连环画数字阅览室”“四部丛刊”“馆藏中文图书数字化资源库”等[12]。虽然图书馆认识到了电子阅读时代的已经到来,但目前所做的工作主要集中在馆藏数字化建设方面。

除了网络客户端外,国家图书馆数字图书馆也推出了手机门户网,扫描“中国国家图书馆 · 中国国家数字图书馆”网站上的二维码,可进入“掌上国图”网(http://mobile. nlc. gov. cn),进入其“手机门户”栏(http://wap. nlc. gov. cn),除了手机版的资源检索工具条外,也有“在线阅读”服务,其中的“分类阅读”下设有古籍、古诗、小说、文津图书奖、百科、寓言、笑话、英文和“每日一句”栏。然而,与文学网站推出的手机阅读 APP 相比,读者认知度不高。

总的来说,国家图书馆已经认识到了利用网络技术推广阅读的重要性,但比起一切从市场出发、以读者需求为导向的文学网站来说,无论是技术运用的灵活性还是资源内容的吸引力方面都还具有相当大的差距。

3.3 国家图书馆网络文学采访现状

国家图书馆有几个数据库涉及文学类别,但主要做的还是传统文学数字化的工作。我们打开“阅读中国——当代文学作品(数字)推荐工程”数据库,显示的“热门出版社”有作家出版社、中国作家协会、中国文史出版社、中信出版社、经济日报等,“热门作者”有莫言、林语堂、张爱玲、池莉、麦家等。出版社基本上属于文学界的权威出版社,作者也不乏现当代文学史上赫赫有名的人物,其中收录的作品以现实题材为主,更侧重于“严肃文学”的收藏,对网络小说鲜有涉及。

2013 年 12 月,北京青少年网络文化发展中心评选出了 2013 年最受欢迎的 10 部网络小说,我们以此为例,看看国家图书馆对网络小说的收藏情况[13]。

表 1 国家图书馆网络小说收藏情况

序号	作品名称	作者	出版书名	出版地/出版社	出版年
1	《遍地狼烟》	菜刀姓李	原名	南京;江苏文艺出版社	2010
2	《光之子》	唐家三少	原名	武汉;湖北少年儿童出版社	2013
3	《家园》	酒徒	《隋乱》	石家庄;花山文艺出版社	2008
4	《星河大帝》	梦入神机	—	—	—
5	《特战先驱》	业余狙击手	原名	北京;大众文艺出版社	2006
6	《南方的雨季:空青童话故事集》	空青	出版中	—	—

续表

序号	作品名称	作者	出版书名	出版地/出版社	出版年
7	《兽王》	雨魔	原名	武汉;湖北少年儿童出版社	2006
8	《请你看着我如何开始》	吴依薇	—	—	—
9	《浣紫袂》	天下尘埃	出版中	—	—
10	《返回地球的前身》	朱克恒	—	—	—

图表中目前已出版纸质书的网络小说,国家图书馆均有收藏,但没有出版或者出版情况不详的,均无馆藏。在“中国国家图书馆·中国国家数字图书馆”中文数据库中,“方正电子图书”和“阅读中国——当代文学作品(数字)推荐工程”较有可能涉及网络文学图书,经过查重,图中5种已出版的网络小说无一收藏。但我们也不能据此下结论认为电子图书数据库与网络文学绝缘,在“方正电子图书”中,就可以找到近几年大热的网络小说《步步惊心》,方正收录的该书是以2006年民族出版社出版的版本为依据的,该书纸本国家图书馆也有入藏。

目前,国家图书馆还没有把依托于原创文学网站的网络小说作为一个特殊的文献类别来看待,没有出台专门针对网络小说的采访政策,部分网络小说作品的入藏也只是在网络小说与实体出版行业发生关联后的连带反应。

4 国家图书馆采访观念的调整与入藏策略

4.1 全面入藏网络文学作品的必要性

国家图书馆作为国家藏书机构、全民终身学习的最高殿堂,历来以品类丰富、集精结粹的馆藏闻名于世,所藏图书不乏金石拓片、珍本善本这样的阳春白雪。而网络文学是一种通俗性和普及型都比较强的作品,内容相对而言要“草根”一些,其文学价值历来也存在很多争议,这也是导致图书馆界对其重视不够的原因之一。

首先,我们要客观看待网络文学的文学价值。作者门槛的降低,使得网络文学作品大量产生的同时质量良莠不齐;商业运作模式加入后,利益诉求成了网站和作者的主要目的之一,一部分作品为了吸引读者专在低级趣味上做文章;而互联网络在拓展了读者范围的同时,又传播和放大了这些缺点。因此,社会舆论对网络文学的褒贬不一,赞者认为其发展繁荣了文化,满足了读者需求;贬者认为其拉低了文学作品的整体水准,对社会审美趣味的倒退负有一定责任。对图书馆界而言,我们既要看到它的糟粕更要承认它的价值。

其次,我们要尊重读者的选择。网络文学的内容虽然草根,接受人群却不乏高学历人士。根据专业统计机构数据显示,2011年6月中国网络文学小说用户中,大学本科和大学专科学历为核心群体,分别占比45.7%和30.0%,另外硕士及以上占6.8%,而高中(中专)及以下,共占17.5%的用户比例[14]。结合前文数据,如此高的市场占有率,又是众多高学历读者的共同选择,即便作为一种阅读现象,其形成原因也值得国家馆深入研究。

综上,从读者服务的角度说,国家图书馆理应入藏用户需求度高的作品;从文化保存的角度来说,入藏网络文学作品也有助对这个时代的阅读记忆进行保存(作为“国家记忆”的一个重要组成部分)。因此,国家图书馆应该探讨出台专门的采访政策,对网络小说进行全面的入藏。

4.2 探索适合网络文学的入藏方式

网络文学有着不同于以往传统文学的生产链条。以往一本书从产生到与读者见面,大致经过了如下流程:

作者—作品—出版社—读者

借助于网络,网络文学作品可以直接与读者见面:

作者—作品(上网)—读者

这种不同于传统文学作品的面世流程,业内有人士称之为"数字出版"以区别于传统的出版方式。出版方式的不同将直接影响到图书的采访工作,如果图书馆不能实施针对数字出版物的特殊采选方式,那只能被动地等待网络文学作品出版纸质书后,在呈缴或采选时入藏。这样做有两个问题无法解决:一是入藏时间远远落后于作品出现的时间,可能该作品已经在网络上流行过了,国家图书馆还没有入藏纸本;二是遗失绝大部分内容,毕竟能出版纸书的只是网络文学中的一小部分。因而,针对网络文学,国家馆最好能以数据库的形式开辟特色专藏,其采访及后续工作参照数据库馆藏的操作细则执行。

目前,图书馆业界将电子书单独作为一个门类,围绕它的采访来源问题、版权问题,以及后续的编目和服务提供问题著述不断,研究成果不再赘述。网络文学作品作为电子书的一个类别,在对其采访的过程中都会遇到上述问题。好在网络文学作为一个产业发展到今天,运作模式已经比较成熟,行业大鳄垄断产业的同时也在逐步进行整合工作。作为尝试性的开端,图书馆完全可以从与行业大鳄的合作开始入手采选。以控制了网络文学近 80% 市场份额的盛大文学为例,国家图书馆如果能和它合作成功,从理论上来说已经采访到了网络文学 80% 的内容。而且,由于该公司已经和作者签约买断了版权,那么和它的接触也避免了图书馆面对庞大的作者群。

最后值得一提的是,"数字出版"的概念出现至今,图书馆界一直比较关注,国外一些国家馆通过立法已经确立了数字出版物呈缴的制度,我们国家对此也有相关的探索,但由于各方面的原因,"图书馆法"一直在研究过程中,短期内期望以法定呈缴的方式解决网络文学的入藏问题,目前看来还不是很实际。网络文学在现实中的发展不容我们继续等待,目前看来,暂时将缴送放在一边,切实研究以经费采选方式入藏更具现实意义。从长远来看,此类作品的全面入藏还是要依托于立法的出台,而我们当下任何的实践活动对立法来说,也是一种推动和参考。

参考文献

[1] 百度百科. 榕树下[EB/OL]. [2014-08-02]. http://baike.baidu.com/view/75262.htm? fr=aladdin

[2] 姜蓉. 起点中文网:向小支付要大收益[EB/OL]. [2014-08-02]. http://www.cb.com.cn/person/2009_1103/63010.html

[3][8][9][11] 盛大文学官网[EB/OL]. [2014-08-02]. http://www.cloudary.com.cn/introduce.html

[4] 艾瑞网. 垂直文学网站行业数据[EB/OL]. [2014-08-02]. http://www.iresearch.cn/data/%E6%96%87%E5%AD%A6%E7%BD%91%E7%AB%99/

[5] 侯小强. 盛大文学 CEO 侯小强:创新打造网络文学全产业链[EB/OL]. [2013-04-12]. http://tech.163.com/13/0412/14/8S94A9PT00094NM5.html

[6] 晋江文学城官网[EB/OL]. [2014-08-02]. http://www.jjwxc.net/aboutus/
[7] 起点中文网官网[EB/OL]. [2014-08-02]. http://www.qidian.com/aboutus/aboutus.aspx
[10] 中国新闻出版网. 数字出版一周风向[EB/OL]. [2014-08-02]. http://www.chinaxwcb.com/2013-06/20/content_270887.htm
[12] 中国国家图书馆官网[EB/OL]. [2014-08-02]. http://dportal.nlc.gov.cn:8332/zylb/zylb.htm
[13] 郭琦. 2013 年首都青少年最喜爱的网络小说评选活动结果公布[EB/OL]. [2014-08-02]. http://book.sina.com.cn/news/c/2014-01-26/0952597467.shtml
[14] 曹笛. 艾瑞咨询:网络文学小说发展趋于稳定 用户高学历与性别诉求差异化是主要特征[EB/OL]. [2011-08-02]. http://media.iresearch.cn/others/20110802/145961.shtml

高校图书馆电子图书发展瓶颈与采购策略研究

韩淑红(哈尔滨工业大学图书馆)

信息产业的飞速发展,使资源的存储方式发生了颠覆性的变化。根据来自《卫报》的消息,美国德克萨斯州的圣安东尼奥市将会开设全美第一家电子图书馆[1]。这家图书馆没有任何的纸版书籍,取而代之的是一个类似电子图书 App Store 的 BiblioTech 系统。对于读者,图书馆是“资源库”,同时良好的阅读环境和学科化的服务成为人们利用图书馆的主要因素。电子图书在高校推广与发展日益强大,这对于高校馆是否又是一把“双刃剑”? 高校图书馆如何将其负面因素降至最低,使电子图书成为高校图书馆服务于教学与科研需要的“利刃”是电子资源采购者亟待思考的问题。

1 “985”高校图书馆电子图书采购情况调查

2013 年 1 月第四届世界电子书大会(DBW)大会在纽约举行,电子图书价格、版权阅读器等问题备受关注[2],欧美国家围绕电子图书的讨论方兴未艾。近年来,我国数字化进程日新月异,电子图书走入读者视野,走进高校校园。高校图书馆秉承为教学科研服务的宗旨,电子图书无疑成为高校师生获取资源的重要途径,笔者对近年高校图书馆电子图书销售与订购情况进行调查,以期为电子图书采购策略制定提供翔实的基础。

笔者对我国 35 所“985 工程”院校中外文原版电子图书数据库采购情况进行网络调查并加以分析。

调查一:中文电子图书 36 个数据库前三位的仍然是超星、方正 Apabi、书生,如表 1。

表 1 “985”院校图书馆中文电子图书数据库前三位

	超星	方正 Apabi	书生
“985 工程”院校数量	33	23	19

分析:各个数据库各具优势,“超星”拥有强大的平台优势,“方正 Apabi”的教参系统与制作质量独树一帜;“书生”开发之初以年代回溯久远而被各图书馆认可。

调查二:中文电子图书分类、采购数量比例如图 1。

从表 1 与图 1 可以分析。

(1)中文电子图书数据库的发展尤其出版社电子化进程缓慢,出版机构的图书数字出版意识有待加强。

(2)图 1 中占据 61% 的各类古籍数据库基本是特色库建设过程中建立发展起来的,高校特色电子图书库的建设值得管理者的充分关注。

(3)工具书与教参类电子图书由于应用周期长,参考价值高,更加受到各高校馆的青睐。

调查三:我国 36 所“985 工程”院校中外文原版电子图书数据库采购情况。购买数量明显高于中文图书共计 78 个,其中居于购买前五位如表 2。

表 2　中外文原版电子图书数据库采购情况

	Early English ooks Online (EEBO)	Springe 电子图书	EBSCO Book Collection 原 etLibrary	MyiLibrary 电子图书	Eighteenth Century Collection Online(ECCO)
"985 工程"院校购买数量	16	25	13	14	14

调查中发现数据商营销方案与营销策略极大影响高校馆的购买策略，图书馆仍以质优价廉为购买主要原则。

对于外文电子图书数据库，按照出版者进行统计，分为集成商、出版社、专业学会进行，结果如图 2。

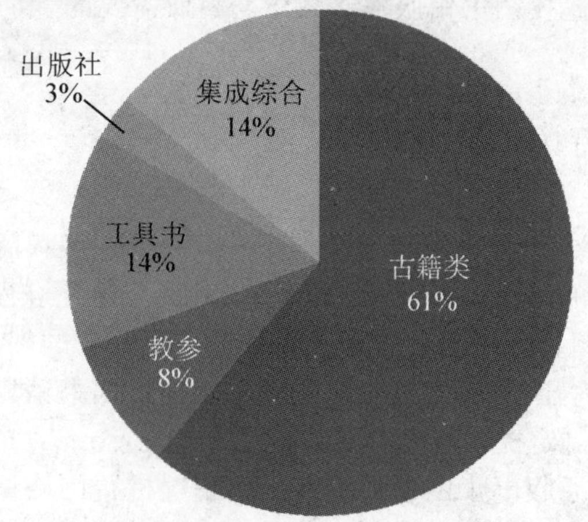

图 1　中文电子图书数据库分类

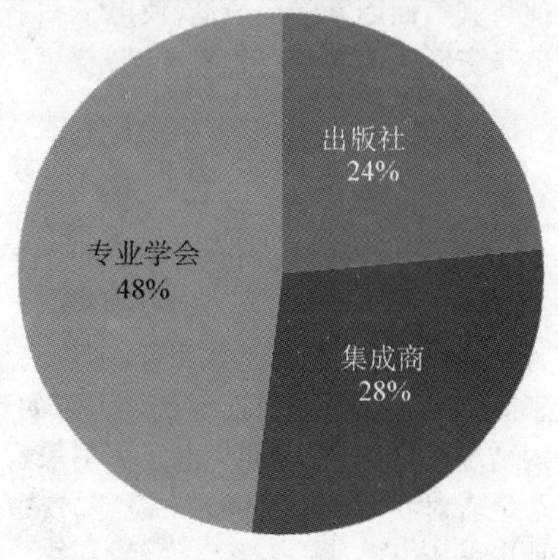

图 2　外文电子图书数据库出版统计图

集成商特点是文献数量大，但价格相对较低、专业性较弱。出版社直接电子化图书内容质量专业性强，与电子刊同一平台，更易于知识的获取，同时价格比较高。专业学会的电子图书数据库专业性研究性更强，图书数量相对较少，其价格视不同专业研究深度而定。调查中还发现外文专业电子图书数据库逐渐得到高校馆的青睐，除去 Wiley、Springer 等世界级出版社的专业电子书数据库，各专业协会、学会的小型数据库因其图书专业性强而被各馆接受。

2　电子图书数据库发展瓶颈

2013 年 5 月当当网高调打出零元购电子书的营销方案，在电子图书零售业掀起轩然大波，在看到电子图书日益成为人们阅读主题之余，不禁产生疑问：电子图书的发展是否真的到了价格驱动市场的境地。国外发展来看，谷歌一直想创建全球数字图书馆，但是在 2005 年至今一直官司不断，几乎都是因为版权问题。而我们在考察数据库电子图书内容会发现，内容质量并不尽如人意。上述因素极大影响国内外电子图书发展，高校图书馆身处其中，兼具采购特殊性，对瓶颈因素的清醒认识和规避措施至关重要。

2.1 价格是电子书发展最不稳定因素

2013 年在纽约第四届世界电子书大会(DBW)的一项中心议题即"电子书价格"。DBW 大会上,鲍克新数据显示,纸质书价格水平维持稳定,电子书价格水平不断下降,2009 年为 10 美元多一点,到 2012 年降到了 6 美元以下。首席执行官专场讨论会上,某 CEO 指出,对价格灵活性问题有所耳闻,电子书价格确实随意调整,在上涨、下降都行,但这里面有策略问题,需要试验才能上手[3]。电子图书定价随意性导致中外文电子图书价格处于无序化的状态。一些外文原版专业库中电子图书均价不乏百元乃至千元人民币的价格,同时一些国内代理集成图书数据会低至十几元。国内情况也并不乐观,零售电子图书从纸版价格的 7—8 折,到零元的促销,购买者被价格乱象迷惑。国内缺乏对电子书市场价格的调控与监管,数据商各自为政。

2.2 版权问题是电子图书发展制约因素

出版社因为担心纸质图书销售被冲击,出于自身利益的考虑对数字出版持观望的态度,这些版权问题导致电子图书内容资源的匮乏,目前的几个大型中文电子图书数据库能够拿到的版权同出版社发行的纸版书无论品种、出版时间都是不同步的。国内电子图书数据库尤为明显,笔者 2014 年 4 月对国内一大型电子图书数据库 2010—2012 出版年电子图书数据进行统计:总计 35 314 种社会科学品种占据总量的 75%,2010 年 16 786 种占 47.5%,2011 年 13 272 种占 37.5%,而 2012 年仅 5256 种,占 14.9%。产生这样悬殊差距的重要原因就是数据集成商无法拿到版权造成品种的缺失。我国数字图书发展力量相对薄弱,资金和技术远不及谷歌,欲打造高质量电子图书数据库亟待建立合理的版权机制。

2.3 电子图书质量良莠不齐是高校电子图书的选择难点

综观中外各大电子图书数据库,电子图书的质量并不理想。集中表现在内容的重复、电子图书制作质量以及存储格式的不标准与兼容性差。内容重复在中外文集成商数据库中都大量存在,同一出版社出版的同一种图书在不同库中出现,更有甚者将电子图书卷册章节拆分来增大图书数量。电子图书制作质量不仅影响电子图书的阅读、利用,同时影响其浏览速度、清晰度以及检索效率。除此之外,目前市场的电子图书存储格式标准不一,据不完全统计,电子书的格式有近 30 种。比如,EXE、PDF、CHM、BRM、PDB、TXT、UMD、JAR 等[4]。电子书格式的非标准与不兼容制约内容的共享,在一定程度上阻滞了读者对电子图书的阅读进程。

3 高校图书馆电子图书采购策略分析

笔者在调查中发现,近两年高校电子图书的采购量保持良好的增长态势,各校电子图书的揭示与使用力度加大,在被调查的 35 所院校中,只有 3 所未将电子图书作为一种文献类型在图书馆主页单独揭示。很多高校馆将数据商提供 MARC 数据导入本地发现系统更是在很大程度上提高了电子图书的利用率。自 2009 年北大图书馆对读者进行电纸书借阅到 2013 年复旦大学微博上公布了其"pad"免费外借的新阅读体验,电子图书以不同形态走进高校图书馆读者。笔者通过对各院校调查发现:迄今为止,高校图书馆纸版图书与电子图书的采购比例问题仍然是采购人员在探索的问题,图书馆电子图书采购意识仍存在误区,业内尚无规范的采购标准。尽管如此,高校电子图书采购盲从与停滞观望均无益于图书馆的发展,电子图书采购只要保持科学采购思路,正确把握方向,遵循一定原则与规律,完全能够有序科学发展。

3.1 正确认识与规避风险

高校图书馆电子图书采购过程中必须认识到:优化馆藏结构是高校电子图书采购主要目的之一。采购者首先了解纸本资源和电子资源优劣之势所在。纸本资源主要优点在于能保证资源的永久使用权以及资源连续性,缺点是获取便利性差。而电子资源主要优点是获取方便,缺点是对服务器及计算机等软硬件系统依赖性强,实现二者的优势互补方能实现馆藏优化的目标。其次,不能将价格作为采购标准。尽管电子图书价格差异性很大,但质量与价格成正比,电子图书的低廉价格、海量种类不能作为图书馆选择的标准。再次,图书馆善于规避因电子图书版权问题带来的风险,确认版权归属、明晰责任后方可购买。最后,必须意识到电子图书的选择不只是纸版书的"复印件",而是一种对目前纸质馆藏更有利补充。电子图书与纸质图书互补并不是传统意义上的互不重复,而是实现种类、出版年代、利用的互补。电子图书的可回溯性、浏览与下载都会对纸版图书因年代缺藏、复本少等问题起到很大的补充作用。

3.2 "垃圾书"鉴别与甄选

高校图书馆采购电子图书以数据库形式为主,某些中外文电子图书数据库中打价格战以"量"取胜,其中不乏大量"垃圾书",干扰正常采购。"垃圾书"主要体现在非正规出版物、图书内容层次不适合本校、图书内容偏离本校读者需求等几方面。电子图书选择不似纸版图书具有良好外部环境与考察路径,它的海量数据和书目不完整使得采购者对电子图书的选择无从下手。"垃圾书"的界定会因各馆采购目标而不同,如何做好这部分图书的鉴别与甄选是采购过程要突破的瓶颈:首先有针对性地选择数据库,电子图书采购的目的是为本校教学科研服务,应以学科专业为主,优先选择涵盖本校重点学科的数据库,然后考虑学生大众化和个性化需求;其次,尽量逐册或有主题地选择电子图书,尤其在一些集成数据库中,要清晰了解各出版商的出版特色,选择其强项,选择主题所需的内容。

3.3 购买方式和数据库平台的选择

电子图书数据库数据来源不同,销售方案也不尽相同,其中不乏数据库商"一家独大"对数据和价格垄断现象。数据库销售方式多为集团采购和单独销售两种。集团采购客户覆盖面大,价格相对合理,实现资源共享,售后服务好,受到各高校馆的拥护,我国高校 CALIS、DRAA 等数据库团购有很多成功的范例。

电子图书数据库平台是电子图书支撑载体,电子图书作用的发挥完全依赖于平台的高效运行。选择优质的数据库平台要关注以下功能:

其一,搜索引擎完备。搜索一本书,可以很容易地引导用户链接所需求的结构元素,内容的超链接表可以帮助用户对关联知识一目了然。

其二,图书内容不仅是单纯的文字,而是"跨媒体"[5]的存在。声音、图像、视频文件等元素的加入,使读者更易于领悟理解图书所要诠释的内容。

其三,搜索工具提供超越的内容和指标表。不仅可以在电子书的整本书中搜索指定的页面或章节,而且帮助用户搜索笔记或相关度突出部分。

其四,提供多种阅读方式。具有亲和性,对读者有较低的技能要求,能够提供读者网上与下载阅读。

其五,图书馆管理易操作。不需要烦琐的授权和过多改变现有设施,镜像产品占用空间少,统计等各项功能齐备。

高校电子图书的采购不能带有随意性,只有在科学严谨的采购策略支撑下,电子图书数据库采购才能沿着良性轨道运行。第四届世界电子书大会(DBW)上哈珀 - 科林斯首席数字化官谈到,"创新周而复始,下一轮指日可待"。高校图书馆电子图书建设必将沿着"读者需求"这一轨道发展,前景拭目以待。

参考文献

[1] 美国建立第一家"电子图书馆"[EB/OL]. [2014 - 08 - 20]. http://www.bookdao.com/article/59880/

[2] Hilary J. Westgate E-books: discussions of production, content, and future at the 2011 Frankfurt Book Fair [J]. New Library World, 2012,113(7/8):26 - 31

[3] 林成琳. 2013 年世界电子书大会综述[M]. 北京:百道新出版研究院,2013

[4] 李云. 电子书格式标准化问题刍论[J]. 河南图书馆学刊,2011(6):5 - 9

[5] Amir Ghaebi and Sepideh Fahimifar. E-book acquisition features[J]. Electronic Library, 2011, 29(6): 771 - 796

数字出版环境下高校图书馆文献资源建设新思路

何永进　饶思军(华中农业大学图书馆)

文献资源建设是图书馆业务工作的基础,也是图书馆工作的重要环节,不仅直接影响图书馆藏书的数量与质量、读者人数、读者需求的满足程度、图书馆的工作流程、社会效益,还是评价图书馆价值、管理者成效的重要体现之一。随着现代网络信息和数字技术的飞速发展,出版发行市场千变万化,文献资源呈现出多品种、良莠不齐以及馆配市场竞争加剧等特点,数字出版环境下传统的文献资源建设工作面临着新的挑战,高校图书馆必须正视新变化,开拓新思路,创新多元化文献资源建设模式,才能不断提高文献资源建设质量,最大限度满足高校师生的文献需求。

1　数字出版对高校图书馆文献资源的影响

数字出版环境下信息资源的出版发行方式发生了极大的变化,出版物的概念大大超出过去人们所理解的范畴,图书出版形式与种类也发生了惊人的变化。主要表现有传统出版形式、网络出版形式、按需印刷形式、网上免费资源等。数字出版极大地丰富了各种载体形态的信息资源,与此同时也增加了图书馆信息选择的难度,数字出版对高校图书馆文献资源建设的影响具体表现为:

1.1　对文献资源采集方式的影响

高校图书馆传统的文献资源采访方式,主要是采编部门通过出版社或书商提供的最新书目,确定欲购图书,并填写、发送订单。实现数字发行后,电子商务与网上书店采购被普遍应用,图书馆对文献的采购方式需要随之变革。除了使用印本书目和电子目录来采集文献之外,网络信息采集也将成为图书馆工作的重要部分,通过对网上各种信息的收集,制定出文献采购策略,有针对性地采购本馆所需文献。数字出版环境的出现打破了传统以纸质图书采购为核心的文献采购模式,文献出版程序更简化,出版周期更短,出版数量更大,极大地丰富了各种载体形态的文献资源。数字出版为用户提供的是“虚拟”产品,以数字形式通过网络直接进入流通领域,大大降低了资源采集的风险和库存压力,与此同时也增加了图书馆信息选择的难度。

1.2　对文献资源内容选择的影响

传统图书馆文献采访以纸质文献为主,信息资源内容单一,获取范围相对狭小。而数字出版是以计算机网络技术为平台,以数字信息为介质,信息的储存是虚拟化的,储存量无限大;资源的使用不受空间、时间的限制,资源的种类更加丰富多样,超文本文件、数字信息、电子图书等各种信息资源都可以直接从网络上获取,用户可以轻松地做到信息资源共享和无障碍交流,用户的信息需求充分得到满足。同时,用户的阅读方式也从纸质图书阅读向数字下载阅读、在线阅读等多种阅读方式发展，与传统的印刷型文献相比，数字出版检索途径多、方法灵活、检全率高、内容更新快，给用户以视、听、读全方位感受，远远超过传统出版以纯文本为主的单一形态，用户不仅可以看到文字、图片，更可以看到活动的图像。文献资源获取由单平面向多层次、立体化转变，图书馆文献资源内容的选择更为广泛和丰富，而且带来了新型的文献资源类型，即开放存取的类型，新的文献资源类型给图书馆带来了新的机遇与挑战。

1.3 对文献资源采集结构的影响

传统图书馆的馆藏资源主要由大量印刷本文献构成。数字出版技术广泛应用后，出版物的品种和类型出现多样化，这样就使得图书馆的馆藏结构发生明显改变，馆藏文献类型多元化，以印刷型实体收藏为主的高校馆藏体系已不能满足用户日益增长的信息需求。数字出版环境下，信息的生产、传播更加快速，文献资源的载体、数量与种类多样化，文献资源不再局限于本馆，而是扩展到全球范围的虚拟馆藏。文献资源结构呈现多元化格局，信息的压缩、存储、检索、输出方式已经代替了传统文献操作方式，馆藏文献也由单一的纸质印刷型文献发展到纸质印刷文献与缩微、磁介质、声像、电子出版物并存和网上信息资源互补的新局面。数字化的电子文献在馆藏中所占比例将逐步增加，地位也越来越重要。数字化信息资源建设需要考虑数字化信息资源内部各类型之间的比例关系，还要考虑到数字化信息资源与传统型文献资源之间的比例关系，使各类型信息资源有机地结合，发挥出最大的效益。

1.4 对信息资源载体选择的影响

随着网络信息时代的来临，各种文献信息量急剧增长，不但品种数量激增，而且载体形式也出现了多种形态，随着网络技术的不断发展，计算机处理文献信息能力的提高，促进了电子文献的迅速问世。在数字化图书馆中，电子文献日渐成为其主要内容，高校图书馆信息采集的对象不再只是纸质型文献和声像资料，还有大量的电子出版物、光盘、缩微文献、电子图书、数据库及网络文献等。数字出版环境下要采集的信息不仅仅是印刷型、视听型、机读型，还有光盘型和网络型，各类文献并存，互为补充，成为整体，信息资源结构呈现出多元化特征。

1.5 对文献资源采集经费的影响

高校图书馆文献信息资源的结构包含了现实馆藏和虚拟馆藏两个部分，在购买常用的印刷型文献和最具图书馆特色文献的基础上，还要转移一部分经费到网络信息资源、电子文献以及计算机数据库等数字资源建设上。特别是在当前数字出版环境下，用于购买数字资源馆藏的经费会逐渐增加，电子文献除需要较多的一次性投资外，还需要有较稳定的连续投资。并且电子文献对通信设备、馆舍的布线及配套设备要求较高，因此，基础设施投资增大，高校图书馆的经费问题将更加严峻。

2 数字出版环境下高校图书馆文献资源建设新思路

2.1 构建学科文献采访体系

数字出版环境下，高校图书馆文献资源建设应以学科发展为龙头，以学科馆员制度为支

撑,完善适应学科建设发展需要的文献采访体系。构建学科文献采访体系应涵盖以下几方面的内容:

(1)创新学科文献采访的工作机制。学科文献采访的工作机制建立目的在于整合和动员学科和图书馆两种资源,共同服务于学科文献建设这一目标。一是完善目标管理机制,学科建设是现阶段高校建设的着力点,关乎学校生存和发展的大局,而文献资源建设又是学科建设不可或缺的关键要素之一。因此,图书馆采访工作应基于学科建设目标、方向,制订相应的战略规划,结合馆藏发展政策制订学科文献发展策略。通过对学科发展方向以及信息需求进行深度分析梳理,细化每个学科的采购策略,逐步构建结构合理、特色鲜明的学科文献体系。二是确立与学科建设相适应的管理机制。学科文献采访体系打破了原有的按文献载体划分、集中采访的范式,与此相关的管理机制也需要做出适当的调整,特别是在组织架构上,应体现学科与图书馆合作的规制。此外在学科文献采访馆员的遴选上,要以拥有深厚的专业知识背景为第一考量,同时对其继续教育做出明确规定。

(2)创新学科文献采访的运行机制。创新学科文献采访机制的关键在于以学科服务理念引导文献资源建设,建立学科文献采访馆员制度,学科馆员制度的施行是高校图书馆提升学科服务能力的重要举措。树立以学科服务引导资源建设的理念,确立以特色学科为核心的特色馆藏资源建设为长期追求的目标。学科馆员作为图书馆学科服务的一线实践者,在做好学科服务的同时,参与到图书馆的资源建设中来,在资源建设中体现学科服务的理念,是大势所趋。学科馆员参与文献资源建设工作具有明显的优势,他们比较清楚具体学科建设的信息需求,可以更好地帮助采访人员采购到专业老师需要的文献资料,有效弥补采访人员由于自己的学科背景、知识能力不足而无法满足各学科专业文献采购需求的弊端,能够提高馆藏文献的质量。

(3)建设科学完善的文献采访管理机制。图书馆文献采访是一项复杂的系统工程,图书馆的服务质量与水平主要取决于馆藏文献资源的结构与特色,科学合理的文献采访管理机制是图书馆文献资源结构与特色的管理保障。图书馆可建立三级文献采访管理体制,以学校图书馆为管理中枢组织,以各院系资料室为二级组织,以图书馆采编部的"文献采访学科组"为第三级组织,形成一个相对完善的图书馆三级文献采访管理体系。图书馆主要保障公共基础类文献资源的采访,院系主要保障专业性强的学科类文献的采访,文献采访学科组负责所有采访文献的质量控制与数量平衡,以保证图书馆文献资源体系结构的科学合理。

2.2 建立全方位的文献推荐体系

建立全方位的文献推荐体系,让所有读者都能随时随地参与图书馆文献推荐。

(1)书面荐购方式。将定制好的文献推荐表分发至各院系、各书库阅览室,读者随时随地可以填表,通过图书馆各部室汇总,最后报至图书馆采编部。

(2)与图书出版商合作,建立图书馆新书展厅。为了使读者能及时看到新书,缩短新书到馆时间,可在图书馆内设立新书选购大厅,精选与学校学科专业相关的学术性强的优秀出版社与其达成合作协议,出版社把当年出版的新书直接发到图书馆,提供符合学校学科需求的新书样本,定期更换新书样本,供全校师生就地自由阅读、购买及向图书馆推荐。

(3)电子书目荐购模式。通过采访学科馆员向各院系师生主动发送电子版书目来征集读者荐购意见。

(4)面谈荐购方式。采访学科馆员走访或约见重点专业教师进行面对面地交流,及时了解和收集专业读者的采访需求。

(5)微博荐购。利用微博平台荐购图书是近年出现的一种新的读者荐购形式,它是图书采访工作的创新突破口。做好微博荐购图书需要做好以下几个方面的工作:第一,加大微博荐购的宣传力度。目前参与微博荐购的读者不多,这与图书馆的宣传工作不够有关。图书馆需要加大宣传力度,可借助图书馆的读书月、读者周、读书会等活动扩大宣传,以获得更多读者的关注。第二,引入激励机制。图书馆要引入激励机制,如邀请读者参加图书现采,赠送图书给读者等,设置一定奖励鼓励读者参与,提高微博荐购图书的吸引力。第三,设立采编部微博。采编部可以根据工作实际建立部门微博,并指定专人及时对信息进行有效的管理、更新。主动关注本校各院系、社团、协会的微博,关注本校的相关微群,关注荐购积极的热心读者,通过他们的影响力扩大采编部微博的受众。第四,健全快速的信息反馈机制。在收到读者微博荐购的图书信息时,采访人员应及时向读者反馈荐购图书的处理情况,包括图书是否已有馆藏、是否采购以及采购状态、采购数量等。对于不符合馆藏采购原则的荐购信息,要向荐购人说明未订购的原因,并向其指明可以通过文献传递、馆际互借等方式获取;对于符合采购的荐购信息,要及时报送订购。此外,微博带来的微书评也是提升高校图书馆图书采访工作的有效方法,微书评以读者使用需求为导向,通过讨论阅读,发现图书价值,聚集阅读人气,是实现 PDA(读者决策采购)模式读者个性化需求采购的另一种方式。微书评激发了读者与图书馆采访工作的互动,增进了读者阅读与图书馆流通工作的交流,对馆藏建设能起到查漏补缺的作用,对图书阅读流通能起到导向与指引的作用,为当前高校图书馆尝试 PDA 模式提供了一种有效的途径。

2.3 建立特色化馆藏体系

高校图书馆主要为教学、科研服务。在数字出版环境下,高校图书馆应根据本校的教学与科研的需求、学校的发展方向、专业设置与教学计划的安排调整文献资源采集策略,用科学的眼光确定自己的发展战略和建设目标。特色馆藏是高校图书馆文献资源的重要组成部分,是图书馆吸引用户、提高社会影响力的核心资源。数字出版环境下,用户对文献的需求日趋强烈,由单项性向多层次、广泛性转变,对信息的需求也不再仅仅是满足于单一的文献资源,还包括国内外有关学科研究的新成果、新动向、新进展等信息,任何一个图书馆都不可能依靠自身的力量将所有专业、所有类型的文献尽数收藏,全面满足读者多层次的需求。应在特色文献资源建设上下功夫,在充分利用馆藏的基础上加强精品资源建设,围绕某一领域或学科建设具有鲜明特色的馆藏资源体系,从而打造极具针对性、专业性、特色性的本馆特色品牌资源,使馆藏文献资源转变成数字资源,形成极具研究价值的学术文献库,为用户提供高层次、高效率的信息服务。高校图书馆在文献资源采集时要注重合理配置纸质文献与电子文献,促进纸质文献的积累,逐步加大电子文献的入藏比例,做到实体馆藏与虚拟馆藏的协调发展,形成具有本校特色的文献信息保障体系,满足读者现实与潜在的信息需求。同时要编制文献采集预算,合理分配经费,详细制定切实可行的不同载体、各种类型文献的采集计划,做到有计划、按比例、高质量地采集文献资源。

2.4 建立"微书评"特色数据库

微博带来的微书评是高校图书馆图书采访工作的一个创新突破口,能够促进图书采访工作的变革与发展。图书馆可发挥信息整合的优势,安排专门人员选择、收集、整理微书评,利用建库工具把有价值的微书评分类归档编制索引,建立微书评数据库,供读者与采访工作人员查阅。这样一方面可以减少图书荐购的重复量,另一方面可以培养读者阅读与荐购相结合的文化环境。读者通过阅读来荐购图书,高校图书馆以图书荐购来提升馆藏质量,让高质量的馆藏来保证读者阅读,形成一种良性循环,既能满足读者的个性化需求,又能提高微书评在图书采访中的利用效率,充分发挥图书馆的功能与作用。

2.5 建立基于门户的高校图书馆信息资源建设

图书馆门户是网络环境下图书馆知识门径的入口,门户为图书馆信息资源建设提供了平台,为信息资源建设提供了用户参与的机制。高校数字图书馆门户在建设过程中,应充分利用现代化网络、计算机技术,在资源建设中贯彻资源共享、开放获取等理念,强调读者的主导地位,充分调动用户的积极性。比如引入 Blog、Wiki 等项目,用户可以撰写书评、向群组推荐、反馈信息,用户和图书馆员、用户与用户之间实现深层次的交流与互动,共同参与图书馆资源的建设。

2.6 积极开发网络信息资源

在数字出版环境下,充分开发和利用网络信息资源,是图书馆文献资源采集不可忽视的重要方式之一。图书馆应合理开发网络数据库、光盘数据库和网络信息资源,它们当中蕴藏着大量有价值的零次文献及其他信息。同时还带来了新型的文献资源类型,即开放存取的类型,对开放存取资源无须购买使用权。积极对这些资源的开发可以提高图书馆信息资源广度和深度。

2.7 建立文献采访反馈机制

要保证文献采访工作的顺利开展,必须建立有效的工作反馈机制,对图书馆文献采访的决策、组织、实施进行及时的控制与反馈。首先,要建立健全文献采访工作管理制度,明确各个工作环节的范围和任务目标,做到每道工序有人负责,道道工序无缝连接。其次,优化文献采访工作流程,制定日常常规工作进度流程和非常时期突击工作进度流程,在不同时期图书馆员遵循不同的工作进度流程要求,随时根据读者具体需求调整馆藏结构,完成文献采访任务要求。再次,建立全方位的文献采访工作反馈平台,借助馆内外意见箱、电子邮箱、留言板、电子公告、读者协会、文献资源分析报告、调查问卷、读者座谈等方式与读者建立立体交流平台,第一时间收集读者反馈的意见、想法,使读者形成主动参与优化馆藏结构的资源建设意识和观念。

2.8 加强藏书发展政策研究

做一个好的馆藏发展政策是一个图书馆可持续发展的基本前提,馆藏发展政策包括选书、采访、收集管理、资金的分配、合作馆藏发展、馆际互借与资源共享和收集保护政策体系。数字出版环境下高校图书馆文献信息资源结构发生了很大的改变,为了适应数字化出版发展要求,高校图书馆应重新调整馆藏发展方向,使传统资源和数字资源协调发展,使实体信息资源和虚拟信息资源都能够得到最优化的配置。要根据本馆的实际条件,准确掌握新时期高校图书馆读者文献信息需求变化规律,制定相适应的藏书发展政策,通过科学合理的政策来指导高校图书馆文献信息资源建设。

参考文献

[1] 张静. 学科文献采访体系建构策略研究[J]. 图书馆学研究,2014(9):60-61,45

[2] 郭海明. 高校图书馆全员文献采访模式构建探讨[J]. 图书馆理论与实践,2013(6):74-77

[3] 陈小荣. 基于数字出版环境下高校图书馆文献资源采集策略研究[J]. 湛江师范学院学报,2013(3):168-171

[4] 袁琳,何坚石. 数字出版环境下的信息资源采集策略研究[J]. 图书馆理论与实践,2010(4):7-11

[5] 龚自振. 基于微书评的高校图书馆图书采访实证研究[J]. 图书馆建设,2014(5):39-41

[6] 何坚石. 数字出版环境下图书馆信息资源建设新探[J]. 韩山师范学院学报,2011(2):105-108

数字时代学位论文的采集:国际经验及对我国的启示

蒋宇弘(国家图书馆)

学位论文由于具有较高的学术研究价值和使用价值,世界各国的国家图书馆都非常重视对学位论文的收藏与利用。为了适应学位论文数字化、网络化、集成化的发展,世界许多发达国家的图书馆竞相建立了学位论文全文数据库,推出了学位论文在线服务门户,有效地扩大了学位论文的利用范围。本文分别对美国、英国、德国、加拿大等国电子学位论文采集现状进行分析,希望能为我国电子学位论文呈缴制度的发展提供帮助。

1 国外电子学位论文采集现状分析

1.1 国外电子学位论文的概况

美国国会图书馆 1999 年通过 ProQuest 公司获得了 PQDT 数据库。该数据库资源包括美国的博士学位论文、其他国家的博士学位论文以及博士学历以下的学位论文。该数据库不仅提供所有学位论文的书目索引,还提供 20 世纪 90 年代初以来学位论文的全文检索与浏览。为了进一步完善学位论文的收藏与服务,美国国会图书馆制定了未来学位论文资源建设目标:一是定期审视美国博士学位论文缩微品的收藏状况,使该馆的馆藏政策与相关技术的发展要求保持同步,以确保这一特藏的持久性;二是增强 PQDT 的搜索功能,并继续提供学位论文前 24 页的网络预览服务,以及 1997 年以来所授予的学位论文的电子版全文获取服务。目前,该数据库收录的博士学位论文已接近 3 000 000 篇[1]。

英国国家图书馆于 2009 年 1 月建立了学位论文全文数据库,推出电子学位论文在线服务门户(Electronic Theses Online Service,EThOS),学位论文的采集、审核、发布与服务全部在线完成。EThOS 旨在为世界各地的研究学者查询英国高等院校的学位论文提供一个很好的途径,支持高等院校从纸质学位论文向电子学位论文过渡,通过电子学位论文帮助英国高等院校扩大可利用的信息资源数量,展示英国学术研究水平,吸引更多的学生和学者到英国进行学术研究。目前,已有 129 家高校与科研院所作为成员参加了英国国家图书馆电子学位论文在线服务系统的共建共享。EThOS 将成员拥有的电子学位论文整合在一个数据库中,同时对使用及订购频率较高的早期学位论文的纸质文本进行数字化。迄今,通过 EThOS 可检索的学位论文已逾 350 000 篇[2]。

德国国家图书馆早在 1998 年就发起了电子版学位论文的收藏活动,并启动了博士、硕士学位论文数字化项目(Dissertation Online)。该项目的目标是建立德国学位论文全文数据库,为此,德国国家图书馆专门成立了博士学位论文在线协调中心(Co-ordination Agency Diss Online),负责项目的推广与实施,全国有 73 家大学参加了该项目。此后,德国国家图书馆又发起了"建立博士及博士后学位论文在线协调中心"项目,旨在继续推动原有项目的发展与完善。在德国国家图书馆与大学的通力合作下,德国学位论文数字化的发展非常迅速。截止到 2011 年 4 月,德国国家图书馆已经收录了逾 110 000 篇电子版本博士学位论文,为全欧洲之最[3]。自 2012 年 9 月,DissOnline 的全部元数据已被纳入德国国家图书馆的 OPAC 系统,目前,可检索的博士学位论文的书目记录已逾 1 594 172 条[4]。

加拿大国家图书馆从 2003 年起开始接收数字化学位论文(ETDs),到 2005 年加拿大国家图书馆根据元数据收割协议开始从高等院校收集电子学位论文(PDF 格式)和元数据,进而建立学位论文全文数据库。此外,加拿大国家图书馆与 ProQuest 公司签订了对学位论文进行数字化的合同。2004 年,加拿大国家图书馆推出了 Theses Canada 门户。通过这个网站不仅可以查阅加拿大国家图书馆收藏的学位论文书目记录,还可以免费检索到 1998 年以后的数字化学位论文全文,用户无须注册即可下载学位论文全文。截止到 2011 年 6 月,数据库共收录博士、硕士学位论文 319 000 余篇,其中有电子版学位论文 85 000 篇①。俄罗斯国立图书馆于 2003 年将 1998 年至 2003 年需求量最大的经济、法律、教育和心理学专业的学位论文(总共近 28 000 种)进行了全文数字化。到 2004 年年初,数据库收录范围涵盖了除医学和药学外其他所有专业的学位论文,年收录近 3 万种。2006 年数字化了 1985 年以前入藏的所有学位论文。从 2007 年起,数据库收录了包括医学和药学在内的全部学位论文,用户可通过俄罗斯国立图书馆电子学位论文图书馆的门户网站 DDL RSL 进行查阅。目前,俄罗斯国立图书馆学位论文全文数据库共收录 805 312 种博士、副博士学位论文全文及博士论文摘要[5]。

法国高等教育编目中心(ABES)theses. fr 项目于 2011 年开始启动,其目标是建立一个全法国博士学位论文报道、存储与流通中心。theses. fr 当前的任务是针对 SUDOC 数据库中 1985 年以来的学位论文书目数据进行资源扩充。2011 年 7 月,theses. fr 首次收录了 6000 条学位论文数据,来自 2006 年后选择以电子版本缴送学位论文的院校;9 月,总计 66 000 条博士研究生撰写的学位论文在 theses. fr 进行了登记。目前,theses. fr 共计收录 334 962 条博士学位论文书目记录[6]。

2003 年 11 月,韩国所有高校及科研院所均纳入到了"科研情报服务系统"(Research Information Service System,RISS)。RISS 的建立是基于单个图书馆系统之上的集成与互联,并实现与国内外学术资源库的链接。其数字资源调度系统置于 KERIS 之中,知识产权管理系统配置于 KERIS 成员馆并与 KERIS 集成系统互联。在此系统之下,书目数据、学术论文信息及相关全文信息通过 RISS 进行系统整合,并由 Web 界面提供整合检索或简单检索入口与原文服务。近年来,RISS 已迅速发展为韩国最知名也是最重要的学术信息集中与共享中心,收录的博士与硕士学位论文书目记录已逾 7 900 000 条,其中可提供全文访问的数据为 1 600 000条[7]。

1.2 国外电子学位论文的采集格式

作为美国国会图书馆的官方数字学位论文库,PQDT 全文数据库中有 120 万篇可提供 PDF 格式全文下载,超过 210 万篇学位论文可购买印刷版复本。从 2007 年开始,通过 PQDT 全文数据库可以浏览和下载作者提交的与学位论文相关的多媒体资料,例如音频、脚本代码、数据、图像、PDF 文件、简报、电子表格和文本。

英国国家图书馆电子学位论文在线服务系统,如果需要下载 EThOS 学位论文全文,用

① 数据由 Theses Canada 项目办公室 Sharon Reeves 提供。

户需要先注册个人账号,进行系统登记;如果是查询学位论文书目信息,无须注册即可检索。以 PDF 文件为开放存取式数据格式。

德国参加学位论文在线项目的大学图书馆在接收电子版学位论文时,必须进行数字签名,以保证学位论文在系统中未经批准不能更改,确保学位论文正文的真实性;要完整保存学位论文的相关信息,如:摘要、关键词(德语和英语)、PDF 格式文本等,所有数据均要存档。

加拿大国家图书馆与 ProQuest 公司签订了对学位论文进行数字化的合同。合同规定,ProQuest 公司每月将学位论文以 PDF 格式发送到加拿大国家图书馆。

法国电子学位论文的发布格式:由参建高校将原始电子版本转换为 HTML 和/或 PDF 文档。存储格式:由参建高校将原始电子版本转换为 XML 或 PDF 文档。

在俄罗斯(包括苏联),每一个通过学位论文答辩的作者,无论其答辩年限,均可在俄罗斯国立图书馆网站的开放存取系统中提交自己的学位论文全文和内容提要的 PDF 文件。

1.3 国外电子学位论文的版权使用

国外十分重视对学位论文资源的知识产权界定和作者权益保护,在学位论文收缴、发行、浏览和下载等方面有着完善的政策法规。

美国国会图书馆及下设的美国版权办公室(U. S. Copyright Office)与 ProQuest 公司签署了从事电子版权登记与存放学位论文的协议。ProQuest 公司使用美国版权办公室开发的 CORDS 系统(Copyright Office Electronic Registration, Recordation and Deposit System)完成学位论文的电子登记、记录与缴送,随后存储进入 PQDD 数据库实现学位论文在线服务。ProQuest 公司通过与美国大学、学位论文作者签订协议,取得了学位论文开发利用的授权许可。美国大学为避免学位论文使用中的版权纠纷,通常情况下以学生签订学位论文的非排他性授权许可协议书作为授予学位的先决条件。ProQuest 公司提供的学位论文使用授权书,强调学位论文作者继续享有作品的著作权,但该公司享有对学位论文的非排他性版权许可,对学位论文现在和将来的版本进行合理开发,供学术研究之用①。

据《英国版权法》(*Copyright, Designs and Patents Act* 1988)有关规定,学位论文属于未发表作品,在对学位论文提供利用服务时,图书馆根据特定需求,因出借或保存的目的制作学位论文单份复制品,这一行为并未构成出版,这就为图书馆的复制服务提供了法律依据。英国国家图书馆与博士学位论文的作者签订协议,从而允许其在需要时复制学位论文,并把它们出借或出售给个人或图书馆,英国国家图书馆提供的复制品与原作品一样受法律保护。英国国家图书馆向作者提供销售利润的10%作为版税,每年支付一次。英国国家图书馆文献提供中心声明:依据《英国版权法》,除非版权所有者特殊授权,禁止公开发行学位论文的复制品;无适当说明,对学位论文的引用也不得出版。英国国家图书馆在"电子学位论文在线服务系统"的建设中,要求参与合作的高等院校必须在研究生申请相应学位时签订学位论

① 授权书主要内容是:授予许可的权限扩展到学位论文未来任何版本的修订,包括所有语种的非排他性全球版权。权限也扩展到允许由 ProQuest 公司通过其下属的 UMI@ Dissertation Publishing 出版学位论文。ProQuest 公司可以按需制作和销售学位论文副本,可以应作者本人要求在网上提供学位论文的免费下载。参见 http://www.proquest.com/assets/downloads/products/UMI_CopyrightGuide.pdf。

文非排他性许可授权协议,以获得学位论文作者的授权。

德国国家图书馆学位论文的采集得益于德国的学位授予制度与呈缴本制度。在德国,作者的学位论文必须公开发表,其才能获得相应学位。德国大学承认以下方式为学位论文公开发表的形式:由出版社出版;由图书馆制作成缩微胶卷;向学位候选人所在的大学图书馆、德国国家图书馆和其他图书馆缴送多份纸质学位论文(根据德国大学的要求,有的缴送数量多达50份以上)。而1969年《德国图书馆法》及2006年《德国国家图书馆法》的颁布赋予了国家图书馆对于出版物(包括网络电子出版物)的法定呈缴权利,进一步推动了其对于学位论文的收藏。近些年,越来越多的学位候选人选择向大学图书馆提交电子版学位论文作为发表学位论文的形式。在提交电子版学位论文的同时,大学图书馆与学位论文作者签订呈缴协议并确认学位论文电子版与印刷版的一致性,随后,大学图书馆作为缴送方为德国国家图书馆传送学位论文及元数据。这有力地保障了德国国家图书馆开展全方位学位论文的采集工作,确保德国国家图书馆成为德国学位论文的收藏中心。

加拿大国家图书馆学位论文利用授权,主要是采用学位论文的作者与加拿大国家图书馆签署授权书,允许加拿大国家图书馆对他们的学位论文进行编目、加工、数字化以及提供读者阅览与馆际互借,但是作者继续拥有学位论文的版权。根据《加拿大版权法》相关条款规定,复制一本学位论文是非法的。当发生复制学位论文的情况时,学位论文的作者作为版权的持有者是有权诉诸法律的。因此加拿大国家图书馆一般不提供学位论文复制服务。加拿大国家图书馆所有的数字化学位论文只提供给学生、学者以及其他公众等个人使用,严格禁止商业性利用与出版。

据《俄罗斯联邦民法典》第4部分的相关条款,俄罗斯国立图书馆必须直接同学位论文的作者或学位授予机构签订合作合同,以获得学位论文的使用授权。作者有权独立使用学位论文全文与内容提要,或把该学位论文著作权提供给第三者;当作者不具备提交学位论文的权利,或提交的电子版与印刷版内容不一致时,图书馆有权废除合同;合同自签订之日起执行,生效时间为永久。

2 我国学位论文呈缴现状分析

2.1 纸本学位论文的呈缴

在我国,学位论文首先提交到各自学位授予单位的图书馆、资料室或档案室进行收藏保存,作为重要的历史凭证和参考资料。同时,为了充分发挥我国博士和硕士学位论文的作用,做好学位论文的保管和交流,《中华人民共和国学位条例暂行实施办法》中规定:已经通过的博士学位论文,还应当交存国家图书馆和有关的专业图书馆各一份。除了国家图书馆全面收藏所有博士学位论文,中国社科院文献中心负责收藏全国的文科及语言科的硕士学位论文,中国科技信息研究所负责收藏全国的理工科的硕士学位论文。

20世纪80年代各授予单位收藏的重点是纸质学位论文。所收藏的纸质论文又分为论文全文和论文摘要两部分。北京大学、清华大学、北京师范大学等高等院校以及中国社会科学院研究生院和中国科学院等授予单位,相继规定硕士和博士研究生在提交学位论文时,必须同时提交论文摘要,并要求论文摘要必须能够独立成文。北京大学图书馆收藏了1981年以来北京大学所有博硕士学位论文,清华大学图书馆收藏了1980年以来清华大学所有公开的博硕士学位论文,中国科学图书馆收藏1981年至今中国科学院系统的学位论文,中国社会科学院图书馆收藏了1984年以来哲学社会科学类硕士、博士学位论文,中国科技信息研究所收藏了1977年以来自然科学类博硕士学位论文,国家图书馆收藏了1981年以来我国全部博士学位论文,后来逐步将收藏范围扩大到博士后研究报告、硕士学位论文以及海外华人和港澳台地区的学位论文。

2.2 电子学位论文的呈缴

1999年以前,国内只有几家图书馆收集电子版学位论文,且收集的介质多是软盘。随着计算机与网络技术的普及,研究生普遍采用计算机撰写、编辑学位论文的电子文档,使得通过网络提交电子版学位论文成为可能。2001年,北京大学、清华大学图书馆开始通过网络提交学位论文。自2000年以后,清华大学、北京大学等高等院校图书馆率先开始了学位论文全文数据库的探索与建设。

表1 部分高等院校电子学位论文提交系统使用情况表①

高校名称	系统名称	文本格式
北京大学	Apabi	PDF
中国人民大学	TPI	Word
清华大学	TRS	PDF
北京航空航天大学	TRS	Word 或 PDF
北京理工大学	畅想之星	Word 或 PDF
中国农业大学	TPI	Word 或 PDF
北京师范大学	TRS	Word 或 PDF
中央民族大学	自建系统	Word
南开大学	TPI	PDF
天津大学	TPI	PDF
大连理工大学	TRS	PDF
东北大学	麦达	PDF
吉林大学	TPI	Word 或 PDF
哈尔滨工业大学	TPI	PDF
复旦大学	Apabi	PDF
同济大学	不详	Word 或 PDF
上海交通大学	TPI	PDF
华东师范大学	TPI	PDF
南京大学	麦达	PDF
东南大学	赛尔特	PDF

① 本文选取“985工程”高等院校中非军队院校进行调查统计。

续表

高校名称	系统名称	文本格式
浙江大学	麦达	PDF
中国科学技术大学	TPI	PDF
厦门大学	自建系统	Word 或 PDF
山东大学	TPI	Word 或 PDF
中国海洋大学	Apabi	Word
武汉大学	TPI	Word 或 PDF
华中科技大学	TPI	Word 或 PDF
湖南大学	TRS	Word 或 PDF
中南大学	TRS	Word
中山大学	TRS	PDF
华南理工大学	TPI	PDF
四川大学	TRS	PDF
重庆大学	TPI	PDF
电子科技大学	Apabi	Word 或 PDF
西安交通大学	TPI	Word 或 PDF
西北工业大学	TRS	PDF
西北农林科技大学	不详	Word
兰州大学	Apabi	Word 或 PDF

2.3 中国国家图书馆学位论文的收藏现状

按照国际惯例,国家图书馆负有收集和保存学位论文的职责。国家图书馆学位论文收藏中心作为国务院学位委员会指定的全国唯一负责全面收藏和整理我国人文社会科学和自然科学学位论文的专门机构,迄今为止已收藏博士、硕士学位论文以及博士后研究报告和海外学位论文近200万种。

1996年,国家图书馆开始制作《博士学位论文影像数据库》,将所有博士学位论文的全文及有关书目信息输入电脑,制作成光盘,这项工作被列入文化部当年重点科研项目。2002年,国家图书馆将博士学位论文全文数字化纳入到国家数字图书馆工程,目前已完成博士学位论文全文影像扫描20余万种。

2003年,国家图书馆尝试开展电子版学位论文的采集工作。陆续收到个别学位授予单位缴送的电子版学位论文,标志着国家图书馆开始正式收藏电子学位论文。2009年国家图书馆电子呈缴系统正式向社会开放,但是由于政策支持滞后等原因,始终未能真正建立学位论文呈缴系统。

3 关于我国电子学位论文呈缴工作的建议——以国家图书馆为主体的思考

虽然国家图书馆收集电子版学位论文起步较早,但由于没有相关法律法规或行政文件的支持,以及迟迟未能建立起学位论文呈缴系统,导致国家总书库缺失一大批宝贵的中文信息资源。与各学位授予机构普遍利用学位论文提交系统采集学位论文、转换书目信息,继而提供全文服务的现状相比,国家图书馆对于电子版学位论文的采集与利用程度仍然较低。

3.1 规范电子学位论文的呈缴格式

根据发达国家学位论文资源建设的经验,学位论文除了学位授予机构收藏外,基本上都只提交给国家图书馆一家。而我国学位论文使用的学位论文提交系统主要有 TPI、TRS、Apabi、麦达等 6 至 7 种,在学位论文文本的提交格式方面也不统一。

国家图书馆首先应当统一规范学位论文缴送格式,逐步发展到各学位授予单位通过国家图书馆学位论文电子呈缴系统提交。学位论文的集中缴送制度可强化学位论文资源的国家管理,有利于学位论文的有效开发利用,同时也有助于学位论文加工整理的标准化、规范化。

3.2 制定电子学位论文版权保护政策

知识产权问题制约学位论文全文数据库的建设与服务。随着信息网络技术的普及,越来越多的读者希望国家图书馆能够实现博士、硕士学位论文全文在线阅读,但是知识产权问题一直没有解决,使得国家图书馆学位论文全文数据库建设与服务不敢越雷池一步。知识产权问题已经成为国家图书馆学位论文数字资源建设与发展的瓶颈,制约了学位论文资源建设与服务的可持续发展。

国家图书馆应积极与文化部、教育部以及立法部门沟通,通过国家层面立法解决国家电子学位论文服务的版权问题。同时可以面向学位授予单位及学位论文的作者进行广泛宣传,呼吁他们为国家与社会的科学发展做贡献,将学位论文的非专有使用权授予国家图书馆用于公益性服务。

3.3 将电子学位论文呈缴纳入法定范围

虽然早在 1981 年《中华人民共和国学位条例暂行实施办法》即以法律形式确定,学位授予机构应当将学位论文呈缴国家图书馆,然而学位条例颁布 30 多年的历程表明,它还必须进一步完善,并具有相应的配套管理措施,去适应迅速发展的网络环境,以解决在实施条例的过程中出现的各种问题。例如,对网络环境下电子版学位论文呈缴尚未明确做出规定,处于无法可依的状态,致使国家图书馆无法完整地获得学位授予机构产出的电子版学位论文。

为此,国家图书馆应当利用《中华人民共和国图书馆法》制定和修订《中华人民共和国学位法》的有利时机,敦促有关主管部门进一步完善学位论文及其电子版的呈缴制度。明确规定学位授予机构向国家图书馆呈缴学位论文及其电子版的义务,以及要求学位论文作者将学位论文的复制权、使用权、网络传播权授予国家图书馆用于公益性服务。使得公众获得知识的权利得到保障,国家图书馆在学位论文收藏与服务中的法律风险也得到有效控制。

4 结语

我国学位论文建设起步并不晚,但是由于法制不健全、收藏机构不唯一、规则不统一等原因,至今未形成一个能代表中国、收藏年代悠久、门类齐全、数量完整,且在国际上具有影响力的学位论文全文数据库。随着中国的崛起和经济的腾飞,这种状况越来越不适应发展的需要,为此,需要克服政策支持滞后、解决版权使用等问题,尽快完善国家图书馆学位论文网络提交系统,建立功能强大的学位论文门户网站,实现面向国内外学术界的开放存取服务,努力提高国家图书馆学位论文资源建设与服务的规模与国际影响力。

参考文献

[1] Proquest[EB/OL]. [2014-08-20]. http://www.proquest.com/products-services/pqdt.html
[2] Ethos[EB/OL]. [2014-08-20]. http://ethos.bl.uk/Home.do
[3] Etd 2011[EB/OL]. [2014-08-20]. http://dl.cs.uct.ac.za/conferences/etd2011/papers/etd2011_ackermann.pdf
[4] Deutsche Nationalbibliothek[EB/OL]. [2014-08-20]. http://www.dnb.de/DE/Wir/Kooperation/dissonline/dissonline_node.html
[5] DDL RSL[EB/OL]. [2014-08-20]. http://diss.rsl.ru/?menu=aboutus/49/&lang=en
[6] Theses fr[EB/OL]. [2014-08-20]. http://www.theses.fr/?q=*:*
[7] RISS International[EB/OL]. [2014-08-20]. http://intl.riss.kr/guide/international_info.jsp

招标采购给西文图书采选带来的变化和思考

李　伟(国家图书馆)

招标采购是市场经济发展到一定阶段的产物,是政府部门或使用公共预算资金的单位作为市场经济中一个主体参与其中的经济活动,其必然要遵循有关市场规律和法则。政府部门或使用公共预算资金单位可以通过招标采购的方式,引导供应商参与竞争,引入公开透明和公平竞争机制,给不同的供应商提供平等竞争机会,有利于打破市场壁垒,防止形成行业或价格垄断,维护和建立一个良好的经济运行秩序,并形成规模效应,从而降低政府采购成本。据有关专家估计,世界上许多国家实行政府集中招标采购,使采购成本下降了10%至20%。招标采购制度的核心内容之一就是充分引入竞争机制,按照有关市场经济的规律,遵循公开、公平、公正的原则,通过一定的法律程序确定供应商的采购过程和方式,最大限度提高资金使用效率,节约成本,降低和避免人为因素在各种采购过程的不利影响,改善经济运行质量和竞争秩序。它是政府管好、用好公共财政预算资金的重要有效的手段,也是市场经济环境下政府的责任和重要工作。

1　招标采购带来的基本变化

国家图书馆自2007年7月开始西文图书招标采购,7年来已历经多次招标,虽然这个过程中遇到了这样那样的问题,例如初期对这种全新的方式的不适应、认识不到位、没有经验和理念滞后,但它确实给国家图书馆西文图书采选工作的模式、渠道和理念带来一些变化,对提高资金的使用效率,规范单位采购过程行为,拓展出版信息获得方式手段,以及完善后续到书验收环节的工作,引入增值服务和部分工作的外包管理都起到了积极的作用;也促使中标书商在不断挖掘自身潜力、练内功、提高服务水平、提高目录报道的质量,主动加强与所中标出版社的深度合作,提供更多有价值的出版社出版信息,为国家图书馆采访提供个性化和定制服务、回溯性采访服务,及时准确地提供符合国家图书馆采选要求的分类、分出版社、分语种的出版信息方面都发挥了积极作用;也使招标采购这种新的采访方式逐渐为国家图书馆从事采选人员认识和接受,并主动自觉地将自己日常工作纳入到一种规范有序的管理方式中,使采访工作的整体水平和质量得到进一步的提高。

1.1　招标采购前后书商情况

在我国对外文出版物进口方面一直实行较为严格的管理,国内从事外文出版物进口的公司都需得到国家有关主管部门批准并取得相关进口资质。目前国内外文图书市场形成多家公司共同经营的格局,成为获取外文文献的主渠道。有的历史较长、规模大、实力雄厚,有的成立时间较短、人员少,但也都各有特点和自己较为擅长的领域。基本模式是:招标前,通过与国外代理商和出版社建立联系直接获得各种最新的印刷型的出版信息目录,或通过其网站得到相应的电子型的出版目录,由其编目人员进行一定的筛选并按类加工整理,编辑成征订目录,向国内各类有需求的图书馆寄送分发,供他们采访选书之用。其特点是报道时效性比较强,信息范围面比较广,包含了不同文种、不同国家的各类大小出版社新近出版或即将出版的图书文献。但缺乏必要的筛选加工,出版物水平参差不齐,只能满足图书馆一般西文图书采访需要,缺乏针对性和报道深度,没有考虑不同图书馆的不同需要和个性化需求。不乏一些出版物因经济方面原因、读者面比较窄或较难订到,按其自己的判断标准没有报道,使图书馆不能得到这些信息,对于向国家图书馆这样全面收集各类高水平有价值的图书文献的馆来说,可能会失去对一些有价值文献的采访的机会。

招标后文献报道方式有所变化,即定期出版的按不同国外出版社或包号划分的选书专目,某一出版社或包号出版信息由中标的书商负责报道,它有责任和义务对这家出版社或包号的出版信息进行全面不遗漏的报道,而这种责任以合同或协议的形式固定下来,最大限度保证了文献报道的覆盖面,减少报道的空白点,使国家图书馆的相关权益得到了保障。另外,对于中标书商来说,从过去的单纯的买卖关系,到现在的通过合同有一定约束力的合作发展关系,为了公司能有更大发展,他们需要更加主动去了解服务对象的需要和想法,在目录报道时需要与图书馆充分沟通了解需求,对服务的对象采访方针有所了解和掌握,如出版物的学科种类、层次、学术水平、语种范围、载体要求等,对于完全不符合服务对象要求的出版信息进行过滤,提高了目录报道准确性和选中率,提高了选书工作效率,从而更加切合国家图书馆西文采访工作的实际要求。

另外,在后期服务方面书商也有了积极的变化,以往图书馆订单发出对于到书率、到书时间没做具体要求,每年都会有因各种各样的原因没有到货的书,图书馆一直无法直接掌握这方面信息,也一直对此比较困扰。现今书商会主动关注订单执行情况和时间周期,反馈相关信息,定期整理长期未到订单,或重新提订或告知图书馆无法订到予以注销,可以说有了一个解决此问题的良好开端。

1.2 招标前后图书馆情况

国家图书馆作为国内最大的外文文献收藏地点,需要全面收集各种适合馆藏采访方针的文献,一直以来与各家图书进出口公司有着积极的业务往来或合作。目前,通过国内图书进出口公司订购引进外文文献仍是国家图书馆的主要方式和渠道。这些图书进出口公司多是根据自身的情况和渠道开展业务,定期出版发行征订目录,招标前国家图书馆采访人员需要每月面对来自各家公司的目录,其中一些热门、大型出版社或新书各家公司争相报道,另一些出版社则极少报道,造成的结果经常是每期各家目录内容雷同、重复报道率高、有些目录水平不高或信息有误,对采访工作有误导,造成订购出现复本。而图书馆采访人员只能是有什么看什么、选什么,采选工作基本属于被动接受。为了防止有遗漏,还需要各家公司目录都选看、查重,实则是存在大量重复、无效的劳动。

招标后图书馆的采访工作是更加主动和有目的性,可以按照长期一贯的采访方针提出对目录信息的需求,也可根据馆藏缺藏情况和不同时期采访工作的需要提出不同的要求,如,要求中标书商提供某一时期、某些学科、某家出版社专题回溯目录等个性化的服务。以往书商很难愿意这样花精力做,收单情况不好或者说效益不高,因为各家书商在目录报道范围上没有明确界定,没有规定谁可以报道哪些出版社,谁不可以报道哪些出版社,现在不用有这样的顾虑了,他们可以专注于本公司中标出版社的信息发掘报道。图书馆采访人员从以往更多关注出版社信息有无遗漏是否全面，到有更多精力关注出版物内容上和馆藏收藏的完整性和文献水平上，更好地发挥了专业化分工的优势。另一明显变化是提高了经费使用的效率，纸本图书定价结算机制从招标前的在国外报价的基础上做加法，到招标后的做减法，对抑制书价上涨，节约购书经费方面起到了重要作用。

1.3 合同管理实现共赢

西文图书文献采购不同于其他货物的招标采购，通常见不到实物，甚至有的书还没有出版，因此，它从目录报道、选书到订单发出、最终到货需要较长时间，这期间存在许多变数和不确定因素，如订到性、价格变动、时间长短等，需要有一个合同来保证和约束双方权利义务。图书馆文献采访工作是以把符合馆藏要求的文献采购到馆为最终目的。而对书商来说拿到订单也不是目的，而是要尽可能地把文献订到、送馆，这就要求书商全面加强订购各环节的工作和服务，即了解服务对象的采访需求，及时提供最新、权威准确的图书文献信息，做好技术保障和及时配送订单、采访数据；主动加强对发出图书文献订单的跟踪及信息反馈，特别是订购信息与原始情况有变化时，做好与图书馆采访人员预先及时沟通，以便图书馆及时做出选择判断，防止重复订购和不符合要求的文献到馆。并不断完善错书、重书退换机制，使之在实际工作中实施得更加顺畅，建立统一标准的电子清单格式，方便满足相关验收登记需要和资产审核人员的要求。

如今，招标采购益处已日益显现，招标采购细化了市场，明确了分工，从源头上避免了目录多头报道、信息上混乱相互重复的现象，使中标书商能够按市场规律开展各自的经营活动，规范采购过程和行为，充分发挥各家中标公司的优势和积极性、主动性和特长，积极建立长期购书渠道和服务体系规范，也使各家中标公司的服务范围、责任义务通过合同的形式在一定时期内明确下来，避免了关系订单和人情订单，维护了市场公平竞争的环境，也使得他们可以专心于与服务对象、国外出版社建立良好的合作关系，利于从人员和资金方面做好规划，防止短期行为，建立权益和责任意识。同时要求他们对自己中标的出版社做全面了解和把握，防止漏报，避免错报，不断研究国外文献出版市场动态，及时掌握最新出版信息和出版社的变化情况，努力在提高服务质量和规范上多下功夫，最终实现双赢，使图书馆成为最大的受益者。

2 充分发挥招标优势

2.1 优化合同分包

分包是招标工作的开始和基础，由于西文图书文献出版的特殊性，它包含的地域广、国家多、出版量大、出版社也多。目前，国家图书馆的招标以主要商业出版社、大学出版社和学协会出版社，以及主要语种（德文和法文）为分包基础，它涵盖了大部分高水平的出版物，能够满足主要的采访需要。但缺乏对一些出版业不是很发达的国家和地区出版物的关注，这是国家图书馆近年希望重点加强的地方，但苦于信息和渠道的匮乏，收效不大。现今是作为其他包发给各家中标公司，包括了所有未提及的出版社、地区出版的西文文献，但在合同中对有无报道和报道多少并无衡量和制约的方式和标准，不可避免有一些出版社的水平较高也符合馆藏标准的文献信息得不到报道，失去采访到馆的机会。如果在合同分包就做出一些安排，将一些希望得到的出版社或地区出版物与某些英美著名出版社包进行组合，或直接按地区国家分包，并在合同中规定每年要有一定的文献报道量，在定价制度方面给予一些更优惠的条件，那么会使中标书商更愿意在这方面多投入报道力量，关注这方面的信息，提升报道的覆盖面和订到率。对于图书馆来说，能够得到需要的并有收藏价值的文献比价格更重要。

2.2 评标过程

评标是图书馆选择书商的过程和方式，书商也可以借此全面展示其综合实力，需要有一种科学完善的书商评标机制。评标过程应充分体现竞争结果，对各家参与投标的公司予以平等的机会。但要重点防止通过低价和做出不实的承诺而中标的情况，因为若实际执行中无法兑现，最终受损失的是图书馆，因此不论公司规模大小、历史长短、人员多少，都应以其能力和业绩为基础，以保证图书馆能够得到最满意的服务和以最合理的价格获得文献为前提，这需要认真考虑和全面权衡，做出合理选择。

英、美等国家的图书馆的做法是有专门的机构或完全交由第三方组织完成这项工作，有一套完整缜密的合同发包程序和对供货商的评判标准，基本理念是政府购买公共服务，图书馆采访人员并不直接参与到其中去，只是把预算、需求、范围、品种技术参数等提出来。从招标公告的发布、需求标准提出、应标公司各种文件、资料的提交、发票和款项的支付实现了全流程的电子化。这样的好处是节省了图书馆文献采编人员的大量时间和精力，让他们从一些烦琐事务性工作中解脱出来，也确保整个招标过程的更加公正合理。

如美国国会图书馆在招标中很重视书商提供符合 RDA 规范的采访数据的能力，并将其作为选择书商时考虑的一个重要因素，认为它提高了合同采购的附加值和性价比，该数据不仅对最终的编目工作有所帮助，而且在优化简化图书馆的工作流程过程中起到重要作用，还可以用于支付款项、跟踪图书文献采购状态和到货状态上。同时，作为联邦立法部门的一部分，采购时还需遵循联邦采购法规的有关内容，即全面公开的竞争。他们对所有竞标公司一视同仁，评标均是基于质量、服务、交货方案和报价。

英国国家图书馆采用的是在欧盟采购中通行的有限适用的程序方式，即先对所有有兴趣的投标者进行资格预审，按照预先制定的矩阵选择标准，确定一个候选名单。评标将在这个名单中进行，这时入围的投标者需要对图书馆投标采购的各项要求做出正式的回应，包括网上提交有关材料和填写表格，评审人员会对公司或投标者以往客户业绩、商业信誉、经营状况以及社会信誉方面进行审查和全面考量，必要时会到他们经营场所或办公地点考查，合同最终会发给被认为是最物有所值的竞标者。

2.3 合同时限

图书馆馆藏是按照既定的采访方针不断积累的结果，图书文献采访是一个长期性、连续性的工作，有其自身的特殊性，不同于一般货物的招标采购，它涉及书目信息提供、选书、数据提供、订购信息的建立和中标书商对外联络以及国外出版社(代理商)库存发货等多个环节的工作，是一个需要较长时间完成的完整工作链，一般从选书、订单发出到到货需 3—6 个月时间，其间任何一个环节的问题都可能影响到书周期、到书率和售后服务的开展。中标书商与图书馆间需要有一个相互适应磨合的过程，需要彼此了解对方的工作内容和方式。因此，一个相对长期稳定的合同年限，便于双方对人员、投入计划做出适当安排和规划，也避免出现短期行为，对合作双方工作都有益。对于初次中标或合作时间不长的书商，签订一两年的合同；对已合作多次或时间较长的书商提供三到五年的供货合同，在时间上可以与馆藏发展三至五年的规划相契合，并可结合规划各项目标完成情况，对中标书商合同周期内的工作、服务有全面真实的评价和掌握。对于在合同期内一些外部政策、条件的变化，给双方带来的影响，可以通过协商签订补充协议或合同的方式加以规范和解决，保证合同可以继续执行和双方的合法权利的维护。

3 思考与建议

3.1 力求文献报道全面完整

由于国家图书馆对外文文献的采访有一定的原则和标准，即通常所说的外文求精，采访外文文献重在“选”，即通过浏览和仔细阅读大量国外出版信息，从中找到发现适合馆藏要求的文献，因此，全面完整准确的外文出版物信息对采访工作十分重要。国家图书馆的收藏范围几乎涵盖了所有学科领域，现招标需求是将本馆收藏的学科范围和种类、读者水平、文种等要求在合同中提出，但书商在加工整理报道时难免不全和遗漏，或本身对要求认识的不到位。如果在文献信息报道方面采用排除法，即只提出不需要什么学科和水平的出版物，那么书商也便于操作，图书馆采访人员在对文献的选择方面可以保留更多的选择权和主动权，因为在实际采访工作中对外文文献的选择标准也非一成不变，需要在遵守总的采访原则的前提下，考虑时代发展和读者需求变化，工作中对文献需求发展有一定的前瞻性和预见性，而对具体文献选择有时也是仁者见仁，智者见智的。

3.2 客观评价注重结果

建立科学合理的书商履约能力评价指标体系，不仅能够客观全面地反映书商的现有状况，还能体现出对图书馆采访工作未来发展趋势的要求，给今后图书招标采购提供可靠依据。评价中标书商服务好坏，应从综合、整体大的方面着眼，评价应针对的是一个阶段的各项工作，不拘泥某一批次或个别书的订购情况，图书文献订购过程比较复杂，中间受到许多条件制约。另外，不同出版社（包号）或不同学科种类的图书营销手段不同，推介宣传力度不一，特别是学术出版物、学协会出版物及会议录等不以销量为目的，其图书发行量小、时效性强、代理商少、渠道单一，订单执行时的难度都会有所提高，还有出版计划推迟或取消、售罄等，都可能对最终的订购产生实际的影响，其中哪些对书商是不可抗的客观原因，哪些是书商自身能力的原因，对这些情况都应综合分析加以考虑，否则不能公正和真实反映其能力和水平。实际工作中还应注意防止招标和合同执行过程中重承诺轻执行、重报道轻服务、重大社轻小社、重新书轻旧书的急功近利的工作方式。

3.3 外包适度加强监督

通过招标将采访工作的书目查重、验收记到等非核心业务外包，是当前的采访工作中一种趋势和有益的尝试，把采访人员从大量简单重复劳动中解放出来，并减轻劳动强度，对缓解人员紧张，降低部门人工成本方面发挥了积极的作用，让采访人员可以有更多时间和精力专注于如何选好书、优化流程和提高采访质量等方面的工作上来。但也必须认识到虽然相关工作外包,但责任还在,相关工作标准不能降低,而更应得到加强。它不是简化流程,减少环节,更不是完全撒手不管,必须要求外包人员严格按馆定各项业务规范执行,要求外包公司尽量减少人员变动,以避免由此对工作质量和进度带来的不利影响,对新上岗人员做好岗前培训和加强指导,使他们熟悉掌握有关验收业务流程和一些具体做法,特别保证对数据质量和续卷加工等环节的检查力度,使其达到馆定的相关质量规范和标准,保证后续环节业务的顺利开展。另外,针对系统的特点和一些特殊查重的规定,也要对查重质量加强抽查监督,防止有用书目信息被忽略,因为书目订购信息是图书馆采访人员工作的源头和根本,一旦前期查重时有误判就可能造成文献的漏选,这方面应引起足够的重视。

3.4 合同细节的可操作性

西文图书采访实际是一种模糊型的采购方式,具体采访什么、学科种类分布、文种与数量、金额以及供货时间等都不能预先确定。鉴于这些条件的不可预知性,招标合同的一些条款订立应注意考虑现实条件和技术手段的限制,一些无法或十分困难到达条款,或对图书馆不利和不利于考核的条款,应注意避免。如,目前在书目信息提供方面,由于外文出版物来源多、出版社分属不同国家和地区,国际上也缺乏一个权威统一的年度出版物书目,所以考核报道是否完整全面实际上变得十分困难。

另外,到书率的计算理论上应是针对某一时期内、对同一时间发出的订单数量和收到多少到书来统计的,但不到书的原因多种多样,有些是书商自身原因,有些是正常客观因素,需要理清加以分析判断,排除正常因素,有时达不到合同规定的比例也是正常的。实际计算时由于合同双方在统计时间段上不一致、种册的概念不同、统计的口径不同,结果出入有时会很大,造成实际执行时到书率标准的形同虚设。

最后,在合同到期后,如果再招标时更换书商或包号调整后,对在上一合同期间发出尚未到书的订单做出说明,对于有些在途中或即将到货以及出版社已执行的订单,可规定一定时间内继续供货的顺延期,最大限度保证发出订单可以到货,减少“死单”的数量,这也最大限度地保证了图书馆的利益。

参考文献

[1] 吴正和. 政府集中采购的主要优势[EB/OL]. [2014－04－22]. http://theory.people.com.cn/GB/49154/49155/3656888.html

[2] Doing Business with the Library[EB/OL]. [2014－05－22]. http://www.loc.gov/about/doing-business-with-the-library/

[3] Becoming a supplier to the British Library [EB/OL]. [2014－04－28]. http://www.bl.uk/aboutus/supplying/index.html

图书馆文献政府采购存在的问题与建议

李新利(北京青年政治学院图书馆)

2003年《中华人民共和国政府采购法》实施以来,图书馆文献采购逐步被纳入政府采购体系,它对提高财政资金使用效率、增强文献采购过程的透明度、规范书商的竞争行为和图书馆的文献采购行为、使图书馆获得较为完善的配套加工服务、保障供需双方的合法权益等,具有重大现实意义。近年来,经过各级财政部门、政府采购中心、审计、监察、图书馆等多方的共同努力,图书馆文献政府采购工作在探索中不断发展,然而,文献政府采购仍处于起步和探索阶段,实施过程中还有一些不合理、不科学的地方,有待进一步完善和改进。

1 图书馆文献政府采购存在的问题

1.1 文献招投标过程存在信息不对称现象

公开招标是图书馆文献政府采购的主要采购方式。在文献招投标过程中,由于图书馆与投标方之间的利益对立关系以及获取对方信息的方式和来源不同,因此文献招投标过程存在着信息不对称现象。具体而言,投标方的信息具有隐匿性,投标方掌握的信息比图书馆多,而且投标方在追求自身利益最大化的同时会向图书馆有意隐瞒一些重要信息,这就使得专家在评标时无法获取投标方的真实信息而只能单纯地依据标书所述内容进行评标。在图书馆文献采购招标所列的评分项中,大多为资质、服务、折扣、数据、加工、合作单位等,这些指标中除折扣具有可比性外,其他各项在没有进行实质性合作之前很难衡量。评标时专家对标书所述内容无法度量,对标书的各种承诺也无法做出真伪判断,其结果就是标书编制得好,中标的可能性就大,导致某些文献供应商不切实际地承诺各项服务,一旦中标却又无法履约,最终遭受损失的是图书馆。

1.2 过度追求低折扣,影响文献采购的到货率和质量

过度追求低折扣是文献政府采购中图书到货率低的主要原因。图书折扣率本是供应商为了向客户提供良好的服务所必须支出的成本,却异化为一种促销手段[1]。由于对最低评标价法存在理解上的偏差,简单地将其等同于"低价中标",在文献采购中片面追求最低折扣,使得某些供应商在投标时以价格为优势中标,但是其他方面的服务能省略就省略,提供不了出版信息,甚至连自己在竞标时的承诺都无法履行[2]。

图书供应商作为图书馆和出版社之间的桥梁,在市场挤压下,折扣率几欲突破供应商所能承受的极限,近乎无利可图,其结果就是牺牲图书馆的利益,即简化服务,或者在向图书馆提供新书书目时有意屏蔽掉高折扣的书目信息,仅提供低折扣的书目。一般而言,社科类图书要比科技类图书的折扣低,尤其是质优价高的科技类图书以及出书质量高的优秀出版社的图书,因折扣较高,供应商在实际供货时往往根据自身利益需要有选择地供货,或者以缺货为由不予采购,致使该类图书到货率较低,导致图书馆所需文献的缺藏。

1.3 过度追求采购规范化，影响文献采购的时效性和连续性

在政府采购模式下，图书到馆具有一定的滞后性，主要表现在：一方面，以前对畅销书、热门书等文献，图书馆可及时采购，尽快编目加工上架供读者借阅。采用招标方式进行文献采购后，由于招标的流程较长，其规范化程序必不可少，从发布招标公告到中标结果公布，一般需要近一个月的时间，在招标结果公布之前，由于供应商尚未确定，造成文献采购的空档期，文献的采购行为要受到很大限制，影响了采购的时效性，新书尤其是畅销书、热门书等无法及时上架流通，影响读者使用。以某图书馆为例，由于经费下拨、公开招标等因素的影响，每年基本上5月中下旬才有新书到馆。另一方面，由于供应商的不稳定性，当年中标的供应商次年一旦落标，其精力就会转移，无暇顾及老客户，致使图书馆当年订购的图书滞留在他们手中而迟迟不能到货，导致图书到馆时间滞后。

与专业的文献供应商保持长期稳定的合作关系，是传统的文献采购惯用的合作模式。实行文献政府采购以后，供应商的选择具有期限性、不确定性和不稳定性[3]，以前长期、固定的供应商有可能与图书馆终止合作，而新招标供应商的不确定性，使图书馆对系统性和连续性文献的预定受到一定的影响，不利于长期、连续出版的多卷书、工具书、大套书等连续性和文献的订购，进而对馆藏文献的系统性产生影响。

1.4 政府采购方式规范欠完善，无法适应文献政府采购的不同需求

《中华人民共和国政府采购法》规定的采购方式包括公开招标、邀请招标、竞争性谈判、询价、单一来源以及国务院政府采购监督管理部门认定的其他采购方式，其中对公开招标方式的适用条件规定得最为宽泛，即除采用邀请招标、竞争性谈判、询价、单一来源等采购方式外，达到规定的限额标准以上的，均应实行公开招标。

在文献政府采购实践中，图书馆对政府采购方式的选择十分被动，必须先适用公开招标方式，招标不成功后再批准其他形式的采购，如单一来源。究其原因，与现有的政府采购方式体系不完善有很大关系，主要表现在：对采用公开招标以外的采购方式的批准、以何种形式提出申请没有做出明确规定，使得图书馆在申报具有单一来源性质的文献项目内容（如购权重印期刊、数据库等）时感到盲目，即不清楚需要什么样的材料、如何报批、履行何种采购程序。

在政府采购模式下，文献招标采购虽然具备公开发布采购需求，也符合政府采购公开、公正和竞争原则的特点，但并非完美无缺。公开招标的流程繁杂、时间较长，难以适应紧急状况采购、零星采购以及灰色文献采购的需要。地方特色文献、年鉴、不公开发表出版物，以及因政策变化、采购渠道、历史原因、人为失误等因素造成的缺藏图书的采购，对于满足读者需求、完善馆藏发挥着重要作用，此类图书虽然金额不大，但采用公开招标方式中标的供应商往往无法满足图书馆的采购需求。

2 对图书馆文献政府采购的意见和建议

2.1 构建文献供应商的市场准入制度

文献供应商是否有能力履行采购合同或其投标是否真实，直接关系到文献采购能否顺利进行和达到采购目的。为防范和化解由于信息不对称对图书馆产生的风险，一方面，要对

文献供应商的资格严格审查把关,确保参加投标的供应商一旦中标,不仅有资格而且有实力完成文献采购项目,这是保证文献政府采购顺利进行的前提。资格审查实际上是对所有投标人的一次“粗筛”,目的是为了在采购过程的早期剔除资格条件不适合履行合同的供应商。我国《政府采购法》第22条和23条虽然规定了供应商资格审查的内容,但较为原则和笼统,在文献政府采购实践中缺乏可操作性。建议由政府采购中心或委托行业协会通过市场调查,确立统一合理的资格审查标准,明确文献供应商的基本条件和各项服务指标,如资质、规模、实力、信誉、供书周期等,凡达到审查标准的供应商,均可申请为文献政府采购的供应商,并由政府采购中心或行业协会进行资格审核和认定。经过资格预审后,图书馆再根据相应的采购程序择优选定合作的供应商,从源头上保证供应商在同等条件下进行公平竞争,谨防不法厂商扰乱市场秩序,给图书采购工作带来不必要的损失。

另一方面,借助互联网在全国范围内建立统一的文献供应商信用记录平台。通过建立供应商信用记录,增强供应商的忧患意识,使其主动完善自身条件,积极参与到市场竞争中去。《政府采购法》第77条针对供应商提供虚假材料等不法行为做出了取消中标资格的处罚。笔者认为,对于做出条款所列违法行为以及现实存在的重大或恶意违约行为的供应商,均应将之列入不良行为记录名单,并取消其参与文献政府采购的资格。对于经营状况差、财政状况不好、不讲信誉的供应商不仅要依法追究责任,更应从源头抓起,在采购之前就限制其进入文献政府采购市场,确保信誉好的供应商进入政府采购领域进行公平竞争。

2.2 正确认识折扣,选择适用的评标方法

在文献政府采购中,政府采购中心和图书馆要正确认识折扣问题,正视折扣不是图书馆选择供应商的唯一标准,认识到只注重折扣对图书馆文献采购工作的负面影响。图书馆更要注重合理体现折扣在评审指标体系中的地位和比重,正确使用合适的评标方法。在文献政府采购与招标实践中,主要采用最低评标价法和综合评分法,这也是政府采购中应用最广泛的评标方法。

在前面提到的文献政府采购实践中出现的供应商低价中标后又无法履行合同的现象,究其原因主要是:一方面是由于一些供应商为了谋取中标,在投标时对招标文件的服务和技术要求做出不切实际的响应和虚假承诺,专家评标时对供应商承诺的服务和质量难以进行判断,从而导致在所有投标供应商对招标文件中的条款、条件和服务不存在实质性偏离的情况下,报价最低的供应商必然中标。另一方面,由于图书馆对最低评标价法的理解存在偏差和误区,将最低评标价法等同于最低价中标法。实际上,最低评标价法是指以价格为主要因素确定中标供应商的评标方法,即在全部满足招标文件实质性要求前提下,依据统一的价格要素评定最低报价,以提出最低报价的投标人作为中标候选供应商或者中标供应商的评标方法[4]。适用最低评标价法的前提,一是投标人必须全部满足招标文件的实质性要求,而不是不讲任何条件的评最低报价;二是投标人的投标价格应处于不低于自身成本的范围之内。因此,图书馆在制定评价标准时,要在广泛调研的基础上设定一个合理的最低折扣,这个最低折扣不仅包括供应商的运营成本,还包含供应商的合法利润,低于此折扣的报价评委会视其为无效报价。因为如果供应商连自身的合法利润都无法保证,就不可能自觉主动地保证其供货质量和服务水平。

在文献政府采购和招标实践中运用较多的评标方法是综合评分法,在应用过程中也常

出现不尽如人意的结果，主要原因是没有科学合理地制定评价指标及评分标准。综合评分法是指在最大限度地满足招标文件实质性要求前提下，按照招标文件中规定的各项因素进行综合评审后，以评标总得分最高的投标人作为中标候选供应商或者中标供应商的评标方法。运用综合评分法，要求图书馆在编制招标文件时，必须事先列出需要考评的具体项目和指标及分值，并按照有关法律法规制定评标标准。一方面，图书馆在确定所有的评价指标因素后，要根据各指标因素对评标结果影响程度的大小排次序，并对评价指标合理赋值，以体现其应有的分值地位。另一方面，要正确把握折扣与服务分值的平衡关系，一般而言，当折扣分值的差异变化大于服务等分值的评分差异时，折扣在评标时所占的比重高，反之当各投标人的折扣评分相差不大时，评标结果基本是由服务等分值决定的[5]。在投标竞争日益激烈的情况下，各投标人的投标折扣有下降趋同的现象，而服务的差别相对较大，因此实际上服务分值对中标影响较大。

2.3 尽可能选择多家供应商，使图书馆拥有一定的选择余地

在文献采购招标实践中，将所有图书(主要是中文图书)不经分包、全部交由一家供应商集中采购的做法普遍存在，而这种做法存在着明显的弊端，即无论供应商服务质量高低、能否履约，图书馆对供应商没有选择的余地，造成图书馆对供应商的被动依赖。

另一方面，读者对文献的需求呈现出全方位、多层次、多变化特点，需要图书馆不断购置各类出版社不同品种的出版物，方能满足读者对文献的多元化需求，而不同的文献供应商都有各自特定的供货渠道及合作伙伴，即使规模和实力强大的文献供应商也不可能满足图书馆文献采购的全部需要。

因此，在文献政府采购中，图书馆应尽可能扩大供应商的选择范围，确定多家各具供货特色和服务特色的供应商，使图书馆有较大的选择余地，也便于供应商之间相互竞争和制约。无论文献采购规模和额度较高的大型图书馆，还是采购规模和额度小的中小型图书馆均应如此。

选择多家供应商，可以使图书馆在分配各供应商的采购额度时拥有更多自主权，根据供应商的实际服务情况自主分配。在确定分配额度时，图书馆可以根据馆藏建设的需要来考察供应商的行业优势、学科优势，然后从供应商的供货能力和服务质量等方面来决定采购额度。在选择供应商时，应综合考虑供货渠道、服务特色、地域特征、便于现场采购等因素，兼顾国营性质和私营性质、本地和外地供应商，避免供货渠道同质化的供应商同时中标。

2.4 完善政府采购方式的有关规范，构建以招标为主的多元文献采购体制

一个完善的政府采购法中所包含的采购方式实际上是一个完整的体系，在这个体系中，各种采购方式有机结合、互相补充、相得益彰[6]，采购人可以根据特定的采购要求和市场条件选择适用特定的采购方式。结合文献政府采购实践，建议各级政府财政部门应针对适用公开招标以外的采购方式(如单一来源)，对其报批方式和采购程序做出明确详尽的规定。采购程序是采购方式的进一步深化，相比采购方式的适用更加重要。如果仅指明采购所采用的方式，但对其报批方式和应遵循的程序缺乏详尽合理的规定，则采购方式的适用也将有名无实。

文献政府采购要根据具体情况采用最适合的方式才能使采购行为合理有效[7]。在政府

采购方式体系逐步完善的情况下，图书馆就可以根据自身的需要、文献资源的类型和特点，以及出版发行情况来选择不同类型文献适用的采购方式，从而构建起以招标为主的多元文献采购体制。在经费的支配上，建议财政部门划拨给图书馆一定比例的自行采购额度，以满足图书馆的特殊需要，如紧急状况采购、零星采购、灰色文献采购等，有效协调政府采购和馆藏建设之间的矛盾。

参考文献

[1] 张曙. 图书招标采购再思考[J]. 情报探索,2007(3):105-106
[2] 顾犇. 图书馆政府采购该注意哪些问题[N]. 中国图书商报,2007-05-29(G06)
[3] 陈伟. 图书采购招标过程中的问题及解决方法[J]. 新世纪图书馆,2008(2):32-36
[4] 中华人民共和国财政部. 政府采购货物和服务招标投标管理办法[Z], 2004
[5] 顾健. 高校图书馆中文图书采购招标中的几个问题[J]. 大学图书馆学报,2007(3):16-20
[6] 程亚萍,胡伟. 完善我国政府采购法之探讨[J]. 行政与法,2005(8):71-74
[7] 褚乃骥. 公共图书馆文献政府采购自主权问题研究[J]. 图书馆学刊,2013(6):22-23

韩国电子书出版产业状况及国立中央图书馆的电子书采选工作

朴　燕(国家图书馆)

1　序言

随着纸质出版行业趋于停滞和退缩,数字出版市场规模日益扩大,为积极应对出版环境的急剧变化,韩国文化体育观光部于 2012 年 9 月发布了《出版文化产业振兴 5 年计划(2012—2016)》[1],从而为出版产业尤其是数字出版产业提供大力扶持,为激发数字出版内容的创造力、构建充实的出版基础设施,进而营造有活力的数字出版环境指出了方向。

本文中沿用世界图书馆界通用的电子书定义[2],通过全面梳理韩国电子书出版产业的状况,并介绍韩国国立中央图书馆的电子书采选工作情况,试图为我国图书馆界的相关领域同仁提供些许借鉴。

2　韩国电子书出版产业状况

2.1　韩国电子书市场的基础设施

2.1.1　电子书的数字版权管理(Digital Rights Management)

韩国的数字版权管理技术与其他国家一样,通过应用多种 DRM 技术,来防止数字内容的非法流通与复制。韩国电子书商制作电子书大多采用 ePub 格式,但大部分电子书服务商则使用各自相异的 DRM 技术,因此确保 DRM 技术之间的互换性成为一个待解决的问题。

因此,由韩国文化体育观光部、技术经济部、教育科学技术部等政府部门牵头,在包括韩国教育学术情报院、电子书服务商、电子书终端制造商在内的 40 多家机关与企业共同参与下,于 2010 年 4 月举办了电子出版物标准化论坛(ODPF),并开始由 TTA 数字内容项目组(PG421)下的 DRM 实务班负责处理相关标准化事项。

据韩国著作权委员会的最新进展报告,已经完成针对韩国国内电子书 DRM 互换技术的开发,该技术使读者可不受阅读终端或阅读器(Viewer)限制阅读电子书,目前已提交国家技术标准院进行审议[3]。

当然,在数字版权保护标准被通过后,进一步需要解决的问题是,电子书服务商是否会放弃已有的技术和产品而转用新的标准。

同时,也出现少数取消数字版权管理(DRM Free)的出版社,例如 2012 年 4 月,Insight 公司将电子书制成 PDF 文档,在出版社网站上进行售卖。而另一家专门出版 IT 书籍的出版社——Hanbit 公司也开始销售无 DRM 的电子书。

2.1.2　电子书阅读器

韩国的电子书阅读器多由流通商来开发和发布,也就是说,读者为了阅读从 A 书店购买的电子书，要设置 A 书店的电子书阅读器，如要阅读 B 书店的电子书，则要设置 B 书店的阅读器。

目前，在市场上最多见的阅读器有“教保文库”和 Yes24 网络书店的阅读器、Naverbooks、SK T Store、Ridibooks、Bookcube、Textore 等。

2.1.3 电子书格式

在韩国普遍使用的电子书格式有 ePub（ElectronicPublication）、PDF、HTML、XML、Flash、Application book 等，其中最多见的为 ePub 格式。目前，教保文库网络书店、Yes24 网络书店、Interpark Biscuit、Ridibooks 等电子书服务商采用的都是 ePub 格式。

2.1.4 电子书阅读终端

在韩国读者普遍使用的电子书专用阅读终端有：教保文库的 eBook Sam、Yes24 公司的 Crema Touch、Iriver Story K 系列、Interpark 公司的 Biscuit 等。而为了阅读特定流通商的电子书，使用电子书阅读终端时需要支持该公司的 DRM。

此外，自 2009 年苹果手机进入韩国市场，iPhone 手机和 iPad 等也成为很多读者使用的阅读终端。

2.1.5 电子书相关法律制度

在韩国的法律法规中，《出版文化产业振兴法》《文化产业振兴基本法》《读书文化振兴法》等多项法律法规中都有与电子书相关的部分，这些法律制度为电子书的制作、流通、服务与利用提供了有力的法律保障。

尤其值得关注的是，依据《电子出版物免征增值税的对象标准》（文化体育观光部告示第 2011—35 号），韩国在一定范围内对电子书免收增值税。截至 2011 年，在亚洲只有韩国、印度两个国家是免收电子书增值税的[4]。

2012 年 7 月 27 日，《出版文化振兴法》开始施行，文化体育观光部同日颁布了“电子出版物定价制实施指针”。该指针在原《出版文化振兴法》中关于电子出版物的法条基础上，修订了电子出版物的定价标识与销售等方面的内容。依据该指针，出版电子出版物的出版社要在书目信息中明确标识定价，而销售商则要在销售网站上明确标出销售价格。对于未标定价，或未按定价或按定价 90% 的价格销售的，处以 300 万韩元以下罚款[5]。

表 1 与电子书相关的法律法规

法律/法规	与电子书的关系
《出版文化产业振兴法》（法律第 12603 号） 《出版文化产业振兴法实施令》（总统令第 25474 号） 《出版文化产业振兴法实施规则》（文化体育观光部令第 174 号）	确定了文化体育观光部在培育、支持电子出版物产业并建立和实施出版文化产业振兴计划等方面的义务
《电子出版物定价制度实施指针》（文化体育观光部 2012.7.27）	确立电子出版物的具体定价标准
《电子出版物免征增值税的对象标准》（文化体育观光部告示第 2011—35 号）	确立免除增值税的电子出版物的范围
《限制垄断及公平交易相关法令实施令》（总统令第 25503 号）	维护出版产业公平竞争的基础制度之一

续表

法律/法规	与电子书的关系
《允许维持再销售价格的出版物的范围》(公正交易委员会告示第2012—19号)	确定出版物价格的基础制度之一
《著作权法》(法律第12137号) 《著作权法实施令》(总统令第25379号) 《著作权法实施规则》(文化体育观光部令第134号)	保护电子书著作权者的权利,谋求合理使用著作
《图书馆法》(法律第11310号) 《图书馆法实施令》(总统令第24453号)	关于电子书利用的基础性法律
《读书文化振兴法》(法律第11690号) 《读书文化振兴法实施令》(总统令第24314号)	关于振兴电子书利用与需求的基础性法律
《文化产业振兴基本法》(法律第12687号) 《文化产业振兴基本法实施令》(总统令第24453号)	确立支持和培育包括电子书在内的文化产业的相关事项

2.2 韩国电子书出版市场情况

据韩国电子出版协会(KEPA)统计,2013年度韩国电子出版市场的销售总额为12 568亿韩元[约合79亿元人民币,包括电子书、电子词典、便携书(Mobile Book)、学术论文、有声读物(Audio Book)、其他数字出版物等在内]。这与2006年的3393亿韩元相比,7年间增长了3倍,年均增长率高达20.6%。其中,2013年电子书的销售总额为5838亿韩元,与2006年的825亿韩元相比,年均增长率为32.3%[6]。

表2 韩国电子出版市场规模 (单位:亿韩元)

类别	2006	2007	2008	2009	2010	2011	2012	2013	年均增长率
电子书	825	1235	1278	1323	1975	2891	3250	5838	32.3%
电子词典	1220	2100	2400	2542	2597	2613	2518	2581	11.3%
便携书	208	265	279	247	533	929	1315	2024	38.4%
专业知识/学术论文	127	192	214	248	251	264	270	282	12.1%
有声读物	72	115	118	104	122	139	142	165	12.6%
其他数字出版物	941	1203	1262	1322	1430	1492	1528	1678	8.6%
合计	3393	5110	5551	5786	6908	8328	9023	12 568	20.6%

资料来源:韩国电子出版协会(KEPA)

电子书市场的活跃起始于2010年,这与智能手机、平板电脑等智能终端的迅速普及密不可分。针对韩国电子书流通企业,粗略估算2012年度的电子书(单行本)市场规模的结果是约800亿韩元,这个数字占韩国出版流通总规模的2%左右。

表 3　2012 年韩国电子书市场规模(估算)　　(单位:亿韩元)

	销售额	所占比例
网络书店	250	31%
电子书专营书店	250	31%
移动通信社	120	15%
门户网站	100	12%
小家电制造公司	20	3%
电子书制作/流通公司	30	4%
其他	30	4%
合计	800	100%

资料来源:韩国电子出版协会(KEPA)

自 2004 年 7 月至 2012 年 12 月,为免除增值税而获得韩国电子出版协会认证的电子出版物约有 325 万种,其中 95% 是电子词典、数字学术论文、电子期刊、教育类交互式(interactive)电子出版物、应用类(application)电子书等[7]。2013 年,新近取得认证的电子出版物为 370 840 种[8],这样一来,2004 年 7 月至 2013 年 12 月的认证总数达到了 362 万种以上。

表 4　韩国电子书发行现状①　　(单位:种)

	2005 年	2006 年	2007 年	2008 年	2009 年	2010 年	2011 年	合计
总类	207	27 594	4020	2695	61 581	114 216	4790	215 103
哲学	21	472	12	4406	38 270	7569	234	50 984
宗教	34	165	90	3532	109 439	19 008	198	132 466
社会科学	351	2862	132	34 537	469 610	53 008	5131	565 631
自然科学	270	368	243	28 675	215 357	9792	251	254 956
科学技术	256	1035	224	114 886	800 573	84 118	8699	1 009 791
艺术	49	546	100	6876	107 003	29 069	7282	150 925
语言	204	1665	177	10 848	67 330	6053	1674	87 951
文学	1825	9403	1775	27 792	85 466	28 192	16 753	171 206
历史	64	919	214	12 635	80 332	9815	310	104 289
合计	3281	45 029	6987	246 882	2 034 961	360 840	45 322	2 743 302

在电子书出版市场值得关注的现象是由纸版书转换为电子书的比例,例如 2011 年度是 47.0%[9],2012 年度仅为 11.7%[10],有下降的趋势。而另一方面,不是从纸质书转换的"纯粹"电子书的比例并不高,例如从电子书销售网站的畅销书榜来看,"纯粹"电子书的比例仅占 7.6%[11]。

① 노준석, 이용준. 세계 전자책(e-Book) 시장의 현황과 이슈분석[R].KOCCA(한국콘텐츠진흥원) 포커스,2012(12).

2.3 韩国电子书阅读状况调查

2013年3月,文化体育观光部发布了韩国出版研究所的调研结果——“2012电子书阅读实态调查”[12]。该报告称,在电子书中,最受欢迎的类别为通俗文学作品(19.8%)和其他文学作品(18.5%),即文学作品(38.3%)最受读者青睐。此外,关于近3年内阅读电子书的工具的调查显示,智能手机占44.1%,电子书专用阅读终端的使用率仅为2.3%。电子书用户每年购买电子书的费用约为购买纸质书费用的1/4,且电子书读者中有58.0%只阅读免费电子书,而不购买收费产品。

再看阅读电子书的年龄段比例,10—19岁占21.5%,20—29岁占29.2%,30—39岁占17.5%,40—49岁占10.4%,50—59岁占5.6%,60—69岁占0.5%,可见年龄越大的电子书阅读率越低。另外,学历和收入越高、喜欢读书的程度越高的人,电子书的阅读率越高。

此外,虽然包括纸质书在内的阅读时间量有所增加,但读纸质书和利用图书馆和书店的时间则有减少。为利用电子书访问的地址,依次为互联网门户网站(34.1%)、应用商店(Appstore)(30.3%)、互联网书店(12.9%)、电子书专门网站(8.4%)、公共图书馆(6.2%)。

还有,对于5年后读书方式的变化预测,仍有50.6%的人回答“以纸质书为主”,回答“纸质书和电子书各占一半”的人占21.4%,“以电子书为主”的人占20.1%。

2.4 韩国电子书出版产业中的问题

目前韩国国内注册的出版社超过4万家,此外1人电子书出版社和利用自出版(self-publishing)平台的著者也层出不穷。作为通信公司的SKT和KT公司、作为终端制造商的三星电子、作为门户网站的Naver、作为IT解决方案(Solution)公司的新世界I&C也在加入电子书服务行列或扩大电子书服务规模。

韩国的电子书市场规模虽然日趋扩大,但实际创造利润的公司并不多,只有按公开市场(open market)模式运营的企业尝到可见成果的甜头。可以说,韩国电子书出版产业在呈现出蓬勃的增长势头的同时,也存在着明显的问题[13]。

(1)电子书内容(contents)类别单调、电子书阅读终端的普及率不高

电子书的内容多局限在畅销纸质书的电子版、武侠类书、部分文学经典等领域,内容类型不够丰富多彩。另外,近3年内电子书专用阅读终端的销售量只有10万台左右。

(2)面对消费结构与用户层发生变化的局面,显得应对不足

购买纸质图书的读者,通常抱着收藏的目的,而购买电子书则更倾向于购买服务。电子书出版产业在引导读者从收藏向服务的转型方面,投入微乎其微。从读者的角度来看,电子书在内容、便捷度、价格竞争力上都显出不足,尤其对那些一出生就被游戏、SNS、智能手机、平板电脑包围着的年轻读者来说,电子书的吸引力并不大。但电子书市场在这样的环境变化面前,似乎没有特别有效的举措来予以回应。

(3)电子书内容非法流通的情况严重

以文学作品为主的大量电子书被制成容量较小的text文档,在未经认证或著作权保护管理的情况下,被任意下载和传播。漫画和学习参考书等被扫描成文档进而非法流通的现象也很严重。

(4)电子书字体(font)使用权利问题

2011年12月,文化体育观光部与"韩国出版人会议"(KOPUS)合作,为电子出版社、流通企业、终端企业等开发了专门用于制作电子书的韩文字与汉字共计17 140个字体,并免费发布给业界。但因缺乏明确的相关使用标准和法律解释,所以在使用过程中出现部分字体开发公司向电子书流通企业索要额外字体费用的情况。

(5)电子书业界缺乏代表性的主导平台。

在韩国,阅读终端制造企业、纸质书出版社、电子书专营企业、大型书店等虽然都投身于电子书领域,但多是各自构建网站和销售网。电子书格式虽然以ePub为主,但也有以image或PDF文档制作电子书的企业。由此,虽然政府已确定电子书格式的标准化等事项,但因企业顾及各自的利益而在推广方面遇到阻力。

3 韩国国立中央图书馆的电子书采选工作

3.1 国立中央图书馆的电子书采选及存档概况

早在2001年到2002年,韩国政府为发展国家信息化事业,给国立中央图书馆调拨预算,使之收集了4332种电子书。其后,随着《图书馆法》的修订(2009年3月25),确立了收集和保存网络资料的法律基础。依据修订的《图书馆法》第20条第2项"网络资料的收集",国立中央图书馆有义务采选、收集、保存那些具有较高收藏价值的网络资料。为此,国立中央图书馆于2010年1月12日发布告示,确定了作为收集对象的网络资料的种类。其中,电子书包含在互联网(Web)资料的文档资料范围内。

由此,2010年国立中央图书馆用于收集电子书的预算为13.36亿韩元,占图书馆采选经费总预算(31.93亿韩元)的41%。在国立中央图书馆"图书馆资料审议委员会"下属的"网络资料分科委员会"的统筹管理下,国立中央图书馆作为国家图书馆,依据《图书馆法》收集电子书的原始文档[14]。

3.2 国立中央图书馆的网络(online)资料采选原则与补偿办法[15]

3.2.1 网络资料采选原则

(1)国立中央图书馆采选网络资料的大前提是,符合图书馆入藏标准并有较高保存价值;

(2)收集符合当前采选要求与未来潜在需求的有价值的网络资料;

(3)收集著者或主题与韩国相关的网络资料;

(4)但是,"从容量大小或技术层面考虑,都难以保存的资料"及"难以确定合理补偿金的资料",则要经过"图书馆资料审议委员会"开会审议来决定收集与否。

3.2.2 补偿规定

国立中央图书馆在收集网络资料时通常支付补偿金,但那些定价不明确、不公开或有限公开价格的网络资料则需要由"网络资料分科委员会"来审议确定如何补偿。

表 5 国立中央图书馆电子书收集与补偿情况①(截至 2010 年 6 月)

企业	所收集的资料		支援小图书馆服务的资料		补偿合计（韩元）
	册数	补偿金(韩元)	册数	补偿金(韩元)	
教保文库	20 248	276 405 040	1356	60 924 280	337 329 320
Uri 电子书	1505	15 780 300	1505	63 121 200	78 901 500
韩国学术情报	3592	74 532 200	215	15 238 000	89 770 200
合计	25 345	366 717 540	3076	139 283 480	506 001 020

备注:1. 收集并保存 1 个文档,并在国立中央图书馆内仅供 1 名用户同时使用。
2. 对所收集资料中的部分资料,单独购买使用权(4Copy),为其他小图书馆提供服务支援。

3.3 国立中央图书馆的电子书采选方针与标准[16]

韩国国立中央图书馆在采选电子书时,也与采选纸质书一样,综合考虑图书馆资源建设的总体目标和读者的需求。但电子书的类型多种多样且各类型的利用效果也不同,因此又需与纸质书的采选有所区分。

3.3.1 采选电子书应考虑的因素

(1)资料的内容和形式

采选电子书的关键是所选资料内容的质量,并在辅助印刷型出版物的层面实现资源的扩充。此外,鉴于电子书的服务需要电脑或阅读终端等机器,因此需要考虑文档大小是否适中、编辑方式是否良好。

(2)价格

目前在电子书价格的合理性方面缺乏参照标准,因此需要留意价格上的平衡。

(3)新颖度

要确保信息的新颖并能快速满足用户的需要,为此要加快入藏新资料速度。随着“纯粹”电子书即不是从纸质书转换而来的电子书的出版比例增大,尤其需要关注电子书制作公司的新刊出版动向。

(4)服务的适切性

图书馆在提供服务时要综合考虑同时使用服务的用户数、用户会员范围、借阅时限、阅读器种类等条件,因此采选电子书时也要考虑到是否满足上述服务条件。

(5)供应商的信誉度

因电子书在“服务管理支持”“售后服务”等方面的要求较高,因此要综合考虑供应商的规模(资产、销售额)、市场占有率、新书发行情况、更新周期、售后服务评价等。

3.3.2 电子书采选原则

(1)一般标准

采选:

①在读者提出入藏期望的书目中,已出版为电子书的;

②最近 1—2 年内出版的电子书;

① 경기대학교. 전자책 아카이빙 방안 연구[R]. 국립중앙도서관, 2010(10):45.

③相应纸版书的读者利用率较高的电子书；

④获得社会信誉较好的机关与团体好评并推荐的电子书；

⑤在利用情况分析结果中利用率相对较高的主题领域的电子书；

⑥正文编辑结构在电脑环境中易于浏览，文档大小适中并可任意调整的电子书；

⑦包含多媒体要素，可发挥电子资料优势特点的电子书。

(2)服务功能

采选：

①符合图书馆服务标准的电子书；

②可在图书馆使用的数字资料管理系统中提供服务的电子书；

③可在目前通用的计算机系统和网页浏览器上提供服务的电子书；

④下载时间不会过长的电子书；

⑤可在电脑、智能手机、平板电脑等多种媒介上使用的电子书。

(3)供应商选择标准

采选：

①制作与供需体系稳定的供应商；

②缴送经历较多的供应商；

③持有的电子书种数多、质量较高的供应商；

④有良好的答疑体系的供应商；

⑤阅读器软件容易设置、用户界面友好的供应商；

⑥合同关系与财务处理透明，未曾发生纠纷的供应商；

⑦所售电子书著作权明晰的供应商；

⑧需同时提供电子书管理系统时，该管理系统适合图书馆的业务环境。

(4)排除性原则

不采选：

①包含破坏良风美俗内容的电子书；

②仅面向少数特定领域的专家与研究人员的专业电子书；

③资料有效期限在1年之内的考试用书、学习资料、计算机相关书籍；

④只能在特定的计算机系统和网页浏览器上使用的电子书。

4 结语

从数字出版市场和规模来看，电子书所占比重将日趋增加，但相应地电子书内容和质量却良莠不齐。读者要从浩如烟海的作品中选择有益的电子书并不容易，因此更需要图书馆起到选择与推荐优秀作品的作用。图书馆要综合考虑资料内容和形式、价格、新颖度、服务适切性、供应商的信誉等要素，制定合理的电子书采选标准，采选到高质量的电子书提供给读者。

为此，图书馆和图书馆人不仅需要适应日益变化的数字出版环境，更要关注电子书等出版领域的动向，在采选业务和提供服务方面灵活地做出应对。

参考文献

[1] 문화부, 출판문화산업 진흥 5개년 계획(' 12-' 16) 발표[EB/OL].[2014-07-02]. http://www.mcst.go.kr/web/s_notice/press/pressView.jsp? pSeq=12340

[2] IFLA 2014 eLending Background Paper [EB/OL]. [2014-08-11]. http://www.ifla.org/files/assets/hq/topics/e-lending/documents/2014_ifla_elending_background_paper.pdf

[3] 전자책 DRM 국가 표준 추진에. 업계 '시큰둥'[EB/OL]. [2014-07-06]. http://media.daum.net/digital/others/newsview? newsid=20140313143611568

[4] 이용준. 2012세계전자책시장의현황과이슈분석[R]. 한국콘텐츠진흥원, 2012:37

[5] 전자출판물 정가제 시행지침[EB/OL]. [2014-08-05]. http://www.mcst.go.kr/web/s_notice/notice/noticeView.jsp? pFlagJob=N&pSeq=7485

[6] 한국출판문화산업진흥원. 스마트 융합시대 전자책산업 진흥을 위한 중•장기 전략과제 연구[R], 2013(4):69

[7] 이주영(정보통신정책연구원). 초점 : 전자책 시장현황 및 전망과 도서출판 시장의 가치사슬 구조변화[J]. 방송통신정책, 2014,26(8):9

[8] KPIPA 출판산업동향(2013하반기/연간)[EB/OL]. [2014-07-04]. http://www.kpipa.or.kr/info/studyrepotView.do? board_id=51&article_id=18067&pageInfo.page=&search_cond=&search_text=&list_no=30#

[9] 한국출판연구소. 한국 출판산업의 디지털 생태계 현황 조사 연구[R]. 문화체육관광부, 2012:45

[10] 한국출판문화산업진흥원. 2013출판산업 실태조사---2012년 출판사 업체 기준[R]. 2014:34

[11] 국립중앙도서관도서관연구소. 도서관에서의 전자책 추천[J]. KRILI 이슈리포트, 2012(2):12

[12] 2012 년 전자책 독서실태조사[EB/OL]. [2014-07-08]. http://www.mcst.go.kr/web/s_data/research/researchView.jsp? pSeq=1520

[13] 한국출판문화산업진흥원. 스마트 융합시대 전자책산업 진흥을 위한 중•장기 전략과제 연구[R],2013(4):91-93

[14-15] 경기대학교. 전자책 아카이빙 방안 연구[R]. 국립중앙도서관,2010(10)

[16] 국립중앙도서관도서관연구소. 도서관에서의 전자책 추천[J]. KRILI 이슈리포트, 2012(2):16-19

数字时代音像、电子出版物采访工作的困境及对策

——以国家图书馆音像、电子出版物采访工作为例

孙保珍　陈国英(国家图书馆)

1　音像、电子出版物的发展与变化

音像业与电子出版业是随着科学技术的进步、计算机技术和信息技术的发展而逐步发展起来的出版形式。音像制品就是用数字或模拟信号,将图、文、声、像记录下来,经编辑加工后,复制在电、光、磁介质的载体上,通过视听设备播放使用的出版物[1]。1877 年 7 月 18 日,爱迪生在实验室里录下并重放了他自己朗诵的歌词,这就是唱片的起源。20 世纪 80 年代,音像业引入数字化技术,这使音像业获得了长足的发展,进入了规模化发展时代。电子资源是指以数字代码方式,将有知识性、思想性内容的信息编辑加工后存储在固定物理形态的磁、光、电等介质上,通过电子阅读显示、播放设备读取使用的大众传播媒体。电子出版物的出现晚于音像制品,但发展态势迅猛。随着信息技术的发展,音像制品与电子出版物从制作技术到传播手段都呈现出融合的发展态势。作为出版行业的一个重要门类,音像、电子出版物的发生、发展曾经被看作是出版业告别"铅与火"、走向"光与电"的重要标志。

2　当前我国音像、电子出版业的现状

2.1　音像、电子出版行业的不景气

近些年来,网络新媒体、电子技术的飞速发展对音像、电子出版业形成较大冲击,加上自身转企改制带来的一系列问题,多种因素导致了我国音像、电子出版业的整体低迷,目前我国的音像、电子出版业已明显表现出衰退迹象。

在我国现有的近 400 家音像出版社中,大约有 80% 都很弱小,在艰难地维持生计。以 2012 年为例,2012 年广东省音像电子出版社共计 29 家(含有出版资质的公司),2011 年共出版音像、电子出版物 2861 种,其中音像制品 2629 种,电子出版物 232 种。上海市音像电子出版单位也由原来的 80 余家减少到了目前的 28 家,出版物每年约有 3000 种,其中新品种约为 1500 种,年出版品种与新品种数量都在急剧减少。出版的作品以教育类、语言类等图书的附盘居多。作为我国音像、电子出版大省的广东省与上海市,其音像电子的出版整体上也是辉煌不再,如新时代影音公司、广州音像出版社及广东省科技音像出版社等都先后注销。生存下来的出版社,也是处于勉强维持的艰难处境中。如上海音像出版社由过去平均每三天出版一部新品种,年均出版 100 余种,变为目前的每年仅出版 5 种,为了维持运营,只能寻求其他出路。

2.2　当前音像、电子出版行业的出版特点

在行业整体不景气的情形下,我国音像、电子出版业的出版呈现出如下特点:

2.2.1 由早期的追求量向追求质转变

行业市场的不景气,使得出版商不再单纯追求品种的数量,而转向出版物的品质。除从内容上对作品进行提升之外,还从承载的介质上进行突破,以追求完美的画质、音质、音效等各种品质效果。例如,唱片由最初的普通 CD,到 HD-Mastering CD、HQCD(high Quality CD)、AQCD(Analog Quality Compact Disc)、BSCD(blu-specCD,蓝光 CD)等,从制作技术、介质材料等各方面进行了革新,出版商致力于生产高品质的光盘,向品牌化方向发展。

2.2.2 配套出版的趋势明显

在生存艰难的境况下,有些出版社目前已很少出版单独的音像制品或电子出版物,而是出一些配书使用的光盘,如山西春秋电子音像社、上海文艺音像电子出版社,以随书附盘的出版作为赢利点。这些随书附盘作为正式出版物,有出版管理部门分配的出版编号(ISBN 与 ISRC),与图书配套在市场上流通。这在教学教辅类、音乐类、计算机科学及工程建筑类的图书中居多。

2.2.3 数字化趋势明显

数字化的转型是目前传统出版行业的整体趋势。在我国音像、电子出版行业中,多数出版单位有着数字化出版的规划。虽然各出版单位因为资金、技术、人员等方面的差异,以及对网络产权的顾虑等,在数字化转型上表现得参差不齐,所采用的数字化出版方式也各不相同,如有的是集中力量整合资源做大型数据库,有的则仅仅是汇集本单位作品的源文件,供本单位使用。无论是在数字化出版上表现的积极一些还是保守一些,我国音像、电子出版单位均在不同程度上体现了数字化的方向。

3 图书馆采访工作的困境

当前我国音像、电子出版行业衰退的现状及出版的不规范,给图书馆的采访工作带来了一定的影响。而图书馆对音像、电子出版物采访工作所采取的政策以及管理模式上的不合理,也给采访工作带来了一定的困难。行业的现状与图书馆自身的管理模式,双重因素导致目前音像、电子出版物采访工作的困境。

3.1 行业因素导致的困境

3.1.1 出版量的减少,直接影响图书馆的采访量

相对于传统出版行业,音像、电子出版物受网络新媒体的冲击较大,出版量在逐年下降,具体数据如表 1[2]。

表 1 2010—2013 年出新闻出版产业分析报告

时间 项目	2010 年		2011 年		2012 年		2013 年	
	出版量	同比	出版量	同比	出版量	同比	出版量	同比
音像制品	21 552	下降 15.1%	19 408	下降 10.0%	18 485	下降 4.7%	16 972	下降 8.2%
电子出版物	11 175	上升 4.4%	11 154	下降 0.2%	11 822	上升 5.7%	11 708	下降 1.0%

由上表数据中可看出,我国音像、电子出版物的年出版量在逐年下降,尤其是音像制品,平均每年以接近10%的速度在减少。与此相对应的是图书馆采访量的下降。以2014年为例,1—6月份采访到馆实体资源的音像制品2864种,与去年同期相比下降49.8%,电子出版物815种,与去年同期相比下降51%。

3.1.2 受涨价因素的影响,采购经费面临较大的压力

随着出版社由追求数量向追求品质的转变,探寻精品化、品牌化的发展方向,每种出版品的制作成本有了较大提高。以CD光盘为例,早期普通的CD盘平均10元一张,而采用新技术、新介质后的BSCD(蓝光CD)光盘价格涨到100—200元。制作成本大幅提高,出版单位对外销售的价格必然成倍地增长,这使图书馆的采购经费面临较大的压力,图书馆必须以增加采购经费来保证馆藏的丰富性与完整性。

3.1.3 配套出版与向定出版对呈缴工作提出了较高要求

随书附盘是出版商为了提高卖点而采取的一种出版策略,往往是图书与光盘分别在不同的出版社出版,推向市场时再进行统一的配套出售。而出版社在向图书馆缴送样本时,往往只缴送图书或光盘,为使其配套完整,呈缴人员需要在掌握确切配套信息的基础上分别与图书出版社和光盘出版社联系,增加了呈缴人员的工作量与工作难度。

定向出版物由于不投放市场,所以采访工作难度较大。需要工作人员及时与出版单位联系,了解这方面的出版情况,及时进行采访工作,避免漏藏。

3.2 图书馆管理及工作方式导致的困境

3.2.1 职责划分过细,限制了采访人员的主动性与视野

目前国家图书馆的音像、电子出版物采编管理以文种、载体表现、来源等不同,分属于不同的部门和不同的科组。这种划分对于传统的文献资源如图书、报纸、期刊等无疑是合理的,但对于音像、电子资源的采编管理来说执行起来未必是高效的。例如音像、电子资源发展迅速,更新换代周期较短,出版界及时跟踪国际市场,很多的制作技术与国际联系密切,如HD-Mastering CD唱片,制作流程经过了日本MASTER技术处理、德国后期母带制作。这需要采访人员不仅要熟悉国内的出版情况,也要了解整个国际市场,而中外文分属不同部门的设置无疑限制了采访人员的视野,跨部门的沟通必然降低了采访人员了解整个音像、电子市场的主动性和有效性。

3.2.2 采访模式的不完善,影响了工作的高效性

采访政策实行以呈缴为主,采购为辅,入藏一个复本,呈缴与采购分属于不同的科组。缴送人员主要跟出版社打交道,不了解销售市场,又没有出版名录,催缴工作没有依据可查,缴送样品的种数由出版社说了算。采购方式比较单一,以现场采购为主。采购人员与出版社沟通较少,不知出版动向。这种划分及采访模式,使业务衔接的时效性受限,影响了工作效率。

3.2.3 管理模式的滞后,未实现与出版界的实时对接

虽然音像、电子行业整体低迷,但在数字化发展上却有异军突起的一面。以音乐为例,互联网的发展使音乐的对外传播方式发生了变化,由传统的制作成光盘转换为数字音乐的形式对外传播与销售,与传统CD唱片业衰落形成对比的是数字音乐的飞速发展。国际唱片业协会(IFPI)发布的《2009数字音乐报告》中的数据[3]如表2所示。

表 2　2009 数字音乐报告

年份	数字音乐			全球音乐产业	
	销售收入（单位:亿美元）	增长率	占全球总销售收入比重	销售收入（单位:亿美元）	增长率
2004	4	—	2%	200	—
2005	12	200%	5%	240	20%
2006	22	83%	11%	200	-17%
2007	29	32%	15%	193	-3%
2008	37	28%	20%	185	-4%

《2013 数字音乐报告》数据显示，2012 年数字音乐收入约为 56 亿美元，较 2011 年增长了 9%，占全球音乐销售总收入的比重约为 34%[4]。

与此相比，图书馆在音视频资源的管理上显示出滞后性。目前国家图书馆的音视频文献以实体资源与网络资源为划分依据，分为不同的业务模块，即负责实体光盘资源与负责网络数据库。网络数据库分为商购数据库与自建数据库（即将本馆资源数字化后建成的数据库）。无论哪个业务模块，都不包含出版社批量或单个提供数字产品的接收问题。例如上海音像出版社就表示希望以源文件的形式直接提交缴送样本，这样既方便快捷，又节约成本。但是图书馆在管理上没有考虑到数字化出版品接收的业务，而无法与出版界数字化迅速发展的态势实现对接。

4　应对采访困境的对策

音像、电子出版物作为一种重要而特殊的文献类型，是图书馆馆藏资源建设中不可或缺的部分。针对出版行业的不景气及图书馆自身管理的不完善给采访工作带来的困境，笔者认为可以从以下几方面进行应对。

4.1　适当提高采访经费，确保馆藏数量与质量

国家图书馆馆藏资源是以缴送本为主，所以多年来实体音像、电子资源的采访经费一直没有提高。一方面，由于出版种类和数量的减少以及精品化的出版策略使制作成本提高，出版社要获得盈利必须提高现出版产品的价格，这使得实体音像、电子出版物的销售价格逐年上涨，同样的购置经费所能采购的品种就会减少。另一方面，出版社在经济利益的驱动下，缴送压力增大，从而千方百计规避样本缴送，进而缴送样本无法保证。为保证馆藏的数量及质量，图书馆应该适当提高采访经费。

4.2　改进与完善采访模式，拓宽采访渠道

改变目前先缴送再购买的方式，实行缴买并行。音像、电子资源的时效性较强，每种文献发行的数量也很有限，而且出版社也在想方设法规避缴送样本，所以应实行缴送与购买同时进行的采访模式，这样一是可以有效保证馆藏，二也可以为催缴工作提供依据。确保每种出版物缴送与采购各一份，一份可用于读者服务，另一份可用于数字化资源建设。

在传统的现场采购与电子目录采购之外,积极拓展网络采购途径,将各种网络音像店、零售店作为补藏渠道,进行馆藏的查漏补缺。

4.3 提升采访人员素质,增强工作主动性

出版行业的变化,对采访人员提出了较高的要求。采访人员不仅要把握文献采购的基本原则,还要具有敏锐的情报意识,善于捕捉出版信息,灵活运用多种采访方式。要实行"走出去"与"引进来"相结合的方法,多与供应商、出版社沟通,多与其他图书馆进行业务探讨,既可提升业务水平,也可增加信息来源。

4.4 积极拓展思路,构建特色馆藏

采访人员应密切关注读者服务的需求以及社会生活中相关的重要现象,在传统的文献收藏范围之外,拓展思路,构建特色馆藏。各个时期电视台创办的一些特色栏目及优秀视频节目,如2014年湖南卫视的"爸爸去哪儿""我是歌手"及近几年各电视台流行的相亲类节目等,这些特色栏目代表了一个时期大众的娱乐需求、生活方式与精神消费。图书馆作为信息资源的汇集地,有责任、有义务将这些资源进行搜集、整理、揭示,并最终为人民大众提供服务。国家图书馆对于央视的一些栏目有收藏,但对地方台的特色栏目一直没有收藏。作为全国的总书库、信息资源中心,国家图书馆可以将全国所有优秀电视栏目进行汇集,分门别类,形成电视栏目类的特色馆藏。

4.5 开发数字出版品接收与服务平台,谋求业务转型

目前电商的数字音乐业务已经开展,如国内规模较大的电子商务公司——京东商城,专设音乐版,通过与音乐公司、中国音乐著作权协会、音乐进口商等的合作,拥有了对音乐产品的销售权,形成较大规模的数字音乐发展模式,以累退式(即购买越多越便宜)的方式对外销售。

图书馆作为信息资源的收藏中心,要主动应对出版、发行界的发展变化。除了采购外来数据库与自建资源库之外,要开发能接收出版界数字出版品的服务平台,实现与出版界的对接,并及时跟踪发行、销售环节的发展与变化。该平台要能够接收出版社以电子子目(track)或源格式文件形式的缴送样品,并能用于统计和读者服务,用数字技术来实现对音视频资源的采访、整理、统计与服务。

参考文献

[1] 全国出版专业职业资格考试办公室. 全国出版专业职业资格考试辅导教材 2011 年版　出版专业实务 中级[M]. 上海:上海辞书出版社,2011

[2] 新闻出版广电总局. 2010—2013 年出新闻出版产业分析报告[EB/OL]. [2014-08-06]. http://www.gapp.gov.cn/utils/search.shtml? type=title&word

[3] 赵何娟. 天下有贼[M]. 广州:南方日报出版社,2012

[4] 2013 数字音乐报告[EB/OL]. [2014-08-20]. http://musicianguide.cn/2013-ifpi-digital-music-report-global-music-industry-revenue-grew-for-the-first-time-since-1999

自助出版物与图书馆

孙　羽（国家图书馆）
孙　晶（中国人民解放军第九四医院图书馆）

近年来，随着互联网和数字出版的迅猛发展，自助出版悄然兴起。自助出版（self-publishing）是指作者个人写书，在法定出版和市场经营效益的原则下，依托自助出版平台，自行编辑、印刷、发行、投资出版图书。虽然其中并不是每一件事都由自己动手，但基本上绕过了著作经纪人、出版社等中间人，由作者直接同编辑、封面艺术家、图书设计师以及印刷商、发行商打交道，最后处理营销和发行事宜。自助出书需要作者花很多时间和一定的资金，但回报较丰，可以得到全部盈余收入，更重要的是，将加快出书周期，自己把握对书的控制。

由于自助出版为更多的作者提供了出版的机会，同时避免了出版社、发行商等对利润的蚕食，因此自助出版正在成为越来越多的人的选择。目前，自助出版是数字时代发展最为迅速的新兴出版业态之一，在美国，自助出版已经成为市场品种数增长的主要动力源。Bowker 公司最新统计的数据显示，2006 至 2012 年，美国自助出版的图书种类已增长近 3 倍，增长率为 287%。其中，2011 年美国自助出版业的发展最为迅猛，自助图书的出版种类达 235 593 种，其中印刷版为 148 424 种，比 2010 年增长 33%，占全年印刷版图书出版总数的 43%，电子版为 87 169 种，比 2010 年增长 129%。英国自助出版也是高速增长，根据尼尔森图书监测公司的统计，英国 2013 年共售出自助出版图书 1800 万册，增长 79%，收入达 5900 万英镑。

1　自助出版公司的图书特色

全球自助出版机构中较有代表性的有 Author Solutions 公司、Lulu 公司、She Writes 出版社等。Author House 是美国的第一大自费出版商，1997 年它成立于美国的印第安纳州，至今已经出版了 23 000 种图书，2 万多名作者参与其中，目前在印的图书达 200 万种，月增新书 500 种。iUnervers 为美国第二大自费出版商，年增长率达 30%，现每月推出 500 种新书，已经出版发行的书达 36 000 种。这两家同属于 Author Solutions 公司。美国自助出版商 LuLu 自认为是“面向图书、音乐、影像和多媒体等消费者市场的创造者”。创作者在 LuLu 网站上发布作品是免费的。LuLu 强调为创作者提供空间，向媒介内外的听众和消费者直接奉献作品内容，这是对现存传统出版文化产业模式的挑战和创新。这些自助出版机构虽然特色各异，但是出版的图书具有共同的特点：

（1）自助出版图书读者群体偏向小众化，多为小众图书。2008 年，亚利桑那大学研究小组从全美 93 家出版服务商出版的 385 173 种图书总体中随机抽样 348 本书对内容进行分析：一些作者的图书选题冷门，很难在主流出版商那里通过选题；或图书作品仅仅是为了家庭成员和个人朋友阅读的；或者为特定对象出版的，如教师出版解释性的图书、作业、课堂讲稿及其他学术辅导资料，组织自助出版报告、指导方针以及与工作相关的材料等，这些作者通常利用自助出版数字技术使小批量的纸质图书得以印刷出版发行。

(2)自助出版图书作品良莠不齐,图书内容质量无法控制、保证,是自助出版推行过程中面临的普遍问题。由于自助出版绕开了出版社的审查、编辑、校对等程序,出版社不再承担内容发掘、市场判断的职能,因此自助出版的图书在很多环节缺乏有效的监管,而作者个人的编辑与审稿水平参差不齐,这就容易造成自助出版物在质量上的问题,不可避免地会有垃圾内容出现,大众读者只能凭借自身的鉴别能力,过滤掉低质量的书稿。

(3)自助出版的图书利用网络营销优势,打破传统的时空限制,扩大了销售市场。自助出版的图书可以自己利用网络,建立一个网站或网页进行自行销售;或通过网络书店如亚马逊网站发行;或利用网络自助出版社或其他分销渠道。自助出版网站通常既是一个出版的平台,又是一个图书销售的平台,作者可以通过自主出版平台,将自助图书发行推广到全球,从而实现了"出版无国界"。

2 自助出版物与图书馆

图书馆作为图书发现和图书购买的引擎,每年通过大量的图书采购,让数以百万计的读者发现自己喜欢的新作者,享受读书的乐趣,在推动阅读文化发展的同时,也使得出版业从中受益无穷。尽管自助出版物在内容质量、发行范围、传播途径等方面仍与传统出版物有一定的差距,但随着自助图书数量的快速增长,作为文献资源收藏机构的图书馆,必将逐渐关注自助出版物。

自助出版物,可借助图书馆传播科学、文化的职能,推动出版物的发行。如加拿大多伦多参考图书馆推出自助出版服务,自助出版服务场所设在多伦多参考图书馆馆内的电子创意中心,整个过程通过一台特殊的打印机完成,人们可以看到书籍封面制作、打印、打捆和装帧的全过程。通过自助出版服务,普通作者不再担心被出版社拒绝,只要拥有创意和想象力,就可以实现出版书籍的梦想。另外,图书馆也可以利用协调与传播文化资源的独特优势,帮助自助出版作家通过举办研讨会,为读者和作家创造面对面的接触机会,促进自助出版物的销售。如2013年自助出版商Smashwords开始与图书馆合作,推出社区型自助出版,积极促进本地作者的出版活动。他们与美国加利福尼亚州罗斯加托斯公共图书馆(Los Gatos Public Library)建立合作,于2010年起联手推出电子书自助出版项目,为本地作者提供免费出版电子书的平台,并利用其社会公益性的文化服务职能,针对自助出版者开展业务培训,提高出版者的各方面的水平,促进自助出版健康发展。

自助出版物的繁荣,是社会技术进步的表现,自身蕴藏着社会、经济、文化的价值,图书馆面对渐成气候的自助出版,应合理把握传统出版物与自助出版物的收藏关系,有效保护和传承新的人类文化成果。自助出版物是人类文化成果的创新,从图书馆具有保存人类文化记忆的角度出发,图书馆应建立自助出版物的长期保存机制,保证读者对于自助出版物的检索、利用。目前仅有少数的国家在立法中规定了自助出版物的缴存,且多为概念性的规定,缺乏实质性、可操作的规定。如加拿大立法中即设有"互联网取样"(Sampling from Internet)条款,规定:"图书馆长和档案馆长为行使法律授予他们的获得出版物和档案资料或者管理、保管或者控制它们的权力和为保存之目的,可随时以他们认为合适的方法,从互联网或者类似载体上提取对公众开放且无限制的与加拿大有关的文献资料(Documentary Material)的样本。"只有建立了科学规范的呈缴制度,网络自助出版物的长期保存才能得到可靠保证。

3 图书馆收藏自助出版图书现状及启示

虽然自助出版的图书近年来快速增长,但由于出版内容、质量良莠不齐,自助图书缺少专业的、权威的评估成为阻碍图书馆对自助出版图书选择的重要因素,目前每年约有400 000的自助图书出版,但图书馆购买和保存的自助出版的图书数量是非常少的,多数图书馆并没有将自助出版社出版的图书列入采访政策中。Juris Dilevko 在"自助出版现象和图书馆"一文中,通过对 OCLC 不同类型成员馆拥有美国自助出版社出版的整体排名前 25 的图书数量分析指出:公共图书馆收藏的自助出版的图书为 OCLC 全部成员馆拥有自助图书数量的 57.6%,其拥有的数量是大学图书馆的 2 倍多,大约是社区学院图书馆或高校图书馆的 8 倍,国家图书馆及军事机构、历史协会、政府等相关机构图书馆拥有的自助图书数量更低。另外作者还就 OCLC 成员馆在2000—2004 年间采购的美国 7 家自助出版商出版的图书量进行了对比,其中图书馆购买 Author House 的自助图书数量最多,占其购买 7 家自助出版商出版的图书总量的 37.1%,其次为 Xlibris(23.8%)和 iUniverse(20.9%),而另外 5 家自助图书出版商出版的图书,图书馆的拥有量大幅度降低。在图书馆收藏自助图书的类型分析中,作者指出,OCLC 成员馆收藏自助图书种类以数量从高到低排序依次为:手册、产品说明书、旅行指南及其他类型。从上述分析中,我们可得到三点启示:

(1)学术图书馆不适合收藏自助出版物。学术图书馆收藏对象主要是科技会议录、专著、工具书等学术文献,在文献资源选择上是非常严格的,其目的是为科研人员提供优质的知识服务。而自助出版的图书侧重于大众出版,不属于专业出版和教育出版,且以平装图书为主,而我们也很难获得对自助出版物出版内容的评估。因此从内容方面考量,自助出版物不符合学术图书馆的藏书要求,如美国国会图书馆目前不接受自助出版物。

(2)公共图书馆可有选择地收藏有特色、有价值的自助出版物。各地区的公共图书馆一般都将地方文献资源作为特色核心馆藏,重点开发建设。而本地区的自助出版的图书,比如手册、指南、自传、家谱等在一定程度上反映了当地的社会、文化、经济的发展特色,带有鲜明的个性特征和地域特征,从特色馆藏的角度考虑,公共图书馆应该对自助出版的图书有选择地保存收藏。费城公共图书馆专门设立了本地作者的书架,认可当地作者自助出版的著作,使得更多的读者能够接触到这些作品,从而促进本地作者自助图书的销售。

(3)图书馆对自助出版的图书的衡量,一般依赖于各种交易评论、图书评论,并通过销售总额来判别读者对自助图书的需求。正如费城公共图书馆的图书采购馆员泰德所说:"我们的购买决策上很大程度上基于可用的评论。"由于图书的采访一方面要尽可能地满足读者的需求,另一方面应符合图书馆的采访条例,确保入藏图书的质量,尽管自助出版的图书越来越多,但各种专题书目的浏览,已经使得图书馆采访人员没有足够的时间来阅读一本自助图书,因此图书采选人员是否购买图书的决定更多地来源于可靠的主流评论,如 Booklist、PW、Library Journal、Library Media Connection 等,其中 PW、Library Media Connection 有对自助出版的图书评论。

自助出版物的蓬勃发展,使任何个人都可以通过自助出版发表自己的观点,有助于多元文化和多元化的思想观念的传播。但另一方面由于自助出版避开了审核、编辑、校对等把关过程,也带来了出版监管不严、出版内容参差不齐等一系列亟待解决的问题。图书馆作为自助出版物的推动者,有必要为自助出版作者开设出版等领域的培训班,让他们掌握专业的出版流程,进一步提高自助出版者的素质,促进自助出版物走向规范化的道路,而自助出版物只有通过自身品质的提高,才能赢得更多图书馆的关注与收藏。

参考文献

[1] 刘松. 美国图书自助出版业发展迅猛市场几乎被巨头垄断[J]. 印刷技术——数字印艺,2013(7):6

[2] 陆云. 英国自助出版高速增长[EB/OL]. [2014-08-20]. http://www.chuban.cc/gj/my/tj/201406/t20140620_156564.html

[3] 刘蒙之. 美国非传统图书出版业的发展现状与商业伦理争议[EB/OL]. [2014-08-20]. http://cbfx.chuban.cc/hqmy/201205/t20120502_106632.html

[4] 韩仁哲,王仕平. 论自助出版的泡沫化与法律规制[J]. 出版广角,2014(1):56-57

[5] 任胜利. 自助出版:现状与思考[EB/OL]. [2014-08-20]. http://blog.sciencenet.cn/blog-38899-776293.html

[6] 王禄旺,何慧仪,郑雪如. 以长尾理论分析个人自费出版之商业模式[EB/OL]. [2014-08-20]. http://doc.mbalib.com/view/ad1ae405dbee30fea35133e6fe331140.html

[7] 傅西平,尚永. 美四大按需出版公司各具特色[J]. 出版参考,2007(4):31

[8] 刘肖. 网络自助出版模式研究——基于"长尾理论"的分析视角[J]. 出版发行研究,2007(11):44-45

[9] 周长强,赵晓丽. 自费出版物与公共图书馆的文献多样性[J]. 山东图书馆学刊,2009(5):60-61

[10] 石晶晶. 美国自助出版的现状及启示[J]. 传媒观察,2013(4):18-19

[11] 丛挺. 图书馆为何也能在自助出版中扮演重要角色?[EB/OL]. [2014-08-20]. http://www.dajianet.com/digital/2013/0717/200729.shtml

[12] 赵豪迈. 网络自助出版物的呈缴与长期保存[J]. 出版发行研究,2014(3):45-47

[13] Hadro, Josh. What's the Problem with Self-Publishing[J]. Library Journal,2013,138(7):34

[14] Dilevko, Juris, Dali, et al. The Self-Publishing Phenomenon and Libraries[J]. Library & Information Science Research, 2006,28(2):208-234

[15] Dawson, Laura. The Role of Self-Publishing in Libraries[J]. Library Trends,2008,57(1):43-51

[16] 多伦多图书馆推出自助出版服务[EB/OL]. [2014-08-20]. http://www.chinadaily.com.cn/hqcj/xfly/2014-06-19/content_11860333.html

PDA 在外文期刊采访中的应用

王　菲　宋仁霞(国家图书馆)

1　前言

什么样的馆藏能被称为“好”的馆藏？如果一座图书馆收藏了一套套完整的文献，规范控制，严格管理，但常年无人问津，那么这样的馆藏并不能称得上是“好”的馆藏，因为它不能满足用户的实际需求。当然，作为经费充裕的大型图书馆，能具备全面、完善的馆藏，其一般情况下都可以满足读者的需求，但对于大多数研究型图书馆，经费和空间都是有限的，不可能做到有则必备。尤其是在外文期刊资源建设方面，期刊价格不断上涨，期刊种类日益繁多，如何利用有限的资源去满足用户的需求，是研究型图书馆在外文期刊采购方面亟待解决的问题。

近年来，“用户驱动选书模式”(patron-driven acquisition，PDA)成为国内外图书馆界探讨的话题，PDA 强调以用户需求为主导，将用户的阅读需求量化成一定指标，作为图书馆文献采购和馆藏建设的决策依据[1]，其是对传统文献资源建设模式的一种补充。目前，PDA 在美国高校图书馆中得以广泛应用，然而我国的研究型图书馆仍徘徊在 PDA 之外，原因可能有二：一是由于研究型图书馆读者需求纷繁复杂，并不像高校图书馆那样有固定的读者群(多为在校师生)，因此很难“信任”个别读者的选择；二是多数大型图书馆兼顾着馆藏资源建设系统性、连续性的责任，采用 PDA 是否有碍馆藏资源建设还有争议。但不同于传统图书资源，外文期刊的采选却和国外高校图书馆的文献采选有很多相似之处：一是外文期刊有相对集中的读者群，以高学历、掌握外语技能、对某学科领域有一定研究的学者为主；二是相比图书，外文期刊的采选更重视其实用价值。随着越来越多的外文期刊以电子化的形式出版以及开放式获取(Open Access)①的日益普及，外文期刊馆藏的系统性、连续性已经逐步被即时性和实用性所取代，“永久馆藏”已成为一种相对的概念。因此，相对集中的读者群和数字时代外文期刊资源建设模式的改变为 PDA 在外文期刊采访的应用提供了可能。因此，鉴于国内目前尚无 PDA 采购模式应用于外文期刊采购，本文通过借鉴 PDA 在国外图书馆的应用，结合我国研究型图书馆外文期刊采购的特点，浅析 PDA 在外文期刊采购中的应用。

2　文献综述

2.1　PDA 的发展现状

PDA 并不是一个陌生的概念，图书馆根据读者需求选书的惯例由来已久，只是未被系统

① “开放式获取”是在基于订阅的传统出版模式以外的另一种选择。通过新的数字技术和网络化通信，任何人都可以及时、免费、不受任何限制地通过网络获取各类文献，包括经过同行评议过的期刊文章、参考文献、学位论文等全文信息，用于科研教育及其他活动。

化和规模化。几乎世界各地的图书馆都有“读者推荐选书”的采访模式，在研究型图书馆和高校图书馆间也很早就应用了馆际互借的模式，这些都是图书馆根据用户需求开展文献建设的雏形。

随着图书馆在社会各界认知度的上升和全民文化娱乐需求的不断丰富，如何根据读者的需求更好地发展馆藏建设成为图书馆界的重要议题。在2011年国际图联（IFLA）年会、美国图书馆协会（ALA）年会上，PDA成了大会的重要议题之一。

近几年，PDA在北美的成功实施和我国图书馆界专家、学者对该模式的探究，为PDA在我国的普及和实施打下了良好的基础。据Publishers Communication Group对全美200多家图书馆的调查统计，截至2013年，约2/3的研究型图书馆实施了PDA项目[2]，其中，多数图书馆通过PDA达到了理想的文献建设模式，例如汉密尔顿学院（Hamilton College）于2009年开始与Wiley合作使用PDA，其结果是每年节省了50%的经费，并增加了Wiley期刊文章的浏览量[3]。在我国，2011年年初张甲和胡小菁在《中国图书馆学报》上率先向国内介绍了这一新的选书模式。近年来，有关PDA采购的研讨会、论文更是层出不穷，为PDA在我国图书馆的推广打下了很好的理论基础。

2.2　PDA的定义与基本流程

PDA即用户驱动选书模式，是指图书馆根据用户实际需求与使用情况，由图书馆设定标准或参数来量化用户的阅读需求，作为图书馆文献采购和馆藏建设的决策依据。其特点是依赖网络技术，强调文献提供的即时性和实用性，目前主要应用于国外图书馆电子图书的采购，也有部分图书馆将其运用到纸本书的采购。在图书采购方面，PDA采购以册为单位，在期刊采购方面，其采购以文章为单位[4]，即图书馆为用户阅读的每一篇文章付费，当达到一定的阅读次数，该文章将被图书馆采购，这种方式被称为按量付费（Pay-per-view，PPV），是PDA模式的一种[5]。

PDA的基本流程因供应商、文献类型而有所不同。通常情况下，多数供应商提供的PDA流程为：首先由图书馆选择供应商，经双方协定价格、书目范围、采购指令等一系列指标，由供应商提供书目元数据并导入图书馆馆藏检索系统（OPAC）。该阶段图书馆用户可在系统中检索到PDA书目，并能短时间内免费阅读（通常为5分钟），当超出固定时限后，供应商将向图书馆收取费用，相当于付费短期借阅（由图书馆代替用户向出版商付费）。每当用户进行一次付费短期借阅，供应商就收取图书馆一定的费用，当借阅次数达到图书馆预设的次数后，就会触发图书馆对该文献的购买指令[6]，该文献将会被作为馆藏而采购。目前，提供期刊PDA服务的主要供应商有IngentaConnect、Elsevier出版社、Wiley-Blackwell出版社和Copyright Center。各出版商可与PDA供应商合作向图书馆提供PDA，也可自行研发PDA服务。

2.3　PDA在外文期刊采选中应用的可能性

电子期刊的发展和数字化时代读者的阅读习惯为图书馆改变期刊的采购方法提供了可能。目前，外文期刊出版形式的重心由纸本向电子转移，呈现从纯纸本、纸本加电子向纯电子的方向转变；同时开放式获取的期刊数量也不断增长，客观上造成纸本期刊需求量下降。在数字化时代，数据库是由独立的文章组成的，研究型图书馆的读者更多的是搜索期刊中的某篇文章，而非全刊浏览，因此期刊的采购不再是传统意义上的购买一种期刊，而是购买期刊所刊载的某篇文章。以上两点均为期刊按需采购、按使用量付费的应用提供了可能。

3　针对外文期刊不同的学科特点应采用 PDA

以往研究表明，不同学科专业读者对于纸本期刊和电子期刊的需求存在显著差异[7]，社科类读者倾向于使用纸本期刊，科技类读者倾向使用电子期刊。例如，Kuruppu 和 Gruder 发现爱荷华州大学的农业和生物学学者以使用电子资源为主，只有在没有相应的电子资源时才会到图书馆利用纸本资源；Gowda 和 Shivalingaiah 对印度卡纳克邦六所大学教师的调查结果表明，即使是在网络和数字信息时代，社科类学科学者仍然偏好利用纸本资源进行整刊阅读。在我国，一份对清华大学图书馆用户的调查显示，自然科学类用户使用电子资源的比例高于人文社会科学类用户[8]。因此，外文期刊馆藏体系应以不同学科的读者阅读习惯进行调整，建议对电子资源使用较多、价格较高的科技类期刊使用“按篇采购”的 PDA 模式，对纸质期刊使用较多、适合整刊阅读的社科类期刊使用“付费试订阅”(Paid Trial)的 PDA 模式。

3.1　使用“按篇采购”的 PDA 模式采购科技类外文期刊

科技类期刊价格相较社科类期刊价格更为昂贵，据 *Library Journal* 对 2012 年科学、技术和医学(Scientific, Technical, Medical, STM)学科期刊的价格统计显示，化学类和物理类期刊的年平均价格都在 2 万元人民币以上，其中价格相对较低的农学类期刊平均也达 8000 元人民币。使用 PDA 按篇采购科技类外文期刊可以在降低整体费用的前提下为读者提供更多的选择，国外在期刊方面的 PDA 应用实例表明，按需(篇)采购可以大量节省采购经费，提高期刊的使用率。

目前，国外在期刊方面的 PDA 至少有两种模式：第一种为无中介模式，即读者在无中介环境下自行付费(利用图书馆的代金币①)浏览所需的期刊，不需要通过图书馆员为中介；第二种为有中介模式，即读者间接利用图书馆的代金币浏览期刊，以图书馆工作人员为中介，或由图书馆员批准读者的浏览。在两种模式下，当浏览某种期刊的次数达到预先设定的上限，那么该文章就会被图书馆采购。

在第一种无中介模式下，读者可以无限度地利用图书馆的代金币阅读文章，即图书馆 IP 范围内的用户都可以直接阅读文章，在没有正确引导的情况下，容易导致读者滥用图书馆代金币重复购买了本馆已经采购的资源，公共资源不能得以合理使用。圣约翰大学图书馆 2011 年开始采用 Wiley-Blackwell 的 PDA 系统——Article Select，取消了先前订购的 455 种 Wiley-Blackwell 期刊中的 400 种，只保留核心期刊，与此同时购买了 Wiley 公司 PDA 项目 1005 个代金币(平均每篇成本 15.75 美元)。结果在第一个月内，有 291 个代金币被滥用，出现了代金币滥用的现象。

相比之下，第二种有中介模式，使图书馆在一定程度上“监控”并指导了读者的文献采购，在一定程度上阻止资源被滥用或恶意下载、浪费等情况。美国三一大学(Trinity Universi-

① 通常情况下，由图书馆向供应商按年购买适量代金币(token)，读者利用图书馆的代金币调阅文章，一个代金币可在一定时间内阅读一篇文章。

ty)是国外较早采用PDA期刊采购的图书馆之一[9]。在2006年,该校图书馆的经费预算跟不上期刊价格的上涨,导致该图书馆无法维持原有期刊的采购,于是图书馆决定停订占预算17%的Elsevier期刊采购,改用Elsevier Science Direct PPV模式:用户不仅可以从Science Direct A—Z期刊列表浏览需要的期刊,而且可以从学术论文参考文献中直接访问Elsevier的期刊文章。

首先,三一大学图书馆在触发采购标准上的设定为PDA在外文期刊采购方面的应用提供了有益借鉴。在三一大学图书馆,为了防止资源重复采购,在用户浏览收费文档之前,界面会有相应的提示:首先提示用户在图书馆的纸质藏书中搜索相关文献;其次提示用户通过馆际互借(ILL)借阅相关文献;在以上两种方式都搜索不到的情况下再提示用户使用Science Direct,并显示图书馆将为此次浏览支付的费用。这一方式有效地指导了用户使用PDA,减少了不必要的浪费。

其次,在访问权限方面,三一大学图书馆设置了不同的采购权限。三一大学图书馆为教师开放无中介PDA,对学生使用有中介PDA,即各院系教师使用指定的登录密码可访问任意所需要的文献,学生在图书馆咨询部的许可之下可访问收费文献。每个月Elsevier将汇总该月采购的期刊及相应的用户ID和图书馆账户余额,有效地协助图书馆监控经费的使用。

2010年,三一大学图书馆两年半的PDA期刊采购使用经验表明,该采购方式为该校图书馆节省了大量经费,而且在用户采购的文献中76%不在图书馆馆藏范围内,通过PDA,用户可以浏览Elsevier的所有期刊,而不仅仅局限于图书馆订阅的77种期刊。

鉴于以上两种PDA采购模式,三一大学的经验更符合我国研究型外文期刊采购的现状:由图书管理员选取核心期刊,用户可以无限访问;同时以PDA作为补充,用户通过支付代金币的方式浏览未订阅的非核心期刊,这种模式被称为辅助式PDA采购,即core plus peripheral[10]。

3.2 使用PDA"付费试订阅"(Paid Trial)模式采购社科类外文期刊

社科类期刊涵盖很多受众群较广的读物,如*New Yorker*、*Reader's Digest*、*Economists*、*National Geography*等通俗读物,其阅读群体多是外语爱好者、旅游爱好者等休闲娱乐型的读者,该类读者习惯以整刊翻阅的形式进行阅读,因此建议采用整刊采购而非单篇采购的PDA模式。据不完全统计,截至2014年8月,在中图公司报刊部门户下的社科类期刊达55 288种[11]。利用有限的经费采购读者真正需要的期刊,需要读者与图书馆员的共同参与。但是不同于图书的一次性采购,外文期刊其资源连续性的特点,要求无论是新增期刊还是剔除期刊都需持更谨慎的态度,因为随着用户的需求不断变化,每年订阅的期刊种类将有所不同,那么已选期刊的持续订购将是采选工作的又一个难题。在此,值得借鉴的是密歇根大学在2011年实施的"付费试订阅"期刊PDA采访模式①,可以根据用户的需求,以折扣价在本年预订期刊,如果来年该期刊仍符合读者需求量,则继续订阅该期刊。

密歇根大学于2011年6月实施了为期18个月的"付费试订阅"PDA[12],试订阅通过PDA采购的期刊。截至2012年9月,密歇根大学图书馆统计了试订阅期刊的使用情况,发

① "付费预定"(Paid Trial)是ACCUCOMS公司与Future Science Group于2010年研发的用于期刊订购的PDA模式。

现几乎所有期刊都有很高的使用率，全刊下载量达 12 000 余次，并且每次使用费用要低于传统的期刊订阅产生的费用，在试用期内的期刊使用费用为每次 0.58 美元。因此密歇根大学于 2013 年正式订阅了试用期内使用率较高的期刊，并不断根据读者的需求增加新的“付费试订阅”期刊，很好地应对了期刊续订的问题。

同样，对于纸本的社科类期刊，也可以采用类似“试订阅”的方式，使按需订购的期刊能在较长时间内满足读者的需求，以减少期刊反复续订、停订的问题。例如 Wiley 集团长期以来向订阅其电子期刊的图书馆免费赠送两年的纸本期刊，如果该纸本期刊符合用户的需求，达到一定的阅读量，那么图书馆可以在第三年继续订购该期刊。通常情况下，图书馆会依据本馆的馆藏重点学科决定是否订阅其纸本刊（如中国学、法律、图书馆学等），但在 PDA 模式下，可以由读者来决定该保留哪些学科的纸本期刊。但由于大多数纸本期刊在图书馆采用开架阅览的模式，其读者阅读量并不能像电子期刊那样便于统计，所以可以采取以电子刊带动纸本刊采选的模式，参考用户在电子期刊方面的需求，采选相应的纸本社科类期刊。

4 使用 PDA 采购外文期刊带来的变化与思考

4.1 PDA 采购期刊文章创新了图书馆的工作理念，但并不会改变学科图书馆员采访的主导地位

与其说 PDA 是一种新的文献选择方法，不如说是图书馆服务理念的创新[13]，其实质是图书馆借助外力（读者、书商、网络）实现资源建设和馆藏服务的工作模式，是图书馆工作方法的创新。一方面读者通过预览电子文献或者点击目录，使出版商得到读者的需求信息，实现读者代替图书馆向书商“发订单”；另一方面，书商通过提供更多的电子资源与读者进行互动，将协助图书馆为读者服务；而读者通过 PDA 获取了更多可选择的资源。但在 PDA 的整个流程中，用户所做的是整个采访工作中文献选择的一部分，其他工作仍然由图书馆在后台完成，所以 PDA 并不是一种资源建设新模式，而是传统资源建设模式的补充[14]。与此同时，PDA 采购模式不会全部代替学科馆员的作用，学科馆员仍然是图书馆馆藏资源建设的主力[15]，图书馆员将引导读者采购，根据本馆读者的实际阅读情况设定采购的条件，对触发购买文献的标准参数进行科学设置，比如文献的点击次数、价格上限、出版商、出版时间、浏览时间等。在突出馆藏重点的同时兼顾读者需求，并要及时根据馆藏原则补充特定期刊文献。

4.2 PDA 不一定会节省经费，但一定会提高期刊的利用率

实施 PDA 不一定会比传统的大订单（Big Deal）节省经费。现在广泛被图书馆采用的“捆绑采购”“打包采购”期刊虽然能在一定程度上节省经费，以相对较低的价格采购大量的期刊，增加图书馆馆藏资源，但所采购的期刊不一定是读者需要的，实际使用量并不高，导致单篇文章的实际费用远远超出按篇收费的价格，无益于长期馆藏建设。而 PDA 强调为每一次读者阅读需求付费，等于“把钱花在刀刃上”，将提高期刊的利用率。

4.3 权衡资源建设的系统性与满足读者需求的服务宗旨

关于 PDA 最大的争议是其是否会有碍馆藏建设的系统性和连续性。以用户为驱动发展建设馆藏，意味着图书馆不能像以往以主观来控制馆藏建设的方向。“按篇采购”和“付费试订阅”等期刊 PDA 采购模式虽然能在一定程度上解决期刊的续订问题，但在此模式上

发展的馆藏不会像以往那样“井井有条”。这就需要权衡资源建设的系统性与满足读者需求之间的关系,归根结底,还是在于“好”馆藏的定义[16],明确馆藏建设只是服务读者的途径,并不是图书馆存在的意义。如何利用有限的资源去满足用户的需求,最根本的还是要变革图书馆馆藏建设的理念。

5 结论

5.1 运用 PDA 进行外文期刊采购,准备工作至关重要

应借鉴国外经验,选择合适的 PDA 供应商。结合本馆实际设定价格、期刊种类、管理功能等多方面的指标,通过竞标的方式选择最能满足馆藏需求的供应商。有选择地开放无中介采购:即为馆际互借等研究型机构提供无中介采购,使他们通过机构账户直接运用图书馆的经费浏览相应的文献,由图书馆定期监控账户的文献采购;为普通注册读者提供有中介采购,需经过图书馆员许可进行付费浏览,以防滥用经费。除此之外,开展读者使用 PDA 的相关培训,在图书馆界面设置引导读者正确使用 PDA 的模块,便于读者了解 PDA,以更好地利用图书馆的资源。

5.2 根据我国研究型图书馆的实际,建议采用辅助式 PDA 采购(core plus peripheral)

无论是在电子资源使用较多的科技类期刊中采用“按篇采购”,还是在适合整刊阅读的社科类期刊中使用“付费试订阅”采购,都建议在此基础上使用辅助式 PDA 采购模式,即由图书馆员采购各个学科的核心期刊(一级科目),规范一级科目下可以使用 PDA 的二、三级科目列表,用户可以在图书馆员采选的一级科目下运用 PDA 采选二级科目或三级科目的期刊。通过传统采访方式与 PDA 相结合的方式,在满足读者需求的情况下,最大限度地保证外文核心期刊建设的系统性和连续性。

6 结语

在读者阅读需求日益增长和外文期刊价格不断上涨的情况下,我们不可能用大量的资金去长期拥有“读者可能需要”(just-in-case)的资源,而是用尽可能少的资金去获取“读者现在需要”(just-in-use)的资源[17]。时代的特点决定国内图书馆的外文期刊采访必须要经历更多的取舍与变革才能以有限的经费满足读者的需求。国外图书馆提供了很多采用 PDA 节省采购经费、满足读者需求的案例,对于国内研究型图书馆,PDA 在广泛应用之前,必然会出现各种各样的问题,只有根据出现的问题,在图书馆、出版商、读者多方的协调下,不断改进、逐步完善,才能实现多方互利共赢的局面。

参考文献

[1] 刘华. “读者决策采购”在美国大学图书馆的实践及其对我国的启示[J]. 大学图书馆学报,2012(1):45 - 50

[2] 张甲,胡小菁. 读者决策的图书馆藏书采购——藏书建设 2.0 版[J]. 中国图书馆学报,2011(2):36 - 39

[3] Weicher M, Zhang T. Unbundling the Big Deal with Driven Acquisition of e-journals[EB/OL]. [2014 - 08 -

22]. http://conference. ifla. org/past/ifla77

[4] Cramer C J. All about Demand-Driven Acquisition[J]. The Serials Librarian: From the Printed Page to the Digital Age,2013,65(1):87 -97

[5] Fisher E S, Presenters L K, Gardners. Exploring Patron-Driven Access Models for E-journals and E-books [J]. The Serials Librarian, 2012, 62(1 -4):164 -168

[6] Hosburgh N. Getting the Most out of Pay-Per-View: a Feasibility Study and Discussion of Mediated and Unmediated Options [J]. Journal of Electronic Resources Librarianship, 2012, 24(3):204 -211

[7] 冯彩芬. 高校图书馆外文纸本期刊馆藏建设的未来[J]. 图书馆建设,2012(1):25 -28

[8] 杨毅,邵敏,李京花等. 电子资源建设与利用的读者调查:由读者调查结果分析读者利用电子资源的方式与倾向[J]. 大学图书馆学报,2006(6):5 -10

[9] Schell L E, Ginanni K, Heet B. Playing the Field: Pay-Per-View E-journals and E-books[J]. The Serials Librarian: From the Printed Page to the Digital Age,2010,58(1 -4):87 -96

[10] Harwood P, Prior A. Testing Usage-Based E-journal Pricing [J]. Learned Publishing, 2008, 21 (2): 133 -139

[11] 中图公司报刊部门户[EB/OL]. [2014 -08 -20]. http://periodical. cnpiec. com. cn/periodical. aspx

[12] Banionis J. Case Study: Patron-Driven Journal Acquisition Models for Publishers[EB/OL]. [2014 -08 -20]. http://www. accucoms. com/wp-content/uploads/2013/06/Case-Study-PDA-John-Banionis-June-20131. pdf

[13] 黄显堂. PDA 在图书馆中的应用浅析[J]. 国家图书馆学刊,2014(1):38 -42

[14] 卞丽芳,袁润,王正兴. PDA(Patron Driven Acquisitions)辨析[J]. 中国图书馆学报,2012(5):109 -114

[15] 沈敏芳. 读者决策采购(PDA)——图书馆电子资源建设新模式[J]. 图书馆理论与实践,2013(4):11 -13

[16] Anderson R. What Patron-Driven Acquisition(PDA) Does and Doesn't Mean: an FAQ [EB/OL]. [2011 -05 -31]. http://scholarlykitchen. sspnet. org/2011/05/31/what-patron-driven-acquisition-pda-does-and-doesnt-mean-an-faq/

[17] 吴雪芝等. 美国大学图书馆按量付费期刊采购案例分析与思考[J]. 大学图书馆学报,2013,31(4):9 -13

日本网络出版物法定缴送制度研究

王　薇(国家图书馆)

1　引言

随着世界范围内全媒体时代的来临,读者阅读方式和阅读需求呈现出新的变化趋势,大众的阅读方式已经从传统纸媒体向新兴媒体转移。网络通信技术的日益发展使得数字出版相对于传统出版具有极大的优越性,发展日新月异,数字化出版物的数量和种类都呈几何数字增长。联合国教科文组织1996年公布的《电子出版物法定缴存》(*The Legal Deposit of Electronic Publications*)将电子出版物依其与计算机信息网络的关系分为在线出版物(Online Publications)和离线出版物(Offline Publications)两大类。在线数字出版物,又称网络出版物,主要包括网络书刊报纸、在线音频视频、网络学术文献、互联网地图、手机出版物等。网络出版物是多用户、多元化的电子出版物,没有具体的载体形态,而是一种虚拟资源,如果不及时存档,随时都存在着消逝的危险。

缴送制度是解决网络出版物存取问题的法律制度保障,只有建立了科学规范的缴送制度,才能够有效地长期保存和利用网络出版物。为了确保网络出版物缴送工作的顺利开展,《中华人民共和国公共图书馆法(法律草案)》第21条规定:"出版机构自图书、报纸、期刊、音像制品、缩微制品、电子出版物、网络出版物等正式出版物出版之日起30日内,应当向国家图书馆免费缴送3册(套、盘),向注册所在地区省级公共图书馆免费缴送1册(套、盘),受缴图书馆应建立缴送物公告、公示制度。"首次明确将网络出版物纳入缴送范围,但是对于网络出版物的缴送范围等没有进行明确的界定,相关的细则规定也尚未制定。

2　世界各国网络出版物缴送立法情况

相对于网络出版物而言,离线数字出版物的形态基本都为实物,缴送制度明确而相对完善,缴送工作也比较容易开展。目前,国外的电子出版物缴送制度主要有法定缴送、协议缴送和自愿缴送三种。由于网络出版物形态多样、内容包罗万象等原因,缴送范围难以确定。版权不明确、稳定性欠佳也让网络出版物的获取和使用存在技术和法律方面的诸多问题,采集和保存需要投入大量的资金、人力、物力以及技术支持建设相应的系统支撑平台,目前仅有少数国家制定了网络出版物的法定缴送制度。

意大利于2004年4月颁布了《关于缴送供公众利用具有文化意义文献的法律》,将网络出版物纳入法定缴送的范围。丹麦和芬兰也都在2004年颁布的缴送法中规范了网络出版物的缴送问题。法国在2006年将法定缴送制度的范围覆盖至互联网领域,规定法国国家图书馆有权对国内的网站资源进行采集保存,出版商应向法国国家图书馆缴送在线资源,2012年12月公布的法令规定,法国国家图书馆对除视听通信之外的其他所有类型网站资源负责采集工作。德国2008年10月颁布的《德国国家图书馆出版物缴送条例》中对网络出版物的范围和实施进行了详细规定。英国自 2013 年 4 月 6 日起正式实施了基于《2003 法定缴存图书馆法》(*Legal Deposit Libraries Act of* 2003)的电子出版物法定缴送制度,规定电子图书、电子期刊以及可被存储在 CD-ROM 和网站下载的电子出版物等网络电子资源缴送到大英图书馆、牛津大学的博德莱安图书馆、剑桥大学图书馆、苏格兰国立图书馆、威尔士国立图书馆、都柏林圣三一学院图书馆。美国在 2010 年 2 月 24 日出台的《关于向美国国会图书馆缴送出版物或唱片的规定》中,对仅以在线形式出版的电子出版物缴送问题采取临时管理办法。

3 日本网络出版物缴送制度的建立

1948 年颁布的日本《国立国会图书馆法》第 24、25 条明确规定了本国出版物须向国立国会图书馆进行缴送,对缴送出版物的范围和数量、缴送义务人、缴送的免除、对缴送义务人的补偿以及处罚等也进行了详细规范。随着信息技术的发展,电子出版物的收集及保存成为迫切需要解决的问题。1998 年 4 月颁布的《日本国会图书馆电子图书馆构想》中首次提出,国会图书馆应对互联网上可获取的信息资源进行采集、保存和利用。2000 年 4 月 7 日修订的《国立国会图书馆法》将 CD、DVD、CD-ROM 形式的封装型电子出版物纳入缴送范围,但并未将网络出版物纳入缴送范围。2002 年 2 月,WARP(Web Archiving Project)项目正式启动,国会图书馆在取得授权许可的情况下,对日本互联网发布的法律政策和学术信息资源进行选择性采集,3 月召开的缴送制度审议会上确定了信息发布人的义务及采集的范围和方法。

2003 年,国会图书馆对美国、英国、法国、澳大利亚和荷兰的网络信息资源缴送情况和政策进行了调研。2004 年 2 月颁布的《国立国会图书馆电子图书馆中期规划 2004》中明确指出,国会图书馆有责任对日本网络上有消失危险的信息资源以知识单元为采集对象实施选择性的法定采集,并制定相关的选择、保存、管理、发布和利用标准。同年 12 月,缴送制度审议会在“网络电子出版物采集问答会”上提出,有必要建立强制性的网络信息资源缴送政策。

2009 年,日本《著作权法》进行了重新修订,新增的第 42 条 4 款规定,国会图书馆有权对网络信息资源进行采集和复制保存。2009 年 7 月 11 日修订的《国立国会图书馆法》第 25 条 3 款第 3 项规定,在为国会及国家政务审议提供信息服务的目的之下,国会图书馆可不经著作权人许可,不向其支付报酬,对国家政府机构及地方公共团体等公共机构所发布的互联网信息资源进行全面采集,但采集对象原则上仅限于本国产生且对公众提供开放获取的互联网资源,广域网(Wide Area Network,LAN)及局域网(Local Area Network,WAN)上发布的信息资源不在采集范围内。民间团体或个人发布的互联网信息资源,只有经信息发布人许可才可以进行采集。相关采集工作于 2010 年 4 月 1 日开始正式实施。

日本国会图书馆把通过缴送的方式而获取的网上电子图书和杂志定义为“联机文献”,在馆藏中的地位等同于印刷体文献。2012 年 6 月 22 日,部分修订后的《国立国会图书馆法》颁布,新增的第 25 条 4 款明确规定,国会图书馆可依据缴送制度对民间联机文献进行采集和保存,缴送对象限定为民间出版社和个人在互联网上免费发布的没有 DRM(Digital Right Management,数字版权管理)保护的电子图书、杂志。附则第 2 条规定,收费以及有版权技术保护措施的联机文献暂时免予缴送义务。针对民间联机文献的缴送工作于 2013 年 7 月 1 日正式实施,并于 10 月 15 日起在馆内阅览服务。

4 日本网络出版物缴送制度要点解读

4.1 网络出版物缴送范围的界定

日本纳入缴送范围的网络出版物分为网页站点资源和联机文献两类，联机文献又分为公共机构出版发行的资源和民间出版发行的资源两种。

4.1.1 网页站点资源

网页站点资源具体分为9类：(1)立法、行政、司法等国家行政机构网站；(2)都、道、府、县网站；(3)政令指定城市网站；(4)市镇村网站；(5)因市镇村合并而消失的自治体及法定合并协议会网站；(6)特别地方公共团体网站；(7)独立行政法人、特殊法人、根据特别法而设立的民间法人及认可法人网站；(8)国立、公立、私立大学网站(不含短期大学)；(9)国际性、文化性活动网站。

4.1.2 联机文献

4.1.2.1 公共机构出版发行的联机文献

2010年1月22日公布的《国立国会图书馆法第25条3款第3项互联网资源等相关事项》规定，公共机构出版发行的联机文献分为17类：(1)年鉴、要览及职员名册；(2)业务报告；(3)预算、决算书；(4)统计资料；(5)政府公报、法令、规章和判例集；(6)法律讲解书；(7)目录、书目；(8)议会资料；(9)基本计划书；(10)政策评价书；(11)财务报表；(12)调查报告书；(13)学术期刊；(14)宣传资料；(15)报告会、展览会资料等；(16)审议会资料等；(17)与以上各类等同的出版物。

4.1.2.2 民间出版发行的联机文献

民间出版发行的联机文献仅限于2013年7月1日之前出版发行的资料，而且至少满足下面两个条件之一：一是具有ISBN(International Standard Serial Number，国际标准书号)、ISSN(International Standard Serial Number，国际标准连续出版物号)或者DOI(Digital Object Identifier，数字对象标识符)编码；二是采用PDF(Portable Document Format，便携式文件格式)、EPub(Electronic Publication，电子出版)或者DAISY(Digital Accessible Information System，数字信息无障碍系统)文件格式。

具体类别包括：年报、年鉴、要览、机关报、宣传册、纪要、论文集、期刊论文、调查及研究报告书、学会通讯、业务通讯、学会要览集、业务报告、专利公告、CSR报告书、公司发展史、统计书，以及等同于图书期刊的其他各种出版物。

4.2 不缴送的例外情况

民间联机文献免予缴送的情况包括：(1)2013年7月1日之前出版发行；(2)各种指南、博客、推特、商品目录、年级通讯、日记等简易内容；(3)内容没有出现增加、删除或更改；(4)申请书、承诺书等电子商务文书；(5)确认联机文献与印刷本印刷体的图书、杂志为同一版面；(6)以永久保存为目的、没有消除危险的大学机构知识库资源等；(7)因存在技术障碍而无法采集。

由于有价证券报告书已向日本金融厅EDINET(Electronic Disclosure for Investors' NETwork)数据系统进行缴送，因此不必再向国会图书馆重复缴送。日本科学技术振兴机构运营的 J-Stage(Japan Science and Technology Information Aggregator,日本科学技术信息集成系统)数据库,日本国立情报学研究所运营的 CiNii 学术论文数据库,以及其他机构知识库中收录的期刊论文、会议录、研究报告等也不必缴送。

4.3 缴送义务人

《国立国会图书馆法》对公共机构的缴送义务人做了相关规定。第 24 条规定,国家机构缴送义务人包括国家行政机构、独立行政法人、国立大学法人、特殊法人等。第 24 条 2 款规定,地方公共机构缴送义务人包括地方公共团体、地方公营企业等。

民间网络出版物的缴送义务人限定为在互联网上提供资源公共利用的出版者或发布者,当出版者(出版社等)和发布者(电子书店等)为不同的责任者时,原则上,将出版者视为缴送义务人。

4.4 缴送格式

缴送格式直接影响着资源的存取和利用,经过多方协商之后,国会图书馆确定了民间联机文献的特定标准格式 PDF、EPub 和 DAISY,规定缴送义务人应缴送最适合保存和复制的最优版本,缴送之前必须为文献添加题名、作者、出版者、出版日期、版权信息、代码信息和 URL 元数据等各项元数据。

表 1　缴送网络出版物需添加的元数据项

元数据项	说明	录入级别
题名	书名、论文题名等	必备
制作者	著者、编者等	必备
出版者	公开出版发行的责任者	必备
出版日期	公开出版发行的年月日	必备
URL	公开的 URL	有则必备
版权信息	改订版、第 2 版等	有则必备
Code 信息	ISBN、ISSN、DOI 等	有则必备
卷期号	期刊的卷期号	可选用
刊载期刊名称	文章或论文所刊载的期刊名称	可选用

4.5 缴送途径

日本网络出版物的缴送以主动采集为主,通知缴送为辅。缴送途径有自动采集、通过缴送交付系统传送和邮寄 DVD-R 存储光盘 3 种方式。

公共机构网站资源的缴送方式基本采用主动采集的方式。国会图书馆依据著作权法对本国的公共机构网站进行定期批量收割,国家行政机构网站每月采集 1 次,其他公共机构网站每个季度采集 1 次,网站所有人需在 robots. txt 文件中添加代码以允许国会图书馆进行收割。网页站点收割之后,国会图书馆从中抓取 PDF、Word、Excel 等格式的文件,使用 WARC 格式以著作物为单元进行存储,然后整合成系统有序的联机文献。

民间联机文献的缴送方式则比较复杂。首先,缴送义务人需依据《国立国会图书馆法》第25条4款第2项第1号之规定,在联机文献缴送平台上提出申请,在规定的页面填写题名、制作人者、出版者、出版日期、URL等必要信息。国会图书馆对申请内容进行确认,然后将判定结果以电子邮件的方式告知缴送义务人。如果判定结果为可以自动采集,则点击提供的URL地址对资源进行自动采集。对于判定为无法自动采集的资源,国会图书馆向缴送义务人发送请求书,要求对方通过免费公开的缴送交付系统打包上传文献与元数据文件。缴送交付系统已于2014年2月4日正式启动,义务人可先通过电子邮件向国会图书馆索取登录用户名和密码,国会图书馆将以书面的形式将其邮寄给缴送义务人。在前两种方式都不可行的情况下,缴送义务人可将文献和元数据文件刻录成DVD-R光盘邮寄给国会图书馆。为了方便读者利用和永久保存,国会图书馆有可能会对缴送到的网络出版物进行格式转换。

4.6 限制利用

由于网络出版物的使用与获取比传统出版物更为广泛和便捷,所以法定保存机构必须在兼顾用户信息获取与使用的基础上,保障著作权人的权益。根据《著作权法》第38条和《国立国会图书馆法》第21条的规定,国会图书馆基于读者学习、研究的使用目的,在馆区(东京本馆、关西馆和国际儿童图书馆)局域网上为读者提供包括网络资源在内的全部馆藏资源的检索和阅览服务,原则上不提供电子数据的下载服务。公共机构网络资源在互联网上公开,在取得著作权人许可的情况下,国会图书馆为持卡读者提供馆内复制、打印服务,但需填写使用承诺书。读者在对网络出版物进行二次利用(如转载文字、图片、数据等)的时候,需要取得著作权人的许可。

4.7 缴送费用

补偿金制度是日本缴送制度的一大特色,《国立国会图书馆法》第25条中规定了应对民间出版社或个人支付一定金额的补偿金。补偿金是实施缴送所需各项费用的累加,包括出版费用、邮寄出版物所需的最低费用、缴送代理费用及包装费用。《国立国会图书馆法第25条规定的缴送出版物补偿金相关事宜》规定,图书、录音磁带、封装型电子出版物补偿零售价格的40%—60%,缩微照片资料补偿零售价格的50%—70%,盲文图书、杂志及报纸补偿零售价格的40%—80%,其他报纸、杂志出版物补偿零售价格的40%—50%。

网络出版物在缴送过程中会产生一定的费用,但由于网络信息复制的便利,网络出版物不存在打印装订等出版制作费用,也不存在"印本"这一概念。与传统出版物不同,网络出版物作为信息产品,在消费过程中不会发生消耗,可无限次重复使用。因此,网络出版物的补偿金额很低,国会图书馆仅补偿DVD-R光盘及邮寄所必需的最低费用。2014年6月18日公布的《国立国会图书馆法第25条4款第4项规定的金额等相关事项》对此进行了详细规定。

4.8 缴送期限与惩罚

《国立国会图书馆法》第24条规定,政府出版物应在出版发行后立刻缴送。第25条规定,民间出版物应在出版发行之日起30天内予以缴送。第25条2款规定,对无正当理由而不履行缴送义务的缴送义务人处以相当于出版物零售价格5倍以下的罚款。但网络出版物的缴送期限没有特别限定,也没有制定相关的惩罚规定。

5 对我国网络出版物立法的启示

与传统印刷体出版物和电子出版物相比,网络出版物具有虚拟化、广泛化、便捷化的特点,涉及的版权问题更为复杂,需要限定缴送责任人、法定保存机构和用户之间的权利和义务,多方磋商协调以谋求各方利益的最大化。随着信息技术的发展,网络出版物的形态和内容不断地延伸和拓展,加大了缴送范围的确定难度。日本的网络出版物缴送立法并不是一步到位,而是分阶段、分层次进行的,首先对公共机构的网页站点资源进行缴送立法,然后再将免费的民间联机文献纳入缴送范围,下一步计划对有版权技术保护措施以及收费的网络出版物进行缴存。

为了有效保存作为国家文化遗产重要组成部分的网络资源,我们必须借鉴国外的经验和做法,尽快建立起完善的网络出版物缴存制度。日本以法律条文的形式明确界定了网络出版物缴送范围、缴送义务主体、缴送格式、缴送途径和限制利用等,已形成了系统化、制度化的网络出版物缴送机制,有助于保障网络出版物缴送工作的顺利实施。硬件建设和软件系统开发需要大量的时间、资金和人力投入,必须综合考虑价值、成本和效率,网络出版物的立法缴送是一项复杂而艰巨的任务。日本在网络出版物法定缴送制度方面的立法和实践,对于我国在数字化环境下法定缴送制度的完善和缴送工作的顺利实施具有一定的借鉴意义。

参考文献

[1] Meikle J. British Library adds billions of web pages and tweets to archive[EB/OL]. [2014-08-05]. http://www.theguardian.com/technology/2013/apr/05/british-library-archive-webpages-tweets

[2] The Legal Deposit of Electronic Publications[EB/OL]. [2014-08-20]. http://www.unesco.org/webworld/memory/legaldep.htm

[3] オンライン資料収集制度(eデポ)[EB/OL]. [2014-08-20]. http://www.ndl.go.jp/jp/aboutus/online_data.html

[4] 国立国会図書館法第二十五条の三第三項のインターネット資料等に関する件[EB/OL]. [2014-08-20]. http://www.ndl.go.jp/jp/aboutus/data/a4107.pdf

[5] ネットワーク系電子出版物の収集及び提供に関する指針[EB/OL]. [2014-08-20]. http://www.ndl.go.jp/jp/aboutus/elib_nw.html

[6] 資料収集方針書(平成25年7月全部改正)[EB/OL]. [2014-08-20]. http://www.ndl.go.jp/jp/aboutus/collection/pdf/housin.pdf

[7] 国立国会図書館法[EB/OL]. [2014-08-20]. http://www.ndl.go.jp/jp/aboutus/data/a1102.pdf

[8] 国立国会図書館法第二十五条の規定により納入する出版物の代償金額に関する件[EB/OL]. [2014-08-20]. http://www.ndl.go.jp/jp/aboutus/data/a4105.pdf

[9] 国立国会図書館法によるオンライン資料の記録に関する規程[EB/OL]. [2014-08-20]. http://www.ndl.go.jp/jp/aboutus/data/a4108.pdf

[10] インターネット資料の収集[EB/OL]. [2014-08-20]. http://www.ndl.go.jp/jp/aboutus/internet/index.html

[11] 吴钢. 网络出版物呈缴制度研究[J]. 情报理论与研究,2006,4(29):406-408

[12] 夏翠军. 机构知识库对网络出版物呈缴的启示[J]. 情报杂志,2012,31(8):119-123

国家图书馆学位论文采访实践与研究

王永富(国家图书馆)

根据美国标准学会解释,学位论文是为了获取不同级别学位的候选资格、专业资格或授奖而提出的研究成果或研究结论的书面报告[1]。学位论文分为学士学位论文、硕士学位论文与博士学位论文,其中博硕士学位论文由于学术价值较高,受到学术界的广泛关注(以下如无特别说明,学位论文均指博硕士学位论文)。

国家图书馆是国务院学位委员会指定的唯一全面负责收藏整理我国学位论文的机构。随着数字时代的到来,其他的学位论文法定收藏机构开始引入商业因素、各学位授予单位之间谋求学位论文资源共建共享、数据公司之间抢夺学位论文资源的竞争呈现越来越白热化的趋势,这些都深刻影响着国家图书馆的学位论文采访。

1 我国学位论文收藏的现状

1981 年 5 月 20 日,国务院批准通过了《中华人民共和国学位条例暂行实施办法》(以下简称《办法》),第二十三条规定:"已经通过的硕士学位和博士学位的论文,应当交存学位授予单位图书馆一份;已经通过的博士学位论文,还应交存北京图书馆(现国家图书馆)和有关的专业图书馆各一份。"[2] 虽然《办法》对国家图书馆、"有关的专业图书馆"只规定了博士学位论文的收藏权限,但各机构一直把硕士学位论文也作为收藏对象。随着数字化时代的到来,除法定收藏机构开始采集电子化学位论文外,授予单位之间也开始合作采集电子化学位论文,数据库公司也开始抢夺学位论文资源。

我国纸版学位论文的收藏主要分为以下五种情况:

1.1 国家图书馆

国家图书馆全面收藏各授予单位(普通高等院校)的学位论文。军事院校一般由军事图书馆负责收藏,国家图书馆目前能收集的军队类院校学位论文包括国防大学、国防科技大学、军事科学院以及军医类院校。截止到 2014 年 7 月,国家图书馆共收藏纸本学位论文近 200 万种,其中纸本博士学位论文 60 余万种,光盘版电子学位论文 6 万余种。

国家图书馆对公开的(非涉密、非限制级或已解密的)已上架的博士学位论文进行全文扫描,对纸版博士学位论文进一步数字化备份。

此外每年还采购万方数据、CNKI、PQTD 等国内外学位论文数据库,丰富电子化馆藏。

1.2 有关的专业图书馆

主要指自然科学类学位论文提交中国科技信息情报所,社会科学领域的学位论文则交由中国社会科学院图书馆收藏。中国科技信息情报所已开始商业化运作,委托其下属的万方数据公司进行采集;中国社会科院图书馆则只被动采集。

1.3 授予单位

学位论文在其授予单位图书馆、档案馆均有留存,档案馆主要收藏纸版,图书馆往往纸版、电子版兼收。部分授予单位的研究生部也有留存电子版。有些授予单位的培养部门(如院系、中科院各研究所)也会留存纸本或电子版。很多授予单位图书馆还要求学生使用在线提交系统上传电子版学位论文,并建有本校学位论文资源库。

1.4 校际合作

中国高等教育文献保障系统[3](China Academic Library & Information System,CALIS)管理中心设在北京大学,目标是建设以中国高等教育数字图书馆为核心的教育文献联合保障体系,实现信息资源共建、共知、共享。CALIS学位论文全文数据库是其一个子项目,用于对各高校各类学位论文全文本地系统以及部署在CALIS各个共享域中心的学位论文提交与管理系统共享版中的各类学位论文信息库进行收割,并集成PQDD以及NDLTD等国外学位论文系统中的元数据[4]。CALIS推荐的本地系统软件有4套[5],分别是北京拓尔思技术有限公司的TRS、清华同方光盘股份有限公司的TPI、杭州麦达电子有限公司的IDL以及北大方正电子有限公司的Apabi系统,少数高校则自主开发系统软件。

目前CALIS学位论文全文数据库参建单位100余个,学位论文数据逾384万条,其中中文数据约172万条,外文数据约212万条。

1.5 数据库公司

万方数据和清华同方是我国两个最有影响力的学位论文数据库公司。万方数据公司的学位论文来源是中国科技信息情报所。万方数据公司开发的中国学位论文全文数据库(China Dissertation Database,CDDB)包括国内600余所高校、科研院所等学位授予单位的学位论文以及博士后报告,占研究生学位授予单位的85%以上。收录年限跨度长,重点收录1980年以来的学位论文,每年新增加约30万篇,并将逐年回溯[6]。

中国知网(CNKI)由清华大学、清华同方发起,始建于1999年6月。截止到2014年8月,其开发的中国优秀学位论文数据库累计收录学位论文全文文献225万余篇,包含全国416家培养单位的博士学位论文和650家硕士培养单位的优秀硕士学位论文,其产品形式包括Web版(网上包库)、镜像站版、光盘版或流量计费[7]。

另外,今年7月有西部地区某高校反映,有国外数据库公司也在跟学校联系学位论文资源,学校表示警惕。

2 国家图书馆的学位论文采访工作

2.1 国家图书馆学位论文采访历史

国家图书馆收藏学位论文,可以追溯到民国时期。根据1921年教育部训令第172号,“令京师图书馆接收留学生毕业论文”[8]。中国铁路之父詹天佑在美国撰写的学位论文手稿就保存在国家图书馆。1983年,国家图书馆接受美国友好书刊基金会赠送的10万卷博士学位论文胶卷,其中包括美国十几个州的主要大学在1938年至1977年间的全部博士学位论文。

国家图书馆开始大规模收藏学位论文则是1981年《办法》颁布以来。除正常接受学位授予单位呈缴外,还接受捐赠(包括学生本人、导师以及出版机构),1996—2006年期间,每年都能接收到上海大学出版社等几个出版单位寄送的印刷成书的博士学位论文。国家图书馆每年还采购部分台湾地区的学位论文。可见国家图书馆的学位论文采访工作历史悠久,论文载体丰富(包括手稿、胶片、一般打印版、图书版、电子版等),采访手段多样(缴送、捐赠、购买、复制等)。

2.2 国家图书馆学位论文采访策略

博士学位论文求全,目前普通高等院校的博士学位论文漏缴率只有2%左右。博士学位论文正是学位论文的精华,只有国家图书馆有能力收全。

硕士学位论文求多,正在积极开展学位论文的收集工作,每年能收到的硕士学位论文数量呈上涨趋势,目前大约能收至全国硕士学位论文的30%,尤其是北京地区绝大部分院校均向国家图书馆提交硕士学位论文。在授予单位不提交全部硕士学位论文的情况下,国家图书馆正在努力说服各授予单位先行提交优秀硕士学位论文,近年来这项工作开展颇有成效。

2.3 数据库公司对国家图书馆学位论文采访的影响

一方面,国家图书馆虽是国务院学位中心唯一指定的全面收藏全国学位论文的机构,然而《中华人民共和国学位条例暂行实施办法》对不按时按量提交学位论文的学位授予单位并没有规定相应的惩罚措施;另一方面,学位论文收藏在国家图书馆并非主流程业务,在人员配备、资金支持等方面都有所欠缺,因此采访工作难以深入。

数据库公司的商业化运作,曾在一定时期内对国家图书馆学位论文采访工作带来了重大的冲击。大约在2003—2010年间,一些高校不愿意将学位论文提交给国家图书馆,个别高校甚至出现不接电话的失联状况。由于学校监管不严或老师责任心不够,学校收取的几份学位论文往往数量不一致,版本也不尽相同,例如有些学生为图省事或省钱,将答辩稿混在最终版里提交。数据库公司利用经济杠杆或可上门收取的优势把数量最全的一份学位论文抢先占有,而国家图书馆则要依靠授予单位自付运费自行寄出。一些高校出于减轻工作量,也可能是为学生节约成本,收取学位论文份数不足,而且把学位论文优先提交给数据库公司,让数据库公司扫描利用后转交给国家图书馆。而数据库公司在扫描过程中为图方便,对学位论文可能会做切边处理,国家图书馆本身要对简装的学位论文做精装处理,论文要面临二次切边,为后续读者阅读利用带来不便。另外,在数据库公司将学位论文转交给国家图书馆的过程中也出现过缺失现象。

2.4 博士学位论文抽检对国家图书馆学位论文采访的影响

2010年起,国务院学位办从国家图书馆调取博士学位论文进行抽检,并形成年检制度,逐年加大抽检力度。2014年1月,国务院学位委员会、教育部印发《博士硕士学位论文抽检办法》[9]。大大缓解了国家图书馆收藏学位论文困境:授予单位提交学位论文的积极性提高,也开始意识到向国家图书馆提交最终版学位论文的重要性,愿意把数量最全的一份论文交给国家图书馆。各授予单位也开始加强工作,争取把学位论文收全。学位论文通过数据库公司转交国家图书馆的情况也有所缓解。

3　我国数字化学位论文采访中的问题与对策

数字时代的到来,读者对数字化学位论文的需求也与日俱增,国家图书馆在收藏纸本学位论文的同时,应当全面采集与整理数字化学位论文。要做好这项工作,面临着如下几个问题:

3.1　格式版本不统一与标准化规范化

各授予单位产生的电子版学位论文无论在内容格式上还是文件格式上都不统一,各自为政,不利于交流共享。电子版学位论文来源有扫描的,也有个人提交的(PDF、Word 2003、Word 2007 格式均有),有通过提交系统提交后生成的,且格式不一。即使是扫描的,也只是与纸本一致,但也有可能不是最终版,其他方式生产的电子版学位论文与纸本论文版本不一致的情况更加严重,如电子版往往没有签名扫描页或授权页等附件。

针对格式不统一的情况,国家图书馆应当以纸版学位论文为出发点,牵头组织对学位论文的内容格式、载体样式、电子版学位论文的文件格式等制定统一的标准。

针对非最终版、电子版论文与纸本论文往往不一致的情况,应当在授予单位建立相应的审核机制,可以开展学生自检与互检、导师检查,或授予单位培养部门、学位办与图书馆审核,以及国家图书馆抽检等制度,确保提交最终版,确保纸本与电子版一致。

3.2　著作权与版权问题

采集数字化学位论文的最终目的是最大限度为读者服务,必然涉及著作权与版权问题。这个问题有三层含义。一是学位论文本身的著作权归属问题。归作者,归导师,还是归授予单位?抑或共有?因此,在采集前第一步要面对的就是与相关责任人签订协议,解决版权争端。二是馆藏学位论文(包括印刷版、胶片版)等的数字化,这个过程是一个复制过程,要处理好著作权人的复制权问题[10]。三是大型数据库的采集过程中涉及的学位论文全文数据库出版商的版权保护问题。未经著作权人许可采集与加工学位论文数字资源,很有可能引起知识产权风险。

2006—2008 年,有近千名博硕士上诉万方公司学位论文侵权,被业界称为国内知识分子集体维权首案[11]。我国在学位论文方面的著作权问题、版权问题还没有详细、明确的规定,《著作权法》等相关法律对“合理利用”也没有明确的界定。一般都是学位授予单位按惯例让学生填写授权书,学生往往都默认这种方式,而各授予单位授权书内容千差万别。另外《著作权法》只适用于传统行业,对数字图书馆这一新兴领域还没有有效的规定。因此,我国应当制定或完善相关法律法规,包括“图书馆法”“学位法”等。

3.3　建立健全国家图书馆为核心的学位论文收藏制度

我国一份学位论文的纸本收藏一般有三套:国家图书馆一套,中国科技信息情报所与中国社会科学院图书馆共一套,另外一套分散在各授予单位。

国家图书馆博士学位论文较全,硕士学位论文的收藏虽有进展,但也是因为国务院学位委员会从国家图书馆提书抽检博士学位论文后,相关单位开始认识到国家图书馆的地位与作用,只是一种出于保存文化遗产、促进学术交流、加强社会监督的自愿行为。还有更多单位抱着“多一事不如少一事”的态度,只要没有正规文件,并不愿意提交硕士学位论文。

中国科技信息情报所把业务委托给万方数据公司,作为法定收藏单位却为商业利益代言,为一些授予单位所诟病,加上与中国知网的竞争,中国科技信息情报所的业务也受到影响。而中国社会科学院图书馆的消极行为,导致了学位论文收藏业务的直接萎缩。因此,第二套学位论文收藏并不完善。而第三套学位论文收藏则受到本地化保护,仅限本单位利用。

建议开展以国家图书馆为龙头的、以学位论文为核心的大中华学术文库的建设,该文库的建设包括三层含义:

一是纸本论文,建议成立国家图书馆牵头、国家相关行政部门协调、各授予单位(包括培养部门、学位办、图书馆甚至档案馆)共同参与的学位论文采访、编目、收藏体系,可以开展联合编目等实践,确保把学位论文这一珍惜资源采全采好。

二是数字化论文。实际上,CALIS 的工作就类似于此,但是迄今为止,只有 100 余所高校参与,而我国有博士学位授予权的单位就有 300 余个,说明授予单位自发进行的学位论文资源共建共享体系还缺乏足够的机制保障和动力支持。国家图书馆应当在数字化学位论文资源的统一采访上发挥更大作用,同时可以与 CALIS、数据库公司、授予单位等合作,实现电子化学位论文资源的全面采集与共同开发利用,避免重复建库。而且,应该把纸本论文与数字化论文有效地利用图书馆系统链接起来。

三是业务要深入发展。横向上,国家图书馆还是博士后研究报告的法定收藏单位,而博士后研究报告与学位论文相似,具有很强的学术性,因此,除采集学位论文信息之外,该文库还应当把博士后研究报告的采集纳入范围。纵向上,除了采集学位论文、博士后研究报告本身外,还应该采集作者、导师的相关信息,包括个人简介、承担工作项目、发表的相关期刊或专著等,把学术相关领域的问题集中呈现在读者面前,更好地服务于科研与教育。这是一项系统工程,需要社会各界广泛参与,献计献策。大中华学术文库如能建设成功,必将造福学术界。

参考文献

[1] 宋文燕. 论学位论文采访和编目的特点与关系[J]. 内蒙古科技与经济,2012(22):131 - 133

[2] 国务院. 中华人民共和国学位条例暂行实施办法[Z]. 1981 - 05 - 20

[3] 中国高等教育文献保障系统(China Academic Library & Information System)[EB/OL]. [2014 - 08 - 20]. http://project.calis.edu.cn/calisnew/calis_index.asp? fid = 1&class = 1

[4] CALIS 学位论文中心服务系统[EB/OL]. [2014 - 08 - 20]. http://etd.calis.edu.cn/etdportal/pages/others/projectinfo.html

[5] 蒋萍,缪红梅. “JALIS 学位论文数据库”的建设实践[J]. 图书馆工作研究,2009,53(9):66 - 69

[6] 中国学位论文全文数据库[EB/OL]. [2014 - 08 - 20]. http://www.wanfangdata.com.cn/ResourceDescription/Thesis

[7] 中国知网[EB/OL]. [2014 - 08 - 20]. http://epub.cnki.net/KNS/brief/result.aspx? dbprefix = CDMD

[8] 姚蓉,方怡,辛欣. 网络环境下国家图书馆学位论文资源建设构想[J]. 研究与实践,2012(81):65 - 69

[9] 国务院学位委员会,教育部. 博士硕士学位论文抽检办法[EB/OL]. [2014 - 08 - 20]. http://www.moe.gov.cn/publicfiles/business/htmlfiles/moe/s7065/201403/165556.html

[10] 姚蓉,方怡. 试论学位论文资源建设中的知识产权问题[J]. 现代情报,2010,30(7):6 - 9

[11] 王琛琛,李红艳. 浅析我国数字图书馆建设中的版权保护问题[J]. 新闻界,2009(1):35 - 37

数字出版环境下中文数据库采访现状及思考

——以国家图书馆为例

于　琳(国家图书馆)

1　引言

数据库资源,是数字出版的主要形式之一,因其包含海量数据资料、检索方便快捷等特点,逐渐成为读者检索文献、查找资料的主要来源。国家图书馆作为全国总书库,馆藏文献量全国居首,依据中文求全、外文求精的采访原则,目前,国家图书馆中文引进数据库已有125个,包含多种类型,内容涉及各重点学科。近年来,随着数字出版的发展与盛行,各类中文数据库如雨后春笋般涌现,面对众多数字资源,一方面图书馆可以选择更多资源更好地服务读者,另一方面中文数据库中存在的一些问题却日益凸显,若这些问题不予适当解决,势必会影响图书馆今后的数字资源采访。本文以国家图书馆为例,从中文引进数据库采访现状谈起,引出对中文引进数据库存在问题的思考以及其对采访工作的影响,并有针对性地提出建议。

2　国家图书馆中文引进数据库采访现状

2.1　中文引进数据库分类

2.1.1　按资源类型分

按资源类型分,中文引进数据库可分为全文型、文摘/索引型、数值/事实型、多媒体型、工具型等。

(1)全文型

全文型数据库是指包含文本型一次文献的完整或基本部分的数据库,其内容单元为非数值/事实形式的一次文本文献单元,如图书、期刊、报纸、论文、专利标准等。

截至2014年6月30日①,国家图书馆中文引进数据库中,全文型数据库共计62个,其中图书全文28个,期刊全文9个,报纸全文14个,学位论文全文4个,会议论文全文3个,标准全文3个,专利全文1个。

(2)文摘/索引型

文摘/索引型数据库是指包含文摘、索引、目录、题录等二次文献的数据库,用于分析和揭示关于某一学科或主题的参考文献。主要由全文组成的数据库不包括在内。国家图书馆中文引进数据库中,文摘/索引型数据库共计12个。

(3)数值/事实型

数值/事实型数据库是指包含描述性、事实性信息或者数值数据的数据库,能够直接提

① 本文统计数据均截至2014年6月30日。

供可用的事实和数据,如工具书、表谱、图录、科学数据、统计资料、网络导航等。国家图书馆中文引进数据库中,数值/事实型数据库共计28个。

(4)多媒体型

多媒体型数据库是指包含由文本、图片、音频、视频等组合而成的文献,并提供交互利用的数据库[1]。国家图书馆中文引进数据库中,多媒体型数据库共计20个。

(5)工具型

工具型数据库是指不仅提供数字资源内容,而且提供交互式和个性化的技术支持,供检索、存储、分析或管理用户个体相关研究信息的数据库。国家图书馆中文引进数据库中,工具型数据库共计3个。

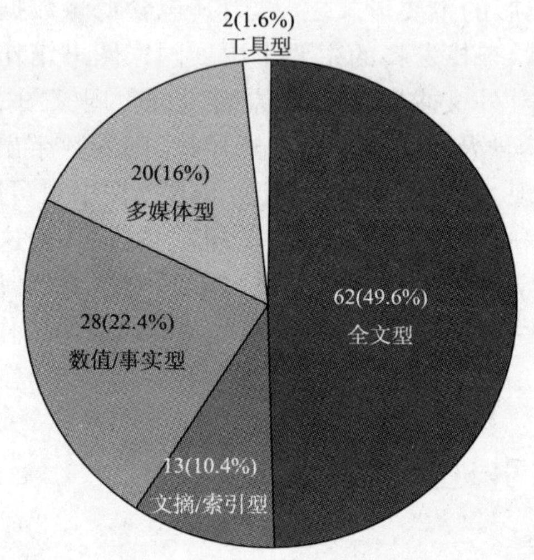

图1 国家图书馆中文引进数据库按资源类型分类

2.1.2 按服务模式分

按服务模式分,中文引进数据库可分为本地镜像、分布式镜像、包库服务等。

(1)本地镜像

本地镜像是指将资源安装到用户单位内部的服务器上使用的方式。国家图书馆中文引进数据库中,本地镜像数据库共计92个。优点:数据可长期保存,以备不时之需;请求响应时间短,访问速度快;使用数据可自查,方便快捷。

缺点:配置专业服务器,需投入硬件;专人维护服务器,需投入人力。

(2)分布式镜像

分布式镜像主要适用于全文类资源,是指将资源检索程序安装到用户单位内部的服务器上使用,全文数据通过网络调用的使用方式。国家图书馆暂未有此类服务模式。

(3)包库

包库是指用户在有效时间内通过厂商服务器访问资源的方式。国家图书馆中文引进数据库中,包库型数据库共计33个。

优点:用户无须自备服务器,节省硬件;厂商提供日常维护,无须单独投入人力。

缺点:仅有数据使用权,无保存权;远程访问速度较慢;访问出错无法及时查看原因。

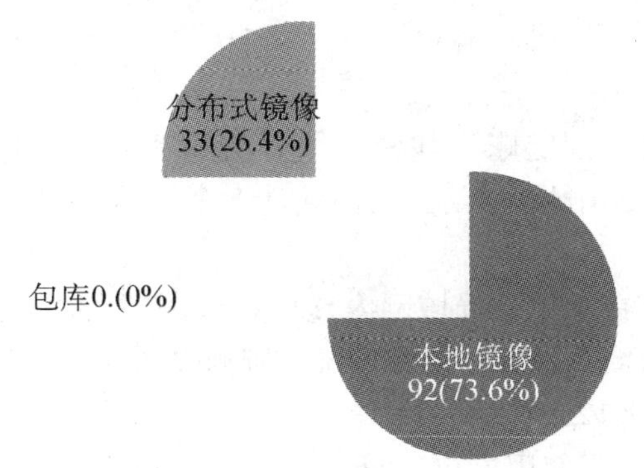

图2　国家图书馆中文引进数据库按服务模式分类

2.1.3　按引进方式分

按引进方式分,中文引进数据库可分为买断、许可授权、买赠等。

(1)买断

买断是指用户通过一次性付费,永久使用资源的引进形式。国家图书馆中文引进数据库中,买断型数据库共计89个。

(2)许可授权

许可授权是指用户按年付费,在服务期内使用资源的引进形式。国家图书馆中文引进数据库中,许可授权型资源共计27个。

(3)买赠

买赠是指用户购买资源而获赠可免费使用资源的引进形式,一般情况下,买赠资源的使用期于相应购买资源使用期一致。国家图书馆中文引进数据库中,买赠型资源共计8个。

(4)捐献

捐献是指用户无偿接受并免费使用资源的引进形式。国家图书馆中文引进数据库中,捐献型资源共计1个。

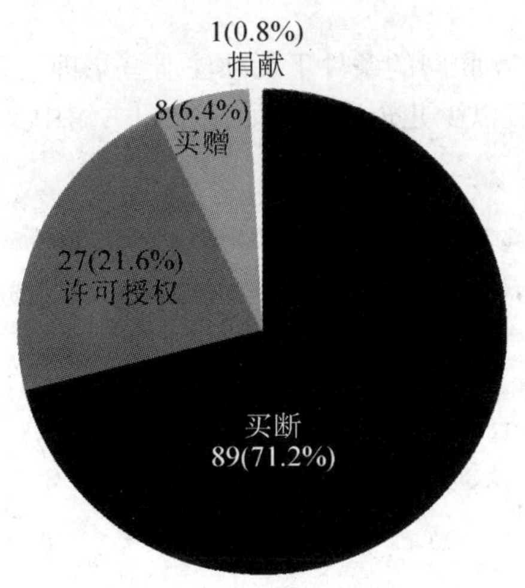

图3　国家图书馆中文引进数据库按引进方式分类

2.1.4　按发布方式分

按发布方式分,中文引进数据库可分为账号访问、局域网访问、局域网和互联网远程使用授权访问、公网访问等。

(1)账号访问

账号访问是指用户输入固定账号和密码即可访问资源,不受局域网内外限制的模式。国家图书馆中文引进数据库中,账号访问资源共计1个。

(2)局域网访问

局域网访问是指用户在本单位局域网内,以用户名密码的方式或IP绑定直接访问的方式使用数据库的模式。局域网是国内外最传统的资源发布模式。国家图书馆中文引进数据库中,局域网访问资源共计125个。

(3)局域网和互联网远程使用授权访问

局域网和互联网远程使用授权访问是指用户不仅可在本单位局域网内访问资源,也可通过用户认证在馆外访问资源的模式。

近年来,该模式受到图书馆界的认可并逐步推广。此种模式,一方面缓解了到馆读者接待量有限的压力,另一方面拓展了数字资源的服务范围。可更好地使用资源、利用资源、服务用户。

目前,国家图书馆有三种互联网远程使用授权访问形式,其授权对象范围从小到大分为:

持卡读者。即持有国家图书馆读者卡的读者可在馆外访问相应的数据库资源。此种授权范围是最常见的,也是资源商比较容易接受的。国家图书馆中文引进数据库中,持卡读者可馆外访问数据库82个。

网上实名认证读者。即读者登录国家图书馆首页用户注册界面,填写身份证有效信息进行注册,通过实名注册账号在馆外访问相应的数据库资源。此认证方式较新,需要图书馆建立起完善安全的读者认证系统,既是对读者负责,也是对资源出版商负责。国家图书馆中文引进数据库中,实名认证读者可馆外访问数据库44个。

虚拟认证读者。即读者通过邮箱、电话等非实名途径注册后,可在馆外访问相应的数据库资源。国家图书馆中文引进数据库中,虚拟认证读者可馆外访问数据库16个。

(4)公网访问

公网发布是指用户在有互联网的条件下无须注册登录即可访问资源的发布方式。这种发布方式服务范围最广,一般以少儿资源为主。国家图书馆中文引进数据库中,虚拟认证读者可馆外访问数据库11个。

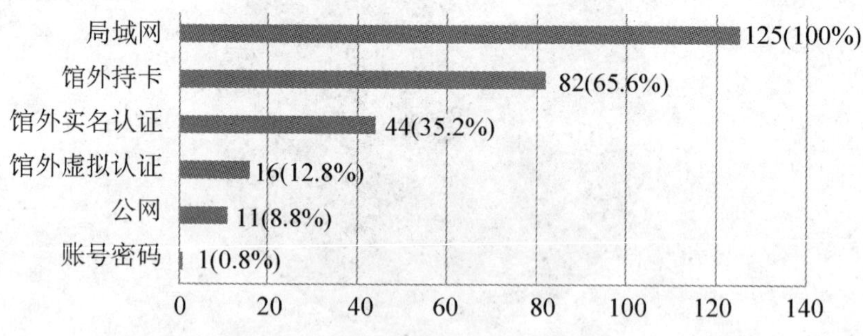

图4 国家图书馆中文引进数据库按发布方式分类

2.2 中文引进数据库使用统计情况

2.2.1 统计指标

一般情况下，中文引进数据库统计指标主要有访问量、被拒访问量、检索量、下载量等。

访问量是指一次成功的对在线服务请求的次数。它是用户行为的一个循环，一般从用户建立与服务或数据库的连接开始，到终止行为发生时结束。终止行为可以是显式的（通过退出或注销离开服务）或隐式的（由于用户不反应而导致的超时）。

被拒访问量是指由于超过并发用户数限制而导致对数据库或者联机目录的失败请求的次数。

检索量是指特定求知性查询的次数，通常是指对数据库或者联机目录的服务器提交一个检索式。

下载量是指成功请求了描述性记录或内容单元的次数，例如显示、打印、保存或发送电子邮件。

2.2.2 统计流程

（1）数据收集

一般情况下，统计数据每季度收集一次。统计数据的收集方式主要有自查和厂商提供两种，自查又可分为本地自查和远程自查。国家图书馆 125 个中文引进数据库中可获取统计数据的共计 99 个。统计数据获取情况如图：

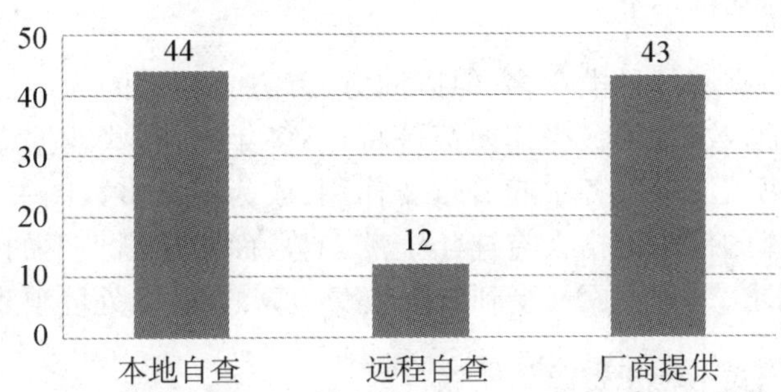

图 5　国家图书馆中文引进数据库统计数据获取情况

（2）数据转化

因中文引进数据库没有统一规范的统计标准，收集到的原始统计数据多数不可直接使用，需参照《图书馆数字资源统计标准和应用指南》将原始指标转化为标准指标，根据数据库类型、各统计指标项逐个填写到“国家图书馆外购数据库使用统计报表”中，以备进一步对比分析。

（3）数据分析

将数据库按照资源类型分类，分析转化为标准指标的访问量、被拒访问量、检索量、下载量等数据。数据分析主要分为横向分析和纵向分析，横向分析是指同一统计周期内，同类型数据库同一统计指标的比较；纵向分析是指不同统计周期内，同一数据库同一统计指标的比较。横向分析可得出同一统计周期某类型数据库中哪些数据库的使用量大受欢迎，哪些数据库的使用量小需进一步加强宣传；纵向分析可得出不同统计周期某个数据库的某个统计指标的升降情况，汇集一年的数据，可计算出该数据库的使用成本。

国家图书馆按季度撰写中文引进数据库使用报告,以数据为证,分析评估各数据库的使用情况。

3 中文引进数据库采访问题思考

3.1 同类型数据库内容同质化现象严重

随着数字出版的快速发展,越来越多的电子资源可免费获取,各数字出版商预见到数据库资源的巨大市场,争相推出各类型数据库产品。在如雨后春笋般出现的众多中文数据库中,相同类型数据库越来越多,且内容同质化现象日益严重,其中,以法律类、经济统计类、视频类资源尤为突出。

以法律类数据库为例,目前国家图书馆引进的中文法律类数据库主要有北大法宝、北大法意、律商网等,北大法宝、北大法意以中国大陆地区法律为主;律商网为国外资深法律出版社专为中国大陆地区提供的中英文法律数据库,偏重于实务。经调研发现,因法律法规多为免费获取资源,目前市场上比较成熟的法律类数据库很多,但多属于以上 2 种类型,缺乏突破与创新,内容大同小异。数据库资源特色不足,同质化严重,对于数字出版商来说,不利于市场的推广与拓展;对于图书馆来说,如何在众多同类型资源中选出适合本馆的资源成为难题。

3.2 强势数据库价格居高不下

目前,虽然中文数据库的种类众多,但以同方、万方为代表的大型综合类数据库仅有少数几家,因其内容全面、数据量大、操作便捷等特点,多年来,这些数据库积聚了大量稳定的读者用户群,并在图书馆读者服务中起着重要作用,成为绝大多数图书馆的必购数字资源。然而,此类强势数据库的订购价格大有连年上涨趋势,面对居高不下的价格,图书馆一方面要满足读者的强烈需求,另一方面又受到有限经费预算的制约,处境艰难。

3.3 许可授权采购模式不利于资源长期保存

目前,大部分数据库可配置本地镜像和许可授权两种采购模式,供数据库采购方根据自身的需求和经费支持情况做相应选择。从国家图书馆中文引进数据库现状中可知,近四分之三的数据库为本地镜像,但仍有部分数据库仅提供许可授权的采购模式,而此类数据库的资源常是比较稀缺、价值较高的。对于注重资源保存和读者服务的图书馆来说,许可授权采购模式有明显不足之处,一是图书馆只有资源使用权,没有保存权,当资源出版商因故停止提供数据库服务时,图书馆因无资源长期保存权,无法继续提供该数据库的读者服务;二是许可授权数据库出现访问故障时,必须联系厂商解决,有一定时滞性,问题处理不如本地镜像库及时。

3.4 港澳台数字资源稀缺且引进审批严格

国家图书馆中文引进数据库中,港澳台数据库数量很少,仅为 15 个,约占全部中文数据库总量的 12%,且多以古籍资源为主。现代数字资源,特别是学位论文、电子书等类型的资源几乎空白,此类资源价值很高,不仅是读者了解这些地区学科发展及关注热点的极好途径,也是图书馆参考咨询的重要资料。分析港澳台数据库引进量较少的原因,一方面地理位置制约及网络环境限制,导致港澳台数据库出版商缺乏直接向内地图书馆推荐数字资源的途径,另一方面因港澳台资源内容易触及敏感话题,出版总署对内地图书馆引进港澳台资源的审批严格,流程复杂。

3.5 统计指标缺乏标准规范

国际上,绝大多数外文数据库统计指标均参照 COUNTER 标准,但由于缺乏强制性的统一规范,目前国内中文数据库的统计指标多自立门户,各具"特色",导致统计数据无法直接用于数据库间的比对,甚至无法用于同类型数据库间的比较,必须经梳理转化后才能使用。国家图书馆曾于 2010 年出版《图书馆数字资源统计标准和应用指南》,书中针对中文数字资源缺乏规范统计标准的情况,参照国外同类标准,提出了适合中文数字资源的统计标准,但因其推广并无强制性,目前参照此标准运行的中文数据库未成规模。

4 中文引进数据库采访建议

4.1 加强同类型资源的比对分析

面对同类型同质化的数据库资源,需加强资源比对分析,发掘资源特色,进而确定符合自身需求的数据库。以经济统计类数据库为例,内容上可从数据来源权威性、数据连续性完整性、数据更新频率等方面进行比对,功能上可从检索速度、检出结果、数据分析等方面给予评估,同时可重点考察数据库出版商的资历和业界口碑,通过综合比较,选出符合自身需求的数字资源。

与此同时,参考具有代表性的图书馆的正式引进资源,也是在同类型数据库中选择优质资源的有效途径。

4.2 联合采购强势数据库维持合理价格

针对强势数据库价格日益上涨的现状,各图书馆间可加强合作,联合采购共需资源,以统一整体的姿态与强势数据库商谈判,依靠联合的力量,促使强势数据库维持合理价格。以 CALIS 为例,其集团采购已十分成熟,通过组织有意向的成员馆联合采购用户多、影响大、价格高的数据库,为成员馆争取价格及服务上的优惠,凭借实在的看得到的好处,吸引越来越多的成员馆加入,队伍不断壮大,与数据库出版商谈判的实力越发雄厚,进而争取到更多优惠,形成良性循环。

公共图书馆、专业图书馆等也可参照高校馆的形式,在共同需求的基础上,建立固定或灵活的组织,形成强势联合体,与强势数据库出版商谈判,争取更加合理的价格和优质的服务。

4.3 争取资源本地镜像或备份

中文数据库服务模式很多,其中本地镜像模式最适合注重资源长期保存的图书馆选购。对于提供本地镜像的数据库而言,图书馆可根据自身的软硬件配置和经费预算情况,尽可能地选择本地镜像模式;对于仅提供许可授权模式的数据库,图书馆可要求数据库出版商定期提供数据库备份数据，可按照数据库的不同类型，每月或每年提供一次，以保证图书馆所购资源数据不会因出版商的变更而丢失。

4.4 增加保障类港澳台数字资源引进

港澳台数字资源稀缺且引进审批复杂，对于内容极具历史文化及科研价值的保障类数字资源，内地图书馆应主动出击，拓展资源采访途径，通过互联网搜索或参加书展等形式获得所需资源的基本信息，如有兴趣深入了解，可联系新闻出版总署指定的图书进出口公司与相应港澳台出版社沟通，一般情况下，均可获得数据库的进一步信息。对于涉及敏感内容的港澳台资源，建议通过图书进出口公司与总署沟通，申请以内部使用的方式引进，提高审批通过的概率。

4.5 制定统计指标标准规范

目前，中文数据库数据统计因无强制性规范标准，形成各具特色统计指标的现状，十分不利于引进这些数据库的图书馆等机构对资源的比对和评估，也不利于中文数字资源向国外推广，与国际化接轨。因此，统一中文数据库统计数据规范标准势在必行，可参照国际标准，亦可根据中文数据库的特点制定国内标准。规范标准的意义不在于标准本身，而在于各中文数据库出版商认可其权威性并在实际操作中实行，这不仅需要有关政府部门的强制性规定、图书馆的强烈要求，更需要中文数据库出版商的全力支持。

5 结语

数字出版环境下，中文数据库的发展快速且迅猛，难免存在不足，作为图书馆采访人员，需具备较强的鉴别分析和谈判能力，选择优质资源、维持合理价格、保存备份数据、争取稀缺资源、规范统计指标等都是工作中需要做到但又不易做好的，采访人员需认识到问题，通过分析问题，才能解决问题，进而引进更多更好的中文数据库为读者服务。

参考文献

[1] 吕淑萍，罗云川. 图书馆数字资源统计标准和应用指南[M]. 北京：国家图书馆出版社，2010

[2] 蓝羽. 中文商业数据库使用与续订评估研究[J]. 科技情报开发与经济，2014，24(10)：125－126

[3] 国家图书馆外文采编部. 数字时代的文献资源建设：第四届全国文献采访工作研讨会论文集[M]. 北京：国家图书馆出版社，2012

国家图书馆西文法律文献信息资源建设分析

朱硕峰(国家图书馆)

当前我国正在推进依法治国,而走向法治社会必不可少的就是要向国外法律体系比较完善的国家学习,而借鉴最多的可能就是西方国家的法律制度。西方国家在近代以来最先走向法制社会,形成了相对比较完备的法律体系。因此西文法律文献资源成为图书馆的重要资源。但法律文献有着不同于一般的文献资源的特点,如数量庞大,时效性强、更新快,权威性等。这些特点直接影响到图书馆对法律文献的收藏。

另一方面,我国法制建设的发展步伐加快,国家立法决策等相关部门、教育科研单位和社会公众对法律文献的需求量大幅提高。为了加强国家图书馆法律文献的建设与利用,更好地满足立法与决策机构、法学科研与教育部门以及公众对于法律文献的需求,2009 年 9 月 9 日国家图书馆建馆百年之际,法律参考阅览室成立并对读者开放。法律文献作为重点专藏对国家图书馆文献资源建设有重要的影响。如何建设好法律文献,为国家的法制进程起到文献资源保障作用,成为国家图书馆法律文献资源建设的重要课题。

本文就当前国家图书馆法律文献资源建设中面临的问题做一些探讨,同时提出一些个人看法。

1 国家图书馆当前法律文献信息资源建设存在的问题

1.1 有限的资金与海量的法律资源的矛盾

数量庞大,时效性强、更新快是西方法律文献的特点,尤其是以英、美为代表的普通法系国家。例如,西方集团公司从 1879 年开始出版《全国判例汇编》,目前收集的判例超过 350 万份,并且每年以 20 万份的速度在增长[1]。在如此短的时间内产生如此庞大的文献资源在其他领域是不多见的。这就给图书馆法律文献的收藏、利用带来了很大的困难。一方面占用了极大的空间,一方面查找困难。不得不利用文摘、索引等工具书来查找,于是产生了更多的二次文献资源。这样,法律文献的增长如同滚雪球般越来越大。

另一方面,法律文献的价格昂贵,在人文社会类图书中价格是最高的。据统计,2010 年美国出版的法律类精装书均价 174. 48 美元,甚至比医学书的均价 171. 13 美元还贵,而社科类第二价高的类别商业与经济,均价 134. 61 美元,而全部类型的精装书均价为 89. 54 美元;在北美学术类图书中(包括精装、平装),法律类图书均价 125. 35 美元,而全部学科均价为 89. 15 美元[2]。而且,法律类图书更新非常快,有些书每年更新,需要每年订购,因此要有大量资金才能维持法律类图书的时效。

与海量文献数量对应的就是有限的购书经费,这是个老生常谈的问题。国家图书馆入藏的 2012 年出版的英文法律类图书 2400 余种,如果按照学术图书均价 125 美元计算,总价已经达到 30 万美元,这在所有学科中占用资金应该是最多的。在经费有限的情况下,法律书的高价会影响到其他类图书的订购,图书馆为了馆藏综合考虑,最终往往会减少法律文献资源的采购。

1.2 载体多样性的协调问题

随着网络技术的普及与广泛应用,电子资源的出现为法律资源的利用创造了新的条件。电子资源的特点就是大容量、快速度、易检索与更新快,这恰好与法律文献资源的特点相吻合。应该说电子载体的出现给法律文献带来了新生,法律文献与数字化载体相结合应该是所有学科文献资源中的最佳组合,这就解决了馆藏的空间问题。因此,电子载体形式很快被应用于法律资源,法律数据库和网络电子信息资源逐渐取代了大量的印刷形式的法律文献。早在 1975 年,美国 West 公司就开发了首个在线检索数据库——“西方法律”(Westlaw),给法律职业人士进行法律研究的方式带来了革命性的变革。目前,针对大量的法律文献尤其是原始法律文献都可以找到其电子形式。各大法律商业出版机构纷纷建立有自己特色的数据库。比较有影响力的有:汤森路透(Thomson Reuter)的 WestLaw International、律商联讯(LexisNexis)的 Lexis、威科公司(Wolters Kluwer)的 Kluwer Law Online。

与此同时,原生法律电子资源也越来越多。国外绝大多数政府机构、大学法学院等都把网络作为重要的信息发布载体。英美等国的官方法律文献也通过网络发布。英国所有的立法同时以两种形式出版:网络版与印刷版,网络版法律文献具有与印刷版相同的地位,为此,英国建立了专门的官方法律网站(http://www.legislation.gov.uk),网络版法律该网站与印刷版同时,或在印刷版出版的 24 小时内发布[3]。美国政府出版局(GPO)官方网站的联邦数字系统(Federal Digital System)发布与联邦政府三大部门的官方信息,其中法律资源是重要内容。还有美国国会图书馆网站,免费提供从法案到法律的立法资料。大陆法系代表国家德国也有不少免费网络资源,如,德国司法部官方的免费法律法规全文网站(http://www.gesetze-im-internet.de/index.html)等。因此各种官方机构网站成为法律电子信息资源的重要来源地。这些网络资源往往是非常重要的原始文献,如何收藏、其印刷版是否继续收藏都是图书馆面临的问题。

数字载体也许是法律一次、二次文献资源的最佳载体。许多传统规模庞大的纸质图书都出版了电子版。但其纸本图书并没有退出历史舞台。以汤森路透的法律图书为例,其出版的几种大套书,出版时间长,价格昂贵,详细情况见下表。针对这些已经订购了电子载体的资源是否有必要购买纸本令图书馆很困惑。如果两种载体同时购买,图书馆的经费不允许。如果停订纸本,可能会影响到纸本馆藏的延续性与完整性,但电子资源的便利性又是纸本无法企及的。订购适合的载体是一个重要问题。

表 1 汤森路透公司的大套书信息

出版物名称	中文译名	纸本出版数量(至 2014 年 7 月)	是否有电子版	纸本报价/册(单位:美元)
United States Code Annotated(USCA)	美国法典注释版	400 多卷	收入 WestLaw	250
Federal Reporter,3D(1993 -)	联邦法院判例集	747 卷	收入 WestLaw	430
American Jurisprudence(Am Jur)	美国法律百科全书	140 多卷	收入 WestLaw	604
Corpus Juris Secundum(C.J.S.)	美国法律释义	169 卷	收入 WestLaw	511

资料来源:http://legalsolutions.thomsonreuters.com/law-products,笔者从每套书的信息中汇总而来。

1.3 资源分散管理、利用不便

作为法律学科专藏，应该是各种载体：纸质、缩微、数据库、网络等的综合体。国家图书馆的法律文献数量目前还没有确切的统计数字，主要是没有权威发布的数字。就纸本资源来说，通过 ALEPH 系统，检索馆藏外文书目数据库（NLC09），以中图分类号 D9 * 为检索点，得到的外文法律图书在 10 万种以上。每年订购的外文期刊约 270 多种。专门的法律数据库主要有：WestLaw International、Lexis、Kluwer Law Online、MOML（Making of Modern Law）、beck-online、HeinOnline 等；还有很多分散在其他数据库中的没有确切统计的文摘、全文期刊、电子书等。综合各种载体，数量在国内应该是比较多的。

目前国家图书馆众多的法律资源仍是处于分散、凌乱状态。法律阅览室的成立并没有解决这个问题，反而使采编、藏、阅由分属两个机构变成了分属三个不同的机构，把部分分散存放的物理资源集中了起来，但并没有从根本上改变分散状态。法律类数据库的目录列表也与其他各种资源排列在一起，没有把法律作为学科主题单独建立网页，查找时要一页页打开，不够便捷。更多的比较权威的、免费的网络资源还没有纳入考虑。

建设法律专藏不仅是提供阅览服务的问题，而是需要把实体馆藏、商业数据库、虚拟网络资源等整合成为一个有机体，这是国家图书馆面临的重大问题，而且需要高层次的规划。

法律文献资源建设遇到的这些矛盾，并非孤立存在，有的互为因果。比如，电子载体的出现解决了法律文献利用中的便利性问题和存储问题，却可能加剧资金问题，因为对于有些资源可能同时订购了两种或多种载体，花费更大。多载体也加剧了文献资源管理的难度，使各种载体资源分属不同的部门，在购买时容易各自为政、缺乏协调。

2 关于西文法律资源建设的建议

2.1 制定详细的法律资源发展政策

目前，国家图书馆的西文法律资源购入的主要负责部门是外文采编部，但有些问题不是资源采访部门单独能决定的。需要相关各部门从资源保存、利用，经费状况等因素出发，制定一个更高层次的、具有指导意义的发展政策。

在当前实施的《国家图书馆文献采选条例》中，直接提到"法律文献"的是在"国外印刷型文献"中"全面采访"的内容，即"国际法、国际条约和各国的宪法、重要法律、法令"；采选范围涉及法律文献的有"重点采选"部分，即"世界各国的国家级政府出版物，重要国际组织的出版物"，因为政府出版物的很大一部分是法律条文。这样简单的条文给了采选人员很大的自由度，但与此相伴的就是随意性比较大，而且如果涉及需要跨部门协调的重大问题，采访人员很难抉择。比如上面表格中所列的大套书，已经收入数据库，还有"全面采访"中规定的"国际法、国际条约和各国的宪法、重要法律、法令"在很多网上都能免费查阅，那么印刷版是否还需要订购？如果单从资金问题考虑，就不应该重复订购。但不订购，可能影响到纸本馆藏的完备性，也违背现行的采访条例。这应该是个政策问题，而不是操作问题，这种矛盾尤其令印刷本文献的采访人员很困惑。

这种情况下，需要从宏观入手，制定更为详尽、有指导性的馆藏发展政策。需要多部门协调，综合考虑资源的永久保存、利用、资金分配等多方面因素。具体内容可以借鉴美国国会图书馆的“永久馆藏”的概念与内容。美国国会图书馆的法律文献中,被列为全面采选的永久馆藏共有23类资源,重点采选的永久馆藏有15类[4]。当然,由于英语的优势地位,其定义的“永久馆藏”大部分是英文出版物。而对于中国国家图书馆来说,法律作为重点发展的专藏,西文资源是否需要定义为永久馆藏、哪些资源可以定义为永久馆藏、哪些资源可以多种载体同时购入、是否仅购入某种适合的载体等问题非常重要。这样既有利于资金的合理利用,又有利于采访人员有的放矢,提高馆藏质量。

2.2 关于法律文献资源的整合问题

既然作为专藏,就要有一套专门的管理方法把零散的资源上升到“专”的程度。这就要求加强法律信息资源的整合。资源整合也是当前的一个热门话题。有的研究提出了纸质与数字资源整合的三个层次,各种模式[5]。但在实际操作中,应该先从易处着手,制定具有可操作性的方案。

首先法律专藏应该有单独的网页、统一的资源门户。只有把法律资源,尤其是数字资源从大量的各类资源中独立出来,读者查找时才能直奔主题,可以节约时间,提高效率。这方面可以借鉴美国国会图书馆法律图书馆的主页,主页可以有中国特色的内容。具体内容可以包括:新书推荐、馆藏法律特色资源介绍、数字资源导航,还可以链接到相关学科综合站点、专业站点、学术机构站点等。

其次,搜集免费的、高质量的网络数据库,纳入数字馆藏,做好资源导航。当前法律文献数字资源的内容含量与利用便利度远高于纸本资源,做好数字资源的开发利用,可以起到事半功倍的效果。法律资源由于其具有官方色彩,免费的网络资源可以说是不计其数,而且其权威性并不因免费而受损。有效地利用这些免费的网络资源可以说是信息时代图书馆资源建设的捷径。以美国国会图书馆为例,在其“查找法律资源”的“数据库与电子资源”列表中,就包括了不少免费数据库,具体内容见表2。表中的这些资源与国会图书馆购买的商业数据库、自建的数据库排列在一起[6]。由此可以看出,这些免费资源与其他两类在国会法律图书馆具有同等地位。这些免费数据库的创建者以大学、研究所或国际组织等机构居多,其权威性、学术性毋庸置疑。

表2 国会图书馆纳入馆藏的比较有代表性的免费数据库

数据库名或网址	内容描述	使用方式	说明
Congress. gov	Current beta version contains full-text of legislation from the 103rd Congress (1993) to the present and member profiles from the 93rd Congress (1973) to the present.	Internet	是美国联邦法律信息的官方网站,为国会议员、司法机构和公众提供法律信息
Asian Law Online	Collection of English language materials on Asian laws; includes books, chapters in books, journal articles and theses.	Internet	墨尔本大学法学院亚洲法律研究中心制作的亚洲法律资料书目数据库

续表

数据库名或网址	内容描述	使用方式	说明
ASIL Electronic Resource Guide	Electronic resource guide that sets out basic international law search strategies and lists resources on various topics.	Internet	美国国家法学会(American Society of International Law)的免费资源
Audiovisual Library of International Law	Contains documents, tapes-both audio and video-and other materials on subjects of international law.	Internet	联合国资源
Australasian Legal Information Institute Databases	AustLII contains primary legal and legislative materials for Australia and New Zealand.	Internet	澳大利亚的悉尼科技大学和新南威尔士大学共建的法律资源数据库
British and Irish Legal Information Institute Databases	BAILII contains primary legal and legislative materials for England and Wales, Ireland, Northern Ireland, Scotland, United Kingdom, and the European Union.	Internet	英国与爱尔兰法律信息研究所的法律资源数据库
Canadian Legal Information Institute Databases	CanLII contains primary legal and legislative materials for Canada.	Internet	加拿大法律信息研究所法律资源数据库
Foreign Relations of the United States (FRUS)	U. S. Department of State site presenting the official documentary historical record of major United States foreign policy decisions and significant diplomatic activity, primarily covering 1945 to 1980.	Internet	美国国务院数据库
Human Rights Library (University of Minnesota Human Rights Center)	Digital copies of core human rights documents, including several hundred human rights treaties and other primary international human rights instruments.	Internet	明尼苏达大学人权中心建立的数据库
Institute for Transnational Law Foreign Law Translations	English translations of French, German, Austrian, and Israeli legal materials in the fields of constitutional, administrative, contract and tort law.	Internet	德克萨斯大学(奥斯丁校区)法学院建立的英文翻译数据库
PARLIT	A database of bibliographic references on the role, structure and working methods of national parliaments, and on electoral systems.	Internet	国际议会组织建立的有关议会的数据库
World Legal Information Institute (WorldLII)	Provides access to worldwide law from countries in six continents.	Internet	由多个国家或地区的法律信息研究机构联合推出的免费资源

续表

数据库名或网址	内容描述	使用方式	说明
Avalon Project	Digital primary source documents selected by the Yale Law School relevant to the fields of Law, History, Economics, Politics, Diplomacy and Government.	Internet	耶鲁大学法学院的项目
Historical Publications of the United States Commission on Civil Rights	Digital publications from the U. S. Commission on Civil Rights.	Internet	美国民权委员会的电子出版物
London Gazette Archive	An official newspaper of record in the United Kingdom for publishing legal notices, including insolvency (bankruptcy) notices.	Internet	伦敦公报档案,官方公开记录
OYEZ	A multimedia database about the United States Supreme Court which includes audio files of oral arguments, abstracts of key constitutional cases, and information on Supreme Court justices.	Internet	芝加哥—肯特法学院负责的项目,多媒体数据库,免费提供
Congressional Record	Contains the official record of the proceedings and debates of the United States Congress from Volume 140 (1994) to the present.	Internet	美国政府出版局的数据库
Regulations. gov	Allows for browsing and searching of proposed and final federal regulations, submitted comments regarding proposed regulations, supporting agency documentation, and reports related to regulations.	Internet	多家美国联邦机构合作管理
NATLEX	Contains over 55,000 records covering over 170 countries and territories on national labour, social security and related human rights legislation.	Internet	国际劳工组织数据库

注:表中的中文说明为笔者添加,内容来源于各数据库网站。

再次,做好各国官方法律资源网站的导航。在前面"载体多样性的协调问题"已经提到有的国家官方网站发布法律、法规。随着信息化的深入,各国政府、议会、司法等官方机构的网站已经成为法律发布的重要阵地,也是大势所趋。这些网站是原始法律文献的富矿,是国家图书馆通常应该"全面采选"的资源。收集这些官方网站,做好资源导航、链接,可以最大限度地利用"资源存取"这种馆藏方式,能极大地丰富图书馆的可利用资源。当前这座富矿还没有被很好地挖掘。

总之，笔者认为，法律文献最能代表当前信息环境下复杂的文献资源发展状况。把多载体、多源头的文献资源都能合理利用、物尽其用是今后很长时间内图书馆需要做的工作。图书馆成长为一个有机体并非易事。

参考文献

[1] 刘丽君，于丽英. 漫游虚拟法律图书馆：在线法律资源研究指南[M]. 北京：法律出版社，2004：73

[2] Bogart, Dave. Library and Book Trade Almanac, 2012[M]. Information Today, Inc., 2012：488－489，490

[3] Will I Find New Legislation on Legislation. Gov. UK? [EB/OL]. [2014－08－23]. http://www.legislation.gov.uk/help#aboutLeg

[4] LIBRARY OF CONGRESS COLLECTIONS POLICY STATEMENTS[EB/OL]. [2014－08－23]. http://www.loc.gov/acq/devpol/law.pdf

[5] 高新陵. 纸质文献资源与数字文献资源的整合比较研究[J]. 情报科学，2012(10)：1487－1491

[6] Databases & eResources[EB/OL]. [2014－08－23]. http://www.loc.gov/law/find/databases.php

数字半径下的图书馆文献采访新问题研究综述

陈 斌(杭州图书馆)

1 网络信息资源的采访对策

数字信息资源采访是对传统文献采访的挑战,符合实际采访制度的整体目标也有利于满足用户需求,达到高标准的采访质量。但是,从其前期研究到具体运作,仍有一些问题。究其原因,是没有把握好信息环境与采访决策的距离,系统性技术过于松散。所以必须调整采访状态,深入分析,找准方向,以积极的态度投入到大采访中去。

1.1 数字环境下的信息资源采集短板因素分析

造成信息资源采集短板情况的原因,既有数字信息环境变化发展的客观因素,也有作为主体的人创造和利用数字环境的主观因素。文章从内外因、主客体等方面,多角度分析网络时代数字环境下阻碍信息资源采集进程,并出现短板情况的现实和对策。

赵开慧以高校图书馆文献资源建设为例,探讨国内图书馆在网络时代采访工作所面临的严峻挑战。目前,我国的高校图书馆处在由传统图书馆向数字图书馆转型的时期,馆藏文献的收集既要尊重传统图书馆馆藏建设在一定时期以纸质文献为主的事实,又要认识到数字文献在未来取代纸质文献的态势。有限的经费投入如何解决文献类型的多元化带来的馆藏文献类型分配比例问题是采访工作面临的又一挑战[1]。宾锋提出了学科采访馆员的构想,并对传统公共图书馆采访人员的素质发出挑战。目前公共图书馆基本上以文献类型和文种来划分岗位,设立了中文图书采访、外文图书采访、中文报刊采访、外文报刊采访、电子资源采访等岗位。这样的岗位划分使不同类型文献的采购、加工、整理与服务相互分离,彼此间缺乏联系,不利于资源的合理配置;每个采访人员面对的采访文献涉及各个学科,由于采访人员知识结构的局限、思维模式的固定、与读者联系不紧密、不能充分了解读者需求等因素,形成了采访人员自身知识局限性与其所负责学科多样性之间的矛盾,使其难以把握不熟悉的学科文献,馆藏文献建设也只能是粗线条地规划,无法做到深入、细致,难以建设高质量、全面系统的馆藏体系[2]。

荣方超认为读者对纸本文献的使用习惯、纸质出版与数字出版的同步、电子文献的存取方式等问题,将长期制约着数字资源取代传统资源。在相当长的一段时期内,数字资源与传统资源的关系,不是取代,而是并存。对于图书采访来说,大部分新书的纸本载体和数字载体尚未达到完全同步出版,纸本资源仍然是采访工作的重要对象[3]。据胡永强调查得出,目前,国内图书馆开展个性化文献采访的情况并不是很好,虽然伴随个性化信息服务工作在高校图书馆的普遍开展,大部分高校图书馆尝试性地在文献采访中融入了个性化文献采访的元素,开设了读者文献信息推荐的渠道,但基本上流于形式,浅尝辄止,真正坚持下来并搭建起完善的个性化文献采访体系的图书馆极其稀少。以辽宁地区为例,坚持 3 年以上并获得读者认同、服务范围和规模持续增长的高校仅有3所[4]。

随着数字对新生活方式的渗入，公共图书馆的文献资源建设面临着读者需求专业化、文献出版多元化的新问题。陈勇认为随着计算机信息技术的不断发展，通过网络获取地方文献已成为各级图书馆采集地方文献的重要方式。通过网络搜索获取地方文献数字资源，既省钱又快捷。其程序为：进入各级地方政府部门官方网站或"百度""谷歌"等搜索网站进行信息的搜索、筛选，对有价值的资料进行下载[5]。但是，网络信息资源具有分散、多样、杂乱、暂时性等因素，对采访人员建立网络数字库来说困难重重。牛颖认为馆员（文献采访人员）的思想、业务、技能等各方面素质是制约数字文献采访的主观因素。网上信息资源是由各种专业性、综合性很强的多种数据库组成。采访人员要想更准确地为读者提供专业文献信息服务，必须熟悉分类法和目录体系，掌握图书馆专业知识，熟悉并研究馆藏及其动态发展。除此之外，还必须大力充实计算机的系统知识、外语知识，文理渗透、古今融贯的各学科知识以及不断涌现出来的各种边缘学科和新兴学科知识；还要有较丰富的书目文献知识，能利用引文、索引等传播文献信息的工具，全面掌握国内外图书文献，在为数众多的信息中，对其进行甄别和选择，对多种类型的文献内容进行高质量的筛选、评估、选择，有针对性地为读者筛选和提供有价值的书目文献信息[6]。

钱薇考虑到影响文献采访人员的综合因素，也适用于数字文献采集时对馆员态度和正确采访决策的考量。读者需求既有共性和个性之分，又体现一定的时间维度和需求强度，更具有层次性和发展性的特点。但通常文献采访人员进行文献采访时，由于文献采访人员所掌握的知识体系的局限，往往无法做到对所有的文献价值产生准确的判断，因而对读者需求也就无从全面了解[7]。

网络信息难以控制。臧凤梅认为在网络环境下，图书馆的馆藏资源已不仅仅是本馆收藏的文献资源，还包括互联网上的资源。网络解决了资料信息获得的问题，但也带来了新的问题。一方面，由于作者不必经过出版商这一环节就可以将自己的作品出版，缺少了传统文献出版中出版商对文献信息质量把关这一环节，致使大量垃圾信息充斥网上，从而大大增加了采访时对文献信息进行正确评价的难度。另一方面，各种网络信息数量庞大，读者难以驾驭。所以，图书馆应该对网络信息进行筛选、整理和优化，将那些健康、利用价值高的信息进行分类、归纳和整理，按照一定的主题进行整合，使大量随机的、无序的信息资源转变为读者需要的、序列化的、有效的信息资源，为读者提供优质的服务[8]。

由于网络中的文献质量难以正确鉴别，这就加大了采访工作的难度。张娟认为：近年来，为追逐利润，图书发行出现了注重数量、忽视质量的现象，大量娱乐、消遣及应考书籍等重复交叉出版发行，使图书的质量难以得到保证，严重影响了采访人员对文献质量的正确鉴别，极大地影响了高校图书馆对高质量文献的采访。另外，出现了网络出版这一全新的出版方式，使图书馆文献信息采访的范围扩大。但是，相应地缺少了出版商对文献信息质量把关这一环节，致使大量垃圾信息充斥网上，这也大大增加了采访人员对文献信息进行正确评价的难度[9]。

1.2 数字文献采购的控制性研究方法综述

爨会英看好网络采访，认为网络采访是图书馆文献采访的发展趋势，是图书馆提高服务质量的关键。选择网上文献时，也要注意几个技术性的问题：一是查重；二是由传统型文献转换成数字型文献，如果图书馆已购有传统型文献，则对数字型文献是否重购慎重处理；三是同一内容的文献，若同时有纸质印刷版、封装电子版、网络版时，要根据实际需要、价格、阅读习惯，选择读者使用频率最高的版本[10]。杨肥生探讨文献采访的决策原则，目的是提高文献采访决策的科学性，促进文献采访工作进步。现代管理决策从系统的观点出发，认为无论决策对象还是决策本身都是复杂的、开放的系统，都需要和环境进行物质、能量、信息的交流。图书馆的文献采访就是一个复杂的系统工程，是面对海量文献选择和获取满足图书馆馆藏建设需要的各种文献的过程[11]。随后，他又关注文献采访决策的重要性。随着文献品种和数量的爆炸性增长，随着新型文献（电子、网络等）的产生和流行，图书馆面临巨大的竞争挑战，传统图书馆的服务模式已不能满足用户的多样化需求[12]。

郑立新提出要用新技术来改革采访的流程，以提高采访的效率。网络环境下，用户对信息的获取，主要取决于信息的准确性、新颖性和获取的方便性。如果一所图书馆没有自己的特色资源，哪怕它拥有的文献价值再高、馆藏规模再广，也不能赢得用户的青睐。在网络环境下，用户只看该所图书馆提供信息的能力如何，而不管其他。因此图书馆特色化与否是决定图书馆未来命运的关键问题，各馆只有通过采购特色文献形成自己的馆藏特色，才能发挥图书馆服务的整体效应，从而求得生存和可持续发展的空间。馆藏建设的特色化必然涉及信息资源结构的调整，各馆要从实际出发进行建设[13]。

图书馆文献采访工作应消除数字恐惧、摒弃数字崇拜，以读者需求为核心，制订科学、实用、灵活的采访策略。

安东梅等认为，纸质文献品种与复本之间的矛盾一直困扰着图书馆采访工作，虽然数字文献采购不需要考虑复本问题，但是数字环境下数字文献与纸质文献的采购比例仍是图书馆文献采访工作面临的新课题。由于图书馆目前采用流阅一体化的服务模式，难以准确统计文献利用率，加之数字文献的趋同性与纸质文献的趋劣性严重，使得文献采访工作必须面对准确界定文献品种与复本、认真权衡纸质文献与数字文献采访比例等问题[14]。王文联从馆藏资源空缺应用长尾理论角度找到了纯粹的馆藏不足而造成的资源缺口问题。由于采访急功近利，短平快的方式造成了采访人员对一定时间内读者需求的复杂性、文献来源的广泛性、学科内容的融合性，缺乏科学的调研，图书采集显得仓促，难以保证文献资源的质量以及各专业学科之间资源的平衡，使得采访工作重心的偏离——只知“采”忘却“访”，为日后馆藏文献资源的建设留下难以弥补的遗憾。为此图书馆将经过一段时间的调整来整合馆藏结构、控制馆藏质量以达到正常状态[15]。

赵志刚在深入了解美国图书馆文献采访的特点后，围绕“文献采访”和“图书馆公共服务”这两个主题对图书馆的运行模式与服务理念进行了深入的研究。对于电子资源，俄勒冈州图书馆很舍得投入，每年超过70%的经费用来购买电子数据库，购买图书和纸本期刊的经费则不到30%。俄勒冈州图书馆对电子资源的保存非常重视，一般每个数据库都保留3个备份，以防不测。其中该州佩斯大学法学院图书馆并不一味偏重电子资源的采购，对纸本文献也很重视，这是因为：一方面，目前很多电子书和数据库只出售使用权，即使拥有不受限制的使用权，也无法将电子资源留在馆藏体系中，而某些法典却是馆藏体系中不可或缺的；另一方面，一般都认为电子资源有检索方面的优势，但是也不尽然，对于有明确指向的定义检索、关键词检索和主题检索等，电子资源确实相当便捷；但是如果检索者没有明确的目的，只是想在浏览的过程中发现某些内容，那么使用纸本反而会更为便利[16]。吴晖研究了基于

PDA 用户驱动的高校图书馆采访模式。学术图书馆向其用户提供图书内容方式的转变反映了在数字媒体领域的一个更明朗的发展趋势。该报告称,学术图书馆将会逐步抛弃"在流通率较低的开架借阅区配备大量实体图书"的采购模式,与电子书供应商达成许可使用合作协议,将让图书馆仅需购置少量需求量最高的图书,只为读者使用较少的图书支付短期使用费,而对于那些学生们完全不阅读的图书则无须支付任何费用[17]。

唐吉深则从分析文献采访研究现状出发,提出基于数据挖掘的应用型文献采访策略模型。通过数据挖掘机器算法可以帮助决策者从海量的数据中自动发现隐藏其中有价值的关系和模式,从而对未来可能发生的行为进行预测。随着图书馆网络化、自动化的普及,数据库技术在图书馆的应用中迅速发展。采用数据挖掘技术对这些数据加以挖掘分析,将对图书馆的采访、流通、参考咨询、数字图书馆建设等有着很强的指导作用,同时可为图书馆决策及开展服务创新提供强有力的科学依据[18]。

2 非书资料与传统图书采选容易忽视的平衡问题

馆藏文献与馆藏数字资源的契合关系是容易忽视的采选平衡问题。常一丹指出,按需出版在技术上依靠的是"按需出版数字图书馆",其本身就是一个印刷和销售系统,出版物的所有内容都被数字化并经过统一标准格式的处理,采用计算机辅助对电子文档进行终审,电子文档通过电子化管理系统可以永久保存。由于省去和重组了照排、制版、印刷等许多中间环节,使得出版的速度大大加快。比如,iUniverse 公司就提出了"今天就出版"的口号。德国 Libri 下属的 BoD 公司是专门为图书馆、零售商配书的按需出版公司,一旦图书馆通过其数据库订书的申请得到确认,印刷机马上开始印刷,几天之内就能交货。未来的按需出版可以完全抛开传统出版的供应链,在图书馆等任何地点配置数字出版系统,其提高文献采访效率的作用将是非常明显的[19]。

杨美珍提出 R+1 文献采访新模式,对精细化采访工作有利于完善馆藏结构。调查研究,藏书结构模式向动态化发展。随着新开设的学科专业和科研课题不断增加、不适合市场需求的学科专业的淘汰,文献资源建设也要随之变动。在规模较大的高校图书馆,采访人员往往也是学科馆员,能对所对口学院的文献进行横向和纵向的研究,分析哪些文献受读者欢迎;能通过做学科分析报告来积极了解专家学者引用文献的学科分布;并运用统计数据综合分析读者借阅指数以了解入藏图书利用情况等;甚至用科学定量的决策方法来制订采购计划,有利于建立起比较科学的动态的藏书结构模式[20]。徐诗豪以深圳职业技术学院图书馆文献荐购制度化模式为例,对教师在采访观念和采访方式的参荐模式上可能出现的缺陷及应对进行了阐述。教师参与文献荐购是必要的,但对于某些边缘学科、交叉学科等易被忽视的文献,仍需由学科馆员和采访人员协作配合完成,以避免馆藏建设的局限性。因此,图书馆文献资源建设的发展战略、馆藏结构、经费分配原则等仍然需要采访人员进行规划,同时也需要学科馆员的协作配合与专业教师的大力支持,共同努力优化馆藏结构,完善馆藏建设[21]。

王来祥在国家图书馆从事图书采访工作时分析了改进采访的建议。国家图书馆联合编目中心具有海量的信息,通过各成员馆上传的书目与国家图书馆的馆藏书目进行比对,发现缺藏信息时,一方面国家图书馆可以用多余复本与其他图书馆进行交换;另一方面通过馆际互借获得缺藏图书,进行复制或拍照,丰富馆藏,使国家总书库更加完整。随着计算机网络的发展,一些网络化和电子化的出版物越来越多地进入人们的视野,影响人们的生活。作为国家图书馆,应重视新型出版物的保存,与新事物的发展保持同步,探索与出版社多种渠道合作的途径[22]。卞丽芳谈到了读者学术成果引用挖掘的模式。目前,许多高校馆、专业馆建立了本馆的机构知识库,将本馆读者的学术成果以数字化的方式永久保存,机构知识库的建立不但可作为一种独特的馆藏提供本馆读者使用,或在一定范围内供开放获取,还可通过对数据库的引用文献检索,深度了解读者学术成果的借鉴参考情况。通过统计读者学术成果的引用文献,找到对本馆读者最具参考价值的重要文献族群,如专著、发表被引论文的期刊,从中挖掘出本馆需要重点订购和形成必要文献保障的范围[23]。由上可得出,顺应时代的发展,应加强电子出版物的采访工作。

地方文献采访工作是图书馆文献收藏的重要组成部分。施国权从地方文献采访原则的层面,论述了公共图书馆地方文献采访传统与现代相结合的方法。地方文献的藏书建设要遵循系统性和完整性的则,这主要体现在文献内容的连续性和广泛性上。为了满足不同专业、不同层次的用户需求,地方文献藏书应全面反映地方自然环境和社会生活的各个方面,要做到各学科地方文献全面收藏、各载体类型地方文献完整收藏、常规地方文献和灰色文献并重收藏[24]。

3 结论与展望

数字半径信息资源围合文献利用诱发文献管理危机,从而影响用户的服务驱动。加强读者与文献采访的互动,不仅要倾听经常利用图书馆的读者的意见,更要主动与很少利用图书馆的读者交流,了解他们不利用图书馆的原因,想方设法吸引读者来图书馆,增加读者的满意度[25]。

刘凡儒对拓宽文献采访渠道,开展多元化采访的方法表达了自己的观点。随着信息化程度的不断提高,浩若烟海的文献资源增加了图书馆文献采访的难度和工作量,文献采访工作应采取多渠道、多层面、多角度进行的方式,充分利用网络资源多收集出版发行信息,充分利用购入与非购入、网上采访与现采相结合的采访模式,同时还要加强与其他学校图书馆的协作,实行馆际间资源共享,互通有无,以保证馆藏文献资料的完整性,从而提高文献采访质量[26]。

网络环境下图书馆文献采访工作面临新形势,出现新变化。需加强协作与共享,争取文献利用的最大化。王荣立支持采访工作的协同发展、共建共荣。数字文献、网络文献发行量不断增大,购置此类文献所需资金会越来越多,单靠一个馆很难收集全,靠一个馆的收藏也很难完全满足读者对于现代文献的全部需求。所以,加强地区内甚至全国范围内各个图书馆之间的电子文献采购协作十分必要。加强图书馆之间的协作,协调电子文献采购,实现共建共享,这既是网络环境下采访工作面临的新问题,也是网络环境为采访工作提供的新机遇、新平台[27]。

纸张精美、印刷上乘、具有不可重复的史料研究的图书必须重点采购,既体现馆藏文化和研究所需,又充分彰显文献的效度和信度,是为图书馆的镇馆之文献。图书馆在向复合型数字图书馆过渡时,一般普及读本只作泛在电子 mate 即可。文献采访应打开国际视野,适应环境是关键，改良方法是重点。只有这样，才能经得起时间的考验，突破数字壁垒，提升图书馆对社会的文献保障能力。

参考文献

[1] 赵开慧. 新信息环境下高校图书馆文献采访的挑战和对策[J]. 河南教育,2012(2):60－62

[2] 宾锋. 公共图书馆设立学科采访馆员的构想[J]. 图书馆建设,2012(12):78－80

[3] 荣方超. 新出版环境下图书馆文献资源建设的可持续发展——中文图书采访工作的探索与思考[J]. 图书馆,2013(6):113－114

[4] 胡永强. 高校图书馆个性化文献采访研究[J]. 图书馆学研究,2013(14):37－40

[5] 陈勇. 浅论公共图书馆地方文献采访工作[J]. 河北科技图苑,2012,25(3):72－74

[6] 牛颖. 图书馆提高文献采访馆员素质举措[J]. 河南图书馆学刊,2013,33(4):57－59

[7] 钱薇. 图书馆文献采访决策因素研究[J]. 图书馆,2013(2):90－91

[8] 臧凤梅. 网络环境下高校图书馆文献采访问题刍议[J]. 传承,2014(4):117－119

[9] 张娟. 网络环境下高校文献采访工作路径探究[J]. 陕西教育,2012(3):100

[10] 爨会英. 网络采访是图书馆文献采访的发展趋势[J]. 图书馆学刊,2010(6):58－60

[11] 杨肥生. 论文献采访决策六原则[J]. 情报探索,2010(7):109－111

[12] 杨肥生. 图书馆应重视文献采访决策机制建设[J]. 科技情报开发与经济,2011,21(3):15－18

[13] 郑立新. 理念的变革与技术的进步对文献采访的影响[J]. 四川图书馆学报,2011(2):34－37

[14] 安东梅,耿晓光. 文献的滥觞与采访的怯魅——数字环境下文献采访策略[J]. 图书馆建设,2011(8):29－31

[15] 王文联. 比对文献采访模式创建资源无忧化共享[J]. 农业图书情报学刊,2012,24(11):24－28

[16] 赵志刚. 管窥美国图书馆文献采访与公共服务的特点[J]. 新世纪图馆,2013(11):83－86

[17] 吴晖. 基于用户驱动的高校图书馆采访模式研究[J]. 图书馆杂志,2013(7):58－60

[18] 唐吉深. 基于数据挖掘的应用型高校图书馆文献采访研究[J]. 农业网络信息,2014(3):22－24

[19] 常一丹. 按需出版视域下图书馆文献采访工作的创新[J]. 图书馆学刊,2011(6):38－40

[20] 杨美珍. 基于网络环境下的图书馆 R+1 文献采访模式探究[J]. 现代情报,2012,32(4):128－130

[21] 徐诗豪. 高校图书馆文献资源采访模式研究[J]. 图书馆工作与研究,2013(3):76－79

[22] 王来祥. 国家图书馆中文图书采访工作的现状与思考[J]. 文化研究,2012(6):44－46

[23] 卞丽芳. 网络环境下文献荐购模式及其应用实证研究[J]. 图书馆论坛,2012,32(6):82－86

[24] 施国权. 浅议公共图书馆地方文献采访工作[J]. 吉林广播电视大学学报,2012(8):113－114

[25] 程大立,陈桐利. 构建以读者需求为导向的文献采访机制——以桐城师专图书馆为例[J]. 大学图书情报学刊,2011,29(3):76－78

[26] 刘凡儒. 影响高校图书馆文献采访质量的要素分析[J]. 图书馆学刊,2011(8):44

[27] 王荣立. 网络环境下文献采访工作改进对策[J]. 图书馆学刊,2012(9):46－47

不断拓宽的文献采访之路

——浅析俄罗斯文献采访工作及其启示

刁一卓(国家图书馆)

21世纪,"人"被公认为经济和社会进步的关键因素。如何在成熟的民主化和发达的市场经济条件下借助新技术获取信息,提高人类活动生产力是每个国家面临的重大课题。

构建信息社会是人类在21世纪的全球性目标。信息社会世界高峰会议日内瓦第一阶段会议(2003年12月10日至12日)讨论了有关构建信息社会的重要问题,并在此基础上通过了"原则宣言"。宣言宣告我们建设以人为本、具有包容性和面向发展的信息社会的共同愿望与承诺。在此信息社会中,人人可以创造、获取、使用和分享信息和知识,使个人、社区和各国人民均能充分发挥各自的潜力,促进实现可持续发展并提高生活质量[1]。

图书馆素来是信息的重要汇集地,新形势为图书馆带来了大量新元素。图书采访是根据图书馆的性质、任务和读者需求,通过觅求、选择、采集等方式建立馆藏,并连续不断地补充新出版物的过程。早在18世纪初期,德国著名数学家、哲学家、杰出的图书馆管理者莱布尼茨(G. W. Leibniz,1646—1716)就指出,图书馆馆藏的补充如同养料对有生机体一样是必需的[2]。因此,作为图书馆重要的基础性工作,文献采访今天也迎来了一个全新的时代。

1　俄罗斯图书馆事业的发展历程

1.1　俄罗斯图书馆的历史

俄罗斯图书馆体系的形成得益于印刷业的发展,俄罗斯的公共图书馆兴办于11世纪。罗斯时期,基辅大公智者雅罗斯拉夫在索菲亚大教堂和基辅洞窟修道院首创了公共图书馆。

众所周知,俄罗斯是文化大国,也是宗教大国,因此不难理解俄罗斯图书馆的发展同宗教有密切的关系。例如,圣谢尔盖·拉多涅日斯基教堂,也就是后来的圣三一谢尔盖大修道院,建于1342年,这里坐落着俄罗斯原始的图书馆。该图书馆藏书50卷,大多为桦树皮手稿,这也是当时最廉价、最普遍的书籍形式。

俄罗斯历史上规模较小的修道院在创建初期对于书籍和阅读的需求(例如向修道士提供必需的祷告书,对稀有和陈旧书籍的文本进行抄写、翻译和传播,教授其他修道士和教徒识字)一般是自给自足的。书籍的抄写被视作一项顺应神意的事业,因此手抄本不断增多。大多数修道院都有图书馆和缮写室,二者作为一个系统共同协作——图书馆保存书籍,将其分发给负责抄写的修道士进行复制,书的复本被出售、赠送或交换,通过交换获取的书再经抄写——修道院就是通过这种方式扩大藏书量的。

建立专门的缮写室意味着修道院已经成为手抄书形成和传播的中心,其功能就如同今天的出版社一样。尽管由于人工抄写的效率有限,书的发行数量并不大,但文本经抄写已经可以广泛传播了。

15世纪中期,国家开始规定图书发行量,书籍变得更加普及,使人们更有效地克服文化和历史的界限。书籍成为教育、科学的主要工具,成为"古腾堡银河系"民族心智发展的指标。

1.2 俄罗斯文献采访的历史

虽然俄罗斯图书馆事业历经几个世纪,但是俄罗斯的图书采购事业长期不能实现大发展,一方面是因为资金紧张,另一方面是俄罗斯图书市场存在缺陷。举例来说,17 世纪,畅销手抄本的价格比印刷本便宜 50%—70%,当时最便宜的书价格高于 1 卢布,而这相当于一个小手工业者一年的收入,因此,当时人们需求最大的书是手抄本。到 18 世纪初,流通中手抄本的数量是高于印刷本的。

在俄罗斯图书馆事业发展的早期,文献采访的主要手段有早期书籍的复制、新书的撰写以及捐赠:早期修道院填充馆藏使用的最普遍方式是"自采访",即从个人或其他图书馆处获取文本,后经抄写将其纳入馆藏;此外,抄写的书籍多为训诫类、圣徒传记类的内容,当时的文化背景促成了个人创作需求的产生;至于修道院的赠书则一般来自执政者和其他国家要人的个人藏书。

尽管俄罗斯早期的公共图书馆已区分出了非宗教图书馆,包括科学型和教学型,但是在这一时期,俄罗斯的图书事业尚未划分出不同领域,文学、教育学、图书馆学和出版业共同发展。因此俄罗斯图书馆发展的最初阶段被称作"混合阶段",这一阶段的特点是:在书籍印刷得到广泛应用之前的几个世纪,图书是由图书馆生产的。

2 信息通信技术——开创新时代

21 世纪,人类迈入了信息时代。信息技术是促进全球经济和社会发展的主导力量,以信息技术为核心的新技术革命已成为当今世界发展的新亮点。

日内瓦《原则宣言》中指出:"教育、知识、信息和通信是人类进步、努力和福祉的核心……信息通信技术(ICT)对我们生活的几乎所有方面都产生着极大影响。这些技术的迅速发展为我们实现更高水平的发展带来全新的机遇。信息通信技术能够减少许多传统障碍,特别是时空障碍,从而使人们首次在人类历史上利用这些技术的巨大潜力造福于遍布世界各地的千百万人民……然而,信息通信技术本身应被视为手段而非目的。在有利的条件下,这些技术可以成为强有力的手段,帮助提高生产力,促进经济发展……并改善全体人民的生活质量。"

现代文化在很大程度上也具有信息特征。当今社会,信息需求不断增大,信息技术的发展使获取信息的渠道更加多样化、复杂化。今天,人们对图书(采访对象)和图书馆(采访实体)的态度已经发生改变。这种改变是由观念的转变决定的,在一定年龄的社会群体中特别明显。例如,生活条件的巨大变化以及对数字化的重心偏移引发了当代青年与图书文化的冲突。信息千变万化,具有不完整性,易于掌控,但不属于任何个人,从这一角度进行比较,书籍是非常不灵活的。难怪年轻人更愿意"获取"和"下载"信息,他们认为"读书过时了"。

长期以来,书籍是人类获取信息的一个重要渠道。然而,如果将书这一信息承载体同新的通信手段——广播、电视、网络进行比较,进而质疑书籍在新环境下的生命力,就等于只考虑了书的功用,将其仅仅视为信息存储和传递的方式,这样是不合适的,是片面的。书籍作为创作、交流和观点的具体化形式，是社会物质和精神生活的一种特殊现象，在几个世纪的时间里都是人类文化不可分割的一部分。此外，强调文本的意义也十分重要。我们对世界的认识始于语言，之后才是文本形式。我们对事物进行思考后形成的观点同文本相关，因此很多电子通信手段都保留了信息交付的文本形式。“电子书”其实也是“书”，只是文本的载体不同。

孔子曰：“学而不思则罔，思而不学则殆。”使人学会“思考”是任何阶段国家教育的最终目的，而这一目的的实现将造福整个社会。俄罗斯的信息通信技术发展迅速，互联网用户数量已接近1亿人次。俄罗斯电视广播公司总经理谢别托夫（С. Щебетов）指出：“目前正在进行着一场深刻的技术革新，近十年来不仅实现了几代设备的更新，还完成了网络建设自身的更迭。我们即将迎来第三次革命。”[3]然而，不论通信形式如何改变，人总是独立地读书（无论手抄本、印刷本或是电子书），独立地思考。因此，在数字时代，在社会通信体系下，各种规模和类型的图书馆都应致力于解决这一重大的战略性任务。这种形势下，俄罗斯图书馆事业和图书馆采访工作面临无限扩展的选择空间。

3 新时代下的俄罗斯文献采访工作

信息通信技术的发展影响着图书采访工作的方方面面，世界各国图书馆纷纷调整采访策略，以适应新技术时代。例如，“大英图书馆内容战略”指出将对采访模式进行如下更改：“对于以服务为目的的英国杂志呈缴本副本，今后（在一切可能的情况下）仅采选其数字版本，杂志呈缴本将继续选用印刷本；若在采访国外杂志时获悉世界其他机构也存有这些杂志，则慎重采选其数字版本……我们将商定在图书馆网络中进行本地托管的所有规则和进行永久访问的一切条件。”同时，该战略强调，这里所说的文献均通过购买获取，并不包括呈缴文献。据统计，美国和英国出版的杂志中，有59%的杂志可获得其电子版本，相对于杂志，图书的电子出版尚未达到同等水平，因为印刷品更适合一些长期的学术性工作[4]。

俄罗斯专家对图书采访工作有独到的见解，他们认为，图书采访的发展是一个馆藏建立的定向进化过程，它与丰富馆藏的来源、方式、技术方法和手段相结合。对于俄罗斯图书馆而言，图书采访工作的开展具体是指：对不定馆藏定期进行二次采选，不断扩充馆藏数量；根据图书馆外部环境和内部设施的变化完善获取出版物的方式、手段和技术；根据出版物界动态定期确定文献采选的价格标准；根据新技术的特点调整出版物的采访件数。

俄罗斯国家图书馆目前正在积极补充新的信息载体：从书商处获取CD，实现与国内外数据库的连接，吸引互联网的网络资源，创建自制电子出版物馆藏。

俄罗斯业界也可以听到类似的言论。与此同时，谈论的重点由图书的信息功能角色转向其本质属性。尽管互联网的信息获取更快，电视机和多媒体更加直观形象从而构成一种附加内容效果，但是很多战略性主题依旧是依附于图书的。书籍不仅是信息的来源，同时也是人们乐于翻阅和持有的物体。

根据有关数据，互联网用户早已接触到电子书，但是电子书的下载比音乐和视频的下载要少很多。阻碍电子书广泛传播的主要因素仍旧是电脑显示器：远非所有人都能在屏幕上阅读各种长度的文章。但是，有预测称，今后多家出版社将具备自身特色的虚拟库房（出版物的数字化集合），这将有助于更有效地按照用户需求提供刊物[5]。

大英图书馆专家认为,采访工作应当“无视”采访模式,而要特别注重质的(内容的)标准。这一观点是难以驳斥的。以国家图书馆为例,国家级别要求图书馆最大限度地收集各种形式的国内文献以及有重要学术价值的国外文献,电子文献自然也不例外。俄罗斯国家图书馆自2003年开始采访相对完整的可更换数字载体(CD,DVD)成套电子文献,截至今天大约有5000种(4872种,其中的302种或6%利用远程文件拷贝,其余则借助了“纳米技术”)。这样一来,通用科学图书馆的采访对象范围扩大了,出现了“复合型图书馆”的概念。

电子信息技术的使用吸引了俄罗斯图书馆采访人员的充分关注。全面的计算机化开创了图书采访的新时代,为采访人员带来了新的信息来源(网络商店、收藏家、出版社网站)和新的采访方式(接入电子数据库、为馆藏遗漏创建数字副本),这有助于解决很多实际中受工作地点局限的问题。

俄罗斯国家图书馆馆长宰采夫(В. Н. Зайцев)指出,为在全国范围内建立起信息空间,国家图书馆应在其系统内部创造相应的条件。“目前,图书馆依旧按照传统模式进行印刷出版物的采访工作,但是,必要文献的找寻、订购以及入藏印刷出版物的加工处理等一系列工作已经借由新技术来完成。”[6]这样一来,在自动化技术的帮助下,传统工作能够更好地完成。

实践证实,俄罗斯国家图书馆目前实行的数字空间采访工作非常有效。举例来说,出版社直接提供新印刷品样本的同时,通过电邮发送发货单,图书馆工作人员就可以在单据中获悉所订出版物的数量,之后,再将定好的发订单回寄给供货商。类似的电子信件往来不仅能使订货更高效,还能节省图书运送的人力、物力、时间和费用,因为图书馆可以在样本书返还给供货商之后马上收到所订出版物,也就是仅用单程的运输去完成。同时,对于这一过程中一些比较精细的问题,采访人员同书商也可以借助电邮解决。

又如,当采访人员遇到之前没有合作过但又不错的出版社时,如果能从有关的网址上获得该出版社信息,那么就可以通过电邮来协商下一步的工作。经验表明,这种做法是双赢的:对于书商来说,采访人员这样做可以避免其员工扎堆工作;图书馆则可以凭大量的订购以低价获取出版物。

再如,在互联网的帮助下,采访员可以有效地了解出版物和出版社。互联网使出版物的价格变得完全透明了,因为几乎随时都能将书商的报价与市场上的图书价格进行比较。采选古籍时,可以以在线模式随时查看图书馆是否有存书,古籍是否在售,若有书名页、封面、书脊、书页的数字图像,就可以更加客观地评价这本书。从价格角度来说,莫斯科拍卖行“Гелос”网站提供的信息很有价值。

此外,数字环境为采访工作带来的有利因素还包括:更有利于处理个人(包括远程的个人)提案;能够通过从其他图书馆获取的电子副本恢复丢失的书页;可以查漏补缺。这里值得一提的是俄罗斯的出版物编码工作,这项工作根据国家登记表上记录的缺失信息展开,被编码的出版物仅有一份,但它们未进入俄罗斯国家图书馆和其他相关图书馆的馆藏,这项工作为俄罗斯国家信息储备做出了重大贡献[7]。

4 新时代下我国文献采访的发展方向

我国的传统文献采访经历了两个阶段:第一阶段是手工采访阶段,主要靠人力完成文献采访的各个环节,这种模式速度慢、资源耗费量大、采访范围有限、中间环节多,因此容易造成差错,致使采访质量不高。第二阶段是计算机自动化管理采访阶段,它提高了文献采访的速度、节省了人力、降低了成本,但有很大局限性,即图书馆与书店、出版社之间,仍需要人去沟通,采访的部分环节仍需人工完成[8]。

对于传统的文献采访来说,主流的采访模式是书目预订和现场采购。经过多年的实践,人们发现,这两种采访模式都存在不少缺点。例如,若选用书目预订的模式,往往出版社信息覆盖面较小,不足以反映当前出版动态,发布信息的时间滞后,征订和到书的周期过长;至于现场选购,备选图书的品种和数量都有局限性,不能满足图书馆的所有需求,对采访的人力和物力资源要求较高,并且容易出现重购。这些都直接影响图书馆的工作和服务质量[9-10]。

20 世纪末,以无线通信技术和网络技术为主流的技术革命引发了媒体形态的变革。文献载体形式呈现出多样化趋势,形成了印刷型文献、电子型文献、网络虚拟文献等众多文献载体并存的局面。同时,读者的需求也变得多样化起来。这样的信息环境促使图书馆从传统走向现代,馆藏结构从以印刷型文献为主导逐步迈向数字化。另一方面,随着市场经济的不断发展,出版行业也发生了一些变化,主要体现在文献出版量激增、出版物内容质量下降、出版周期缩短、定价不规范、发行渠道增多、发行信息混乱等方面。传统采访模式的缺点在当前形势下变得更加突出[11]。

不论是信息环境还是市场环境都对传统的文献采访模式产生了强烈冲击,新时代对文献采访工作提出了新的要求,那就是运用信息通信技术拓展采访模式——网络采访。

今天,互联网的使用已遍及全球——电子商务迅速发展,网上书店大量涌现,电子文献不断增加,文献网上传输成倍增长[12]——它们为网络采访创造了良好的条件。相对于传统采访模式来说,网络采访最主要的优势在于书目信息丰富、检索快捷、更新及时,也就是全面、高效。尽管如此,由于目前我国的网上书店存在书目信息不够准确、采购过于零散、付费方式受制约、异地配送和图书调换不方便、图书馆配套服务不完善等问题[13],网络在大多数情况下只是作为书目信息的来源或是对缺藏图书的补充,采访人员在网上搜寻图书,而不是真正地在网上采购。因此,可以说网络采访尚未真正应用于我国图书馆。以中国国家图书馆的外文文献采访为例,英文及其他各语种图书的主要采访途径是从图书代理商处购买。书商向图书馆提供文献目录,采访人员通过目录的介绍进行采选,而网络在这个过程中只起到信息补充的作用。以这种形式利用互联网进行采访显然还不是真正的“网络采访”。

21 世纪是信息时代,人们不断利用信息技术发展信息社会,实现信息全球化。信息通信技术推动人类生活各个领域推陈出新,“新”固然适应时代需求,但是我们不能因此就盲目推崇新的事物。对于文献采访工作来说,传统的采访模式存在了几十年,有强大的生命力和牢固的业界基础;网络采访虽更具时代气息但也相对不成熟、不稳定。现阶段,二者其实各有利弊。因此,作者认为,当前的采访工作应结合两种模式,优势互补、各取所需,随着新的采访模式不断成熟,逐步向网络采访过渡,以传统模式为补充。从俄罗斯图书馆的实践经验来看,网络采访模式的完善是一个长期的过程,不能急于求成,它的实现需要从制度、市场、技术等多方面着手,因此仅靠图书馆一己之力是远远不够的,应呼吁全社会的重点关注和财智投入,而作为图书馆采访人员,则应提升专业素养,不断学习,了解国内外业界前沿。相信在不久的将来,网络采访一定能够大有所为、大放异彩,推动人类文明迈向更高的台阶。

参考文献

[1] Ленский Б В. Книжное дело в информационном обществе[C]. Москва: Наука,2006:59 - 87

[2] 黄宗忠. 论图书采访学[J]. 图书馆, 1997(4): 1 - 11

[3] Разуваева Ю. Бум на пике [J]. Информационные технологии в строительстве,2007,1 - 2 (32/33): 1 - 15

[4] Британская библиотека. Содержательная стратегия Британской библиотеки - удовлетворение потребностей нации в знании [Z],2006 - 04 - 25

[5] Битва с "Гуглом" [N]. Книжное обозрение, (255)

[6] Зайцев В Н. Библиотечная сфера в период преобразований: 1985—2005 гг [M]. Москва: Либерея-Бибинформ, 2006: 38

[7] Тихомирова Н Ю. Диалектика комплектования: выбор между двумя форматами [J]. Библиотечное дело, 2007, 15: 30 - 34

[8] 蔡迎春. 图书馆网上文献采访模式对传统采访的影响[J]. 河北科技图苑,2004,17(2):55 - 57

[9] 曾文军. 新世纪图书采访模式研究与采访策略选择[J]. 图书馆论坛,2005,25(5): 120 - 122

[10] 杜巍巍. 浅淡中文图书采访模式[J]. 黑龙江史志,2010(5):104 - 106

[11] 吴锦荣. 论新形势下图书馆的文献采访工作[J]. 图书馆, 2007(4): 99 - 104

[12] 曾星媛. 信息技术时代中文图书采访机制研究[J]. 图书馆学研究, 2006(6): 44 - 47

[13] 韩宁. 新形势下中文图书的采访模式[J]. 图书馆学刊, 2011(12):46 - 48

中国国家图书馆与韩国“中国学”文献交换的回顾与展望

段洁滨(国家图书馆)

近年来我国制定了“大国是关键,周边是首要,发展中国家是基础,多边是重要舞台”的外交政策,发展同周边国家的关系成为我国对外政策的一个重点[1]。

美国政治学家保罗·肯尼迪在《大国的兴衰》一书中写道:“一个国家是否强大,并不完全取决于它拥有多少财富和实力,而更多地取决于它邻国拥有多少财富和实力。”因此,无论是大国还是小国,都特别重视与周边国家的关系,都深刻地认识到:一个友好邻国所能带来的好处,会因两国毗邻关系而倍增,相邻的民族由于生活在同一地缘空间,不可选择地彼此联系在一起,使大家享有一种共同的历史记忆,中韩两国正是有这样一种难以割舍的地缘关系。

1 中韩两国的早期认知和文化渊源

韩国文化是汉字文化圈中最接近中国的,中国与朝鲜半岛山水相连,海陆通途,隔海相望,有“千里同风,一衣带水”之说,三千年前的箕子东去,揭开了中韩文化交流的序幕,开中国与周边国家交往的先河。司马迁的《史记·朝鲜列传》一篇,开正史里中国人认知“朝鲜”的先河;而范晔在《后汉书·韩传》一文中则首次使用“韩国”一语。早在唐、宋两代,高句丽的汉学家就留学长安,使韩国人有了跟汉文接触的机会[2],但是在漫长的岁月中,朝鲜人只有本民族语言,没有本民族文字,他们的书面语一直使用汉字,今天,人们所见到的古代朝鲜文献,多为汉文书写[3]。韩国文化受中国文化影响的痕迹直到今天还依稀可见。

近代以来,两国人民有着相同的遭遇,都先后受到日本军国主义的占领和奴役,1910 年日本吞并韩国,1919 年韩国“三一运动”爆发,中国人民对此给予了前所未有的声援,陈独秀在“朝鲜独立运动之感想”一文中说:“这回朝鲜的独立运动伟大、诚恳、悲壮,有明了正确的观念,用民意,不用武力,开世界革命史的新纪元。”[4] 1919 年《民国》一刊上也刊登了“朝鲜人之血泪”“可敬可佩的朝鲜人”等文,称赞他们的爱国气节,傅斯年在《新潮》上也称赞“三一运动”虽是“知其不可为而为之的革命,但却是开革命界之新纪元”[5]。而发生在北京的“五四运动”与“三一运动”有着某种难以隔离的联系,“三一运动”被中国人称为朝鲜的“五四运动”。此后抗日救亡便成了两国文化交流的主旋律,韩国临时政府在上海成立,朝鲜独立同盟在延安成立,韩朝的抗日运动得到了中国人民强有力的支持。

1992 年,两国在面向未来的基础上建立了外交关系,两国关系翻开了新的一页,此刻,人们常常会追溯中韩两国源远流长的历史,回顾先人为此打下的根基。

2 韩国汉学的源起

2.1 韩国早年汉学的源起

中韩两国的文化交流自周、汉就已经开始了,在朝鲜古典文学遗产中,汉文文学占有很大比例，为方便人们学习汉语，早在朝鲜李朝初期，《老乞大》和《扑通事》就是韩国人学习汉语的必备教材。新罗人崔致远（857—?）被称为古代朝鲜汉文文学的鼻祖，他12岁入唐留学，在唐做官10年，著有《桂苑笔耕》；高丽朝人李奎报（1168—1241），人称“高丽一代无所企及者”，作为韩国汉文学史上的四大诗人之一，毕生崇拜李白、杜甫，他在《晚望》一诗中写道：“李杜嘲啾后，乾坤寂寞中。江山自闲暇，片月挂长空。”表达了对李、杜的仰慕之情。而李朝前期的文学家徐居正（1534—1591）对苏东坡情有独钟，他在《东人诗话》中写道：“高丽文人，专尚东坡，每及第榜出，则人曰三十三东坡出矣。”[6]可见两国在长期的文化互动中，你中有我，彼此难分。在朝鲜时代，中国的经书及诗文被列为必修科目，许多韩国人自幼学习汉文，都能熟读中国经书和文选。

2.2 当代韩国汉学的源起

对于欧美汉学，国内学界了解颇多，而对韩国的汉学，知者甚少，或是中韩两国长期隔绝的缘故，或是韩语少有人通的缘故，尽管韩国离中国很近。

1945年第二次世界大战结束之前，中韩两国交往绵延不断，然而由于朝鲜战争的影响，两国出现了政治上敌视、文化上割裂的局面，所以这一时期韩国有关“中国学”研究的成果很少，韩国政府只在1949年出版了译著《共产党领导的中国》。直至中国实行改革开放，韩国推行“北方外交”，特别是1992年建交之后，两国的交流与合作才全面展开。

1957年韩国高丽大学成立了亚洲问题研究所，开始了中国问题的研究，并创办了《中国学报》，该报的特色之一就是刊载用中文撰写的有关中国的学术论文。

20世纪70年代，韩国“中国学”方面的期刊主要有《中国学研究》《东洋史学研究》《中国学报》等。80年代以后，韩国“中国学”研究机构和期刊逐渐增多，此时有中国人文学会创办的《中国人文科学》、高丽大学创办的《中国学论丛》、建国大学创办的《中国研究》等刊物。中韩建交后，韩国对中国的研究超过以往，据《韩国中国学会会员名簿》统计，韩国的“中国学”学者中，有70%曾留学中国，90%会讲中文。

20世纪90年代，韩国的“中国学”研究达到了一个高潮，研究范围也在扩大，有《清末对朝鲜政策史研究》《20世纪20年代中国大学生与马克思主义》等多部专著出版。

韩国学者对韩国“三一运动”和中国“五四运动”的研究也非常重视，这方面的研究成果有：《从著名运动的角度看“三一运动”和中国的“五四运动”》《“三一运动”对“五四运动”的冲击》《韩国“三一运动”与中国“五四运动”之间的对话》等[7]。

为纪念中韩建交10周年，韩文版《人民画报》2002年在韩国汉城（今首尔）创办，创刊号刊登了《我们是永远的伙伴》，向韩国人民介绍了中国的经济、文化、风土人情等。

2.3 韩国著名的汉学机构

目前韩国的“中国学”机构主要由大学、民间和政府三部分构成，有影响力的达100多家，以研究中国哲学、文学、历史和汉语者居多。

2.3.1 韩国中国学会

韩国中国学会成立于1955年，70%的会员曾留学中国，是韩国研究中国问题最大的学会，刊登用中文撰写的论文是会刊《中国学报》（中文版）的一大特色。2000年，学会又创办了《国际中国学研究》，以中、英两种文字出版，学会还不定期与国外中国学机构开展学术交流活动。现在,韩国中国学会已发展成为最具有代表性的团体,研究领域已由最初的文史哲发展到语言、政治、经济、法律、考古和美术等多个领域。

2.3.2　高丽大学亚洲问题研究所

高丽大学亚洲问题研究所成立于 1956 年 6 月,是韩国研究中国问题最早的机构之一,所内专设一个中国研究室,刊物是《亚洲研究》,研究的课题有“中国历史史料简介”“20 世纪的中国”等,出版的论著有《中国文化革命研究》《中国的现实》《现代中国的政治与社会变动》等。

2.3.3　韩国中国现代文学学会

韩国中国现代文学学会成立于 1985 年,会员达千人之多,定期召开学术会议,刊物是《中国现代文学》,刊载的论文对中国作家作品的思想性、艺术性都有独到的见解,如:《郭沫若诗与中国革命精神》《中国现代作家的世界》等都很受读者欢迎。1994 年,为纪念鲁迅 110 周年诞辰,学会还出了特刊,刊登了《鲁迅作品中的反儒思想》《鲁迅〈野草〉的象征体系研究》等文章。

2.4　韩国现代著名汉学家

2.4.1　金俊烨

早在 20 世纪 40 年代,金俊烨就在中国投身抗日战争。1944 年,奔赴当时韩国临时政府所在地重庆,抗战胜利后留在了中国,在重庆任国立东方语专科学校韩语科专任教师,此后,他一边执教,一边在南京国立中央大学研究生院攻读中国近代史。

金俊烨是韩国当代研究中国历史的著名学者,他撰写的有关于中国的专著有《中国共产党史》《中韩古代关系史》《我与中国》《我的长征》等。北大、复旦等十几所中国大学都授予了他名誉教授称号,为表彰他在中韩文化交流方面的贡献,中国教育部于 2000 年还授予他“中国语言文化友谊奖”。

2.4.2　车柱环

车柱环在韩国文学界享有崇高的威望,1948 年进入汉城大学学习中国语文,此后在台湾大学、香港大学、哈佛大学从事中国文学研究,先后发表了《北宋怀古词小考》《敦煌词中的男女》《陶诗的鸟兽草木》等以中文写成的学术报告,是一位功勋卓著的学者。他还先后担任过韩国中国学会会长、韩国敦煌学会会长等职。车柱环每每回顾起自己的教学生涯,就会情不自禁地吟诵起中国元代散曲作家张可久《人月圆 · 山中书事》中的诗句:“兴亡千古繁华梦,诗眼倦天涯……松花酿酒,春水煎茶。”[8]

2.4.3　许世旭

许世旭是韩国当代著名汉学家、诗人、翻译家和文学评论家,高丽大学中文系教授,1963 年以《李杜诗比较研究》的论文获得硕士学位,1968 年又以《韩中诗话渊源考》的论文获得博士学位,著有中韩文学方面的专著 20 多部,论文 100 多篇,曾荣获“中国文学奖”。他说:“中文,真是一种美丽的文字,中华文化真是一种了不起的文化。”《中国文学史》是他的代表作,他是一位用中文写作的韩国作家,他用汉语撰写的《韩中诗话渊源考》是该领域的力作[9]。为表彰他为在“中国学”上的贡献,2004 年,中国现代文学馆专门设立了许世旭文库。

3 国家图书馆与韩国交换简史

3.1 建交前后交换情况

早在中韩两国建交之前的1989年,国家图书馆就与韩国议会图书馆建立了文献交换关系,而此时韩国“中国学”方面的期刊仅有《东北亚研究》《中国学报》等有数的几种刊物。当时的交换数量虽不很大,但却呈现出一种向好趋势。1992年两国正式建交,这一年,国家图书馆又不失时机地与韩国国家图书馆建立了文献交换关系,以后韩国基金会等也与国家图书馆建立了文献交换关系。由于韩国经济发展良好,出版业蓬勃向上,韩国各交换单位都能及时把书报刊邮寄给我馆,自建交之后,我馆每年都能收到韩国各馆寄来的几百册图书,包括韩国“中国学”研究十分有影响的专著,如:《孔子永生,国家兴隆》《中国社会思想史》等。

3.2 目前交换的情况

目前中国国家图书馆与韩国国立国会图书馆、韩国国立中央图书馆、首尔大学图书馆等多家单位保持着交换关系,通过交换我们每年可以得到韩国期刊100多种,另外还有近50种购买刊。2012年我馆通过交换得到韩文图书近700册,2013年则达到800多册。两国建交以来,我馆收藏韩国“中国学”图书呈上升趋势,如《从中韩关系发展看韩国外交战略调整》《胡适对韩国现代文学的影响》以及韩国20世纪60至80年出版的“中国学”图书:《中国共产党的建党历程》《中国共产党的对外政策路线》《朝鲜战争对中国共产党政治的影响》等;“中国学”类期刊:《新东亚》《事实评论》《现代中国文学》《中国之路 = The China way》《现代中国研究》《中国戏曲》《国际中国学研究》等。我们也把我国出版的几十种报刊寄给韩国各交换户,包括《中国改革》《今日中国》《中华人民共和国全国人民代表大会常务委员会公报》等。

3.3 根据对方收藏特色,满足需求

目前韩国有100多所大学与中国对口大学开设了汉语课程,并与中国大学建立了校际交流关系,而针对对方研究中国哲学、中国文学和中国历史居多这一特点,中国国家图书馆特别给对方选购了如下一些交换图书,包括《当代中国文化1000问》《中国文化博览:图文版》《法律基础》《中国古代文化史讲座》《中国文化故事》《中国传统文化概论》《京剧中国》等。另外,为了让对方更好地了解我国的国情,我们还专门给对方寄去了《解读中国梦》《中国梦不遥远》《诗画中国梦》《问道中国梦》等图书;历史方面的图书则有《明清史丛说》《中国国民性演变历程》《中国古代文学史长编:元明清卷》;小说方面包括莫言的《蛙》《红高粱家族》《酒国》等;民俗方面有《中华礼仪文化与文明北京》《传统节日与非物质文化遗产》等。

自从2004年首家“孔子学院”在韩国首尔开办以来,“孔子学院”在世界发展迅速,首尔“孔子学院”为韩国学生提供了很好的学习机会,另外韩国外语大学、仁川大学等19所大学也都开办了“孔子学院”。为了让韩国学生更好地了解中国,我们会不定期制作书目,把中国传统文化类图书寄给他们,如《百家讲坛》《话说中国》《解读论语》《行走中国》《中国文学发展史》《中国政府制度》《中国特色社会主义理论体系》等,通过我们寄去的这些图书,对方可以很好地了解中国文化的渊源、中国改革的进程、中国国情的特色等热点问题。

仁川大学“孔子学院”成立于2009年,学校经常组织有关中国文化的活动:中国绘画书法展,中国歌曲大赛、茶艺、厨艺等。根据这些活动特色,我们专门为他们挑选了《书法技巧》《中国茶道》《中国气功》《孔子长寿养生经》等图书。另外,考虑到学生的汉语水平,我们还专门为他们采购了一些我国出版的韩文图书,如:《浦东奇迹(韩文版)》《中国历史与文化(韩文版)》《儒林外史(汉韩对照)》等,我们希望通过我们的图书,能让中国文化走进韩国学生的心中,让他们通过我们的图书加深对中国的了解。

国家图书馆交换部门打算进一步扩大与韩国友好组织和图书馆界的文献交换工作,我们力争与韩国其他中国学机构建立起稳定的交换关系,进一步丰富我馆韩文“中国学”文献的收藏。

通过同韩国的文献交换,我们可以看出,国家图书馆与韩国的文献交换始于两国外交关系建立之前,可见,民间的友好往来和文化交流可先行一步,并不因双方有无外交关系而妨碍交流,中国国家图书馆几十年的文献交换工作很好地证明了这一点。另外,与一个国家的文献交换一定要本着互通有无、取长补短的原则,这样两国才能在经济和文化上形成互利双赢的结果。

4 收藏韩国“中国学”文献的意义

中华民族在漫长的历史长河中创造了灿烂的文化,同时也吸收世界各国的文化精华。几百年来,“中国学”就是外国人认识中国的一座桥梁,“中国学”的历史是中国文化与异国文化的交流史,是中国文化和外国文化撞击的结果,是中国文化在国外的延伸。

韩国从另一个角度探寻中华文化,反馈的是另一种文化背景,今天,我们收集韩国“中国学”文献,不仅是为了梳理我馆已有的韩国“中国学”资源,追踪中国文化在韩国的影响,同时也是为了探究韩国“中国学”产生、发展的过程,如此我们才能认识韩国“中国学”这块“他山之石”对中国文化的影响。搜集保护好韩国“中国学”文献是国家图书馆的责任和使命,中国是最善于吸收外来先进文化的国家,海纳百川才能成其大。

熟悉韩国“中国学”的情况,还可以帮助我们了解对方研究中国文化的深度,从而构建一个更加科学的中华文化体系,把中国文化的研究提高到一个新水平,进而使我们在对外文化交流上做到有的放矢。

几十年来,我国学者一直重视韩国“中国学”的研究成果,了解韩国“中国学”可以使我们做到“他山之石,可以攻玉”,经过我们的努力,相信我们与韩国各馆在“中国学”文献的交换上定会有一个更好的前景。

参考文献

[1] 夏维勇. 中国周边关系与边疆治理的互动:历史、模式及影响因素[J]. 云南师范大学学报,2010(3):43
[2] 权锡焕. 当前中韩文学交流和韩国汉学研究状况[J]. 湖南教育学院学报,1999(4):28
[3][6] 何寅,许光华. 国外汉学史[M]. 上海:上海外语教育出版社,2002:18
[4-5] 何芳川. 中外文化交流史[M]. 北京:国际文化出公司,2008:177
[7] 郑成宏. 当代韩国的中国历史研究50年[C]. 韩国学论文集,2005:212
[8] 沈仪琳. 车柱环——精通中国文学的汉学家[J]. 当代韩国,1995(8):79-80
[9] 凌彰. 酷爱中华文化的韩国作家许世旭[J]. 外国文学动态,2000(6):17

基于 Web3.0 思想的文献采访新模式探讨

段　俊(国家图书馆)

1　新网络环境下图书馆面临的挑战

1.1　当今网络发展特点

互联网络发展日新月异,如今正逐渐从 Web2.0 向 Web3.0 模式发展。Web2.0 也被称作社会网,因为其作用是连接人,引入了博客、社区、RSS、维基、社会化书签、社会化网络等概念。2006 年 11 月 12 日,美国《纽约时报》在刊登的一篇文章中首次提出 Web3.0 这一新概念。Web3.0 又被称作语义网,其作用是连接知识,由本体、语义查询、人工智能、智能代理、知识结点、语义知识管理等构成。Web3.0 与 Web2.0 的一个重要区别就是:Web 不再是一种数据,而是一个知识库,搜索引擎不能继续答非所问,而是必须直接回答用户的问题[1]。Web3.0 建立在 Web2.0 的基础之上,并且将实现更加"智能化的人与人和人与机器的交流"功能。

Web3.0 已经慢慢融入了我们的生活,比较成功的应用模式已经有了一些代表,例如国外的 Facebook、Eyeos、YouQS 等,国内的雅蛙网、阔地网等。综合业界对 Web3.0 特征的各种说法,笔者认为 Web3.0 应具有四个方面的主要特征,具体如下:

1.1.1　互联网内容的智能化有效聚合

Web3.0 将应用 Mashup(糅合)技术对用户生成的内容信息及精确阐明信息特征的 Tag(标签)进行整合,提高信息描述的精确度,从而便于互联网用户的搜索与整理,同时对用户产生的内容也会筛选过滤,将传统意义的聚合技术和挖掘技术相结合,创造出更加个性化、搜索反应迅速、准确的"Web 挖掘个性化搜索引擎"。智能的搜索和计算机处理技术是 Web3.0 的典型特点。

1.1.2　适合多种终端平台,实现信息服务的普适性

Web3.0 的网络模式将实现不同终端的兼容,从 PC 互联网到 WAP 手机、PDA、机顶盒、专用终端等,不只应用在互联网这一单一终端上。

1.1.3　良好的人性化用户体验

Web3.0 以人为本,将用户的偏好作为设计的主要考虑因素。用户可以自己对网站门户进行设定以满足他们的个性化需求。

1.1.4　有效和有序的数字新技术

Web3.0 将建立可信的 SNS(社交网络),可管理的 VoIP(Voice over Internet Protocol)与 IM(Instant Messaging),可控的 Blog/Vlog/Wiki,确保注册信息的可靠和有效,并使传播的信息可信度高,实现网络信息的有效和有序。

1.2　用户的变化和图书馆面临的挑战

图书馆作为文献资源聚集中心,历来都承担着"知识宝库"和"信息中心"的作用。但随

着互联网的发展,用户对图书馆的依赖性逐渐降低。早在 2005 年 OCLC(Online Computer Library Center,联机计算机图书馆中心)的《对图书馆与信息资源的认知:给 OCLC 成员的报告》就显示,有 84% 的被调查者首选搜索引擎开始他们的信息检索,并认为搜索引擎比图书馆辅助搜索有更高的质量、更多的数量和更快的速度。由于网络时代的用户普遍具有较高的检索能力和信息素养,用户并不完全依赖于图书馆去获取信息,Web3.0 将进一步改变用户获取信息的方式、行为以及上网习惯,Web3.0 最终将取代网址导航类、门户新闻类网站等一大类的网站,而改由用户自己选择其关注的方向,从而节约时间并获取较为精准的知识。Web3.0 不仅仅是用户交流的平台,是用户知识共享的平台,也是用户更加喜欢的平台[2]。传统的图书馆 OPAC 独占文献信息检索的局面被众多网络搜索引擎和社会网站挑战。

同时,由于 Tag、Agent 等技术的发展,Web3.0 时代将会出现各种高度细分领域的平民专家,图书馆的竞争者不仅来自文化信息产业,还会来自很多其他行业,图书馆将进一步失去组织信息的独有优势。

因而,在 Web3.0 时代这种竞争日益激烈的环境下,图书馆要对自身的发展和价值进行重新定位。图书馆不再只是信息的储存中心,而是根据读者需求提供综合化服务的平台。用开放包容的管理理念,应用新技术、构建新模式、开展新业务、迎接新挑战。伴随着互联网的发展,在国内图书馆界“图书馆 2.0”和“图书馆 3.0”的研究也成为一种潮流,但此类研究多数面向信息服务,若图书馆的文献资源建设不能同步发展,则会形成“重服务,轻业务”的局面。业务是服务的基础,只有从源头上抓起,在基础环节实现 2.0 和 3.0 的模式,才能真正地实现图书馆的 2.0 和 3.0,为用户提供及时、便利的信息。

2 图书馆文献采访工作的现况和问题

目前,多数图书馆的文献采访模式主流上还是图书馆 1.0 时代的传统模式,在这样的模式存在着一些问题。

2.1 “图书馆学五定律”理论与现实的差距

依据著名的阮冈纳赞的图书馆学五定律,图书馆的理想状态是“每本书有其读者,每个读者有其书”。然而在现实中,图书馆的文献利用率一直都遵循“二八定律”,即“20% 的馆藏图书就能满足 80% 的读者,而 80% 的馆藏仅能满足 20% 的读者”。这说明图书馆一直存在着资源利用上的“长尾”,有 80% 的资源由于种种原因而不能被用户发现和重用,文献利用率偏低。随着信息化时代的深入,长尾理论的影响还在不断地扩展[3]。由于信息的内容和形式都日趋丰富,而用户的阅读倾向日趋个性化、群体也渐趋边缘化,如果图书馆对读者需求了解得不够及时、准确,就会更难满足读者的需求,而同时还会有很多馆藏并没有读者借阅,造成图书馆资金和资源的浪费。

2.2 传统采访模式“访”得不足

在国内传统的图书馆工作模式下,从事信息服务的人员和从事文献采访的人员是不同的工作人员,而采访人员几乎都在后台工作,极少与读者接触,图书馆的文献采购主要以采访人员的意愿为中心。采访人员在了解读者阅读倾向、信息需求时,常常采用的都是间接的方法,如向流通阅览和参考咨询部的同事了解,通过少量的读者推荐单或电子邮件交流,再就是通过问卷调查、座谈访问或者分析读者的借阅数据来掌握其阅读需求情况。这些调查方法,往往不够及时,又缺乏普遍性。对于图书馆的潜在用户的需求情况更是难以了解,难以快捷反应。

以往虽然部分图书馆尝试建立专家选书委员会或读者荐书系统辅助图书采访,但能给采访馆员提出选购意见的专家或普通用户往往接触新出版信息很少,而且也没有太多精力关注出版信息,获得的推荐数量很有限。同时,目前读者推荐采购文献也存在一些问题:第一,信息不准确;第二,不了解是否已经有馆藏;第三,重复推荐,采访馆员需要花大力气去查重、去重、甄别和补充完善文献信息才能发订;第四,对于已经绝版或者市场上不能够买到的文献还要做好解释工作,通过邮件等方式答复,也占用一定工作时间。

除此之外,有些图书馆想要建立读者数据库调查需求又担心承担个人信息泄露的风险[4],也阻碍了图书馆对用户的了解。

2.3 文献出版信息获取时间较长

目前图书馆采访人员获取文献出版信息多数从书商获取整理加工过的信息报道,书商通过人工方式对出版社的信息进行选择、整理分类,以纸本的形式发送给图书馆,因而文献出版信息获取时间长,不够快捷。

2.4 目前 2.0 技术在文献采访相关领域的应用

在 Web2.0 的信息环境下,先进的网络技术 Wiki、RSS、BLOG、微博、IM、虚拟社区等为大范围开展读者需求调查工作提供了相对便捷的交流平台。文献采访人员可利用 Web2.0 里的 Blog 和微博的开放共享性建立相关的群,通过网络直接、实时地与读者增加交流并收集读者的需求信息。

图书馆图书文献资源建设在观念上也在从“以资源为中心”向“以用户为中心”转变,进一步重视读者的参与和个性化需求,邀请读者参与文献资源建设,如国内许多高校图书馆现在提供网络荐书操作平台[5]。

美国有一些图书馆用 Blog 发布资源建设,主要包括书目检索、书籍推荐及交流、图片报纸资源和网络在线资源,如特拉华州立公共图书馆的 Catalog Blog、阿肯色州立公共图书馆的 For the Book: Book Club 及密西西比州立图书馆等[6]。

可以说,如果把这些文献采访领域内“开放、互动、参与”的理念和方法统称为采访 2.0 模式的话[7],则采访 2.0 为图书馆的采访人员带来一些新的工作发展契机。观念的更新和新技术的尝试运用为图书馆采访工作提升了质量,但尚未带来革命性的变革。

3 文献采访 3.0 理念的树立

随着网络技术的进一步发展,在图书馆学研究领域,很多人已经提出了图书馆 3.0 的概念,如果将图书馆 1.0 的精神用“提供”、图书馆 2.0 的精神用“参与”来概括的话,图书馆 3.0 的精神是“引导”[8]。图书馆 3.0 增加了引导和高度智能化,核心理念是“广泛参与、积极引导和高度智能化”。有些研究者把图书馆 3.0 的理念停留在虚拟馆藏服务领域,这一理念并不仅仅适用于虚拟馆藏领域，我们也可以尝试应用到传统文献领域。随着信息时代的深入，用户的阅读倾向日趋个性化，现有的图书采访模式将更难满足新时代用户的需求并获得用户的重视。图书馆只有在采访2.0的基础上，进一步利用3.0的理念和技术，开辟更加智能化的文献采访3.0模式，才能获得用户更多的关注，更精准、更快捷地满足用户的需求。

Web3.0跟Web2.0一样，主要不是技术的创新，而首先是思想的创新，进而指导技术的发展和应用。对于图书馆来说，也同样是首先要有思想的创新。Web3.0技术具有自由、开放、共享、互动、人性化、智能化等特点，而这些特点正好与图书馆的服务宗旨相一致，借鉴Web3.0可以完善图书馆理念。面对Web3.0信息环境的挑战，如果图书馆不及时主动改变自己的工作方式以适应新时代用户的信息行为变化，图书馆就会被社会逐渐疏远。图书馆文献采访工作要抓住机遇，在“广泛参与、积极引导和高度智能化”理念的前提下，采访人员承担起引导图书馆用户积极参与到文献资源建设中的责任，把图书馆用户放到文献资源建设的中心位置扮演主要角色，让用户来决定采购哪些文献资源，充分发挥文献资源的实用性。采访馆员要充分发掘使用更智能化的技术，扮演好擅长发现和管理新文献信息的管理员，每位采访馆员最好形成自己的特色并被图书馆用户关注和“收藏”。采访馆员可以引导图书馆用户，让他们能方便地获取新的文献出版信息，并及时地反馈给采访馆员自己对哪些信息更感兴趣希望能从图书馆获取。

随着3.0时代的到来，读者不仅是文献资源的使用者，同时也是文献资源的建设者和创造者，更是图书馆事业发展的合作者和顾问。由于读者决策的比重大大增加，按照读者的需求来订购图书馆文献，也使得文献资源建设和为读者提供信息服务的界限更为模糊，为图书馆开创融文献资源建设和服务于一体的新模式。

4 用新的技术打造文献采访3.0模式

在文献采访3.0理念的指导下，可以利用Web3.0的环境提升图书馆信息收集和服务的能力，构建更加个性化、人性化和智能化的网络服务平台，使图书馆嵌入到读者的生活中，跟上时代发展的节奏。目前Web3.0的发展刚刚起步，尚没有太多明确成熟的Web3.0技术，但Web3.0实际上本身就是理念的发展重于技术的发展，基于这一思想，笔者进行如下的尝试。

4.1 以RSS搜索引擎为例构造文献采访3.0模型

以往有研究者提出，图情领域对Web2.0里的技术RSS(简易信息聚合)的使用需求较大[9]。RSS具有格式规范、信息量大的特性，也有能按类聚合、自动更新、在多种终端上方便使用的优点。它的订阅方式也有很多，比如用浏览器、在线阅读器、电子邮件订阅等。更重要的是，近些年应运而生的RSS搜索引擎具备了Web3.0的特征，它可以让用户不必登录其他网站就收集自己感兴趣的各网站RSS信息，还便于提供分类聚合后的个性化的服务，它的更新时间更短，而检索的速度和效率更高，使服务的实时性大大增强，具有高度准确性、动态聚合机制和高效率、高速度的搜索特点[10]。

目前，国内外的许多图书馆也使用了RSS，主要用于发布消息和介绍新的电子资源或纸质文献动态，如耶鲁大学、杜克大学、上海大学、清华大学的图书馆；还有美国的州立公共图书馆,如密歇根、内华达、北卡罗来纳和南卡罗来纳等。也有的还可为读者用 RSS 订阅有关的图片和事件以及音乐等,如美国的佛罗里达和弗吉尼亚州立公共图书馆。

经笔者调查了解,RSS 资源在文献信息领域也大量涌现,国外不仅很多商业数据库可以通过订阅 RSS 获得期刊最新内容通报,很多出版社也提供 RSS 格式新书书目信息。采访馆员如果利用 My Yahoo、CtrlQ、Search 4 RSS、RSS Micro、鲜果、抓虾等一些网站提供的 RSS 搜索引擎功能,就可以方便的获取即将出版的新文献信息。举例说,进入美国搜索引擎网站 http://ctrlq.org/rss/后,输入牛津大学出版社的网址,就可以检索出该出版社发布的各类 RSS 信息,如果选取其中法律图书信息中的环境法类书目 RSS,点击订阅按钮,当该类内容有更新时,就会自动下载入电脑,用户随时可以查看。如果需要进一步精确的信息,还可以在搜索引擎页面中“显示”栏里输入关键词,则只显示与关键词相关的书目信息。

4.1.1 RSS 读者决策采购系统模型的流程

以现有的 RSS 资源和技术为基础可以为图书馆用户创建 3.0 模式的 RSS 读者决策采购系统模型,在这个模型中,采访馆员订阅各出版社或者代理书商、数据库出版商的 RSS 文献信息,根据读者的潜在需求推送 RSS 文献信息,读者给予订购反馈。

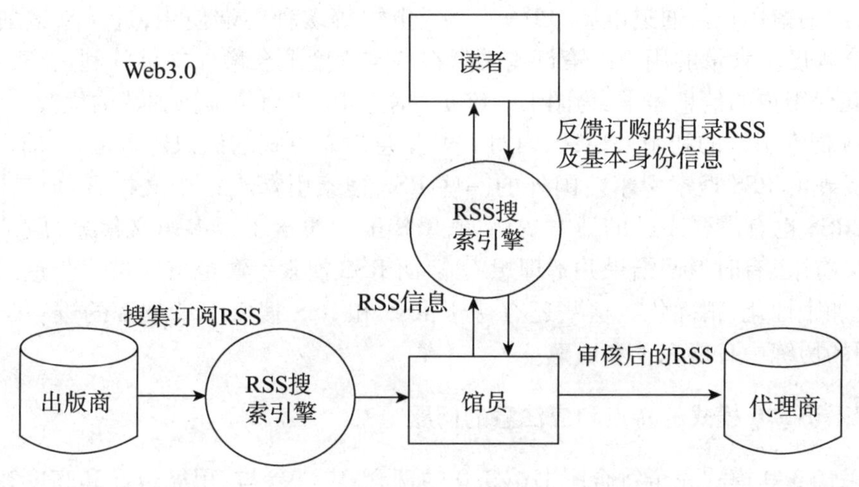

图 1 RSS 读者决策采购系统

4.1.2 RSS 读者决策采访系统应具有的功能

(1)采访馆员根据自己的分工,从传统文献出版商或数据库出版商那里订阅、搜集符合本馆要求的新出版文献的 RSS 信息,可以是图书书目,也可以是数据库、音乐、语音、视频等电子资源信息,按照设定的时间间隔自动更新。

(2)读者在自己喜欢用的界面查看或订阅采访馆员推送的新的文献 RSS 信息。读者可以根据自己的习惯和喜好选择不同的界面和不同来源的 RSS 阅读器。既可以是图书馆设计的“我的图书馆”界面,也可以是其他的有 RSS 搜索引擎功能的个性化 Web3.0 网络界面,例如国外的 Netvibes、Pageflakes,国内的雅蛙、阔地等,也可以是个人桌面上的 RSS 在线阅读器。RSS 信息可以自动下载到用户的终端,对于没有使用个人电脑等终端的用户,图书馆可以提供注册并让用户添加自己想要订阅的关键词,利用这些关键词为这个用户自动聚合成一个页面,不必直接访问 RSS 源。

(3)读者可以对搜索到的 RSS 中感兴趣的信息进行反馈,选订文献资料或者给出评价留言,连同个人的读者卡号信息一同反馈给图书馆。目前的网站 Feedster 就有类似的 RSS 反馈功能,可以借鉴。

(4)自动审核给出反馈意见的读者的身份,这一点不存在技术难题,目前的许多荐书系统都可以实现,在 Web3.0 的环境里更是成为必须。

(5)对于读者选中的目录,系统能够自动查重,采访馆员审核合格后优先订购,对多人选中的文献适当增加复本。目前清华大学图书馆的读者荐书系统已经可以实现自动查重这一功能。

(6)订购完成后自动通知选择订购的读者,决策购书的读者有优先预约权,选择同一文献的读者可以按照顺序预约。

4.1.3 RSS 读者决策采购系统的特点和发展方向

利用 RSS 信息发布具有时效性强、成本低、能主动推送的特性。从用户的角度看,不需要花费太多的精力就可以在自己喜欢的界面看到自己关注领域内的新的文献信息,在通过精确查找确定后,就能传递给采访馆员,大大节省了用户获得新的文献信息的时间。从馆员的角度看,不必经常特意调查了解用户就能“访”到读者的精确需求,而且是准确的可订购的文献信息。智能化的系统操作也进一步节省馆员的时间。而且由于 RSS 搜索引擎可运用于多种终端,图书馆用户可通过电脑、PDA、手机、电视等多种终端使用,进一步增加用户与图书馆的融合程度。大量的用户决策订购文献在一定程度上会增加文献的利用率,更快捷、准确地满足现代用户的信息需求,为图书馆维护“信息中心”地位提供独特的优势。

就 RSS 搜索引擎的利用来说,国内对 RSS 信息发布方式的认识还不足,目前中文搜索引擎中鲜有成熟的 RSS 搜索引擎。国外的一些 RSS 搜索引擎支持中文检索,但是网速较慢。除此之外,RSS 也有需要改进的地方。例如,RSS 虽然包含了很多语义信息,但是目前的自动分类含义有限,有时返回结果并不理想[11]。而 RSS 搜索引擎也可以进一步追踪用户的行为特征,更加个性化、精确化。这些还有待于 RSS 和 RSS 搜索引擎技术的进一步规范和改进,在应用的历练中日臻完善和成熟。

4.2 文献采访 3.0 模式的特点和应注意的问题

文献采访 3.0 模式完全符合图书馆 3.0 的理念:广泛参与、积极引导和高度智能化。采访馆员的一个重要作用就是吸引更多的用户关注和参与本馆的文献资源建设,把解决用户的信息需求和文献资源建设融为一体。相对于以往的采访模式来说,除了用户参与的广度和深度增加之外,也用更智能化的方式更快捷、准确地把握和满足用户的需求,把用户摆在更重要的位置,预测并紧跟用户利用信息的新方法新习惯,用户在哪里,采访馆员就把信息传递到哪里。馆员在“引导”的过程中要关注用户体验,通过了解用户的感受来设计和调整工作的界面、流程等细节。

需要注意的是,尽管 Web3.0 强大的沟通平台可以让读者在文献资源的建设过程中扮演重要的角色,采访人员还是要充分发挥专业人员的“引导”作用,从向用户定向发布信息开始,指导用户在参与采购的同时无形中遵从本馆的采访规则,确保文献符合本馆基本的采访方针。

此外,要满足“书是为了用的”的原则,除了增强文献当前的实用性之外,采访馆员还要兼顾考虑将来后人长远的使用需求,根据各图书馆的类型与特点处理好两者的关系,全面发挥图书馆的职能。

5 结束语

Web3.0 尚处于起步阶段,它也是在顺应人们需求的基础上逐步发展的,还缺乏更多更成熟的网络和新技术。随着 Web3.0 的深入发展以及用户与图书馆员的转变,可能会有更多或者更好的文献采访 3.0 模式出现。而且可以相信,随着 Web3.0 的进一步发展,如果图书馆员紧跟时代的步伐,在图书馆的各个领域都适应时代的发展和需求,必将继续在信息服务领域大放异彩,而新技术利用率的提高也将会促进相关信息和技术的进一步发展。

参考文献

[1] 黄润. Web 3.0 及其对图书馆的应用展望[J]. 图书馆学刊, 2009(6): 101 - 102

[2] 董玉萍,王翠萍. Web3.0 环境下隐性知识外化研究[J]. 图书馆学研究, 2010(11): 1 - 14

[3] 朱必云,周凤飞,冉东贤. Web3.0 环境下的图书馆全面服务[J]. 图书馆论坛, 2010(2):59 - 61

[4] 朱硕峰,宋仁霞. 外文文献信息资源采访工作手册[M]. 北京:国家图书馆出版社,2014:67

[5] 刘丽静. 高校图书馆读者网上荐书的调研与思考[J]. 图书馆杂志,2012(6): 53 - 55

[6] 司莉,谭仪,邢文明等. Web2.0 技术在美国州立公共图书馆应用的调查与分析[J]. 情报科学,2011(7):1036 - 1039

[7] 段俊. 图书馆 2.0 时代的图书馆采访 2.0[C]//国家图书馆外文采编部. 数字时代的文献资源建设——第四届全国文献采访工作研讨会论文集. 北京:国家图书馆出版社,2012:131 - 134

[8] 吴汉华,王子舟. 从“Web3.0”到“图书馆 3.0”[J]. 图书馆建设, 2008(4): 66 - 70

[9] 季颖斐,高海峰,倪代川. RSS 信息聚合技术在高校图书馆工作中的应用[J]. 情报科学,2007(5): 759 - 800

[10] 张立彬,杨军花,翟春红等. 基于 RSS 的搜索引擎技术及其发展趋向探析[J]. 情报科学,2009(2): 183 - 189

[11] 肖莉. 论 RSS 聚合技术对竞争情报工作的影响[J]. 图书情报工作, 2007(4):128 - 131

国家图书馆接受西文赠书工作的现状、问题与对策

——以2008—2014年西文赠书工作为例

贺　佳(国家图书馆)

接受图书捐赠是近现代图书馆建设和文献资源体系建设重要的组成部分之一,国家图书馆非常重视图书的捐赠活动,接受社会各界捐赠图书已有百余年历史,并且从未中断过。馆藏文献中诸多珍贵的中外文图书和古籍文献资源都是通过社会捐赠的方式获得,而国内外作者、藏书者、出版者、读者及各界友人也都乐于将私藏图书捐赠给图书馆,以实现图书和知识的长久保存和再传播。一直以来,国家图书馆都设置专人来接受图书的捐赠工作。

1　西文赠书的特点

国家图书馆的外文文献资源建设有图书缴送、购买、接受捐赠和交换等多种渠道,其中接受国外赠书成为重要手段之一,这些国外赠书对图书馆的外文文献资源建设具有举足轻重的作用。

国家图书馆的西文赠书既具有捐赠活动的普遍特性,也有其不太一样的地方,总的来说可以归纳为以下四点:

(1)偶然性与随意性:赠书完全是按赠书者的个人意愿决定的,他们不了解国家图书馆的馆藏特点、建设职能及读者需求等情况,捐赠团体或个人的随意性非常强。

(2)间断性与不连续性:有的团体和个人赠书是经过长时间的积累与收藏的文献,并且是一次性赠送给图书馆,从短期来看具有一定的整体性,但从连续性资源的整体结构来看却是不完整的,而且更多的赠书是间断的偶发行为,其内容也是不连续的。

(3)多样性与广泛性:因为捐赠图书的国内外团体与个人来源广泛,他们从事、研究的学科专业各不相同,其图书来源也不尽相同,所以赠书内容具有多样性与广泛性。

(4)学术性:来到国家图书馆的赠书者多为各专业机构或各个学科的专家,他们赠送的图书学术价值较高、学术性较强,具有比较重要的收藏价值。

这些特点一方面决定了捐赠文献的内容和结构,另一方面也会影响图书馆接收和处理捐赠文献的时效、方法和结果,进一步影响图书馆赠书的传播与社会功能。

2　国家图书馆接受西文赠书工作基本情况

以2008年到2014年为例,国家图书馆接受团体及个人捐赠西文图书的工作取得了长足的发展。

2.1　接受团体赠书

团体主要包括国家机关、企业及文化事业单位、全国各大院校、科研机构、各国驻京大使

馆、出版社及协会和基金会。

2.1.1 国内科研机构和专家赠书

国家图书馆接收的大量西文赠书都来自国内各科研机构，如中国社会科学院、天津南开大学经济研究所、中科院数学与系统科学研究院、北京交通大学经济管理学院、山东大学旅游管理学院、四川大学工商学院、兰州商学院、对外经济贸易大学国际关系学院等，他们捐赠的西文书多为各自专业学科的相关学术型图书。其次，各大学校的老师及学生会主动将自己多年的科研成果和出国参加学术会议时得到的会议论文集赠送给图书馆，如北京中经盛山文化交流有限公司曾赠送2009—2010出版的论文集。

2.1.2 外国驻华使领馆和社会团体

一些国家的驻华使领馆及社会团体、协会以文化交流为主诉，常常主动向国家图书馆赠书。近年来向我馆赠书的各国大使馆包括意大利、法国、比利时、巴西、西班牙、阿塞拜疆、厄瓜多尔、马其顿等。2014年，厄瓜多尔大使馆向我馆先后两次赠书共计254种254册。

德国歌德学院、德国图书信息中心在2010—2013年间共赠送我馆图书1800余册，曾于2013年一次性捐赠1288种1298册德文图书，其中90%是科技类图书，极大丰富了我馆德文20世纪90年代的科技类藏书；日本文学出版交流协会（JLPP）也向我馆赠书30余册；墨西哥文化中心赠送西班牙语图书56种、65册。

2.1.3 外国学者

一些国外大学研究中国文化或中国文学的外国学者也十分乐于向我馆捐赠他们的研究成果和私人藏书，例如西班牙大学哲学系教授、比利时鲁汶大学学者、意大利中国文献学研究员毕罗、斯洛伐克科学院东方研究所黑山女士等。他们捐赠的图书中有不少个人研究老子《道德经》、孔子儒家思想、中国文学名著等中国文献的成果或译著。一位来自德国的学者曾在北京外国语学院进修、讲学，并将自己翻译出版的德译《红楼梦》赠送给了我馆。

2.2 接受个人赠书

国家领导人、社会知名人士、作家、各界学者（包括桥梁专家、矿业专家、农业学专家、教育学家、海外爱国学者和收藏家等），他们在其晚年或者逝世后，本人或委托其家人将其珍藏的文献或编著的文献，赠送给国家图书馆。

2.2.1 国家领导人赠书

2010年6月22日，当时正在澳大利亚访问的国家副主席习近平在堪培拉出席了向澳大利亚国立大学中华全球研究中心赠书仪式。回国后，习近平把《澳大利亚人物辞典》（Australian Dictionary of Biography）5种22册图书赠予国家图书馆。

2.2.2 社会名人赠书

毛泽东和周恩来的英语翻译唐闻生女士曾于2014年向我馆赠书。唐女士历任《中国日报》副总编、中国铁道部国际合作司司长、中国侨联副主席等职，是新中国外交界最优秀的英语译员之一，是新中国第一位联合国副秘书长唐明照先生和张希先女士的千金。她的母亲张希先女士曾经是燕京大学未名湖畔“最漂亮的姑娘”，参加过“一二·九”爱国运动，后来又在美国哥伦比亚大学攻读硕士学位，学成之后成为一名儿童教育事业的推动者。唐闻生把其母当年在美国留学时的一些文献——共计106种110册幼儿教育及幼儿护理类的图书，都捐赠给了国家图书馆，非常珍贵。

2013 美国佛光出版社赠送我馆星云大师的著作共计 168 种 169 册。佛光山开山宗长星云大师创建佛光山，以弘扬“人间佛教”为宗风，树立以文化弘扬佛法、以教育培养人才、以慈善福利社会、以共修净化人心为宗旨，致力于推动佛教教育。这次捐赠的这些西文图书涵盖了星云大师的人生观、财富观、爱情婚姻观、家庭教育观、人际交往观、成功励志观等诸方面。星云大师的《释迦牟尼传》《星云禅话》《迷悟之间》丛书等都在其中，十分难得。

2.2.3 爱国华人和学者赠书

旅美爱国华人医学博士欧阳士端先生向我馆赠书《南京大屠杀——历史的见证》(*The Rape of Nanking*:*An Undeniable History in Photographs* /Shi Young, James Yin; Foreword, Desmond M. Tutu ; Preface, Ying-shih Yü; Editors, Ron Dorfman, Shi Young)。欧阳士端博士 1931 年出生，祖籍福建安海，在美国的芝加哥和纳施华行医。1998 年欧阳士端医生第一次在纳施华州立图书馆见到中英文兼备且图文并茂的《南京大屠杀》当即买下此书，同年 11 月赠予中国国家图书馆。回国后，欧阳士端博士在美国开始大量购买此书，才发现这本书已经绝版。他经过多方奔走，终于联系上该书的作者尹集钧及史咏等，而后购买此书的版权，并开始着手印刷。同时在各方力量的支持下，展开了一连串的募捐活动。在纽约中华公所、热心社团和爱心旅美华侨的通力合作下，首先赠送给参加联合国的 193 国代表，使二战期间日军在中国惨无人道的暴行暴露无遗。2010 年 8 月，在抗日战争胜利 65 周年之际，此项赠书活动以赠送了近 1 万册。欧阳士端博士说，他将继续向所有公共图书馆和各家媒体赠书，希望能达成大众传播的功效。

2.3 获捐古籍善本

国家图书馆的馆藏文献中诸多珍贵的西文古籍文献资源也是通过社会捐赠的方式获得的。2014 年，接受法国文化中心多媒体图书馆赠送的古籍善本 4 种 5 册。其中题为 *Catalogue of Chinese Printed Books*, *Manuscripts and Drawings in the Library of the British Museum* 的图书为大维德爵士(Sir Percival David)所藏中国陶瓷图录，由霍布森/霍蒲孙(R. L. Hobson, 1872—1941)编著。大维德爵士是英国著名古陶瓷收藏家，伦敦大学大维德基金会便是以其名字命名。此书曾被收录在 2001 年出版的《中国国家图书馆外文善本书目》。全书精选大维德爵士所藏中国宋至清代陶瓷 240 余件，珂罗版精印彩色及黑白图版 180 幅，其中刻御题诗陶瓷 18 件、古月轩珐琅彩瓷 8 件，其收藏源自盐业银行所抵押清宫瓷器 27 件，源自北京颐和园瓷器 1 件，其余标明出自中国、日本及欧美收藏家瓷器多件，内有端方藏瓷 1 件，沈吉甫藏内详细的器物说明，皆由大维德爵士亲自编写，而书内所选多件带有款识的资料性瓷器，表明大维德爵士对中国文物研究的学者风范，为研究大维德基金会所藏瓷器最重要之文献善本。

2.4 2008 年至 2014 年赠书统计

表 1 2008—2014 年国家图书馆接受西文赠书一览表

年度	数量(种)	数量(册)	金额(估价)
2008	369	378	37 560.00
2009	536	538	65 293.29

续表

年度	数量(种)	数量(册)	金额(估价)
2010	490	512	53 857.31
2011	250	263	23 971.00
2012	388	405	30 800.00
2013	782	815	71 992.00
2014	1285	1299	169 175.79
合计	4100	4210	452 649.39

如表所示,2008到2014年,国家图书馆接收的西文赠书在数量上明显增加,尤其是近两年获得了德国图书信息中心、唐闻生女士、星云大师等一次性大量赠书,数量大幅增长。除数量上涨外,文献内容也更加广泛,经济、文化、哲学、宗教、科技、教育等品类繁多;西文赠书以英语为主,但也不乏许多购买途径保障力度不够的其他西文小语种文献,如德语、法语、西班牙语、意大利语、希腊语、荷兰语、瑞典语、土耳其语等。这从另一个侧面反映了这几年我国的政治、经济、文化等各方面发展愈来愈受到全世界人们的关注并成为研究对象和国际文献、知识交流的重要一员。

3 西文赠书的现状及问题

刘光宏在《论赠书的质量管理》一文中提到赠书质量筛选应遵循五条标准,即赠书的层次标准、范围标准、年代标准、复本标准、外观标准。如果用这五条标准来衡量我馆西文赠书,的确问题较多。

3.1 复本问题

首先,图书复本问题是一个不以采访人员意志为转移的常态问题。捐赠者在赠书之前往往不会考虑图书馆的馆藏范围和标准,更不会提前确认馆藏复本情况,他们往往认为年代越久的图书就越珍贵。例如,许多20世纪留苏的老专家每次赠书,都为我馆捐赠列宁选集、斯大林选集等,但我馆这类书籍其实已经饱和。

3.2 外观标准

其次,一些图书年代久远纸张破损、缺页,无法较好的保存和流通,而且一些少于50页、尺寸在15cm以下的图书原则上国家图书馆是不宜入藏的。这些问题如果不能较好地向捐赠者进行解释,所赠图书不能得到及时处理,便会造成书库资源浪费等更多问题。

3.3 范围质量

另外,图书馆的馆藏职能和收藏范围也直接影响赠书入藏的质量。有些科技图书年代久远,内容技术早已过时,跟不上现在飞速发展的经济、科技、能源等各个领域的知识理念,作为技术应用类图书已不适合入藏;有一些非正规出版物,包括自印图书,既在装帧外观上难以达到正常图书的要求,也给图书馆编目员制作馆藏数据带来一定难度。所以赠书活动能否健康持续地发展,在很大程度上取决于赠书的质量,如果对赠书的质量问题不加控制,赠书的社会声誉就会逐渐下降,广大赠书者的热情无私奉献与积极性就会严重受挫。

4 西文赠书工作管理的方法和策略

赠书管理是一项具有重要意义但又很有挑战性的工作,目前我馆设专人管理接受赠书工作,并制定了详细、完整的赠书工作条例,入藏图书的标准以及处理方法。但由于赠书具有不确定性因素,所以用一般日常性采访工作规范来衡量赠书工作,不具有指导意义。笔者根据多年的总结和思考,认为可以从以下几个方面,利用数字图书馆的技术和手段来建立起一套相对行之有效的科学管理西文赠书的工作方法和策略。

4.1 建立严格的图书甄别及筛选工作,保证赠书质量,控制复本

香港公共图书馆的"图书馆资料采购政策"就明确指出:捐赠的资料必须符合该馆既定的标准,并能加强现有的馆藏。不接受残破资料(珍本除外)、盗版资料和版本已过时的科技书的捐赠。国家图书馆也制定了文献选择入藏的原则,即捐赠文献按馆定文献入藏标准和实际需要的复本数量甄别入藏,超出入藏范围的文献一般不再接收入藏,或奉还捐赠者本人,或经捐赠者同意转赠给其他文献使用单位。

传统的西文图书赠书,会由专人负责回信回函以表示感谢,信函以及捐赠证书的格式都非常正规,有文献名称、捐赠者、捐赠时间,且每本证书都有相对应的赠书编号,这样严谨的赠书管理方法一方面表示出国家图书馆对于赠书事宜的规范程度,另一方面也体现了作为"受赠方"的国家图书馆对于捐赠者的尊重和感谢。笔者认为还可以把个人赠书较多者、社会影响重大者或者名人赠书及团体赠书载入本馆档案和大事记,还可以把赠书和文献交换结合起来,互有所长,互为所补,把赠送的复本图书进行交换,以获得我馆所需的图书。

4.2 利用 IT 技术,搭建网络平台,积极宣传赠书工作

随着数字图书馆理念和技术的发展,我们应该利用国家图书馆的数字化宣传平台和手段进行赠书展示,宣传赠书成果。比如说可以在图书馆官方微博主页上专门设立一个"图书捐赠展示"页面,或者做一些相关的赠书专题,专题内容可以包括捐献者的姓名、捐赠图书名称、相关内容介绍等。在网络环境下,要依赖我馆的主页宣传,利用网络不仅可以使赠书信息渠道通畅,赠书者的消息及所捐赠的图书的名录可以公布于众,促使赠书业务更加制度化、规范化。加强对捐赠人或者团体的宣传,除了颁给他们国家图书馆的荣誉证书,还可以在网站大力宣传个人事迹及团体的历史与背景,让更多的人了解,从而对周围人群产生影响。

笔者认为随着时代的进步,图书馆的西文赠书管理工作也要不断进步,利用 IT 技术手段,比如博客、微博、微信等社交网络平台积极宣传相关赠书事宜,在社会上形成良好舆论,让大家支持和理解相关工作的开展,图书馆赠书工作在不添加额外人力、物力的基础上,会在 IT 技术的促进下取得事半功倍的效果。

4.3 "访"字上下功夫,积极扩大西文赠书渠道

事实证明,赠书工作不只是被动的接受,赠书行为的互利性又赋予了赠书接收工作较强

的主动性特征。这就要求我们不断更新观念,采取切实措施,将被动转变为主动。图书馆如果想得到更多适合自己馆藏特色的西文图书,就不能被动地等待,而应主动地去联系。图书馆要主动和个人捐赠者、团体捐赠者建立友好的关系,不要做一锤子买卖的事,要主动出击,积极密切地联系,广泛吸纳捐赠行为。例如与国内外文化机构、慈善单位、知名人物主动联系,在日常工作中我们可以留意媒体新闻或者通过网络收集国外文化机构或知名人物有关赠书的信息,国外许多文化机构因为各种原因会将自己的藏书赠送给有需要的相关单位,这些信息会通过其网络主页进行宣传,我们可以通过邮件与对方取得联系,建立良好的关系,并告知我们的需求,希望对方赠送图书。总之,在采访工作的"访"字上下功夫,积极组织相关团体、相关机构、相关活动的赠书工作,能够用最少的资源和精力谋求最大的收益,不断完善馆藏文献质量和数量。

5 结语

总之,外文赠书工作是国家图书馆的外文文献建设的重要手段之一,只有充分认识此项工作的重要意义,才能在日常工作中有的放矢做好相关工作,尤其是在数字图书馆到来的今天,可以借助IT技术优化和进一步完善相关工作,为读者赠书工作开辟新渠道和新方法。

参考文献

[1] 刘光宏. 论赠书的质量管理[J]. 图书馆学研究,1998(2):16-19
[2] 黄宗忠. 文献采访学[M]. 北京:北京图书馆出版社(今国家图书馆出版社),2001

新闻单位图书馆的特色馆藏建设及特色服务探究
——以人民日报社图书馆为例

何　宇(人民日报社图书馆)

1　概述

《人民日报》是中共中央机关报,是中国共产党的喉舌,是中国第一大报,是新闻宣传战线上的表率,被联合国教科文组织评为世界上最具权威性、最有影响力的十大报纸之一。同样,人民日报社图书馆也是全国新闻单位中规模最大、馆藏最丰富、管理最为规范的图书馆。我馆自《人民日报》创刊之日,历经无数报人及图书馆工作人员60多年的不懈努力,目前,馆藏中、外文纸质书、报、刊100多万册;截至2013年年底,电子资源数据量也已达9TB,为《人民日报》的版面宣传及新闻从业人员进行专题业务研究提供了大量有价值的文献信息资料服务与支持。

近年来,随着信息及数字化技术的发展,各种外部因素对图书馆的影响逐渐增强,并以不同的方式突显出来,从而引发人们对数字时代新闻单位图书馆生存及发展问题的理性思考。尤其在人民日报社这样的新闻单位,它的主体是新闻报道,它的特点是新、奇、快,又因其独特的政治地位,使其具有极强的导向性。而图书馆作为提供文献、信息资料的服务性机构,在数字化、网络化高速发展的今天,是否有存在和发展的必要,应以什么样的方式存在,它的馆藏结构、馆员素质、服务项目、服务水平等应该是什么样的等问题,成为人民日报社图书馆全体工作者急需正确面对和思考的一大课题,同样也是全体新闻单位图书馆需要解决的问题。

2　新闻单位图书馆馆藏建设工作中存在的问题

2.1　观念问题

近几年来,随着网络技术、电子技术和存储技术等新技术的兴起,并以惊人的速度渗透到社会生活的方方面面,人类社会已步入一个全新的数字化时代。在这个新的时代,数字已经成为信息的载体。信息存取实现了便捷化,信息资源实现了共享化,信息传播范围拓宽了,信息传递速度加快了,信息资源的价值也随之很快提升。

处于“信息”发布前沿的新闻单位对于获取信息的渠道除了以往的传统纸质文献,对于数字资源更是青睐有加,有些人甚至开始怀疑纸质文献是否有存在和发展的必要。在人民日报社,就有相当多的人不止一次问过我同样的问题:现在,网络这么发达,图书馆还要那么多纸质书刊有什么用?纸质书刊既占地方,查找起来又不是很方便。

我以为,数字文献与传统纸质文献各有优缺点。

(1)数字资源费用高,纸质资源价格相对便宜。长期以来,人们对数字资源的认识有一个误区,认为电子版的书就一定要比纸质的便宜。其实不然,有价值的电子资源免费的很少,越有价值的费用就越高。例如,一本《三国演义》的电子书因没有知识产权因素,市场售价不到10元,有的甚至2—3元即可买到。但是,一本正规出版的新闻传播学专著的电子版要100—200多元,一套《中国大百科全书》的电子版要比纸版贵几万元。由此可知,低价的电子资源使用价值也低,精品电子资源其售价通常也高。

(2)数字资源系统性、完整性较差,无法取代系统完整的纸质馆藏。受知识产权和出版者等多种因素影响,大多数数字资源的完整性比较差。例如,目前出版的数字期刊,相当一部分内容不完整,缺期很普遍。还有一些期刊,如《三联生活周刊》《中国国家地理》等因考虑纸质版本的销售问题,不出版电子版。我馆馆藏重点新闻传播类期刊共116种,其中有电子版的有86种。

(3)纸质文献的准确程度远远高于二手的数字资源。由于目前数字资源的加工技术和加工标准处于不断发展的阶段,致使数字化资源的内容错误率较高。对于人民日报社这样的新闻单位,其信息发布的准确率要求达到百分之百,所以单纯依赖数字资源是绝对不可行的。另外,目前大部分电子报和电子刊的数字化也只局限于内容的全文检索上,对于版面原貌无法很好地还原。《人民日报》的编辑经常在工作中会调用报纸的原始版面,以参考原来的版式、版面结构以及相同性质的文章在某个版面的位置等,电子报则不能完全满足这一要求。以《人民日报》电子版为例,有相当一部分电子版面与原版有差异,如套红版面制成了黑白版面、彩色版面制成了套红版面、标题字体字号丢失、报头错误、新闻图片压缩后无法还原成清晰的图像等,这样的电子版就丢失了报纸本身特有的大量版面语言,对专业用户来说毫无价值。

(4)数字资源使用起来不如纸质资源方便。数字资源的使用受一定条件的限制,要有与网络连接的计算机和电源;人若长时间在电脑上阅读,视力也难以承受。相反,纸质资源的使用没有特殊的设备和能源要求,既可到馆内查阅,也可借回家阅读,还可在旅途行进中自由使用。

(5)数字资源保存时间不如纸质资源长。数字资源如磁带寿命为15—20年,光盘寿命为20—30年,还有病毒侵袭等安全问题;而纸质资源的保存期可达几百甚至几千年。

2.2 资金问题

新闻单位图书馆在本单位范围内一般都属于服务性的二线部门,其受重视程度远不如处于一线的采编部门,相应的,其运转资金的比例相对较少,每年拨给图书馆的经费,只够维持图书馆的一般正常开支,图书馆要想开展更多的服务项目,如购买更多的数字资源,建设数字图书馆,进而实现传统图书馆与数字图书馆的有机结合,发展成复合型图书馆,以便更好地为新闻报道服务,在目前情况下,只能一方面精打细算,另一方面要从思想上改变单位领导层的观念,求得领导重视,以便争取到更多的经费,进一步丰富馆藏,开展更多、更好的服务项目。

2.3 人员问题

新闻单位图书馆的工作人员一般都是从本单位其他部门抽调过来的,层次不一,受过高等教育或是经过专业培训的很少,这也导致图书馆的各项具体业务工作很难开展,或是深入不下去。而直接影响馆藏建设的采购人员的素质更是至关重要,它直接关系到馆藏质量的高低，关系到图书馆各项业务工作的开展，更关系到图书馆更进一步的发展。

以上几方面问题直接影响着图书馆的馆藏建设，是新闻单位图书馆普遍存在的而又亟待解决的问题。

3 新闻单位图书馆的特色馆藏建设

新闻单位图书馆应根据自身特点及所属新闻单位的性质，根据本单位读者的需求及自身的实际情况，选择某一方面或某几方面的专业文献作为自己的馆藏特色，有重点、有针对性地进行特色馆藏建设。如：

(1)实体馆藏与虚拟馆藏并重发展。当今时代，新闻单位图书馆的馆藏，应既包括图书馆实际拥有物权的实体馆藏(适应于传统图书馆)，又应包括在使用中不发生物权转移、图书馆只具有使用权的虚拟馆藏。实体馆藏包括以纸为介质的印刷型文献、影像资料、缩微胶片和特色馆藏资源等实体资源。虚拟馆藏则包括图书馆购买或试用的各类数据库、电子出版物、通过使用许可的数据库资源、通过合作建设共享的数字资源和网络信息资源等资源。新闻单位图书馆应处理好实体馆藏与虚拟馆藏的比例，合理利用有限资金，突出特色，形成实体馆藏与虚拟馆藏相互依存、相互补充的科学馆藏体系。

(2)新闻与传播学文献全面系统。新闻单位图书馆要全面、系统收藏新闻学、传播学图书、期刊、报纸资料等，并尽可能地收集、整理和保存国内外各个历史时期的文献资料，形成有特色的藏书体系，比较系统、全面、深层次地反映该学科的专业状况，最大限度地满足本单位及其他新闻从业人员研究的需求。人民日报社图书馆现已形成这方面的特色馆藏，全国各地出版社所出版的新闻传播学文献本馆基本都已收藏，为本报编辑、记者提供了较为优质的服务，受到大家一致认可与好评。

(3)专题文献精准快速。新闻报道不只是报道综合性新闻，在大量的深度报道、专题会议报道、连续报道、追踪报道、述评、专访、特写、人物等专题性报道过程中，编辑、记者需要查阅大量的相关专题性文献，新闻单位图书馆则应根据这一特点整理收集各种专题性新闻资料，以备查阅。例如人民日报社图书馆通过追踪编辑、记者多年来查阅资料的特点，及时调整采购方向，现已在普及型社科理论、工具书、人物传记、各专业学科(如政治、经济、文化、教育、军事)等多个类目形成自己独特的馆藏特色，为《人民日报》版面宣传及编辑、记者的业务研究提供了很好的资料信息查询服务。

(4)发挥自身优势，建设独特的馆藏。各专业图书馆都应根据自己独特的地位，广泛搜集相关专业文献，建设自己独特的馆藏。例如人民日报社图书馆就是秉承着这样的原则。建馆60多年来，我们不仅完整馆藏了多套《人民日报》从创刊至今的合订本、散装报纸以满足读者查阅或复制等不同需求，还完整保存了全国32个省、自治区、直辖市从创刊至今的中共中央机关报，形成了独具特色的报纸馆藏特色，这在全国新闻单位中是绝无仅有的，这样的馆藏也为我们从事报纸宣传工作和中国的报纸发展研究工作提供了良好的资料查询保障。

4 新闻单位图书馆特色馆藏的人员素质建设

随着科学技术的飞速发展，一个信息化、数字化的崭新时代已经到来，图书馆工作必须与时俱进，在进行图书馆体制建设、文献建设的同时，还要有一批适应时代发展要求、素质高、业务强的专业队伍。新闻单位图书馆员只有具备以下几种素质，才能更好地为编辑、记者提供特色服务。

(1)良好的政治素质和敏锐的政治意识。新闻单位图书馆员在为编辑、记者提供资料时，要符合党的方针路线，保证在政治上不出错。网络的高速发展导致信息污染严重，图书馆员有责任自觉地抵制不正确的观念和精神污染，为读者提供健康、有价值的信息。

(2)扎实的新闻专业知识和广博的学科知识素质。作为新闻单位图书馆员，不仅要具有一定的新闻基础知识，对本馆馆藏的图书、报纸、期刊及各种数字资源要了如指掌，而且还应该具有图书馆学、情报学的理论知识和信息服务技能，这样才能实现服务的增值和知识的创新，满足新闻单位的各种信息需求。

(3)掌握一定的计算机网络知识。新闻单位的图书馆员，首先要学会利用计算机、因特网，在网上搜集、整理、开发和利用各类信息资源，运用信息网络检索的策略和技巧，及时快速地协助读者获取其所需要的信息；其次，应有远见卓识，充分利用本馆以新闻为主的专业文献全面系统地收藏优势，建立独一无二的专业数据库，努力成为本专业的特藏中心。

(4)良好的心理素质和交际协调能力。新闻单位图书馆员只有身心健康，保持乐观的情绪，才能正确处理好人际关系，建立一种和谐和轻松愉快的工作环境；只有具有良好的沟通和解决问题的能力，才能了解各类型读者的不同需求，有针对性地提供个性化服务。图书馆在新闻单位永远是二线、是服务性的部门，馆员就是为一线的编辑、记者提供服务的工作人员，所以要放平心态，抵制诱惑，努力做好本职工作。

(5)有终身学习的意识和自觉学习的能力。随着信息社会的到来，计算机和网络在图书馆中充分应用，图书馆从存在方式到服务模式都发生了翻天覆地的变化。作为新闻单位的图书馆员，要自学一些图书馆和新闻专业的最新知识，不断加强新闻专业特色馆藏资源建设的学习，把自己培养成创造型、开拓型、复合型的专业图书馆人才。特别是有些馆员没有经过正规图书馆学专业的训练，更要在平时注重自身业务素质的提高，可参加一些业务培训班，或通过网络学习等。

5 新闻单位图书馆的特色服务

努力建设独一无二的特色馆藏是新闻单位图书馆得以生存和发展的永恒主题，而特色服务则是新闻单位图书馆最终的目标和归宿。作为新闻单位的图书馆员，要及时从纷繁复杂的书、刊、报及网络信息中筛选出对领导、编辑、记者有用的信息，开展有针对性的服务工作，做到日常服务与特色服务相结合，有效地提升新闻单位图书馆馆藏信息资源的利用率。

(1)了解读者需求，变被动服务为主动支持。新闻单位的图书馆员要顺应时代发展的需要，积极转变服务理念和服务方式，开展有针对性的服务项目，要主动了解每一阶段新闻宣传的动态，了解读者的阅读类型、需求特点，准确把握服务方向。例如，在“走、转、改”的大背景下，大批记者走下基层，深入矿山、边远山区、灾区、社区等地采访，人民日报社图书馆为配合这一行动，把相关的书籍、资料等整理出来，摆放到最显眼的地方，供编辑、记者查阅；再有，每年报社都有大批新人入社，我馆则为这些年轻的编辑、记者主动推荐《新闻采访学》《报纸编辑学》《新闻战线》等新闻类的图书、期刊、报纸，给他们提供最直观的人性化服务；另外，《人民日报》还有相当一部分编辑、记者属于研究型、学者型编辑、记者，他们因长期从事某一领域的新闻报道，经常会针对某一领域写一些有深度的综述、评论等，需要查阅大量相关领域的书籍、资料，人民日报社图书馆在形成专题文献馆藏特色的基础上，馆员还能主动地、充分地利用自己的专业知识为这类研究型编辑、记者提供相关服务。

(2)注重读者培训，变"重藏轻用"为"藏以为用"。新闻单位的读者大都未曾接受过图书馆相关的知识培训，不了解图书馆的藏书体系，不可避免地会影响馆藏文献的利用率。图书馆可以采用定期或不定期地举办讲座、编制并散发宣传材料等方式向读者介绍图书馆的分类体系、检索途径与方法，指导读者如何使用检索系统并利用好检索工具；针对目前图书馆已进入网络时代的现状，对读者进行基本的计算机及网络培训，尤其是关于本馆所用各种软件、数据库及各种搜索引擎的使用方法、技巧；还可以对一些馆藏特色文献和相对生僻的工具书进行介绍，使得一些应用价值较高却因知名度较低而倍受冷落的文献得到充分的使用，改变馆藏文献"藏大于用"的传统状况，尽可能大地发挥馆藏文献的作用。我馆除了少量具有文物价值的文献、实物不外借以外，其他一律外借，尽可能大地发挥馆藏文献的作用，为《人民日报》办报服务。

新闻单位图书馆的特色馆藏建设与特色服务是相辅相成的，只有开发建设出具有新闻单位专业特色的馆藏文献资源，再加上良好的专业人员素质才能为本单位的新闻从业人员提供特色服务，特色服务做得好、做得有声有色，才更能体现新闻专业图书馆的馆藏价值。

参考文献

[1] 蔡莉静. 图书馆藏书建设[M]. 北京:海洋出版社,2009
[2] 国家图书馆外文采编部. 新信息环境下图书馆资源建设的趋势与对策[M]. 北京:国家图书馆出版社,2009
[3] 孟广均等. 国外图书馆学情报学最新理论与实践研究[M]. 北京:科学出版社,2009
[4] 莫秀娟. 电子资源管理系统研究[J]. 图书馆建设,2011(4):19-22
[5] 赵玉宇. 国外数字资源长期保存的热点问题研究[J]. 图书馆建设,2011(6):19-27
[6] 蔡迎春,黄国彬. 数字时代馆藏采购危机分析及对策[J]. 图书馆建设,2011(2):16-23

浅析在基层图书馆(室)实施 PDA

侯　宁(国家图书馆)

采访是图书馆服务工作的基础,特别是对资源有限、服务内容单一的县级、乡镇、村的基层图书馆(室),采访工作的好坏是影响图书馆的服务水平和服务能力的最主要因素,然而由于资金和人员配置的限制,基层图书馆(室)的采访工作始终是制约图书馆事业发展的一个重要原因。近年,随着美国“读者决策采购”(PDA)概念的引入,其全新的采访模式,为破解基层图书馆采访工作中的难题带来了希望。本文将结合 PDA 的特点,分析在基层图书馆(室)引进 PDA 的必要性、可行性及实施策略。

1　PDA 及其特点

PDA(patron-driven acquisitions),即读者决策采购,是根据读者的需求决定采购的图书馆资源采选模式。最早起源于美国,是由 Net Library 公司提出的一种电子书商业模式[1],图书馆将读者需求以一定标准进行量化,依据量化指标进而决定购买。此模式一经推出,就受到了美国图书馆界的广泛欢迎,2011 年 PDA 的概念首次引入中国后,引起了业界的广泛关注,各图书馆开始根据本图书馆的特点研究、探讨引进或部分引进 PDA 采访模式。

PDA 之所以受到图书馆和读者的关注与欢迎,其根本原因也是其最大的特色就是变馆员决策采购为读者决策采购,读者可以以个体的身份直接决定图书馆的采购内容。一直以来,图书馆致力于为读者提供更好的服务,为此,从读者研讨、专业研讨到学科馆员制度,图书馆采用多种方式调研分析读者需求,以期能真正采访到符合读者需求的图书资料,然而,无论哪种方法都是从图书馆的角度揣摩、模拟读者的需求,进而决定的采购。PDA 首次通过读者决策采购的方式,完全从读者的角度满足读者的个性化需求。这一举措对图书馆的整个采访体系产生重大影响:一是变读者从原来的被服务对象为图书馆建设的共同参与者,让图书馆的采购决策有了更广泛的参与度,吸纳了读者更真实的意图表示;二是通过 PDA 购买图书的每一分钱都准确对应了读者的一个或多个需求,让图书馆购书经费的使用效率大幅提升,进而提升了馆藏资源的利用率;三是缩短了审批环节,提升了馆藏更新的效率;四是为图书馆更好地根据读者需求调整馆藏政策提供了客观依据。

2　基层图书馆(室)引进 PDA 的必要性

PDA 作为一种全新的采访模式为传统采访工作注入了新的活力,对于基层图书馆(室)依赖采访工作开展服务,而传统采访工作又严重滞后的情况,引进这种全新的采访方式有其客观必要性。

2.1 专业采访人员的严重匮乏

传统的图书馆员采访方式，馆员在文献资料的采访过程中发挥决定性作用。如何选择文献、选择哪类文献，所选文献是否符合馆藏建设要求、是否适合本馆的服务对象等，完全取决于从事采访工作人员的业务素养，因此传统采访模式对馆员业务素质的依赖非常高。但从表1中的数据可以看出，当前我国县级图书馆专业技术人才严重匮乏，河北、安徽等11个省的县级公共图书馆没有正高级职称专业人员，海南、西藏两省的90家县级公共图书馆没有副高级职称以上专业技术人员。在乡镇、村公共图书馆（室）中，往往一人多职，甚至只有兼职的工作人员管理图书馆的日常工作，更何谈高级技术人员。可想而知，在基层图书馆能够专门从事采访工作的专业人员必然屈指可数，甚至没有。基层图书馆中采访专业人员严重匮乏的现实，使得亟待有一种新的更有活力的采访方式替代或配合原有的馆员采访模式，而PDA所提出的读者决策采购方式，将很好解决当前基层图书馆（室）采访人员严重匮乏的困局。

表1 2012年各地区县级公共图书馆高级技术人员情况[2]

序号	地区	机构数	正高级职称	副高级职称	序号	地区	机构数	正高级职称	副高级职称
1	北京	23	3	40	17	河北	94	2	46
2	天津	29	5	86	18	湖南	119	1	32
3	河北	159	0	50	19	广东	110	13	40
4	山西	118	2	18	20	广西	94	0	6
5	内蒙古	101	5	87	21	海南	17	0	0
6	辽宁	105	4	67	22	重庆	41	1	46
7	吉林	55	5	89	23	四川	165	0	20
8	黑龙江	94	21	133	24	贵州	83	5	8
9	上海	23	4	33	25	云南	133	2	64
10	江苏	94	9	109	26	西藏	73	0	0
11	浙江	82	10	97	27	陕西	105	5	20
12	安徽	86	0	14	28	甘肃	85	0	14
13	福建	74	0	17	29	青海	41	0	2
14	江西	102	0	12	30	宁夏	20	0	6
15	山东	133	10	155	31	新疆	90	1	33
16	河南	135	2	20					

2.2 购书经费紧缺

PDA在美国兴起的一个重要原因是美国教育经费的紧缩，使得大学图书馆经费减少，不得不精打细算购书经费。在中国，经费紧缺是基层图书馆（室）发展中长期面临的难题。早在2008年，全国人大代表詹福瑞在人代会提案调研中就指出，截至2006年，全国有700个县级图书馆没有一分购书经费[3]。近年,随着国家加大对文化事业的投入,基层图书馆(室)的经费情况有所好转,但庞大的基数,薄弱的基础,使得有限的经费依然不足以满足当地群众的需要。从表 2 中可以看出,2012 年县级公共图书馆平均购书经费低于 5 万元的省还有 10 个,相较于动辄近百元的图书、数百元的期刊,5 万元的经费仅是几百本图书或几十种期刊的费用,更何况还有像西藏这样县级公共图书馆购书经费为 0 的地区,而在很多地区的乡镇、农村,公共图书馆(室)的购书经费尚未列入财政预算,根本无从保证[4]。在这种情况下,图书馆急需将有限的经费更好地应用于读者确实需要的书刊购买上,PDA 就提供了这样一种能直接对应读者需求的购买方式。

表 2　2012 年各地区县级公共图书馆购书经费情况[5]

序号	地区	机构数	购书专项经费(千元)	平均购书经费(千元)	序号	地区	机构数	购书专项经费(千元)	平均购书经费(千元)
1	北　京	23	29 047	1262.913	17	河　北	94	8950	95.21277
2	天　津	29	6810	234.8276	18	湖　南	119	8402	70.60504
3	河　北	159	7751	48.74843	19	广　东	110	45 083	409.8455
4	山　西	118	6543	55.44915	20	广　西	94	5988	63.70213
5	内蒙古	101	5415	53.61386	21	海　南	17	2230	131.1765
6	辽　宁	105	12 449	118.5619	22	重　庆	41	12 416	302.8293
7	吉　林	55	4856	88.29091	23	四　川	165	18 663	113.1091
8	黑龙江	94	4623	49.18085	24	贵　州	83	3678	44.31325
9	上　海	23	57 091	2482.217	25	云　南	133	7720	58.04511
10	江　苏	94	39 529	420.5213	26	西　藏	73	0	0
11	浙　江	82	93 513	1140.402	27	陕　西	105	5298	50.45714
12	安　徽	86	7976	92.74419	28	甘　肃	85	2757	32.43529
13	福　建	74	13 923	188.1486	29	青　海	41	1423	34.70732
14	江　西	102	6482	63.54902	30	宁　夏	20	1344	67.2
15	山　东	133	15 273	114.8346	31	新　疆	90	4128	45.86667
16	河　南	135	6266	46.41481					

2.3　图书利用率低

调查显示,我国公共图书馆书籍保有量人均不到 0.5 册,在基层县、乡镇、村这个数字更少,而联合国教科文组织提出的建议性标准是人均 1.5—2.5 册[6],显然我国的书籍保有水平还有很大差距。然而,这样珍贵的资源却得不到有效的利用,有调研显示一些社区图书馆(室)的图书借阅率不足 10%[7],一些图书馆(室)更是门可罗雀。究其原因,还是图书馆(室)购买、配置的图书缺乏吸引力,无法满足群众的基本文化需求。基层图书馆(室)是最贴近基层群众的图书服务机构,其工作核心是服务基层群众的生产、生活,而不同区域的读者有着不同的需求,如老旧小区住户老年人比较多,更愿意读报纸、杂志;新小区青年人比较多,更适合新媒体阅读;留守农村的大部分是妇女、儿童,更需要一些生活化、娱乐化的图书资料。而传统的采购和书籍配置方式往往趋于模式化,书籍缺乏针对服务对象的个性化配置,特别是新建的农村书屋,同一批建设的农村书屋往往配套同一批图书,难以实现就近资源互补,内容上虽然有一定比例的农技类书籍,但普发的书籍无法解决不同农作物产区面临的迥异的技术难题。PDA是通过读者的阅读需求而产生的采购行为,不仅可以满足读者当前的个性化需求,对于服务群体相对固定的基层图书馆(室)而言,还可以根据一个时期读者的需求情况,总结本区域读者阅读习惯,更好地调整馆藏政策,从而全面提升资源利用率。

3 基层图书馆(室)引进PDA的可行性

3.1 政府的支持

图书馆作为公益性文化事业单位,其发展主要依靠政府,特别是基层图书馆(室)的发展,更是离不开政府的帮扶。十八大以来,国家多次强调了文化发展的重要性,三中全会提出"构建现代公共文化体系",文化部蔡武部长多次在讲话中强调公共文化体系建设中标准化、均等化的建设要求,强调"均等化就是要查遗补缺、补齐短板、兜好底线"。这一政策导向为发展基础薄弱的基层图书馆(室)带来了难得的发展机遇,无论是资金、软硬件建设,还是人员配备,基层图书馆(室)有机会大幅度提升服务水平和能力。大踏步的发展步伐、现代化的建设标准,为在基层图书馆(室)引进PDA这样一种先进的代表未来图书馆采访工作发展趋势的采购模式赢得了政府层面的机会。

3.2 网络覆盖广泛

2011年,文化部和财政部启动实施数字图书馆推广工程,工程的总体目标是建立覆盖全国的数字图书馆服务网络,工程将采用统一的标准规范,覆盖图书馆采、编、阅、藏等全业务流程。截至2013年6月,已有23个省(区、市)搭建了本地区的数字图书馆网络。重点文化工程"全国文化信息资源共享工程"也提出了实现网络联网的"135"计划,即实现1个国家中心、30个以上省级分中心和5000个以上县、乡、街道和社区基层网点的联网。截至2011年年底,初步构建了层次分明、互联互通的国家、省、市、县、乡镇(街道)、村(社区)六级数字文化服务网络[8]。网络作为开展PDA的基本要求,其在全国基层图书馆(室)的普及程度以及覆盖图书馆采、编、阅、藏等全业务流程工作平台建设,为在基层图书馆(室)引入PDA提供了硬件和技术保障。

表3 2011年底全国文化共享工程部分服务点建设情况[9]

	数量	覆盖率
县级支中心	2840	99%
乡镇基层服务点	28 595	83%
行政村基层服务点	602 000	99%

3.3 “重用轻藏”的馆藏政策

PDA 的概念自 2011 年引入国内后，研究得多，实践得少，虽然得到广泛关注，但并没有得到有效推广，除了网络、书商等一些客观原因以外，还有一个主观原因就是担心一旦采用 PDA，图书馆的这一部分采购内容将完全由读者决定，不受图书馆控制，而读者的采购决定具有很强的个性化特点，并没有考虑图书馆的需要，长此以往，将对图书馆的馆藏建设造成一定的影响，使图书馆馆藏的科学性、系统性面临失衡，这也是美国图书馆在实践 PDA 多年来所面临的一个非常普遍的问题[10]。然而对于基层图书馆(室)而言，藏书不是其工作的重点，服务当下，满足读者生产、生活中的文化需求才是它的主要任务，特别是在农村，满足留守儿童、老人的精神文化需求，通过图书知识的传播缓解城镇化进程中所带来的社会问题是当地图书馆(室)的重要职责。正是基层图书馆(室)重用轻藏的馆藏建设特色避免了很多改变采访模式所引发的馆藏建设问题，为引进 PDA 提供了实践的机会，更可为在中国图书馆领域更广大的范围实践 PDA 探索一条可行的道路。

3.4 读者素质的提高

《2009 年中国人权事业的进展》白皮书显示，截至 2009 年年底，全国普及九年义务教育人口覆盖率达 99.7%，普及九年义务教育的县数占全国县数的 99.5%[11]。

2011 年公布的《第六次全国人口普查主要数据公报》显示，内地 31 个省、自治区、直辖市和现役军人的人口中，文盲人口(15 岁及以上不识字的人)为 54 656 573 人，同 2000 年第五次全国人口普查相比，文盲人口减少 30 413 094 人，文盲率由 6.72% 下降为 4.08%，下降 2.64 个百分点[13]。这些数据都表明我国普通居民受教育程度在不断提高，居民的个人文化素质也因此得到大幅提升，这为读者参与图书馆的选书、购书活动提供了智力保证。事实上，有调查显示，69% 的读者在进入图书馆查找书目的时候能准确掌握欲借阅书籍的完整名称[14]。这将是在基层图书馆(室)开展 PDA 最重要的基础。

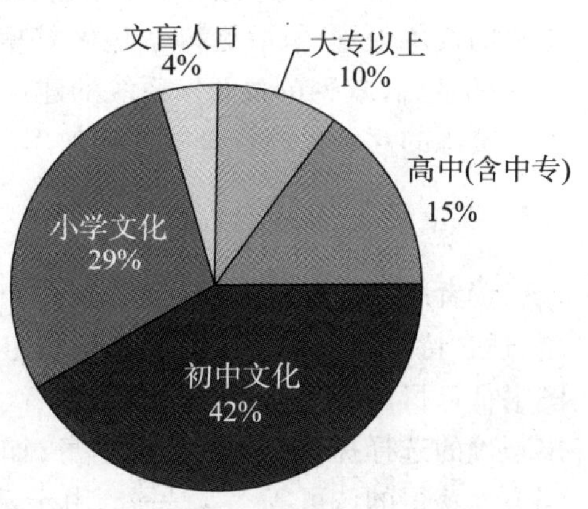

图 1　内地 31 个省、自治区、直辖市和现役军人受教育程度[12]

4　基层图书馆(室)PDA 的实施策略

虽然 PDA 在美国已经实行多年，概念引进我国也有一段时间，但是国内操作层面的实践还非常少，作为一项实践中对国内整个图书馆界都比较新的采访模式，要想在基层图书馆(室)推行，需要多方配合和多方面的准备。

4.1 推动书商合作

PDA 是一个系统工程，要想落到实处，书商的配合是基础，只有书商提供可供选择的书单,以及书籍的配送服务,这项工作才能开展。然而,基层图书馆(室)分布广,需求零散,个别地区物流不够便利,书商往往不愿意参与这种费力不赚钱的生意。因此,要在基层图书馆(室)推行PDA,首先要从鼓励书商参与这项工作入手,一方面从政策上给予一定优惠,利用邮政等物流配送体系形成书籍配送渠道,提供多方便利促进书商参与;另一方面从宏观层面加强统筹,利用区域图书馆联盟、地方图书馆学会分会建立起分地区、分层次的联络点,将单个图书馆提交的订单汇总分类,变零星采购为大宗集团采购,通过利益杠杆吸引书商加入到提供PDA服务的行列,从而推动PDA在基层图书馆(室)的实施。

4.2 与现有图书馆服务有机结合

为了能更好地服务于基层群众,近年来,各地区图书馆都采取了很多措施让书籍以更便利的方式提供给读者,总分馆制、流动书车、送书下乡、馆际互借等,这些措施极大地补充了基层图书馆(室)的资源不足,在一定程度上满足了读者的部分基本文化需求。PDA作为一种满足读者个性化需求的图书采选模式,无论是在已经实施相对成熟的美国高校图书馆,还是在尚未广泛实行的国内图书馆界,都无法完全取代传统图书馆的图书采选模式。因此,实施的前提是要与已经开展的面向基层图书馆(室)的帮扶工作有机结合,做好资源整合,避免重复的资源配置,争取更科学地做好资金使用。同时,可以借助馆际互借的平台作为开展PDA的基础,减少单独开发系统的建设成本,缩短PDA投入使用的时间,并且可以通过就近区域资源的互补提高资金的使用效率。

4.3 深度调研,制定合理征订目录

读者决策采购的采购行为要依托于备选图书的征订目录,合理的目录范围、具有地区特色、适合特定图书馆的读者选择是制定征订目录的重要标准。作为满足读者个性化需求的图书征订目录,不应只包含题名、著者、出版年份、出版社等常规信息,还要为能引导读者做出正确的选择提供必要的参考信息,如著者在相关领域的学术成就,书籍在大众、专业等不同方面获得的认可等[15]。另外,由于基层图书馆(室)资金有限的实际情况,要想把有限的资金更好地用到购买读者真正需要的资源上,也要依靠征订目录合理划定征订范围。这些工作都要基于开展深入细致的调研,一方面从书商着手,要求其针对开展PDA的地区进行一定的前期调研,并准确掌握各地选购的资源情况,建立书籍的评价指标体系,定期根据指标体系调整目录的范围;另一方面要依托学会每年开展的调研活动,针对基层图书馆(室)的服务情况和选书要求展开调研,从而对引入PDA的图书馆的情况及服务对象有深入的了解,因地制宜提出合理的征订目录,避免传统采访模式中大众化、模式化的采购内容。

4.4 加强人才培养

每一项工作的开展都离不开人的参与,对于PDA这种实践基础较少的工作更是如此。为此,应及早开展针对基层图书馆员的关于PDA的培训,同时做好梯队人才培养规划,一方面从基础理论入手,着眼于现代基层图书馆(室)的建设,培养出一批能够熟练掌握并引导读者正确使用PDA进行图书选购的图书馆员;另一方面在数图、采访等全国范围的业务培训、学术会议中加入PDA的培训、交流内容,形成系统的、理论与实践相结合的培训体系。争取通过图书馆员的努力让PDA的实行能为基层图书馆(室)的读者带来真正的实惠。

5 结语

PDA 作为当前图书馆界最能反映和满足读者个性化需求的一种图书资料采选方式被业界普遍认为是未来图书馆采访工作的趋势,但由于图书馆馆藏政策、网络平台建设等诸多原因,PDA 目前还没能在我国图书馆广泛推行。基层图书馆(室)作为离读者最近的图书服务机构,其数量庞大,分布最广,但馆藏结构比较单一、服务对象比较集中、发展基础薄弱、改革中要受到的各方阻力比较少,且当前正处在发展建设的重要时期;率先在基层图书馆(室)引进 PDA 必将为基层图书馆(室)提升服务水平发挥重要的支撑作用,为在更广的范围推广探索出一条适合 PDA 在中国图书馆实施的道路做好铺垫。

参考文献

[1] 韩丽. PDA——高效图书馆馆藏资源建设的新模式[J]. 图书馆,2013(5):117 - 119

[2][5][8][9] 周和平. 中国图书馆事业发展报告 2012[R]. 北京:国家图书馆出版社,2013

[3] 有 700 个县图书馆没一分钱购书经费[J]. 新世纪图书馆,2008(2):105

[4] 蒋桂宁. 基层图书馆的现状与发展[EB/OL]. [2014 - 08 - 20]. http://www.qikan.com.cn/Article/hqsx/hqsx201302/hqsx20130253.html

[6] 祁述裕. 公共文化服务的提升之路[N]. 人民日报,2013 - 03 - 15(24)

[7] 社区图书馆之殇:5000 册图书一年借阅率不足 10% [EB/OL]. [2014 - 08 - 20]. http://www.czzl.gov.cn/art/2012/8/6/art_42_52991.html

[10] 谢莉. 美国大学图书馆实施 PDA 过程中面临的问题及解决办法[J]. 图书情报工作,2013(9):65 - 69

[11] 国务院新闻办公室. 2009 年中国人权事业的进展[R]. 北京:人民出版社,2010

[12 - 13] 中华人民共和国国家统计局. 2010 年第六次全国人口普查主要数据公报[EB/OL]. [2014 - 08 - 20]. http://finance.jrj.com.cn/2011/04/2906459854988-6.shtml

[14 - 15] 刘亚,蹇瑞卿. 读者决策采购的分析与启示[J]. 图书馆杂志,2013(4):49 - 52

非正式出版文献采访工作的问题与对策

——以国家图书馆中文资料组为例

黄炜宇(国家图书馆)

非正式出版文献,也称“内部资料”。作为一种重要的信息资源,逐步被社会所重视。在图书馆界,能够突出各图书馆特色的地方文献资源中非正式出版文献占据了大部分比例。如甘肃省图书馆以西北地区地方文献的搜集、整理、研究为己任,已形成了品牌,其中很多文献为非正式出版文献。国家图书馆一直重视非正式出版文献资源建设,在2008年专门设立中文资料组对非正式出版文献进行收集整理工作。经过几年的工作实践,馆藏文献已达到一定规模,但由于其形式多样、内容广泛、信息量大、发行范围小,传播不广且易流失等特点,给文献的资源建设带来很大难困。文章结合馆藏建设实践,对与之相关的实际问题进行探讨,以指导我们未来的采访工作,并希望能为图书馆界同行的类似工作提供参考。

1 非正式出版文献采访概述

1.1 非正式出版文献基本属性

目前,对非正式出版文献的定义还没有一个完全统一的界定。在国内一般是指那些难以通过常规购书渠道或一般检索方法获取的、有使用价值的各种中文信息载体[1],其内容涉及政治、经济、文学、艺术、历史、自然科学等诸多方面。主要包括:研究报告、学术会议文献、学位论文、地方文史资料、民间诗文集、内部刊物和内部交流资料等。其载体形式也不局限于印刷型文献,还包含电子版的各种信息。其文献资源本身内容丰富、信息量大,具有史料、学术价值;但出版灵活,形式多样,发行数量稀少,传播不广等特点为采访工作带来很大困难。

1.2 非正式出版文献的采访方法

鉴于上述非正式出版文献出版发行特点,现阶段采访的普遍做法主要通过征集和购买两种途径获取文献。其中文献的征集主要包括:

(1)社会捐赠。通过新闻媒体、网络以及各种宣传活动等对文献收集进行宣传,发布征集信息,并通过电话、邮件、网络通信工具进行采访来获取捐赠文献。

(2)委托与合作。通过与某类文献相关部门建立合作关系,对文献进行统一收集,形成节点式的收集方法。

(3)交换。通过文献复本的交换,扩大收藏量。达到文献充分利用,完善特色馆藏的需要。

文献的购买主要包括:

(1)征订。对具有连续性,易形成体系的文献,可与这些科研机构达成协议,以购买的方式进行收集。

(2)书商。通过书商纲目选采选。

(3)直接购买。通过对旧书市场、网上书店以及个人等进行购买。

2 国家图书馆中文资料采访现状

国家图书馆一直重视对非正式出版文献的收集工作,20 世纪 80 年代至今相继成立了“国内资料组、学位论文文库、地方文献中心、国情资料室等机构”,后经过对文献资料重新整合,形成了学位论文收藏中心、地方文献中心等专藏机构[2]。中文资料组于 2008 年成立,向社会各界广泛征集非正式出版文献。经过六年的不懈努力,文献资料形成一定规模,并形成了以研究报告、会议论文集、民间文献、资料汇编及其他有价值文献的特色馆藏文献。

2.1 文献采访的总体情况

截至 2013 年年底,中文资料组共采访各类文献共 37 737 种 47 197 册。其中会议文献 5136 种 5891 册,占总种数 13. 6%;研究报告 6971 种 8265 册,占总种数的 18. 5%;民间文献 11 342 种 14 928 册,占总种数 30. 1%;资料汇编 6685 种 6771 册,占总种数 17. 7%;其他文献 7603 种 11 342 册,占总种数 20. 1%(见图 1)。通过征集文献共计 10 748 种,采购文献 26 989 种。

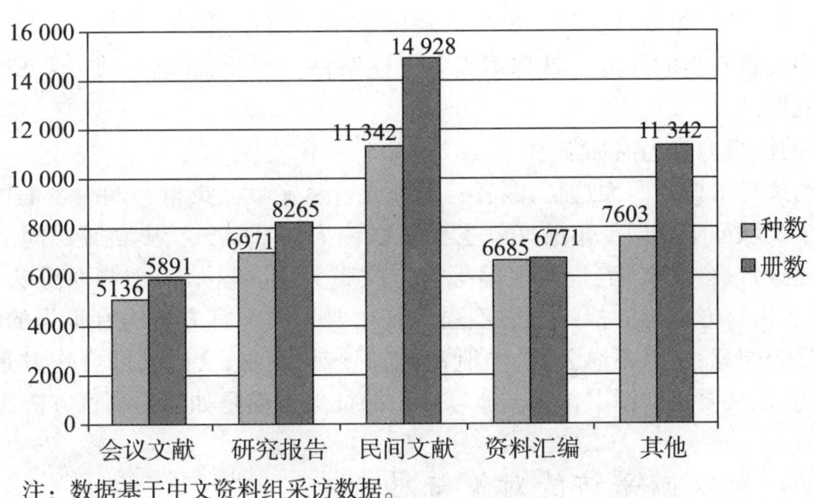

注:数据基于中文资料组采访数据。

图 1 文献采访总量

表 1 文献收藏范围

序号	种类	收藏内容
1	会议文献	科社类:学术会议、学术论坛、专题会议等
2	研究报告	政府、高校等的科研报告、调查报告、课题报告、发展规划、科研成果等
3	民间文献	民间诗词、民间文化、回忆录、传记、纪念文集等
4	资料汇编	法律法规汇编、统计资料、史料汇编、重大事件资料汇编等
5	其他资料	拍卖图录、名家书画集、重大历史事件等

2.2 文献采访的问题分析

2.2.1 文献收藏范围仍待明确

通过图1可以看出,非正式出版文献采访虽已形成上述几大类,且都具有一定的文献量,但收藏范围仍比较宽泛,缺乏系统性。比如法律汇编材料、统计资料等从中央到地方均有相关的文献,从纵向上来说存在着大量的文献。再如各行业的发展报告、政府部门研究报告等,从横向上来看也是存在着大量文献。面对如此庞大的文献数量,采访如何去选择、如何去限定是需要我们所关注的。

2.2.2 文献特色仍需细化

通过表1可以发现,虽然形成了统一的内容分类,但这种分类特色化并不突出,仍可细化。如汇编材料中的史料汇编类文献可以细分为:中共组织史、军队史、校史等。再如民间文献中的回忆录可细分为知青回忆录、革命回忆录等。与国家图书馆其他已形成特色馆藏文献如学位论文、地方志、家谱进行对比发现有如下不利因素[3]:

首先,在来源上。学位论文来自高校及科研机构,地方志来源于各地地方志编纂委员会。来源较为固定。这就保证了文献资源的系统性和持续性。

其次,有较强的捐赠意愿。地方志和家谱是历史性资料,希望有专门机构进行保存收藏。

最后,有相应的政策支持。学位论文入藏国家图书馆在国家学位条例中有明确规定进行缴送。而中文资料组的几类文献都不具备上述条件。因此,如何形成专题特色是我们进一步研究的问题。

2.2.3 文献的征集力度仍需加强

征集和购买是采访的两大途径,两者互为补充。从文献征集量和购买量上可以看出,文献购买要多于文献征集。但征集的文献主要是以诗词集、回忆录、史料等民间文献为主,而购买则是研究报告、会议文集、资料汇编等官方文献为主。这从一个侧面反映出征集的难度,同时也可看出官方机构的捐赠意愿不强。其主要是因为官方机构有很强的顾虑,如:上级主管部门是否同意;文献不愿公开,怕泄密;知识产权纠纷;文献共同合作方是否同意;有档案管理系统,没必要送交图书馆等。所以今后的征集方向是如何提高官方机构的征集量。

3 非正式出版文献采访的对策与思考

3.1 理清范围,突出特色

明确收藏范围,突出文献特色是各图书馆形成品牌的关键。采访原则上来说要坚持以下几点:

(1)收藏性。要发挥图书馆保存文献和保护人类文化遗产的功能,体现出收藏眼光的前瞻性和收藏价值的永久性。

(2)系统性。要形成一个完整的、连续的资源体系。

(3)特色性。突出文献的专业化和专题化,有针对性地开展文献资料的收集。

(4)实用性。要看文献的内容是否可以满足读者的信息需求。根据上述原则,对于中文资料组的发展而言,就是要建设特色馆藏。非正式出版文献的优势就是本身就是一种特色资源,在这种资源为主的环境下,具有先天性的资源优势。劣势是文献数量庞大,没有信息来源,不易收集。据此,主要是在现有几大类的基础上划清收藏界限。非正式出版文献数量巨大,需要有选择的收藏,并且要注重文献的系统性和完整性。这一点我们正在逐步摸索,也在控制文献范围,如:汇编资料原则上要求划分到全国性的,范围在直辖市、省、副省级的材料;政府部门出的"教育统计资料""科技普查""人口普查"等(省级);政策制度、法律法规汇编则以中央、省级机构为范围。同时,加强文献按专题进行采访,突出文献的专题性,把某个专题做大做强,如民间文献中的民间诗词、民间文化、回忆录等。

3.2 加大征集力度

根据非正式出版文献的特点,除坚持采用传统的采访方法外,重点要加强外出采访工作,尤其是针对官方机构。外出采访,通过实地考察和面对面的沟通,可以使我们获取更多的文献信息,了解对方的捐赠意愿或捐赠意愿不强的原因,为促成文献捐赠和建立长期联系提供保障。同时也能让对方清楚的了解图书馆的责任,保护文献的目的、重要性以及今后的文献利用措施等,来增加捐赠意愿。此外,外出采访工作需要耐心和坚持。如走访政府机构时,往往需要多次拜访、多次交流,往往当时不愿捐赠的部门,也许过一段时间或是因为某些原因会主动捐赠文献给图书馆。

3.3 寻求制度保障

从图书馆自身来讲,图书馆要重视非正式出版物的采访工作,在采访人员与采访经费上给以足够的保障。①文献的采集是一项持续性工作,为保障文献的系统性是需要采访人员经常与捐赠单位或个人保持联系。采访工作的优劣,主要取决于采访经验,而采访经验是一项需要长期积累的过程。因此,要保证有足够采访人员且要保证长期性。②鉴于非正式出版文献没有价格,对于文献的定价较为困难。虽然实际工作中可以用文献页码和开本来测算,但仍有很多文献价格需要进行估价。因此,要保证有足够的购书经费且需要对购书建立完善的财务制度。

从外部征集环境来讲,与正式出版物相比,非正式出版文献更需要有相关行政性条文作为采访工作的保障。就目前国家图书馆而言,非正式出版文献中只有学位论文可以依据1981年实施的《中华人民共和国学位条例暂行实施办法》对全国各高校进行催缴,并保障了论文的缴全率。因此,要针对研究报告、会议文献、资料汇编等来源以政府部门、研究机构为主的部门形成区域性的行政条文、制度等,为捐赠文献提供政策依据,使非正式出版文献的收集具有完整性、连续性和实效性。随着时间的推移,希望能促成非正式出版文献呈缴制度的建立。

3.4 注重电子版及光盘的收集

电子版文献和光盘是承载文献的另一载体。鉴于非正式出版文献流通范围窄、发行量小、不易保存等特点,从保护文献的角度来说应该尽量收集以更好地保存文献。此外,为适应信息时代的到来,图书馆馆藏应由单一的印刷型向多载体方向转变,应加大电子文献的入藏力度[4]。而且从图书馆服务的角度来说,在当今网络环境下,数字图书馆高速发展,文献逐步数字化,为用户提供便捷服务已成为普遍现象。因此,应加大此类载体的收集,也为今后文献数字化提供方便。就今后中文资料组采访工作看,在征集纸本文献的同时,加强相关电子版文献以及光盘的收集,并对其建立索引进行专门的管理。

非正式出版文献作为一种不可忽视的文献资源,其作用越来越明显。其文献特点给文献的收集工作带来很大困难。国家图书馆对非正式出版文献的收集仍处于起步阶段,如何逐步完善非正式出版文献采访工作、丰富馆藏资源、探索业界协作的可能,仍有很多问题值得进一步探索和研究。

参考文献

[1] 姚蓉. 中文资料的开发与利用[J]. 图书馆学刊,2004(4):10

[2] 赵志刚. 中国国家图书馆灰色文献收藏的历史和现状[C]//香港图书馆协会. 香港图书馆协会50周年学术会议论文集. 香港,2008:243-250

[3] 王磊,黄炜宇. 灰色文献资源体系化建设的挑战和探索——以国家图书馆为例[C]//国家图书馆外文采编部. 数字时代的文献资源建设——第四届全国文献采访工作研讨会论文集. 北京:国家图书馆出版社,2012:22-27

[4] 陈卓然. 网络环境下图书馆信息资源的建设[J]. 图书馆论坛,2000(3):45

数字出版时代地方文献采访模式的新变化、新思路

——以鄂尔多斯市图书馆为例

梁东艳(鄂尔多斯市图书馆)

地方文献是具有地方特征的区域性文献,是一个地方政治、经济、军事、文化和社会事业发展及风俗、民情、自然资源、人文景观等的综合反映。地方文献记载的信息内容丰富多样,具有鲜明的地方特色,是一个地区情况的缩影。地方文献是公共图书馆馆藏文献中一种独特的资源,而地方文献的采访与一般采访工作相比较,更是具有明显的独特之处。随着信息化、网络化时代的到来,特别是数字出版时代的到来,出版物日益增多,不同载体类型、不同出版渠道的地方文献以及网上地方信息的出现,极大地丰富了地方文献的来源,如何收全地方文献,采访工作至关重要,各图书馆应单独制定地方文献采访原则及策略,使地方文献的采访工作既能坚持原则,又可灵活多变。

鄂尔多斯地处黄河南岸、黄土高原北端,自古以来就是众多民族共同活动的历史舞台,而鄂尔多斯市图书馆地方文献部收集的地方文献是鄂尔多斯这一特定区域内的历史资料和现实资料的总和,所反映的是鄂尔多斯区域自然环境与社会环境的沿革、发展及现状,如何进行采访并充分利用这些珍贵的地方文献资源,对鄂尔多斯地区经济与社会发展起着重要作用。

1 数字出版时代地方文献的采访原则

1.1 以内容为主

不管是纸质出版时代还是数字出版时代,图书馆地方文献的采访首先要以内容为主,采访人员要根据内容采访适合本馆馆藏需求的地方文献资源,只要文献的内容与地方政治、经济、文化等方面有关,都应作为采访收藏的对象,比如该地区的人文地理、历史、社会经济、地方政治、社会结构、民俗、地方文化、教育、卫生、体育,以及宗教、方言等各个方面。例如鄂尔多斯市图书馆收藏的《鄂尔多斯经济板块研究论文集》中收录的多篇反映鄂尔多斯地区工业经济、农牧业经济、旅游经济的论文;还有《鄂尔多斯天然气》《草原圣火》(天然气)、《山羊绒纤维鉴别图谱》《天然碱资源·加工·应用》《东胜果树》《伊克昭盟土壤》等记载了关于本地区的地理、矿藏、物产、名胜古迹、民族民俗方面的文献资料,都在采访范围之内。还有反映地方文化艺术的文献资料,为进行现实主义历史题材的文艺创作、开发地方文化艺术提供原材料。如:反映地方农村建设的《走进石锁沟》《老油坊》《曲别针》《恩格贝的村民》等,记录历史人物的《一代天骄成吉思汗》《成吉思汗陵前》等,还有 2009 年的第十一届亚洲文化艺术节期间举办的那达慕大会、非物质文化遗产展、鄂尔多斯青铜器展等展览充分展现了鄂尔多斯独具特色的地方文化;闭幕晚会上的歌舞《鄂尔多斯婚礼》雄浑大气,更是将蒙古族婚礼表现得淋漓尽致;还有 2010 年 8 月举行的国际那达慕大会,将会更加深刻地弘扬草原文化艺术。还有方方面面的历史文化资源,人们通过有效地利用这些地方文献,可以了解鄂尔多

斯的地方历史文化，如“河套文化”“朱开沟文化”“鄂尔多斯青铜文化”“鄂尔多斯婚礼文化”“民俗文化”“饮食文化”“服饰文化”“礼仪文化”“酒文化”“歌舞文化”“马文化”以及由此而衍生的一系列旅游文化等，以及涉及旅游经济的一些旅游胜地的文献资料，如记载恩格贝、库布其沙漠、毛乌素沙地、神奇的响沙湾、阿拉善湾遗鸥保护区等旅游经典的《景观胜地响沙湾》《这里的沙子会唱歌》《库布其览胜》等文献资料。

1.2 地域性

地方文献的采访必须具有鲜明的地域性，即搜集与本地有关的，反映本地政治、经济、文化、历史等的文献资料。地域性原则，首先必须确立“地域范围”，然后才能确立资料的收录内容和范围。地域性中的“地域范围”应以现今行政区划为准，并结合历史上行政区划的变更和本地自然条件与相邻地区关系来确定。例如《盐池县志》中记载的民国二年(1913)盐池县内的二道边土堆绥远界，而今隶属于鄂尔多斯市鄂托克前旗境内。又如《陕甘宁边区概述》中记载的陕甘宁边区下辖的准噶尔旗，目前隶属于鄂尔多斯，所以此类文献均认定为鄂尔多斯地区的地方文献。

1.3 史料性

收集的地方文献一定要具有重要的史料价值，否则不能视为地方文献收藏。通过对民族地方志、州志、县志等地方民族历史文献的挖掘、整理、开发，可以为地方的经济和社会发展提供丰富的考证依据。鄂尔多斯历史悠久，文化底蕴深厚，旅游资源极其丰富，不仅是蒙古民族三大古典史诗巨著《蒙古源流》《蒙古黄金史》《蒙古秘史》的诞生地；也是世界蒙古民族礼仪保留最完整的地区；还有全国旅游“四十佳”之一的成吉思汗陵园、萨拉乌苏文化遗址、“河套人”文化遗址、朱开沟文化遗址、鄂尔多斯青铜器、昭君坟、草原敦煌阿尔寨石窟、藏传佛教寺庙准格尔召等国家级重点文物保护单位；还有恐龙足迹、统万城、秦直道等历史文化资源都可以为地区的产业发展提供历史线索，为开发地方资源提供丰富的历史资料。还比如鄂尔多斯市图书馆地方文献部目前收藏的记载成吉思汗时期历史的《成吉思汗史论集》《成吉思汗帝国史》等相关文献就可以为成吉思汗陵这一旅游胜地提供大量的有价值的历史线索；还有记载朱开沟、万家寨、阿尔寨石窟等历史遗迹的《朱开沟：青铜时代早期遗址发掘报告》《万家寨：水利枢纽工程考古报告集》《草原敦煌——阿尔寨石窟探秘》等各类珍贵文献资料均为人们更好地了解这些地方提供了丰富的信息。

1.4 全面性

数字出版时代，地方文献的载体形式和类型也在不断变化，图书馆地方文献资源的采访还要遵循全面性的原则，主要体现在载体和类型的多样性上。地方文献资源的载体除了传统的纸质图书、报纸、期刊、杂志、光盘、磁带等，还有大量的缩微胶片、激光唱片、电子文献、印章、雕刻等；地方文献的类型也出现了各种会议文件、专利文献等，图书馆采访人员在采访过程中结合本馆的具体馆藏情况，全面的采访各种载体和类型的文献资源，从而构建完善的图书馆地方文献馆藏资源体系。

1.5 民族性

鄂尔多斯是少数民族蒙古族的聚居区，因此鄂尔多斯市图书馆地方文献的采访原则除了以上三种外，还具有强烈的民族性，常言道“只有民族的，才是世界的”，只有通过这些具有强烈民族性的地方文献才能更好地实现特色馆藏的建设，如其中的《鄂尔多斯婚礼》《成吉思汗祭奠》《鄂尔多斯蒙古族民俗文化》等就是具体记述鄂尔多斯地区的蒙古族婚礼、祭奠和民俗文化的。

2 鄂尔多斯市图书馆地方文献采访的不足

鄂尔多斯市图书馆的前身是伊克昭盟图书馆，始建于1956年，通过各级政府的大力扶持，鄂尔多斯市图书馆于2000年成立了地方文献部，更好的实现了地方文献的收集、整理与保存，通过馆员的身体力行，到目前为止鄂尔多斯市图书馆共收集了地方文献1万多册，主要是通过捐赠、征集、订购来获得，并利用《中国图书馆分类法》（下称《中国法》）进行分类，通过类号设立密集书架，使大量文献得到了妥善保存。在2009年第十一届亚洲文化艺术节期间鄂尔多斯市图书馆举办的“七大文化工程展”受到了各界人士的好评。尽管我们在地方文献的采访、整理和保存方面不断地改进和加强，但是还存在很大的不足。

2.1 采访馆员的业务素质不扎实

随着计算机的普及和科技的发展，新时期的采访馆员除了具备基础的图书管理业务知识，还要具备一定的外语水平和计算机操作技能，完成中外文献的采访编目，还要有较强的公关意识和人际交往能力，才能在馆内馆外与不同部门的工作人员以及众多的地方文献收藏家、出版商接触沟通，从而高效地开展地方文献采访工作。

2.2 采访途径单一

目前鄂尔多斯市图书馆地方文献的采访途径主要还是局限于交换、赠送、复制、采购等方式，没有形成政府倡导的呈缴制度，由于经费短缺等实际困难，某些有价值的地方文献即使通过采购方式也无法实现它的价值，因此采访途径的单一也制约着地方文献的采访工作。

2.3 采访目的难以实现

地方文献采访的目的不单单是采访、收集，更重要的是后期的整理与开发利用，而不是收集回来以后就束之高阁，地方文献在收集后必须进行规范的整理，只收集不整理，同样实现不了信息资源的利用。目前鄂尔多斯市图书馆的地方文献整理工作尚不规范。部分图书通过《中图法》的类号进行分类整理，这样就导致同一作者的文献过于分散，不利于用户对某一作者文献的查询，而部分图书是按不同的作者实行设立专架保存，也存在一定的弊端，不利于用户对某一学科知识的查询，也实现不了资源的有效利用。同时由于地方文献中蕴藏着大量有价值的信息，有反复提供使用的价值，但因馆员对地方文献开发利用缺乏重视、服务意识淡漠，无法对地方文献进行深层次的加工整理和研究；同时大量的文献信息资源尚未电子化，造成了地方文献资源的浪费，大大削弱了地方文献的社会影响力和社会利用率，无法实现文献采访的最终目的，这样使地方文献信息资源的开发利用和资源共享受到很大的限制。

3 数字出版时代地方文献采访的新变化、新思路

地方文献的收集工作是一项艰苦细致的工作,不仅是要深入基层登门求索,更重要的是还要解决因交通、经费所带来的诸多困难,面临着战线长、范围广、工作量大的实际情况。要想完成这一艰巨任务并且坚持下去,必须采取如下措施:

3.1 建立地方文献采访制度和采访文档

地方文献部通过建立合理有效可行的采访制度,有计划、有步骤、有重点地进行地方文献的收集工作,采取一些相应的措施,如通过印发宣传材料以及报纸、电视广告等媒介做宣传,扩大社会影响,从而开辟渠道,打开工作局面。为了能够更好地进行地方文献的采访与整理,采访人员还应建立一套相关联的采访文档,如通过建立地方文献征订文档、需求文档、订购文档、经费文档、统计文档等,还可以建立图书、报刊的登到文档和未收集文档,以及文献的具体信息文档,如图书可以建立包括书名、作者、出版社、出版年、单价等全面信息文档等,以便根据文档指定的范畴收集文献信息和进行采集工作,避免遗漏或重复。

3.2 掌握地方文献信息源

在地方文献采访工作中,掌握文献信息源是至关重要的,从多种渠道获得地方文献的产生情况和传播动态,并全面了解本地出版社的出版信息,通过当地政府网了解近期地方的重大成果和重要活动,以确保地方文献收集的及时性和完整性,只有这样才能高效合理地开展地方文献资料的采访工作。

3.3 优化采访方式

地方文献在采访方式上,主要采用市场订购的方式,而由于经费短缺等实际情况依靠这种方式所能采访到的地方文献却很少。其余部分只有靠采访人员掌握文献的信息源,然后通过订购、采购、征集、交换、复制和纂辑等手段一一个别处理。地方文献的来源渠道很广泛,且性质多样:有单位的,也有个人的;有公开出版物,也有内部出版物;有无偿的,也有有偿的。因此在采访过程中应针对不同的情况,采取灵活的方式。对于公开出版的地方文献,通常是依据征订书目,采用定购的方式予以收集;对于非公开出版物的采集手段可以多种多样;对属于个人手中持有的珍贵地方文献,可采取收购的方式,也可采用交换方式;对无偿捐献的单位和个人,图书馆可发给证书作为表彰,以此来鼓励更多单位和个人的免费捐赠;对于一时采集不到原件的重要文献可通过复制的方式来取得。

数字出版时代,地方文献采访方式最主要的变化就是通过网络进行采访,网络采访可根据需要下载书目数据后进行选订,在范围、时空、效率、手段和提高藏书质量上都比传统的通过目录预订具有相当的优势,还可以简化图书采购的工作流程,提高工作效率,采访人员可以利用互联网浏览、下载、查阅网上的书目文献信息,通过书名、作者、关键词、出版社、ISSN号等多种途径进行检索,根据本馆的需要在网上完成收集、整理、订购、支付的过程。

3.4 提高采访人员的素质

收集地方文献必须要走出馆门，深入到基层，同时地方文献收集的复杂性以及建立地方文献数据库又是一项投入大、技术性强的工作。因此采访人员必须能够吃苦耐劳，有高度的事业心和责任心，有敏锐的观察力、扎实的图书馆学专业知识和地方文献知识，譬如各类少数民族历史文献，必须有懂少数民族语言的专业人员去收集、记录、翻译和整理，否则很难被开发利用。又如一些崖画、石刻、象形文字、青铜铭文等，就必须有懂历史学、文字学的专业人员去收集、整理和研究。地方文献采访人员还应具备相当的公共关系能力，采访人员要通过多种手段向所有的人，尤其是政府管理机关和各类文献生产者，大力宣传地方文献工作的意义和社会价值，要和有关的文献生产、发行、收藏单位以及个人之间建立起非常良好的信息和文献的交流关系。只有这样一批优秀合格的采访人员才能更好地将地方文献的采访工作做到极致，才能更好地发挥地方文献的作用。

数字出版时代，图书馆地方文献的采访人员还必须掌握一定的计算机知识，从而完成网上图书采购的一系列工作，更好地实现地方文献的采访任务。

“越是地方的，越是世界的。”地方文献以其独具的地方特色、强实用性和永久的历史价值，同时由于地方文献在整个藏书体系中的唯一性，使之在当今图书馆的特色服务工作中显得尤为重要。所以合理有效地进行地方文献的采访和充分地开发与利用，利用现有资源积极收集、整理、妥善保存地方文献成为图书馆工作的重中之重。

参考文献

[1] 林治德. 论区级公共图书馆地方文献采访工作[J]. 中小学图书情报,2010(5):24-27
[2] 高林江,陈隽. 浅议地方文献采访策略[J]. 山西科技,2002(4):35-36
[3] 韩朴. 地方文献采访工作诹议来源[J]. 图书馆学刊,2008(2):13-15
[4] 魏玉萍. 新形势下如何加大地方文献的收集力度[J]. 工会论坛,2004(5):115-116
[5] 余侠. 网络环境下采访工作的新特点与优化[J]. 图书馆研究与工作,2003(1):32-37
[6] 刘晓霞. 网络环境下图书馆文献采访策略的调整[J]. 图书馆理论与实践,2003(3):21-22
[7] 王志纯. 浅谈市(县)公共图书馆地方文献的收集工作[J]. 农业图书情报学刊,2005(1):76-78
[8] 来新夏. 图书馆与地方文献[J]. 图书馆,2002(6):29-31
[9] 彭延炼,张茂豪. 论民族地方文集的采集[J]. 图书馆理论与实践,2002(1):57-58
[10] 徐沙. 简论知识经济环境下的地方文献工作[J]. 江西图书馆学刊,2002(1):30-31

浅谈电子商务对图书出版影响的现状及对策

刘 冰(许昌市图书馆)

信息时代的来临、传统商业模式的改变引发了人们购物方式以及消费习惯的巨大变革。阅读习惯和阅读内容来源的变化,给传统的纸质图书出版以强有力地冲击,深刻影响着出版界。纸质图书真的没有出路了吗?笔者认为,出版业和书商对此不应消极悲观,而更应努力看清形势、认真研究对策、积极寻求电商与纸质出版的结合途径,从而在数字化浪潮的冲击下站稳脚跟,破解这一出版界的难题。数字化既是问题也是解决方法,对于这一变革,我们不应当抵制而应当合理地把数字化手段运用到图书出版中去,形成传统出版与电商融合的模式,平稳度过书业变革的关键历史时刻。

1 现状

1.1 电子商务大潮已经来临

电子商务,是商务的衍生。有逐渐取代传统商务成为主流购物方式的趋势。经过多年的发展,电子商务如今已经变成了很普通的购物方式。电子商务通常是指在全球各地广泛的商业贸易活动中,在因特网开放的网络环境下,基于浏览器(或服务器)应用方式,买卖双方不谋面地进行各种商贸活动,实现消费者的网上购物、商户之间的网上交易和在线电子支付以及各种商务活动、交易活动、金融活动和相关的综合服务活动的一种新型的商业运营模式。电子商务是利用微电脑技术和网络通信技术进行的商务活动。

电子商务扩大了市场范围,通过渠道使得交易成本降低、经营效率提高。由于电商更加注重与客户的沟通,能够实现良好的客户关系管理。

1.2 图书领域电商的现状

近几年,图书的电子销售额逐年增长,占领了图书销售市场的50%以上。同传统商业一样,电商信息资源丰富,网店长尾品种有无限上架空间,品种上架率高于实体书店,数字购物也自然而然波及图书领域。电子商务中,图书资源丰富多样、电子书层出不穷,读者自然更多地接受网络销售,导致纸质图书市场份额逐年下降。

相比数码、家电的1万亿零售市场,图书在中国也就200亿的零售市场,但是京东、当当、亚马逊都为了这200亿的图书市场血拼,其实目的只有一个:为了抓住用户。他们都想找到一个单价相对低廉、标准化程度高的商品类别来拼价格战,以扩大新的用户,占领新的市场。图书用户基数大、稳定性强,而图书价格低廉、种类丰富,凭借图书带来的高销量可以带动其他商品销售。当当网10年图书销售额突破14亿,京东图书上线后2年销售额达15亿。

1.3 作者和读者的现状

电商联手作家直接出书,减少了广告、营销宣传等中间环节和成本,可以向作家支付比出版社更多的报酬,在图书定价上低于出版社,从而赢得作家的青睐。

另外对于纸质图书而言,读者更倾向于到网店购买图书。由以前到书店挑选图书变成先收藏加购物车,等降价以后购买的消费方式。下单更加方便、快捷,观看照片、付款、订单成交一气呵成。如今电子购物已经成为一种习惯,有的读者读完电子书之后觉得值得反复阅读之后才会考虑买纸质书籍。有的读者认为购买电子书不影响购买实体书,反而增加了购书量,当然是经过阅读电子书筛选后加以选择的。

1.4 出版社和书商缺乏对电商的正确认识

电商的出现对于传统出版业无疑是巨大冲击。原本出版业就竞争激烈,图书销售价格战导致生存空间缩减。电商的参与使图书市场更加紧俏,传统出版企业正在经历前所未有的生存压力。

电商销售图书优势明显,出版社反应不一:传统出版社有的警惕恐慌,一味排斥;有的居安思危,反省自身优势不足;有的绝地反击,精心做好专业系列;更有甚者已经把纸质书做成了数字产品,把自己的图书推向不同平台。

笔者认为,我们应当清醒地认识到:任何事物都没有绝对,都是相对的。对于电商也是这样,既不是对立相斥的关系,也不能照单全收,放任自流,缺乏行业约束。应当把电商放到一个合理的位置,从而实现合作共赢。“抵制是没有用的,技术浪潮不会改变。当年柯达公司坚持传统胶片,最后霸主地位几乎一夜颠覆。今天出版社也面临这种冲击。出版社里谁先转型,谁将在新的市场模式中存活下去。”①

1.5 出路和突破口

图书产品要基于读者需求才能存活,基于市场的客观要求才能生存得长久,经受住时间的磨砺与考验。当今商业活动中,电商的优势显而易见:依托互联网技术和强大的物流体。传统出版商应当与电商结合,加快对原有资源的数字转换,开展适应新技术环境的内容生产活动,加快出版业的数字化转型。

2 出版界面临的困惑和难题

俗话说:知易行难。即便是出版社和书商认清了电商销售已成为图书销售的主流形势,但在如何结合,如何通过电子渠道营销图书,电商盈利的同时而不损害出版社和书商的利益,这方面的尝试应该说还不算多,或者说不够成熟。如何实现互惠互利、合作共赢是出版界的一个新命题。

---

① 李继东,中国传媒大学新闻传播学副教授。

2.1 没有良性的业界引导

电子商务在我国毕竟是近几年的新兴事物,行业标准化程度不高,还很不完善,行业缺乏统一的标准化规则。中国的出版社系统在数字出版技术力量以及商业运作能力上相对于西方发达国家普遍薄弱,在数字化转型过程中更加依赖电商平台。中国缺少可以让出版社去依赖的成熟的数字出版物电商平台。

2.2 中国商业信任度低下

中国社会商业信任度低下,出版社利益由于电商间的恶性价格竞争受到伤害。在这种缺乏标准化格局的商业环境里,出版社无法安心把有高市场价值的作品的数字版权交给电商,更加导致了两者间合作的困难。

3 如何把电商因素与图书出版合理融合

我们应清醒地认识到:电子商务不仅改变着图书营销的观念,也同样改变着读者购书的方式——读者要求速度更快、信用更高、服务更好。电子商务和出版社之间如果协作得好,应该会给出版社和电商带来不错的收益和良性的发展。

3.1 积极寻找新的销售途径

把握图书销售途径,积极尝试新型的社交网络,从而掌握更广泛的读者群体。社交网络是当今人们生活的一部分,那么对于电商,他们所要做的就是以社交网络为平台,引导读者的购买行为,为读者带来最优化的消费。

把握电子设备作为买卖工具的机会。2012 年,为了适应数字化出版的潮流,企鹅出版社与兰登书屋合并,通过纸质、电子、音频同步发行《五十种灰度》系列图书,创下了累计出售 7000 万件图书,累计收入 30 亿美元电子书和 4 亿美元音频的利润。他们为电子出版开辟了新途径:利用数字手段,通过网络用户这一群体直接面向读者营销和出售。

2014 年,余秋雨借助微信这一广大社交网络群体首发《文化苦旅》,余秋雨和出版方、腾讯三方联手,给出版界似乎指明了一条图书出版销售的新型途径。微信平台也将成为图书未来销售的一个全新渠道。

3.2 解决好版权问题

一旦电子书的版权不受保护,那对出版商来说肯定会带来不可估量的损失。

我国《著作权法》《信息网络传播权保护条例》当中对原创作者作品的保护都有相关的法律保护,但毕竟电子商务的发展日新月异,想要更好地保护版权、平衡各方利益,必须对电子书的版权出台行业专门的法律法规。应由行业协会或行业主管部门制定统一的标准来保护电子书版权,从法律角度对电子书的市场运作提供支撑。

3.3 借鉴发达国家的经验

2011 年 10 月,美国知名电商巨头亚马逊就直接签约作家推出了纸质书和电子书出版业务。当时,亚马逊力邀美国出版业老将劳伦斯·克什巴姆负责亚马逊的出版业务。这一出版事件曾引发出版商和实体书店的恐慌和抵制。由于受到多种因素影响,亚马逊并未对传统出版业造成很大冲击。历史证明,美国的亚马逊并没有消灭传统出版社。首先,电商需要向传统出版社购买书号,其次,电商的编辑队伍很不完善,无法与传统出版社发展成熟的出版队伍相提并论。有着在内容上重模仿、轻创新的短板,在模式上产品同质化严重的硬伤,必须依托传统出版社的资源才能生存。而编辑环节并不是靠一朝一夕速成的。

3.4 利用渠道策划图书出版选题,定制图书出版内容,按读者需要出版,避免成本浪费

首先,作者能与读者在电子平台上互动,起到新书宣传的效果。其次,图书的选题也可以由读者在网络上投票决定或者先行预售,出版方和作者再进行内容生产。再次,选题方面,电子书和纸质书其实有重合的读者群,电子书销量好的往往纸质图书销量也不错。最后,通过网上试读,预订,再根据预订数额来确定印刷数量。在西方发达国家如美国,正式发行图书之前出版商会在电商平台上优选精彩章节公布,让读者试阅读、预订电子版图书或者纸质版图书,从而根据预订数据来判断首印数量,解决了盲目印刷纸质图书的问题,节省了成本,减少了不必要的浪费。

3.5 规范市场,规范电商

低价出售,影响了纸质图书的信誉度,扰乱了正常的市场秩序。由于现阶段的图书定价还是基于市场导向,加上恶性竞争的存在,电商的低价倾销扰乱了原本公平合理的市场定价。相关部门应针对电子书市存在的主要问题,开展打击盗版、规范定价、统一行业数据标准等,针对电商的恶性价格竞争出台相关措施,稳定图书市场的价格秩序。

2014 年 3 月 14 日,“出版业如何在新消法的实施下做好反盗版工作”研讨会在京召开。京东集团与几十家出版单位负责人共同探讨了目前行业盗版存在的各种问题,以及新修订的《消费者权益保护法》的实施下,出版行业应如何更好地做好反盗版工作。中国出版协会副秘书长刘炜在会上指出:“图书盗版行为不仅侵犯到公众利益并且扼杀了出版业的创新能力,让众多出版社沦为弱者。呼吁以更严厉方式打击盗版。”与会专家建议出版行业管理机关对于 3 万字以上的共享内容进行审查,维护出版人权利。2014 年 3 月 15 日实施的新消法还规定了图书销售平台的相关责任,如果商家销售盗版或者假货,那么除了商家要承担责任进行处罚外,平台也将承担连带责任受到处罚。

“电子书的定价方面,目前美国采取双规,以出版社定价为主。但在我国,因为最早的电子阅读起步于购买力相对弱的人群,所以刚开始的参照价格就比较低,而不是参照纸书本身的价格。但是随着电子书市场未来发展的不断完善,最终会达到出版社、电商、作者、读者利益的合理化。”①

相关管理部门应当在出版社方面有限价前提下,保证出版商和电商的收入。在遵循行业规则前提下,谋求电商、出版社和读者的共赢。

---

① 程三国,百道网 CEO。

4 小结

出版社根据电商渠道的读者民意调查进行选题策划,作家专心创作,出版社审阅稿件,排版校对、美术设计等共同参与,精心制作内容与形式俱佳的精品纸质图书。出版社可以根据网络读者预订量确定印刷数量。出版社自己拥有版权,可以选择出售或者不出售版权给电商。出版社自己控制内容,可以保证作品制作的专业性和更新的及时性。出版社自己掌握用户数据,可以直接了解销售状况和读者喜好。出版社也可以制作出与书籍同步的数字内容放在自己控制的内容服务器上并对其实施管理。销售则可以在任何有商业合作协议的电商平台上进行,从而把作品推到尽可能多的读者面前。而电商可以选择投资数字出版技术或者交给出版社,销售数字出版物,充分发挥擅长的商业宣传营销手段并从销售额中获利。读者则可以在自己偏好的电商平台收藏、定制、下单选择购买纸质书或电子书。出版社做出高质量的纸质书和电子书,电商负责宣传和营销,合作共赢,共同实现出版市场的良性发展。

电商参与图书出版营销,短时期内的结果是传统出版社的经济利益流失,但出版界若把眼光放得长远一些不难发现:电商的加入使得整个图书市场更加活跃,主流图书与小众图书共同繁荣发展,更加有益于中国图书业及广大读者。出版社、书商、作者各方面应加强沟通与合作,形成高度规范化的数字出版市场格局,共同推动纸质图书产业、电子书产业、数字出版产业的良性发展,实现出版业的繁荣,提高整体文化实力,实现文化复兴的中国梦。

参考文献

[1] 吴晓波. 商战电商时代[M]. 武汉:湖北教育出版社,2014

[2] 何勇海. 电商牵手作家 是机遇也是挑战[N/OL]. [2014 - 08 - 20]. http://views. ce. cn/view/ent/201406/23/t20140623_3017665. shtml

[3] 冯宏声. 电子书产业发展中的版权与标准问题[EB/OL]. [2014 - 08 - 20]. http://wenku. baidu. com/link? url = 2pepji6-anS60VYWTJTqnG9DMff7GpJIzLwjCvoCz-wjdeP5tXXVXFHBiOFYI0NYRJNkvH4XXtMuoafFdW-unSGdKQyJKvfUr5IcsjWNkw_

[4] 董铁,张劲珊. 电子商务[M]. 北京:清华大学出版社,2010

[5] 微信携手余秋雨售书引发书业地震[EB/OL]. [2014 - 08 - 20]. http://js. ifeng. com/humanity/cul/news/detail_2014_03/12/1966230_0. shtml

数字时代实体图书馆的变革与坚守

刘　洁(国家图书馆)

21 世纪以来的数字化浪潮在一定程度上弱化了图书馆的生存环境,不断改变着传统图书馆的信息服务模式。随着数字化信息资源和网络技术的迅速发展,图书馆的服务水平及方式发生了重大变革,随着因特网的兴起和持续发展,信息的全球合作与共享已经成为大趋势,在这一过程中,图书馆的传统角色受到了明显的挑战。

1　图书馆的传统角色

图书馆是一个社会实体,其本质属性是收藏文献和利用文献来为社会服务。传统图书馆是将人类积淀的知识载体——文献传播给社会成员,是文献交流、传递的文化机构。通过文献交流活动,进而起到了推动人类文明、社会教育和传递信息的作用。传统图书馆的信息传递主要是以文献为单元进行的,检索的是书报刊中的条目信息,而参考咨询业务和二次文献工作也只局限在对本馆文献的开发上[1]。

图书馆的业务工作是由很多相互联系的工作环节组成的。一般包括文献的收集、整理、典藏和服务四个部分。

文献收集。文献收集是整个图书馆工作的基础。图书馆员首先要明确本馆的收藏原则、收藏范围、收藏重点和采选标准,了解本馆馆藏情况、文献的种类与复本数、各类藏书的利用率和使用寿命、哪些书刊可剔除、哪些书刊要补缺等,此外还需掌握出版发行动态。然后以采购、交换和复制等各种方式补充馆藏。

文献整理。文献整理包括文献的分类、主题标引、著录和目录组织等内容。文献分类不仅为编制分类目录和文献排架提供依据,也便于图书馆统计、新书宣传、参考咨询和文献检索等。文献主题标引是根据文献内容所讨论的主题范围,以主题词来揭示和组织文献的。文献分类和主题标引是揭示文献内容的重要手段,文献著录则是全面地、详尽地揭示文献形式特征和内容特征的主要手段,它便于读者依据该文献的各种特征确认某种文献,获得所需文献的线索。

文献典藏。文献典藏主要包括书库划分、图书排列、馆藏清点和文献保护等。其中,文献保护是一项专门技术,包括图书装订、修补、防火、防潮、防光、防霉和防虫以及防止机械性损伤等。

图书馆服务。图书馆服务工作是一项开发利用图书馆资源的工作。它包括发展读者(如发放借书证)、读者研究、文献流通和推广服务(包括文献外借、阅览服务、文献复制服务、馆际互借、流动图书馆服务等)、馆藏报道、阅读辅导、参考咨询和文献检索、读者教育等[2]。

2 数字时代实体图书馆面临的挑战与冲击

当今城市的发展处在一个转型和变革的时代。以全球数字图书馆的发展为例，我们正处于“智慧城市”所描绘的，通过开放和用户驱动的方式，去验证未来内置互联网服务功能的创新环境中。

2.1 新媒体竞争态势明显

随着网络技术的发展，报纸、电视、广播等传统媒体在各种新媒体上有了不同的拓展，一些新生的市场力量如数据库提供商、网络搜索服务提供商、商业数字图书馆等正在与图书馆争夺用户资源。以当下最为热门的移动阅读内容提供商“盛大文学”为例，截至 2013 年 3 月 2 日，云中书城付费订单数突破 2500 万单，近 70 万种电子书被下载，云中书城移动端用户数也已接近 2000 万[3]。

由于各种媒体形式的存在，用户获取信息的途径不再局限于传统媒体。全媒体的信息传播途径，使图书馆对部分用户的吸引力降低，到馆读者的数量减少。

2.2 读者需求呈现出新特点

信息量的激增和快节奏的生活工作，使得读者需要个性化需求化的服务。因而图书馆在服务内容上不能再局限于初级的文献信息资源，而应当转向系统化、精品化、个性化的信息服务，为用户解决其他的知识和能力所不能解决的问题，而不仅是基于资源占有、规模生产等来体现价值。

2.3 传统服务方式凸显不足

全媒体时代信息资源的发布方式已经多元化，读者既可以阅读传统图书，也可以阅读各种格式的电子图书，也可以选择音频版、视频版的资源。读者不再满足于单一实体或网络服务，不仅对不同表现形式的信息资源有了不同的选择空间，而且更倾向于进行多载体、多空间、多时间、多形式的选择，希望在任何时候、任何情况、任何时间和地点获取任何想要的信息[4]。

3 实体图书馆的改进与变革

面对如此众多的挑战和冲击，实体图书馆也在主动或被动地适应数字时代的环境特征，提出了很多有效的变革思路。

3.1 增强固有的文化职能

实体图书馆在文化遗产中充当和担负着不可替代的角色和责任。图书馆作为文字和文字载体的主要保存者和继承者，自产生时起就同文化遗产保护者这一角色密不可分。在数字化的今天，许多图书馆界同仁在保护文化遗产方面的努力在不断与时俱进。来自美国的陈钦智女士自 2002 年起开始创建了“全球记忆网”（http://memorynet.org）和“世界遗产记忆网”(http://whmnet.org),打造为全世界共用的世界遗产及文化知识信息知识库[5]。国家图书馆截至目前也建立了30多种古籍数据库和“中华寻根网”,将我国部门珍贵典籍以数字化形式保存记录下来,弘扬了中华民族的传统文化。这些由实体图书馆发起的,通过数字化手段记录和传承文化遗产的举措,彰显了图书馆在信息时代保护、记录、宣传文化遗产方面所做的不懈尝试和努力。

主动适应数字化环境、充分运用数字化手段、积极加强数字化服务,这些改进与变革对于实体图书馆而言迫在眉睫,同时也必然会进一步增强图书馆的文化职能,使其在新媒体时代成为文化保护、记录、宣传的中流砥柱。

3.2 配合相关的国家政策

图书馆在配合国家政策中所扮演的重要角色。地处克罗地亚的萨格勒布市图书馆开创了“图书馆服务无家可归者项目”,他们在位于城郊的难民区建立了一个学习站,不仅提供了电脑和打印机等必需的硬件设备,也定期号召市民进行捐赠图书、组织志愿者向无家可归者进行电脑技能和求职技巧的相关培训。通过该项目,图书馆帮助国家实现了行动计划和战略中的诸多目标,包括技能提升、社会经济隔离的预防以及增进合作[6]。这个项目提醒了我们,通过合理的计划和组织,图书馆不仅仅能够在文化教育领域发挥积极作用,也能够在社会政治当中扮演重要角色。

传统思维中,文化与政治的关系,更多强调和体现的是政治对文化的影响和渲染。但是在社会信息大数据化的新时代,文化领域作为大量承载和输出数据的平台,其对政治的潜在影响力不可小觑。因此,实体图书馆应该及时意识到自我角色的更新,积极主动地配合相关国家政策的实施,将“硬”的政策规划融入“软”的文化熏陶中。

3.3 拓展新兴的文化外交

图书馆成为开展文化外交的新生力量。随着新公共外交时代的到来,各国政府纷纷鼓励各类社会力量加入到公共外交主体行业中来。而文化机构尤其是图书馆由于自身得天独厚的优势成了开展文化外交的新生力量。

近年来,我国的许多图书馆除了进行传统的出版物交换业务之外策划了许多涉外项目,“上海之窗”即为项目之一。在其建立十周年的《窗启十年》研讨会中,介绍了“上海之窗”的一些基本情况和经验。项目执行过程中体现出来的认真务实的精神和注重技巧的沟通,值得我们借鉴。首先“上海之窗”除了同已有交换户建立合作关系之外,也积极开拓合作伙伴。例如,“上海之窗”曾经通过“华人图书馆员协会”(Chinese American Librarianship Association)发布宣传广告,成功吸引了加拿大的麦吉尔大学图书馆和Dr. John Archer图书馆成为其合作伙伴。其次,除了主动宣传,“上海之窗”也十分注重既有合作伙伴的维护。例如,其合作伙伴加利福尼亚大学东亚图书馆曾经向“上海之窗”提出希望获得学术内涵更丰富的书籍,项目组在从第二年起就在赠送书籍的书单中增加了“学术书籍”这一分类;“上海之窗”经常向合作伙伴所在地读者进行问卷调查,以了解他们喜欢的图书种类,进行有针对性的赠书[7]。这一举措,不仅是在文化领域的沟通,更在国际舞台上展现了新中国文化工作者的风貌,成为文化外交中,让世界了解中国的一扇“上海之窗”。

4　实体图书馆在数字时代的功能与优势

4.1　传统阅读习惯难以改变

尽管随着手机等终端移动产品的普及,越来越多的电子阅读渠道已经开始扩张,但因其对网络的依赖性,以及网络监管力度仍然不够,电子文献的准确性及追溯性仍然较差,更多局限在对文献要求较低的阅读层次。而传统阅读习惯在人类社会中存在已久,传统阅读的直观与稳定对读者而言尤为重要。因此,网络阅读是传统阅读的辅助与丰富,但并不能取代基于书籍的传统阅读。

相关数据表明,自电子书发明以来,公众对其的接受过程十分缓慢,而且这种缓慢接受已经持续了相当长时间[8],这也从侧面说明人们的阅读习惯很难改变。因此,实体图书馆作为文献、数据和信息的收藏单位,无论从文献的收集、整理、保存的角度还是从为读者服务的角度,都具有其不可替代的功能与优势。

4.2　数字资源的长期保存没有完美解决方案

数字资源的长期保存存在以下两个层面的难度:首先,尽管数字资源具有空间占用少的优势,但仍然依赖实体硬件。相对传统文献的保存,数字资源的集中保存对硬件维护要求更高,且稳定性较差。其次,在庞杂的数字资源中,资源质量参差不齐,部分资源不具备长期保存的必要。而如何甄选辨别优质资源进行保存,也是一项繁杂的工作。在目前的网络现状下,此两个层面的困难,决定了数字资源无法进行有效的、系统的长期保存。

4.3　实体图书馆的"场所感"无法替代

在很多城市,实体图书馆不仅是地标建筑,而且为各类社会群体提供了会议、学习和工作讨论的物理空间。新加坡国家图书馆管理委员会领导组织了各种形式的学习社区活动,让社区人们一起学习。这类活动超越了简单的图书交流讨论,也超过了文学圈的交流,是一种学习俱乐部形式的活动。除了学习社区以外,新加坡公共图书馆还着手开展了不同类型读者的阅读延伸活动,把各行各业的读者集中在一起,具体如:全国范围的 Read! Singapore(阅读! 新加坡)运动、10000 Fathers & More Reading(万名父亲阅读活动)等各种阅读活动[9]。

由此可见,图书馆并不仅仅是单纯意义上的"藏书阁",其为读者提供了一个资源和交流的实体空间,也为社区提供了一个集知识、技能和故事为一体的信息和文化中心;图书馆经常组织的文化活动和展览,也无疑能够增强社区居民的凝聚力和归属感。这些也是虚拟图书馆所无法替代的。

4.4　图书馆为公众平等获取信息提供保障

国家图书馆名誉馆长周和平在第六届"上海国际图书馆论坛"的讲演中提到了图书馆作为公益性文化单位,应当为所有读者提供平等获取信息的途径,得到了与会专家的认可[10]。这一观点给笔者留下了深刻的印象。2012 年年底之前,我国的"三馆一站"[全国美术馆、公共图书馆、文化馆(站)]全部实现了向读者免费开放,保障了读者获取信息的公平性。这点也是其他信息服务公司和数据开发商不能替代的，因为无论是信息服务公司还是数据开发商，他们进行信息采集和数据挖掘的动力都是追求利益最大化，它们难以从相应的读者群角度出发对文献进行筛选、整理、评估、加工、保存、流通。

5 小结

综上所述，因数字媒体及数字技术越来越广泛的应用传播，对传统实体图书馆提出了诸多挑战。各类新兴数字资源的大量涌现，以及手机等终端电子产品的普及，加剧了各类媒体对用户的竞争，减少了实体图书馆的读者数量。读者也对阅读的系统化、精品化、个性化提出了更高要求。传统图书馆所能提供的服务方式已经不能满足当前的阅读需求。面对冲击，一方面，新时代的实体图书馆积极适应环境，主动采取措施，以数字化手段迎接数字化挑战；拓宽业务领域、增强社会功能，不仅在文化领域做好工作，更在外交、政策配合方面充分发挥积极性，运用图书馆得天独厚的资源，打开图书馆发展的新局面；另一方面，结合自身的固有优势，实体图书馆继续发挥文化的收藏、继承、传递功能，更好地为读者提供文化服务，满足公众对阅读的场所要求，为读者提供平等获取信息的途径，保障读者获取信息的公平性。通过这些变革与坚守，新时代图书馆依然继续并更好地发挥着其不可替代的文化、社会等多方面功能，葆有其独特的书香魅力。

参考文献

[1] 李韶红，刘培俊. 试论网络环境下图书馆的角色定位及发展策略[J]. 贵图学刊，2001(1)：18

[2] 图书馆[EB/OL]. [2014-07-18]. http：//ecph. cnki. net/Allword. aspx？ objid = 18575&vol = %u56fe%u4e66%u9986%u5b66 + %u60c5%u62a5%u5b66 + %u6863%u6848%u5b66

[3] 盛大文学旗下云中书城称付费订单数破2500万[EB/OL]. [2014-07-18]. http：//tech. qq. com/a/20130308/000127. htm

[4] 李燕英. 论全媒体时代图书馆服务能力的提升[C]//智慧城市与图书馆服务：第六届上海国际图书馆论坛论文集. 上海：上海科学技术文献出版社，2012

[5] Ching-chih Chen. Global Collaboration and Sharing in this Omni-Media Digital Age：Challenges to Libraries[C]//智慧城市与图书馆服务：第六届上海国际图书馆论坛论文集. 上海：上海科学技术文献出版社，2012

[6] Davorka Bastic，Ljiljana Sabljak. Library an Opportunity for Success[C]// 智慧城市与图书馆服务：第六届上海国际图书馆论坛论文集. 上海：上海科学技术文献出版社，2012

[7] 庄蕾波. 上海图书馆"上海之窗"建设和发展[J]. 图书馆学刊，2006(6)：106

[8] A. H. 范德韦尔. 电子书：发现与发明[J]. 黄庆译. 出版科学，2011(12)：5

[9] Ang Ling Yueh，Wong Kai Xuan，Wai Yeen Valerie. Public Libraries as Avenues That Facilitate Social Learning：A Case Study of the Singapore Public Libraries' Effort in the Last Six Years [C]//智慧城市与图书馆服务：第六届上海国际图书馆论坛论文集. 上海：上海科学技术文献出版社，2012

[10] 数字图书馆的建设与发展——周和平在第六届"上海国际图书馆论坛"的讲演[EB/OL]. [2014-07-18]. http：//sal. edu. cn/information-Info. asp？ id = 2118

数字出版环境下图书馆文献采访新思考

刘诗君(青岛市黄岛区图书馆)

1 引言

黄宗忠教授认为,“文献采访是根据图书馆的性质、任务和读者需求、经费状况,通过觅求、选择、采集等方式建立馆藏,并连续不断地补充新出版物的过程”。文献采访工作是图书馆基础性业务工作之一,也是图书馆藏书建设和文献资源布局的首要环节。这个环节的工作质量直接关系到图书馆藏书建设的质量,在图书馆建设中占有举足轻重的地位。

图书馆文献采访工作与出版业的发展密不可分,文献采访工作应该时刻关注出版发行的动态变化,并相应地采取适当的采访对策。近年来,我国数字出版业发展迅速。《2013—2014 中国数字出版产业年度报告》显示,2013 年,我国数字出版产业继续保持强势增长势头,全年收入规模达 2540.35 亿元,比 2012 年整体收入增长了 31.25%。随着数字出版业的快速发展,文献的概念更加宽泛,文献的品种和类型更加多样,文献采访的理念和方式更加进步和现代化。在这样的时代背景下,如何正确认识数字出版给图书馆文献采访带来的挑战,如何提高文献采访效率,创新文献采访模式,成为当前图书馆研究的重要课题。

2 数字出版环境概述

数字化出版是在出版的整个过程中,将所有的信息都以统一的二进制代码的数字化形式存储于光盘、磁盘等介质中,信息的处理与接收则借助计算机或终端设备进行。它强调内容的数字化、生产模式和运作流程的数字化、传播载体的数字化和阅读消费、学习形态的数字化。

数字技术在出版领域的广泛应用,使传统出版流程发生了革命性的变化。从数字出版的发展阶段来看,从桌面出版,到电子出版,到网络出版,再到数字出版,一次比一次更加接近数字出版的实质。概括起来,数字出版具有以下五大特点:一是速度很快,能储存很多东西,编辑过程方便,影响比较广;二是可以提供详细的索引和全文检索功能,可以让读者快速、准确、轻松地找到所需部分;三是不仅保持纸书的原版原式,同时还可以附带音频、视频等多媒体内容,增加更多体验,提高人们的学习效果;四是所占的存储空间很小,一张 DVD 光盘就可以储存近千本图书,不仅节约了图书馆空间,而且方便用户携带;五是内容不易遭到破坏,有利于资料的永久保存。

目前,数字出版形态产品主要包括电子图书、数字报纸、数字期刊、网络原创文学、网络教育出版物、网络地图、数字音乐、网络动漫、网络游戏、数据库出版物、手机出版物(彩信、彩铃、手机报纸、手机期刊、手机小说、手机游戏)等。伴随数字终端技术的飞速发展,电子阅读器、智能手机、平板电脑等便携式终端的推广,使数字产品拥有了与纸媒体一样方便的手持式终端。

3 数字出版环境下图书馆文献采访工作面临的挑战

数字出版的不断发展,图书馆传统资源优势日益减弱,文献资源不再局限于物理实体馆藏,传统模式下的馆藏文献资源的弊端开始逐渐显现出来。数字出版对图书馆文献资源的影响表现为:文献资源结构呈现多元化格局;文献资源获取由单平面向多层次、立体化转变;文献资源采集难度加大。

3.1 出版物数量剧增,质量参差不齐,文献采访难度加大

数字出版环境下,出版发行的载体更加多样,载体类型由传统的以印刷纸本出版物为主发展到印刷纸本出版物、电子出版物、数字出版物、网络出版物等多种载体出版物并存。出版形式的多元化,极大地丰富了各种载体形态的信息资源,与此同时也增加了图书馆信息资源选择的难度。

数字出版技术的快速发展,一方面出版物数量和种类急剧攀升,载体形态日益多样化。一方面各类文献出版量不均衡,有些出版社为了追求较高的经济效益,文献质量得不到保证,内容重复率高,甚至非法出版物鱼目混珠。不同渠道、不同载体、不同格式的书目信息纷繁复杂,各种传播媒体、著录格式分散发布,形成信息来源多、格式不规范、大量重复发布的混杂局面,加大了采访人员鉴别、筛选的难度。

3.2 图书馆馆藏结构由单一性向多元化转变

数字出版环境下,信息的生产、传播更加快速,文献资源的载体、数量与种类出现多样化,文献资源不再局限于本馆,而是扩展到全球范围的虚拟馆藏,文献资源结构呈现多元化格局。

图书馆原有的纸质文献已经明显不能满足读者的需要。纸质文献存在着检索困难,文献重复建设等多种弊端,而数字文献具有传递信息速度快、检索方便、利于共享的特点,也有信息存量大、内容广、体积小、节约空间的优势,不仅图文声像并茂,而且还能提供查询、统计、分析、排序,被越来越多的读者接受和喜爱。这种时代背景下,图书馆必须尽快改变原有的单一纸质文献的馆藏结构,逐步加大数字文献的入藏比例。发挥纸质文献和数字文献的特点和优势,使其优势互补、多元发展,为读者提供更全面、更便捷的服务。

3.3 采购招标单一,经费严重不足

图书采购招标是近年来图书馆普遍采用的选择图书供应商的一种模式。在招标工作中,有些参与招标工作的人员是非专业人员,对图书馆业务不熟悉,往往将图书供应商的书刊折扣率、资质等方面作为优先考虑的内容,而对图书馆在图书供应商处所需要获得的服务与工作上的配合考虑较少。中标的供应商相对来说比较单一,无法真正满足图书馆的全部采访需求。在图书馆采购经费上,一方面国家越来越重视文化事业,政府的投入也越来越大,另一方面纸质文献和数字文献的价格不断上涨,图书馆读者持续增长。图书馆的经费还是明显不能满足读者需要。如何利用好有限的经费,最大限度地为读者提供最优质的资源,成为图书馆采访人员需要思考的命题。

3.4 采访人员专业性有待提高

数字出版环境下,信息瞬息万变,技术日新月异,对图书馆文献采访人员提出了更新、更高的要求。采访人员应具备快速捕捉信息的能力,具备较强的信息挖掘和信息处理能力,具备对出版发行信息的敏锐洞察力;还应熟练掌握计算机技术、网络技术、数字技术,掌握相关学科专业知识等。而目前图书馆的采访人员大多只懂得一些传统的采访技能,专业水平有待提高,知识结构有待更新。

4 数字出版环境下图书馆文献采访的新思路

4.1 协调馆藏资源比例,走特色化发展道路

数字出版环境下,读者的阅读习惯、阅读方式以及对文献内容的要求日益趋向于个性化、多元化和动态化,因而图书馆馆藏结构也正由单一性向多元化转变,这就必然涉及馆藏资源的合理配置问题。图书馆要根据本馆的性质、任务和目标,制定采访方针,编制采访预算,合理分配经费,协调好馆藏资源的比例,建立起具有本馆特色的馆藏体系。

在建设有本馆特色的馆藏体系过程中,文献采访人员需要注意两个方面的问题:一是应注意掌握和发挥印刷型出版物和数字出版物的特点和优势,促进纸质文献的积累,逐步加大电子文献的采购比例,使其优势互补、协调发展。不仅要根据本馆的用户需求特点以及经费情况考虑到数字化信息资源与传统型文献资源之间的比例关系,合理配置各种数据库;还要合理规划印刷型文献资源与数字化信息资源之间的比例,使各类型信息资源有机地结合,发挥出最大的效益。数字出版环境下,电子文献大大丰富了图书馆的馆藏,但是我们也应该清醒地认识到,印刷型文献的许多优点,比如阅读方便、无辐射等也是电子文献所无法取代的。同时,读者阅读习惯的改变也需要一定时间。以纸质为载体的印刷型文献还不可能完全被电子型文献所取代,两者并存的局面还将持续相当长的时间。二是要在采访中突出特色。特色馆藏是图书馆吸引用户、提高社会影响力的核心资源。任何一个图书馆都不可能依靠自身的力量将所有文献收齐收全。数字出版环境下,要想提高图书馆的竞争力,就要在特色馆藏方面下功夫。在充分利用馆藏的基础上,加强精品资源建设,围绕某一领域或学科,结合用户需求,建设具有鲜明特色的馆藏资源体系。以青岛市黄岛区图书馆为例,在特色馆藏建设方面的做法主要有:①为体现区域特色,以中德生态园和中韩贸易合作区的建设为契机,加大了德文、韩文、日文、英文图书和报刊的采购量,并大量采集了研究开发区经济类图书;②结合各类大型展会活动,加大各特色专业图书的采购量。如结合 2008 年青岛奥帆赛,重点入藏有关体育类、帆船类图书;结合 2014 年青岛世界园艺博览会,重点入藏有关园艺类图书,以满足广大读者的需要。正是因为相关特色资源的入藏,近几年来,青岛市黄岛区图书馆不仅区内读者持续增长,还吸引了大量区域外读者前来借阅。

4.2 拓展多渠道多模式采购

数字出版环境下,各种文献信息量急剧增长,不但品种数量激增,而且载体形态多元化。数量的剧增、种类的繁多使得图书馆已经不能采用传统以书目预订和现采为主的单一文献采购模式。图书馆只有大力拓展文献采访的渠道,创新文献采访的模式,才能提高文献采访

的广度和深度，提高文献采访的效率。在信息技术、数字技术、网络技术的推动下，网上采购和联合采购应运而生。

网上采购是指图书馆采购人员利用联机计算机下载、查阅、检索网上的书目文献信息，并根据自己的需要在网上完成收集、整理、订购、支付的过程。现在很多出版社、供应商都建立了网站，从互联网上可直接登录到这些网站，直接了解出版发行信息，同时也可直接将采购要求从网上传递给出版社和供应商，减少了图书采购过程中的许多中间处理环节，缩短了图书到馆周期，提高了采访工作的效率。网上采购具有书目全、资源新、检索方便等特点，最大的优势就是能将采购人员从低效状态中解放出来，使他们将更多精力放在了解、获得和掌握文献出版动态，了解读者对文献的需求上。这些都有利于提高采购工作的效率和质量。

联合采购是指多个图书馆组织起来，联合采购某种资源，以最少的经费，获取最优的价格、最佳的服务和最符合要求的资源。数字出版环境下，人们可以通过多种渠道、多种手段来获取信息，图书馆将与其他信息提供机构展开激烈的竞争。因此，今天的图书馆比以前更需要合作，更需要充分发挥整体优势和潜能。开展联合采购、联合存贮、联合编目、联机检索，实现资源共享，才是数字出版环境下图书馆文献采访的必然趋势。

联合采购方式更多地应用于数字资源的采购。联合采购与其他采购方式相比，具有以下特点和优势：①减少了重复采集。联合采购统一规划、统一协调、馆藏互补，减少了重复采集。②节约了采购成本。一是因为多个用户分摊了成本，二是因为联合采购能获得更佳的优惠折扣。③获得了最佳的服务。联合采购用户多，采购金额大，更能引起资源提供商的重视，争取到更多更好的服务。

4.3 加强沟通合作，多渠道获取出版发行信息

了解掌握最新最全的文献出版信息是做好采访工作的前提条件，也是有效应对鱼龙混杂、良莠不齐的出版市场的基础。采访人员应该加强与出版社、书商的沟通合作，多渠道收集出版发行信息。网络信息技术的发展，为文献采访的信息采集带来了前所未有的便利条件。采访人员不仅可以从书店、出版社等渠道获取各种印刷型书目，通过图书出版发行专业报刊收集利用各类文献出版信息，还可以通过网络（如出版商网站、邮箱、QQ 等）获取更详尽的书目信息和资源介绍，甚至还能查询到其他读者对图书的评价，从而使采购人员获取的文献信息尽量全面，有利于采购人员对文献资源进行合理选择。

采访人员在采集非正式出版文献（如会议文献、研究报告、资料汇编等）时，更要注意与文献生产单位的沟通合作，建立长期的友好关系，以求全面、系统、详尽地收集相关文献。

4.4 鼓励用户参与，提高图书利用率

读者需求是文献采访工作的出发点和主要依据。图书馆的文献采访必须建立在满足读者阅读需要的基础上，要以“用”为中心。图书馆通过满足读者需求来实现自身存在价值。图书馆要在采访工作中体现“读者至上”的原则，可以以下两个方面入手。

一是加强读者的需求调查。开展读者需求调查应该积极主动，通过读者访谈、读者问卷调查表了解到馆读者需求；通过读者网络留言了解上网读者需求；通过馆内图书借阅数据分析读者的借阅需求；等等。只有了解了读者的爱好、知识层面和阅读需求，才能更好地确定文献资源的采访方向，我们的采访工作才能有的放矢。

二是建立通畅的读者荐购渠道。读者荐购就是由读者向图书馆推荐文献资源,图书馆对文献资源予以采购并加工,而后通知读者到馆借阅的一个工作流程。图书馆在开展读者荐购工作时,应注意开辟多种荐购方式,并保障荐购渠道的通畅。信息技术高速发展的今天,读者不仅可以通过书面、电话、读者荐购座谈会、参与现场采购等形式荐购图书,还可以通过图书馆主页、邮箱、微信、QQ 群等平台进行图书荐购。采访人员应定期对读者荐购数据进行统计分析、整理分类、反馈、下单,以提高读者荐购工作的效率,保持读者荐购的热情。

4.5 提升文献采访馆员综合素质

采访馆员作为图书馆采访工作的主体,决定着图书馆馆藏建设定位和发展方向,也部分决定了图书馆为读者提供服务的质量。数字出版环境下,图书馆要在激烈的竞争中保住信息服务的主体地位,就一定要重点提升文献采访馆员的综合素质。采访馆员不仅要具有丰富的文献采访工作经验,还要善于学习新技术、新知识,不断更新自己的知识结构,提高自己的专业技能。要保持对新知识、新信息的敏感性,能利用各种传播载体,进行信息收集、有序管理和广泛传播。

4.5.1 转变思想观念,提高学习能力

要提高采访人员的综合素质,首先需要文献采访人员转变思想观念。文献采访人员要热爱图书馆事业和文献采访工作,掌握数字出版环境下文献采访工作的新变化、新特点,保证文献采访工作高质高效地完成;要以严谨细致的工作作风,严格执行工作细则和操作规程,及时准确地完成各项任务。文献采访人员要有热情主动的服务精神,开展调查研究,广泛吸取读者的意见和建议,提高采访工作的质量,满足广大读者的信息需求。此外,采访人员还要有勤奋刻苦的学习精神,不断地提高自己的思想水平和业务能力,适应数字出版环境下文献采访的需要。

4.5.2 更新知识结构,发展专业技能

数字出版环境下,采访馆员除了要掌握图书馆情报学知识及相关专业知识外,还应掌握计算机技术、网络技术、数字出版技术等技能,并具有一定的开拓能力和快速获取信息、高效处理和分析信息的能力。要熟练利用网络信息,具备在数字信息中收集相关信息的能力,具备对获取的信息进行进一步加工、分析和整理的能力,能够运用现代化技术手段进行相关信息分析与处理,传递与利用的能力。

4.5.3 加强沟通协调,培养公关能力

文献采访工作的性质要求采访馆员面对读者、馆内各部门、出版商和书商积极开展公共关系活动,这就要求采访馆员重视沟通协调,培养较好的公关能力。第一,采访馆员要面对各部门人员,与内部人员处理好工作关系,既能掌握文献利用的情况和读者阅读倾向,又能在工作上得到馆内员工的人力与物力的支持与配合,保证文献采访工作的顺利完成。第二,采访馆员要面向读者,迅速收集读者信息,了解读者心理,掌握读者文献需求信息,使文献采访具有计划性、针对性、及时性和有效性。第三,采访馆员要面向出版社和书商,加强与他们的沟通交流,及时掌握出版发行动态,也让对方充分了解图书馆的采访需求,以便提供更全面的服务。

参考文献

[1] 徐丽芳. 数字出版:概念与形态[J]. 出版发行与研究,2005(7):5-12
[2] 唐秀峰. 数字出版与图书馆新服务模式[J]. 科技情报开发与经济,2008(35):47-48
[3] 刘西义. 图书馆采访工作存在的问题及对策[J]. 图书馆,2011(5):123-125
[4] 程青峰. 论新形势下的图书馆采访工作[J]. 图书馆学刊,2012(7):81-82
[5] 牛颖. 图书馆提高文献采访馆员素质举措[J]. 河南图书馆学刊,2013(4):57-59

浅谈数字出版时代以读者需求为导向的文献采访策略

那　亚(国家图书馆)

在网络环境下,图书馆文献采访具有信息资源品种多、数量大,文献来源多样化,信息资源获取手段现代化、网络化等新的特点。随着文献整体数量质量的提高,文献的总体保障率也得到提高,文献的多途径利用是通过多样化的文献获得水平、馆际文献的发展水平和现代化的异地文献获取手段完成的。当海量的内容、众多的阅读用户、广泛的信息来源、先进的技术以及成熟的政策环境都具备时,不知不觉中,我们已经进入了数字出版的全新时代。"读者中心"是数字出版时代文献资源市场化的必然结果,所有形态的数字出版物价值的实现都是在读者这一环节。而作为图书馆工作的主体,读者需求是文献资源建设的首要依据。但在图书馆文献采访工作中,采访人员无法全面调查读者实际需求和潜在需求而盲目地进行信息需求预测和决策以及数字出版物所带来的一些制约因素,造成了大量文献资源的利用率低下,有限的图书经费无谓地浪费。为此,有必要重新审视文献采访工作,寻求变革。

1　读者需求是图书馆服务的宗旨

随着社会经济的发展和科学技术的进步,数字出版已经成为新闻出版业的战略性新兴产业和出版业发展的主要方向,也是国民经济和社会信息化的重要组成部分,丰富多样的信息资源,使广大人民群众对文献信息需求不断增加。图书馆收藏着大量的文献信息资源,帮助读者利用这些文献资源是图书馆的重要职能之一,也是图书馆承担各种职能的基础。在传统的图书馆文献采访机制下,采访人员与读者缺乏沟通,对待采访工作常常是"一手包办",而采访人员的知识水平、兴趣爱好等主观因素将对入藏文献的质量产生影响,进而读者借阅率下降,造成资源的严重浪费。确立读者的主体地位,避免采访人员根据经验和主观认识挑选图书,突出考虑文献与读者需求的"接轨",真正围绕读者进行文献资源的配置,建立起高效的文献采访流程,这对合理配置资源及优化馆藏具有重要意义,同时对缓解图书馆购书经费不足有着十分重要的现实意义。然而如何正确评估读者的需求,是长久以来图书馆工作人员攻克的难题。究其原因,读者实际需求与馆员对读者需求的理解上的差距是根本。

数字出版物相比传统文献资源具有便捷迅速的检索查询功能、易复制不易破坏性、低廉的价格、形式多样的媒介类型等优点,受到了大量读者的青睐。面对数字出版时代文献资源所呈现出的新特点和新变化,受到自身知识结构的局限,采访人员不可能对所有学科的现状和发展都有深入透彻的了解,对一些特定专业文献资源的价值和质量很难做出鉴别。图书馆文献资源建设是一项延续性很强的事业,只有制定切实可行的文献资源采访制度,才能避免文献资源建设工作的盲目性和随意性,使其不随采访人员的变动而变化,也不随个人看法和兴趣的不同而改变。从某种意义上说,文献采访工作就是一个不断获取信息、处理信息和传递信息的过程。只有充分了解读者需求、文献入藏等情况,才能有的放矢地采选文献,提高馆藏文献质量。

2 落实以读者需求为导向的文献采访制度

以读者需求为导向的文献采访制度，即图书馆读者服务部门从关心图书馆事业建设的读者群体中指定不同年龄、行业及学历层次的读者作为联络对象，利用信息网络等新手段定期开展针对受调查读者的沟通交流工作，了解读者图书需求和工作学习情况，既向他们介绍馆内新资源，又收集读者对其他文献的需求，并定期将交流所得信息汇总上报，集中解决读者提出的要求以及问题。通过这一制度的建立，搭建图书馆与广大读者沟通的桥梁，发挥读者的主观能动性，使读者认识到自己在图书馆工作中的主体地位。在数字出版时代，落实以读者需求为导向的文献采访制度，需要注意以下几个问题。

2.1 读者群的组成分析

图书馆是个特定的环境，读者群较为广泛，层次参差不齐，专业、行业、年龄等的不同导致兴趣不同，阅读需求也不同。

(1)学生读者

以大学生为主的学生读者群正处在求知欲极强的年龄段，兴趣爱好广泛，对文献信息要求多样化、更新快。在信息网络飞速发展的今天，他们必须注重综合素质的提高和创新素质的培养。

(2)研究型读者

随着我国社会经济的发展，国家对科研工作的投入也在不断增加，各高校及科研院所的规模和层次不断提高，研究队伍也随之壮大。这些读者对文献信息要求专业性、研究性、新颖性、系统性、全面性强，对文献资源的需求目的性、针对性都很强，而且对外文文献有很大需求，借阅量大，利用率高。

(3)带问题的读者

这类读者目的性强，需要阅读或搜寻资料面广，主要涉及日常生活及常识性的文献，但也随着社会的发展呈现多元化和前沿性的特点。

(4)消遣型读者

这类读者没有明确的目的，闲暇之余读书消遣，陶冶情操，或是原本就有阅读的习惯。我们每一个有文化的人都有可能成为这类读者群的一员。

2.2 制定长效机制

沟通方式除研讨会、读者服务咨询台、意见簿、QQ及电子邮箱外，在网上建立专门的读者互动采访平台，设置一些模块，例如，形式多样的读者问卷调查，可以快速了解读者的阅读需求；读者互动活动，其中包括邀请读者参与采购、举办书展、进行读者书面调查、召开读者座谈会等；新书推荐(含新的数字出版物及数据库)，包括对到馆和未到馆读者进行新书介绍。

2.3 让读者了解图书馆的文献采访工作

图书馆向读者开展宣传辅导时，侧重于介绍外借、阅览、参考等面向读者部门的各种服务，而文献采访工作则成了读者的“禁区”。在采访人员与读者交流互动的过程中，要让读者对采访工作有更多的认识，对文献采访的工作流程等相关情况有充分的了解，在此基础上，他们提出的意见才具有更高的可操作性。

采访人员在充分收集书目数据的基础上，对之进行比对与筛选，以便使读者更有针对性。由于文献来源广泛、复杂，著录格式不统一，缺少国际标准书号等原因，使读者参与采访过程中难以做出准确判断，这就需要采访人员先行对书目数据进行筛选整合。为了提高文献采访工作的质量，图书馆还应对直接参与文献采访工作的读者进行文献采访业务知识的培训。

2.4 文献资源共享是文献资源建设的大趋势

人类进入信息时代后，对于信息共享和知识自由传播的需求更加迫切。在网络环境下，随着数字出版物的发展，各种丰富多样的信息资源打破了时空的限制，针对读者需求，图书馆之间文献资源的共享成为文献资源建设的大趋势。

文献资源共享的目的在于提供信息服务。而现代技术除了改变信息资源传递手段外，还为图书馆间的文献共享提供了条件。掌握现代信息技术，做好文献资源共享，拓展信息服务功能，是现代图书馆吸引读者并在激烈的信息行业竞争中立于不败之地的重要手段。

3 强化馆员培训

文献采访工作是一个复杂的过程，采访工作人员熟悉馆藏情况，掌握文献出版、发行及资源建设的相关知识，具备丰富的文献采访工作经验，他们是文献采访工作的组织者和具体操作者。随着网络通信技术的飞速发展，采访工作需要关注的技术问题越来越多，新形势对采访人员知识结构与服务技能也提出了更高的标准和要求，因此采访人员只有不断学习，提高知识水平和素质，才能紧跟时代的步伐。

3.1 综合素质与创新意识兼备

在网络环境下，文献信息要求多样化、更新快。因此，在选拔和培训采访人员上要注重对应聘者专业技能和综合素质的考核，使采访人员既具备精深的专业知识又有宽阔的知识面。

3.2 不断学习，与时俱进

信息时代，知识更新的快捷是在以往年代不可想象的，作为图书馆文献资源的建设者，必须具有高度的适应性，不仅要适应其变化的对象和内容，还要适应其变化的节奏。在新形势下，只有对图书馆员进行新知识、新技术的教育，才能适应新的环境和生存空间，才能使图书馆服务方式向现代化迈进。

3.3 强化危机意识，建立学习培训的长效机制

应建立使图书馆员学习培训的长效机制和考核机制。否则，即使拥有人才，知识也会老化。图书馆及图书馆员均面临着严峻的社会竞争和挑战。强化危机意识，有助于工作人员

将压力变为动力,自觉学习,迅速提高,以适应图书馆事业的发展,提高竞争实力。

3.4 加强数字图书馆建设,重视信息技术人才的引进

在数字出版时代,图书馆,尤其是数字化图书馆的信息资源体系是由数字化技术、数据库技术和信息化技术人才支撑的。因此,图书馆要不断引进人才,并不断提高现有人才的素质,创造人才成长的良好环境,才能圆满完成网络环境下文献资源建设任务。

3.5 图书馆的核心工作仍是服务读者

除了知识层面的培训学习外,还应增强文献采访人员的服务观念,这是图书馆工作的核心内容。只有树立了服务观念,才能在这一观念引导下,积极拓展服务领域,自觉提高服务技能。

4 结语

图书馆员应该有这样强烈的意识:书就是为人所用的。确立读者的主体地位,可以从根本上扭转文献采访工作中“重藏轻用”的错误观念。阮冈纳赞在1931年提出的《图书馆学五定律》中就蕴涵着以人为本的核心理念。对图书馆来说,馆藏文献建设的目的之一就是为读者提供文献利用。在数字出版物飞速发展的今天,图书馆应进一步明确纸质文献、电子文献、网络文献、网络信息资源建设之间的协调建设,从可持续发展的角度,促使图书馆采访人员将图书馆文献资源建设的总目标与以读者需求为导向的文献采访制度有机结合起来,准确捕捉读者需求,从读者利益和需求入手,才能更好地为读者服务,提高图书的利用率。图书馆的出现、存在与发展,正是读者主体客观存在及需求的产物。读者主体的存在及其需求,永远是一个最有生命力的活动因素,是图书馆赖以生存的土壤。

参考文献

[1] 许燕. 网络环境下图书馆文献资源建设的相关问题研究[J]. 图书馆论坛,2005,25(1):94-96

[2] 麦旭辉. 读者在文献采访工作中的主体地位[J]. 图书馆界,2008(1):33-35

[3] 任志宇. 以读者需求为导向提高高校图书馆服务层次[J]. 浙江科技学院学报,2007,19(3):237-239

[4] 李刚,倪波. 文献资源建设研究进展[J]. 情报学报,2001,20(9):695-705

[5] 黄宗忠. 论图书采访学[J]. 图书馆,1997(4):1-2

[6] 黄仕杰. 人文背景下阮冈纳赞《图书馆学五定律》的新解读[J]. 科技情报开发与经济,2006,16(9):63-64

[7] 王燕平. 以读者需求为导向的藏书发展策略[J]. 内蒙古图书馆工作,2013(2):11-13

[8] 程大立,陈桐利. 构建以读者需求为导向的文献采访机制——以桐城师专图书馆为例[J]. 2011,29(3):76-78

政府采购招标背景下公共图书馆面临的问题与对策

潘小艳(广西桂林图书馆)

1 政府采购对公共图书馆文献采购所产生的意义

随着招投标法和政府采购法的正式实施,公共图书馆的文献采购逐步走上规范化。公共图书馆实行政府采购,对采购资金的使用有了明确的规定,专款专用有效地杜绝了购书费挪用浪费的现象,也有效地防止采购人谋取不当利益的出现。可以说,政府采购有一定的现实意义,但也存在一些问题,对图书馆的文献采购工作产生了一些影响。

2 公共图书馆实行政府采购所存在的问题

2.1 政府采购部门和招标代理机构对图书馆文献采购的特点了解不充分

目前,公共图书馆的文献招标工作都是由政府采购部门委托招标代理机构操作,招标代理机构接受委托后,有专人,即项目负责人负责具体的招标工作。与图书馆的采访人员相比,政府采购部门的经办人和招标代理机构的项目负责人更熟悉招投标法和政府采购法,但对当前图书出版的现状、图书品种的不确定性、图书发行渠道的多样性、图书批发价格的差异性、图书质量的多层次性、图书售后服务、图书馆馆配市场、各类图书馆馆藏结构等了解不多,对图书招标与其他物质产品招标的差异性了解不够充分,因此对图书馆提供的文献采购需求表中某些要求不是很理解,如图书馆要求书商必须具有出版社的发行授权许可,评分标准中部分评分分值的权重等,所制作的招标文件并不能真正地表达图书馆的文献采购需求。在图书馆提出修改意见后,招标代理机构交送给政府采购部门审核,也会因对某些具体的要求不认可而未能通过,需要图书馆和招标代理机构、政府采购部门多次沟通协调,历经长时间的修改和完善,招标文件才得以完成,无形中延长了图书馆文献采购招标周期,缩短了图书馆采购时间。以广西桂林图书馆为例,从 2003 年起该馆就开始实行政府采购招标,在广西可以说是文献采购招标工作开展得较早也较规范的。近年来随着政府采购的进一步规范化,该馆的中文图书采购招标周期从三个月延长到四五个月,每年三四月政府财政预算就下发到图书馆,从图书馆上报招标采购计划到招标工作完成,通常到当年八九月图书馆才能开始文献采购工作。

2.2 图书系列评审专家库的组成结构不够完善

我国的招投标法中规定,依法必须进行招标的项目,其评标委员会由招标人的代表和有关技术、经济等方面的专家组成,专家应当从事相关领域工作满八年并具有高级职称或者具有同等专业水平。现在各地政府采购部门都依法组建了图书系列评审专家库,开标前都随机抽取评委参与评标工作,参与评标的委员需要严格遵守评标纪律和职业道德,严格根据招标文件的规则要求,对投标文件做出实事求是的评价,以此来保证评标的公正性和公平性。

但是在实际操作中，一些中小城市所拥有的图书馆数量不多，每个图书馆对图书馆文献采购比较熟悉的专家也少，再加上避嫌等原因，能参与评标的专家就更有限。为了能增加专家库中评委的数量，避免出现抽取不到评委而影响招标工作的情况，有些政府采购部门降低了评审专家的资格要求，能进入评审专家库的既有各高校图书馆和公共图书馆的馆长、采编主任、图书馆采编部以外的其他部门的人员，也有新闻出版机构的人员、中学里兼管图书馆的教师等非专业人士。所建的专家库中专家数量增加了，但专家的专业水平参差不齐，不少专家并没有从事过文献采购工作，对馆配市场、图书发行渠道、图书采购特点并不了解，作为评委缺乏专业素质，评审专家库组成结构不完善，失去原本设置这个机构的目的。

2.3 公共图书馆馆藏质量受到了影响

公共图书馆实行政府采购招标，目的是寻找实力强、服务好、诚信度高的图书供应商。由于图书是一种特殊的商品，具有内容丰富多样、品种多、来源渠道的多样性、图书质量的多层次性、图书批发价格的差异性、满足需求的多样性等特点，这些因素构成了图书招标采购的独特性，也成为图书招标采购的主要风险因素。评标过程中，评委是依据投标人所做出的承诺来评分，由于承诺的各项服务并未开始实施，在对采访书目信息覆盖率、到书率、到书时间等服务项目评判时，实际上无法对尚未发生的服务情况作评价，只能依据投标人的承诺来评价，各投标人都响应标书的要求，评委无法判断其真实性，这给客观评标带来难度，也给一些服务水平不高、诚信度差、报价低的书商可乘之机。如广西某公共图书馆近年来通过公开招标中标的书商，由于低折扣中标，只能按书商指定的书目供书，按图书馆的订单根本无法供货，图书馆只能委托另一家书商补订，一些图书出版量少，采购时间短，错过了采购期就很难采到。

公共图书馆的采购资金都属于当地财政预算内资金，一般每年的3月份才能确定下来，公共图书馆根据预算资金制订采购计划、政府采购部门审批立项、招标代理机构公开招标，整个过程时间漫长，最快也只能在当年的六七月份才能完成政府采购的全部流程，财政审批和政府采购严格的实施规范和采购招标流程，造成图书馆的招标工作从准备到实施长达半年之久，采购招标周期过长，图书馆采购时间缩短，由于公共图书馆的购书费一般都要在当年度使用完，在半年的时间内，要完成全年数百万元经费的图书采购，对采购员来说并不容易，由于时间紧任务重，图书馆只能采用现采的方式突击购书，导致图书质量难以保证。实行政府采购后，公共图书馆用于自行采购的经费较少，一些为满足特殊学科研究需要的图书如地方文献、学术专著等，在中标书商无法提供的情况下，会造成部分专业性和学术性馆藏图书质量下降，严重影响了图书馆文献资源建设的连续性和完整性。还有一些码洋高、学术价值高图书馆又急需的图书如果直接从出版商进货，优惠折扣会比中标书商高，但因缺乏自主采购资金，只能从中标书商处以中标折扣购入，无形中浪费了资金。

3 对策

3.1 健全图书政府采购招标监管机制

图书采购具有品种多、复本少、批次多、时效性强、连续性强、周期性强、专业性强的特点，与一般的商品采购机制有着明显的区别。因此在图书招投标工作上，政府采购部门要对图书采购招投标活动的整个过程都要进行积极有效的监管，将其招投标内容、运作、标后管理等纳入监管中，做到招标前监管、招标中监管、招标后监管，以提高政府采购的社会效益、经济效益。具体来说，在图书馆财政预算下达后，政府采购部门要求图书馆编制科学规范的采购计划，减少随意性，严格核准招标范围、方式和组织形式，依法应该公开招标的项目要严格实行公开招标。完善政府采购图书评标委员会制度，完善评委准入机制、退出机制、考核机制和奖惩机制，对评标专家实行严格的动态管理。对标书各条款要加以明确，如折扣分占总分的比例、图书馆专家占评委比例、评分方法及各评价指标赋予的权重、合同承诺不到位的处治[1]等。健全政府采购评标结果审核机制，在招标完成后，应加大对政府采购中标项目合同执行跟踪监管力度，对中标供应商不按双方签订的合同规定履约，则没收其全部履约保证金，还得列入黑名单。此外，要强化对政府采购招标人、投标人、评标委员会成员、招标代理机构等政府采购招投标各方当事人的监管，进一步规范政府采购招投标市场秩序。

3.2 建立规范合理的图书系列评审专家库

文献采访工作对图书馆的藏书结构有着至关重要的作用和意义，它决定着图书馆文献资源建设的质量水平，因此招标工作必须与采访工作相结合，尊重采访人员的合理性建议。政府采购部门在建立图书系列评审专家库时，要考虑到图书采购领域的特殊性和专业性，以及与其他商品招标的差异性，应当在图书采购招标中确立采访人员的地位，能进入评审专家库的评委应以从事图书采购的人员为主，毕竟他们在采购文献方面的知识、能力和责任感要远胜于一般职工，作为评委可以在评标过程中利用他们的工作经验、专业知识对标书承诺的项目进行实事求是的评估，打出合理的分值，通过选择图书采访专业素质高具有实际经验、能充分体现图书馆文献资源建设需求的人员进入图书采购评审专家库，才能真正体现公开招投标的合法性及权威性。

3.3 制订有效措施保障文献采购质量

对于政府采购招标中因为制度缺陷造成的漏洞，公共图书馆不应只是被动接受，应主动采取措施，积极维护图书馆的合法利益。首先针对政府采购招标周期长、采购时间短的问题，图书馆应和政府采购部门沟通，将公共图书馆年度经费变化不大、采购工作量大、采购分散的情况和主管部门说明，把采购招标时间确定在每年财政年度末，提前招资格标，并预留一定比例的经费用于自主采购，在确定供应商后，采购工作如期进行，经费下达后就可以和供应商结算书款，减少因招标滞后对采购业务产生的影响，这样有利于馆藏文献的连续性、完整性，使图书馆有充分的时间搞好馆藏文献资源采购的调研、规划及完善采购发展策略[2]。

其次在招标文件制作上，制定的评标标准，要与图书馆实际需求相结合，要制定科学合理的评分标准和评分方法，降低图书折扣在综合评分法中的权重，价格分占总分的比例要合理，折扣率计算方式设置要科学，避免片面追求折扣率，合理的图书折扣有利于营造图书馆和书商的双赢合作关系，应以书商的资质和服务为重，让供应商之间在供书品种、编目质量、售后服务等方面展开竞争，相互制约，从而提高政府采购效率，这样才有利于图书采购工作向良性轨道发展。

此外，履行合同过程中对书商的违约行为惩处力度要加强。招标工作完成后签订合同前,政府采购部门会要求中标的供货商按中标价的5%交纳履约保证金,如中标供应商不按双方签订的合同规定履约,则没收其全部履约保证金,履约保证金不足以赔偿损失的,按实际损失赔偿。图书馆与书商签订的招标采购合同中对图书到货率、采访数据质量、编目数据质量等都有明确的规定;但是在实际操作过程中书商出于种种原因没有严格执行合同,图书馆应严格按照合同规定的违约条款对书商进行相应的处罚,并将其违约情况上报政府采购部门备案,成立书商违约登记制度,对于那些有图书馆投诉记录的供应商,在下一轮的招标中根据其违约情况的严重性,酌情扣分或取消其投标资格。

参考文献

[1] 熊才发. 高校图书馆中文图书采购招标10年述评[J]. 图书情报工作网刊,2011(9):1-7

[2] 褚乃骥. 公共图书馆文献政府采购自主权问题研究[J]. 图书馆学刊,2013(6):22-24

数字出版下EDI技术在国家图书馆的应用思考

平　安(国家图书馆)

1　数字出版下的EDI

1.1　数字出版概况

数字出版是人类文化的数字化传承的一种方式,它是建立在计算机技术、通信技术、网络技术、流媒体技术、存储技术、显示技术等IT技术基础上,融合并超越了传统出版而发展起来的新兴出版产业。它强调内容的数字化、生产模式和运作流程的数字化、传播载体的数字化和阅读消费、学习形态的数字化。

目前,全球数字出版呈现迅猛发展的态势,以美国为例,以六大出版集团为代表的传统出版企业在积极地向数字出版转型,非传统的新兴技术型出版公司直接进入数字出版,对传统出版企业转型构成新的挑战。根据美国出版商协会的调查,美国2013年电子书销售额较2011年增长50%,约占美国整体图书市场的25%。在我国,数字出版虽然起步较晚,但是发展很快,中国数字出版在保持高速增长的同时,产品形态、商业模式、运营渠道、产业环境等都有了新的变化。2013年10月,中国新闻出版研究院发布了《2012—2013中国数字出版产业年度报告》。报告显示,2012年,国内数字出版总产出达到1935.49亿元,比2011年整体增长40.47%。短短两年时间,中国数字出版产值实现了从1000亿元向2000亿元的迈进。

1.2　EDI与数字出版

只要使用二进制技术手段对出版的整个环节进行操作,都属于数字出版的范畴,其中包括原创作品的数字化、编辑加工的数字化、印刷复制的数字化、发行销售数字化和阅读消费数字化等。相对于传统的纸质出版,数字出版无论载体形态、内容形式、传播渠道、运营模式都颠覆着人们对出版既有的认识,其花样翻新的速度让人目不暇接,有些数字出版物形态在公众看来往往还没有对其充分了解就已经过时。

数字技术为出版业的发展提供了新的机遇,从内容采集、编辑整理、内容集成平台的建设都离不开IT技术的支持。数字出版最大的贡献就是将出版行业带入了全数字化流程,使得从内容的生产到传播、使用都实现了数字化。作为IT技术的一种,EDI技术的出现为数字出版的发展带来了新的机遇和挑战。

EDI是英文Electronic Data Interchange的缩写,中文可译为“电子数据互换”,港、澳及海外华人地区称作“电子资料联通”。它是一种利用标准格式将工作上的文件做系统间的传递与交换,最终达到一种无须人工介入,全自动处理工作信息的方式,本文将统一使用EDI称谓来代替电子数据交换。它通过计算机通信网络将贸易、运输、银行和海关等行业信息,用一种国际公认的标准格式,实现各有关部门与企业之间的数据交换与处理,并完成以贸易为中心的全部过程,它是20世纪80年代发展起来的一种新颖的电子化贸易工具,是计算机、通信和现代管理技术相结合的产物。国际标准化组织将EDI描述成“将贸易(商业)或行政事务处理按照一个公认的标准变成结构化的事务处理或信息数据格式,从计算机到计算机的电子传输"。而国际电信标准联盟将 EDI 定义为"从计算机到计算机之间的结构化的事务数据互换"。又由于使用 EDI 可以减少甚至消除贸易过程中的纸面单证文件,因此 EDI 又被人们通俗地称为"无纸贸易"。

1.3 出版行业中的 EDI 应用现状

目前国外已有不少公司将 EDI 技术应用到出版行业,英国的图书工业通信组织 BIC(Book Industry Communication),它建立的 EDI 系统提供的服务涵盖了出版业、图书零售业、图书批发业、图书馆等多个行业,收到了非常显著的经济效益。美国的出版商和批发商投入大量资金和精力,如英格拉姆公司和 YBP 公司的电子商务网上购书系统可以提供完整的 EDI 功能,并可在不同系统间灵活交换资料。英格拉姆公司致力于 EDI 的前沿研究,提供报价信息、订单转换、接收通知、进行报告和开具电子发票等各种 EDI 集成功能。服务加工、定制编目、无缝连接的订购、可见订单、记录下载、电子报告和电子发票及大量的管理信息能够满足用户有效流程管理的需求。

在国内,2011 年,京东就已经与新华书店展开多种合作模式,通过 EDI 系统对接实现库存共享,不仅保证了库存现货率,且有效降低物流成本。2013 年 12 月,国内京东开通图书 POP 平台销售模式,与新华书店展开积极合作,帮助新华书店开拓独立的网络渠道。短短半年内,新华书店在京东实现网络销售近亿元,码洋近 2 亿元,目前还在以 40% 以上复合增长率持续增长,真正实现了实体书店与网站的共赢。2013 年 4 月,国内首个基于云计算技术、面向出版发行全产业链资源整合的第三方服务平台——中国出版发行交易云平台的一期工程"中国出版发行在线交易中心"正式上线。出版社可以通过平台上的自有网店、交易大厅、网上订货会同时展销自己的产品,并在线完成从订货整理、发货到对账等一系列业务 EDI 操作,分销商亦可在平台上看到所有出版社的产品信息,并在线完成订货、收货、退货、对账等业务。

标准化水平是一个产业成熟度的重要指标,近几年虽然数字出版产业呈突飞猛进的发展态势,但存在着质量参差不齐、市场竞争混乱无序、企业投入盲目跟风等现象,业内对标准的呼声越来越高。2013 年 8 月首个出版物信息交换行业标准——《中国出版物在线信息交换》行业标准发布,它确定了我国传统出版及数字出版与出版发行业务相关的核心元数据,规范了我国出版物流通领域图书产品信息描述与交换格式,提供了出版物产品信息统一数据格式的技术解决方案,为国内数字出版开展 EDI 应用打下了良好的基础。

2 EDI 在图书馆中的应用可行性

2.1 图书馆对 EDI 研究现状

近年来,国内图书馆界一直跟踪 EDI 技术的发展情况,对 EDI 应用有着深入的研究。邓香莲[1]通过对 EDI 的简单介绍,对在图书馆采访自动化系统中应用 EDI 进行了可行性分析,并在此基础上提出基于 EDI 的采访业务流程;李欣荣[2]探讨了 EDI 技术在图书馆中的应用性及其产生的效益与推行中存在的制度问题;赵亮[3]讨论了 EDI 的概念、标准及其在图书采购中的应用,介绍了图书采购 EDI 系统的设计和实现方案。该系统采用 CS 结构,以 Outlook

Express 电子邮件系统作为传输载体,实现了图书采购中单据的格式转换,数据加密。该系统完成了图书采访人员与图书公司之间的订单收发和相应业务处理;杨庆国[4]等人将目前新型的数字出版引入数字物流,在二者结合的基础上引入被誉为"无纸贸易"的电子数据交换技术,实现三者融合,并由此设计了一个出版数字物流电子数据交换平台,降低传统物流业高昂的成本,实现出版数字物流平台信息共享、网上查询、订单确认、网上支付、货物追踪、自助出版等功能;罗德一[5]介绍了传统图书订购业务处理、订购模式及其存在的诸多问题,重点介绍了 EDI 技术在图书订购业务中的应用分析情况,包括应用条件、原理、工作模式以及优势等。

2.2 传统图书订购模式的劣势

传统图书馆采购图书是由采购人员收集介购单后产生订单,将订单经由邮寄或传真方式送给书商。书商收到订单后,以电话、传真以及邮寄等方式,与图书出版社联络,确定订单上的图书是否可以采购得到,如无法取得,透过电话、传真或邮寄等方式,告知图书采购人员。如果可以取得,由出版社取得图书,将图书打包,并将订单的发票一并送达图书馆。图书馆采购人员点收无误后,由相关人员开具发票,付给书商。传统的图书馆采购书刊的方法,一是造成纸张浪费,二是出错率高,三是时间会有所延误,四是不能及时反应库存情况,影响到货问题。

2.3 EDI 图书订购模式的优势

杨飞萍[6]认为 EDI 在图书馆订购业务中的应用,就是将 EDI 系统引入到图书馆、书商、出版商,乃至他们的自动化管理信息系统,将文件资料依照图书行业的标准格式,通过 EDI 中心,运用电子单证的传输方式,传送到接收方计算机的自动化管理信息系统内直接处理。甚至直接通过 EDI 电子汇款服务,在线完成付款作业,书商亦可经由线上直接开具发票。

EDI 的优势是避免资料重复输入及减少延误,提高作业效率,节约业务人员人工操作时间,加速单位间信息交换,对于图书行业,可以通过自动读取供应商发出的 EDI 新书目录,自动化建立新书推荐目录,通过读取库存文件,可以抓取文件中的价格信息,以此作为采购价格;缩短订单执行周期节约成本,据业内权威商家统计,新书目录更新由非 EDI 的 72 小时缩减为 EDI 的 3 小时,订单确认由非 EDI 的 3.02 天缩减为 EDI 的 0.2 天,统计结果显示 EDI 系统将大大缩减信息交换、订单确认和发货与确认的周期。

3 国家图书馆应用 EDI 系统实践

3.1 国家图书馆应用 EDI 的意义

中国国家图书馆是综合性研究图书馆,是国家总书库,国家图书馆的外文书刊购藏始于 20 世纪 20 年代,是国内典藏外文书刊最多的图书馆,在外文图书采购过程中,需要执行国际标准实现国际接轨。目前业内重要的代理商,包括中国图书进出口(集团)公司、中国教育图书进出口公司等都在图书交易过程中实现了 EDI 数据交换,因此国家图书馆需要研究 EDI 技术,对实现与代理商、出版商的业务对接有着重要意义。

3.2　EDI 系统业务架构设计

EDI 系统的业务架构如图 1 所示。在 EDI 系统中将要制作以下几种业务类型的数据交换文件:图书目录信息文件、库存文件、订单文件、订单回复确认文件、发货通知和发票文件、收货确认文件、对账文件、退货单文件,等等。代理商针对图书馆分配一个 FTP 账号,国家图书馆通过代理商提供的 FTP 通道,交互 EDI 文件,在后台处理 EDI 文件,自动实现 EDI 业务对接。

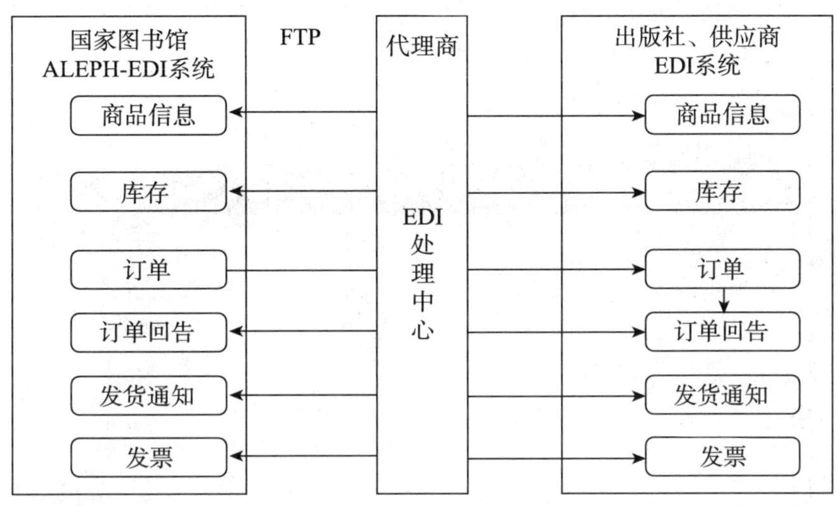

图 1　EDI 数据交换流程图

3.3　EDI 业务数据交换流程设计

EDI 进行图书交易信息处理的流程如下:

(1)当国家图书馆的 ALEPH 管理系统提出购买某批西文图书的数据时,EDI 的翻译软件据此编制一份 EDI 订单。

(2)通信软件将订单通过网络送至网络中心指定的代理商公司邮箱内;同时,利用公司内部计算机应用程序之间的搭桥软件,将这些数据传送给应付账部门和收货部门,进行有关的登记。

(3)代理商定时经通信网络到网络中心的邮箱内取回订单,EDI 的翻译软件把这份订单翻译成代理商数据格式。

(4)如果确认可以售给国家图书馆指定的物资,则送出供应单经相反方向返回给国家图书馆。若只有部分满足国家图书馆要求或不能满足要求,则以相同的方向返回相应信息。代理商收到订单时,搭桥软件把有关的数据传送给仓库,以及开票部门,并对计算机发票文件的内容进行相应的更新。

(5)国家图书馆收到供应单后,在订单基础上产生一份商品情况询问表,传送给代理商。双方就商品价格等问题进行讨论,直到达成一致。

(6)达成一致后,代理商的仓库或工厂填制装运单,编制船期通知,并将其传送给国家图书馆。同时,通过搭桥软件,将船期通知传送给开票部门,生成电子发票,传送给国家图书馆。代理商在开立发票时,有关数据就进入应收账部门,对应收账的有关数据进行更新。

(7)国家图书馆接到船期通知后,有关数据自动进入收货部门文件,产生收货通知。收货部门的收货通知通过搭桥软件传送给应付账部门。

(8)国家图书馆收到电子发票以后,产生一份支付核准书,传送给应付账部门。

(9)国家图书馆应付账部门开具付款单据通知自己的开户银行付款,同时通知代理商付款信息。

(10)代理商收到汇款通知后,有关数据经过翻译进入应收账户,国家图书馆则因支付而记入贷方项目。

国家图书馆在 ALEPH500 管理系统中,由外文采编部和信息网络部共同协作,开发相应的 EDI 功能模块,与代理商进行了 EDI 业务的测试工作,如图 2 所示。

图 2 国家图书馆 ALEPH 系统中 EDI 功能测试用例

4 EDI 在图书馆中的应用思考

虽然 EDI 有很多优点,然而在全国范围内,目前只有电商如京东、卓越和代理商间的 EDI 应用案例,还没有 EDI 在图书馆应用的完整案例,因此 EDI 技术在图书馆的应用必须大胆创新又小心谨慎操作,在国家图书馆 EDI 项目的具体实施操作过程中,我们看到还有许多难点问题有待解决。

4.1 参与主体

图书馆要想在图书采购中引入 EDI 技术,需要国内书商及代理商的积极响应与推进。EDI 的优点有取代纸面贸易,降低成本,获得竞争战略优势;减少重复录入,快速传递信息,提高工作效率,缩短付款时间,有效加速资金流通;有助于改善贸易各方的关系,贸易伙伴间建立更快、更密切的联系,并改进质量和服务。不难看出,代理商及出版商是这项技术的直接受益者,其应该主动提供相关技术服务及应用案例,图书馆根据自身业务需求进行 EDI 系统的设计和实施。唯有图书馆、代理商、出版商、系统集成服务商四方共同协商、规划、测试及实施,方能实际达到 EDI 应用的普及与推广。

4.2 执行标准

目前,业界有四种主流 EDI 标准方可满足 EDI 业务需求,分别是:ONIX 标准,X. 12 标准,RIEBC(中华人民共和国新闻出版总署　图书流通信息交换规则),ICEDIS。为保障信息安全,国内图书 EDI 格式内容遵循现行的《中华人民共和国新闻出版行业标准——图书流通信息交换规则》,而国外 EDI 格式是遵循 X. 12、ONIX 信息交换规则。因此,EDI 系统的应用需要兼顾国内外 EDI 信息交换格式标准,避免出现标准不一致,无法沟通协调的问题。另外还需加强与国内信息技术标准化单位的沟通与协作,加快对数字出版产业的规范。《中国出版物在线信息交换》行业标准的发布,规范了我国出版物流通领域图书产品信息描述与交换格式,提供了出版物产品信息统一数据格式,它为图书馆开展 EDI 应用提供了标准上的指导。

4.3　技术风险

EDI 技术的图书馆应用属于采购系统的二次开发,需要系统服务商、信息网络部门积极配合,对大多数图书馆而言,最大的阻力就是系统开发的技术困难,采访部门需要提供合理的需求,IT 部门需要熟悉和理解采访业务流程,实现系统功能是 EDI 技术应用成败的根本问题。同时,软件开发的技术费用、系统维护费用以及硬件增添更新,这些成本及风险往往造成图书馆因无稳定的财源支持而导致实施计划的拖延或流产。

4.4　人员调整

EDI 技术能提高图书采购中单证文件处理的速率,简化中间环节,使内部运作过程更合理化。然而业务的调整优化,必然带来组织的重组、人力资源重新分配,人员的调整及培训问题就显现出来。如何让已有的工作人员接受新的业务流程内容,能够积极面对工作岗位的改变,将成为部门管理者的一道难题。

5　结束语

当前数字出版的发展已成迅猛之势,图书馆、出版企业、代理商等各方面对 EDI 的理解将更加深刻,数字出版产业发展对 EDI 的需求愈发强烈,这些都为 EDI 技术的引入开辟了良好的发展空间。但同时也应该看到,机遇伴随着挑战,新技术的引入考验着图书馆采访人员的理念、知识与水平,考验着图书馆采编部门、信息网络部门的应变和创新能力,同时也对 EDI 的应用管理水平提出了更高的要求。相信随着数字出版产业的不断发展,EDI 技术将能够在图书馆的书刊采购事业中发挥出最大的经济效益和社会效益。

参考文献

[1] 邓香莲. 论 EDI 在图书馆采访中的应用[J]. 图书情报工作,2003(9):77 - 78,87
[2] 李欣荣. EDI 技术与现代图书采购[J]. 图书馆理论与实践,2004(6):29 - 30.
[3] 赵亮. 浅谈图书采购 EDI 系统[J]. 图书馆学研究,2006(10):52 - 53
[4] 杨庆国,陈敬良. 出版数字物流电子数据交换平台设计[J]. 中国流通经济,2012(9):34 - 37
[5] 罗德一. EDI 技术在图书订购业务中的应用研究[J]. 图书馆学研究,2012(10):40 - 42
[6] 杨飞萍. 电子数据交换技术在图书采购中的应用[J]. 科技资讯,2007(33):85

走进数字时代 浅析传统纸质出版物面临的挑战

秦 静 胡 谦(国家图书馆)

随着网络时代的发展,互联网已成为数字出版物新的载体和表现形式。数字出版是传统纸质出版在计算机技术中的融合,是一种全新的出版形态,它承载了传统纸质出版物的优点,又结合了计算机数字技术,最终是用计算机技术来表现传统纸质出版的内容。那么,数字时代,传统的纸质出版物将会受到怎样的冲击和挑战呢?

1 数字出版物的概述

1.1 数字出版物的定义、特征与分类

1.1.1 数字出版物概念

数字出版物又叫数字化出版物,是一种通过数字技术进行加工与传播的新型出版方式。在管理、产品内容、传播渠道的过程中实现了数字化。

1.1.2 特征

具有数字技术记录、储存、呈现、检索、传播、交易的特点。

具有网络上的运营、实现即时互动、在线传播搜索等功能,具有创造、合作和分享的特点。

能够满足大规模定制这一个性化服务的需要。

1.1.3 分类

离线出版物:CD、VCD、DVD 等。

网络出版物:电子杂志、个人主页、BBS、BLOG、WiKi 等。

手机出版物:手机报、手机音乐、手机游戏软件和彩信等[1]。

1.2 数字出版物目前的发展趋势

据微软公司的预测,到 2020 年 90% 的图书品种将同时采用电子和纸质的方式发行。由此,可以推断互联网出版物巨大的市场和发展空间。据一份国民阅读调查显示:2011 年我国 18—70 周岁国民,包括书刊和数字出版物在内的各媒体综合阅读率为 77.6%,比 2010 年增加 0.5 个百分点。作为人类的数字化传承,数字出版物近几年在我国发展迅猛,平均增长率超过 50%[2],预示着随着数字化技术的提高,数字出版物已经成为不可逆转的潮流和趋势。

2 数字时代,传统的纸质出版物受到冲击

数字时代阅读以其信息容量大,传播范围广,使用起来方便、快捷,不受空间和距离等因素的影响,阅读成本低,还具备声音、动画、立体等优势,把要表达的信息内容传达给受众人群,现在备受广大青少年以及会使用现代电子设备人群的青睐。因此,现在通过数字技术进

行阅读呈不断上升的趋势。面对这种局势，纸质出版物的发展受到冲击和挑战也是必然的。有调查发现，通过数字技术阅读的人群，大概91%通过电子阅读信息之后，就不会再购买传统的纸质出版物了。有的人还会认为现在纸质出版物价格昂贵，出版物质量低，而不去选择。在这种情势下，纸质出版物必然消亡，一段时间成为人们议论的话题。微软公司创始人比尔·盖茨预言到2050年纸质图书将可能消亡；北京大学信息管理系教授王子舟甚至推算出了纸质图书消亡的时间表："20年内，纸质阅读将被边缘化，报纸、期刊将会成为第一批消失的纸媒介，随后是休闲读物，最后则是学术类纸质图书。"[3] 随着数字时代的兴起和发展，纸质出版物是消失还是长存？纸质出版物不会消亡，而且会长期的存在下去，这将是纸质出版物面临的巨大挑战。

3　数字时代，纸质出版物的优势与不足

数字出版物具有海量存储、出版快、传输及时、传播广、成本低、交互性强、搜索便捷、环保低碳等优点，数字出版确实令纸质出版物遭遇瓶颈，但纸质出版物以它的优势，还会受到人们的关注。

3.1　面对数字阅读，纸质出版物的优势

3.1.1　纸质出版物的权威性

传统纸质出版物是经过国家出版总署审批、进行封装的出版物，管理机关用书号进行管理。而数字出版领域，由作者直接到消费者。传统出版物是要封装的产品，需要印刷、上架、物流。数字化产品则省去了中间的环节，直接从作者到读者，其实要从规范管理的角度，需要在过程上进行完善。

3.1.2　纸质出版物的原创性

纸质出版物的创新性源于它的原创。纸质出版物的原创性正好体现了原创的可贵。为什么许多作家写完剧本后，要自己亲自去选演员、去拍摄？其实正是这种对原创的一种情有独钟。支持原创可能是未来发展的一种预测和选择。人们反对抄袭、拷贝、剽窃别人的东西或重复别人的观点和想法，而纸质出版物对这种问题严格把关，不像数字出版物那样随意、便捷和开放。纸质出版物要求在创新性上很严格，由专门的编审机构对其进行监督，这种原创性高的产品才能给读者带来丰富的精神食粮。

3.1.3　纸质出版物在阅读时代具有安全性

利用传统的纸质出版物阅读，可以不受时间、空间、位置、环境、姿势、方式等限制，几乎在任何时候，拿起并翻开书报、杂志，总比打开电脑到网页容易很多。纸质出版物不需要电源、网络、连接线，并且可以随身携带，无论在公交车上、飞机还是飞速的火车上，无论是居家还是旅游，都不会受特定环境的约束，阅读起来很方便，符合消费者传统的阅读习惯。有调查证明，数字出版物比纸质出版物"成本低"，这是一个优势。其实也不然，数字出版物的使用者是在有了必备的电子工具、网络，使用者还要初步精通使用这些硬件设备的技能，才有可能正确阅读数字出版物，而不像纸质出版物一样，无论儿童、老人，不会受任何安全因素的困扰，只要有认字的基础，都可以任意阅读。

3.1.4　纸质出版物蕴涵着收藏性

收藏对于纸质出版物来讲，是文化传承的一种方式。从书籍的装帧形式、到印刷，包括颜色、图画和立体的动感性，然后是宣传和表面的饰品、饰物，无不蕴含着巨大的市场收藏价值，这也是数字出版物所无法比拟的。还有就是作品在不同时期所呈现出来的是作者对这个时期文化底蕴的研究，也进一步体现了以书籍为代表的纸质出版物所具有的收藏性，这是电子出版物所不具有的文化特质[4]。

面对电子书时代的发展趋势，是挑战更是机遇。对于纸质图书来说，受电子书的冲击也许会在一段时间萧条，但也许这是好事，图书的整体质量将会提高。电子阅读的到来或许是纸质出版的一次资源整合、优化、升级的好机遇。

3.2 纸质出版物的不足

面对传统纸质出版物表现的不足，实事求是的应对危机和挑战才是自我救赎。

3.2.1 内容和质量

尽管数字阅读的市场份额不断提高，纸质出版依然占据着牢固的优势和地位，但是纸质出版物自身存在的合法性与不合理性的高额利润，使大量的纸质出版物思想上创新不够、内容空泛、趣味低俗，被称为“文化垃圾”，这些将导致其无法满足人们心灵、精神、情感的需求。因此，真正影响传统纸质出版物命运的，不是它目前拥有的那些优势，而是其内在品质。

3.2.2 对保存环境要求较高

从纸质出版物自身耗材和环保角度分析，需要大量纸浆、墨材；其流通发行也要占有大量的时间、空间和人力，成本高；对存储空间更有严格要求，比如图书馆，大量的存储图书空间，要求温度、湿度对纸张的限制和保护，尤其是一些珍贵的、具有保存价值的文物，更依赖它的存储空间，这也是不容忽视的外在因素。

3.2.3 传统纸质出版物采访策略的依赖性

由于出版市场的竞争，一些传统出版社面临着经营状况的不佳，出新书利润过低，往往对畅销书重复出版，或者通过分别授权不同的出版社，或通过某个团体的资助，重新换一个书号。因此要求采访人员，要对图书馆的内部资源进行查重，这样不会浪费图书馆采购的经费，也减少了馆藏的占有量；同时对采访政策要慎重，不依赖出版社，要根据馆藏的实际情况，在采访中明确本馆的特色。

4 中国数字出版的优势和发展前景，对纸质出版物的挑战

当前，中国数字出版不但在国际出版市场上拥有了一席之地，而且在一些领域还拥有定义权和发言权。但与此同时，中国数字出版环境整体上还不那么乐观，极端地去比喻的话，甚至还可以说“中国数字出版还面临着丛林效应的考验”[5]。数字业的出版为发行业带来了机遇，同时也给纸质出版业带来挑战。但事物是相辅相成的，有挑战才能有机会、才会有创新，同时更能推动一种新事务的发展。

4.1 现状：数字出版迅猛发展

在2009年10月举行的法兰克福书展中，数字出版就已成为全球出版业共同关注的焦点，通过调查和预测，到2018年，数字出版物销售额超过传统纸质出版物，成为一个拐点[6]，

并且通过调查发展,年轻的一代对数字出版时代的到来,也持乐观的态度。

4.2　中国数字出版的优势

数字出版受到年轻读者的青睐,尤其是网络文学。如今网络上读小说很方便,且选择比较随意。网络上海量的文学资源,吸引了大量的青年人;加上现在网页更新的非常快,很多的网络资源都在为大家共享,像微博、微信、小小说、经典美文、小说连载、旅游指南等,并且还有很多读者参与到跟帖等形式的创作中。有些纸质出版物位于网络出版和手机出版之后,一些点击率很高的优秀畅销产品,反而是靠“落地纸上”的海量发行而位居纸质出版物畅销量的榜首。

4.3　中国数字出版物也存在劣势

第一,授权标准不规范,版权体制不健全。有的作家会重复授权,导致版权不清晰。有的出版物取得授权后又授权给另一家,形成一连串的授权关系,导致最终一本书出现在某一阅读平台时,竟然出现了同一本书被上传十多次的状况。在数字版权细分方面,有网络宣传权、网络首发权、独家连载权、无线信息网络传播权、独占权等令人目不暇接的说法,也给版权管理带来了很大难度。

第二,盗版现象泛滥。举一个例子,通过百度搜索畅销小说,平均被盗版800万次以上。最受欢迎的小说可能有5000多万条链接,这些链接中有99%的都是盗版。而我们上传的正版文字,一分钟后就会出现在别的网站的贴吧里,一个章节的连载,一夜之间就有数十万人免费阅读。当然,这种情况目前有改善,这得益于政府加大了打击力度,国务院成立了打击盗版侵权领导小组,两高也对网络侵权进行了清晰的定义。一个有序、健康的出版行业的形成,还需要相关领导部门、行业人士继续通力协作。没有版权保护,就没有文化创意产业。

第三,运营理念落后。需要强调的是,数字出版并非简单地将纸质出版物转换为数字出版物就可以叫数字出版了。出版方要对受众做非常精确的分析,了解他们的喜好,为他们定制专门的作品。中国数字出版基本上还是内容与渠道的直接对话,中间缺乏制作、营销、数据挖掘等环节[7]。数字出版现状堪忧、落后缘于文化生态的不足,中国网上出版商和传统出版机构难以建立有效的对接。

5　结语

综上所述,在不久的将来,电子书籍或许成为人们阅读的主体,或成为人们获取信息、学习知识的主要方式;但是纸质出版物不会因为这样而从人类历史上消失,相反它会更加完善并更好地为受众服务。现代社会人们不一定只需要数字出版,纸质出版同样是大众的需求。纸质出版物正是因为有不同大众的不同需求而存在,它可以成为人们深读、精读的方式。所以,从历史和现实两个角度考虑,纸质出版物会与数字化的出版物并存。对纸质出版物来说,面对电子书时代的发展趋势,是挑战更是机遇。不过要从另一种角度解释,无论是哪一种出版形式,整个出版产业都是属于服务业中的一支,所以也就天生具有服务大众的功能。只有大众有需求,出版才有存在的价值。

参考文献

[1 -3] 梅益民. 数字出版物的价格策略研究[EB/OL]. [2012 - 07 - 25]. http://wenku. baidu. com/link? url = dcjcmeIeweM3k9POWLauPYqjnCJvCSNQthCZefv71M8cOexAPeH0-pi44oy-g1Kx1QRjGN9 ENDtyj2PHU wLk78d7dIEcuFfMo_-f13QOtFa

[4] 岂真正. 纸质出版物遭遇电子出版物产生的危机分析[J]. 经济师(经济观察),2011(9):45 -46

[5][7] 侯小强. 中国数字出版的优势和挑战[EB/OL]. [2012 - 07 - 25]. http://tech. 163. com/12/0725/11/878M9C6S000915BF. html

[6] 王艾,魏凯. 数字出版未来的发展　将所有纸质书都数字化?[EB/OL]. [2012 - 07 - 25]. http://news. xinhuanet. com/newmedia/2009-11/06/content_12400250. htm

数字出版环境下的文献采访策略

尚小辉(国家图书馆)

阅读趋势的变化和数字阅读带来的出版变革对产业链各方都产生了巨大影响,数字出版环境下,出版量激增,出版形式多样化,传统出版、电子出版、网络出版、按需印刷以及免费网上电子书、开放存取等资源并存。数字出版在给图书馆发展带来无限契机的同时,也给图书馆带来了严峻挑战,研究并制定数字出版环境下的文献采访策略是图书馆面临的重要任务。

1 数字出版环境概述

1.1 数字出版正逐渐成为主流出版形式

文献的出版形式正在快速从原来仅有印本的形式转向数字出版。据美国出版商协会统计,2013 年美国电子书销售数量再创新高,销售额相比 2011 年增长 43%[1],预计到 2017 年将超过印本图书销售额[2]。2012 年英国电子图书的销售比 2011 年增长 66%,预计到 2018 年将超过印刷版本销售额[3]。印本资源在出版商收入中的比重和图书馆采购经费中的份额越来越少,正在逐渐被电子资源所替代。据统计,2013 年励德爱思唯尔集团数字化收入占到总收入的 66%[4]。汤姆森路透 2013 年数字化收入占到 91%[5]。随着大众对电子资源使用便利性的接受度越来越高,出版商也在调整销售政策,图书馆的资源采购经费也逐步转移到电子资源采购中,根据 Outsell 在 2011 年对 240 个国外机构印本资源与数字资源的采购经费对比显示,69% 的资金用于采购数字资源[6]。美国有的大学图书馆甚至 95% 的经费用于数字资源。

电子资源销售额度和使用范围的不断扩大,有可能导致印本资源数量的进一步萎缩,纯电子资源将逐渐占据文献资源出版的主流。

1.2 开放获取在数字出版业扮演重要角色

截止到 2014 年 7 月 7 日,在 DOAJ 登记的有质量控制机制的开放学术期刊已经超过 9888 种[7],在 DOAR 登记的开放机构知识库已经超过 2600 个[8]。以学术期刊和论文为代表的开放获取学术信息资源(开放学术资源)已成为学术研究不可或缺的资源,并逐步逼近“成为学术研究主流资源”的转折点[9]。

除了发展之初即采取 OA 出版模式的 BioMed Central、PLos 外,传统出版商如 Elsevier、Wliey、CUP 也正在尝试提供 OA 出版服务,期刊中的全部或部分论文以 OA 形式出版。与此同时,越来越多的国家政府和科研机构都表明对 OA 出版支持的原则立场,鼓励资助作者将文章发表在 OA 期刊上[10]。这些都表明开放获取运动正在数字出版业中扮演着重要的角色。

2　当图书馆遭遇数字化出版——数字出版对文献采访工作的影响

数字出版环境下，文献多元化的出版方式极大地丰富了各种载体形态的文献资源，数字资源如电子书、电子期刊以及开放存取资源等以其方便、快速的特点越来越受到用户青睐，日益成为文献采访的重要内容。数字出版的迅猛发展已经极大地改变了文献采访的内涵以及图书馆在这个新环境中满足用户需求的方式。

2.1　文献采访环境

2.1.1　文献载体结构多元化

随着数字出版技术的发展，文献生产数量激增，文献载体结构继续向多元化方向发展，文献采访的对象不再只是纸质型文献，还有大量的电子出版物、光盘、缩微文献、电子书、数据库、网络文献、多媒体资源、开放存取资源等。此外，集视、听、触等为一体，包含纸质图书、广播、电视、电影、网络、手机和各种阅读终端的全媒体资源也日益受到用户的青睐而正在成为文献采访的对象。

2.1.2　文献采访理念开放化

数字出版环境下，文献采访的理念更加积极和开放，比以往更注重交流和合作。传统的文献采访强调的是文献的合理选择和系统收藏，是一种基于收藏的资源建设模式。数字出版环境下，文献资源的“爆炸级”增长和知识资源的“几何级”更新，促使图书馆文献采访理念必须顺应时代潮流，由存储利用型向开放利用型转变。图书馆文献采访不再注重“拥有”，而是注重其获取能力，即文献信息的提供和控制能力。

2.2　用户需求环境

2.2.1　资源获取渠道多样化

我们已经看到，多数主要出版商正在全面建立和提供全文数字化文献（尤其是期刊），向图书馆提供远程、虚拟的数字化馆藏及其检索、传递和长期保存服务，并直接向最终用户提供基于万维网的免费检索和传递收费服务，形成不依赖图书馆的可广泛利用的数字化学术资源体系。图书馆的用户已迅速成为信息消费者，他们在商业搜索引擎、开放存取资源、社会网络站点、Wiki以及图书馆提供的图书资源和电子服务等途径之间任意选择满足他们的信息需求。

2.2.2　资源利用高效化

便捷性和迅速获取是影响用户使用资源的重要因素。网络资源的方便下载使得用户习惯了“即查即得”的信息获取方式，他们在获取图书馆提供的文献时也有同样的期待，他们不再满足获取一些文献线索，而是要能方便地获取最终文献。在数字出版迅速发展的环境下，图书馆的用户还要求7×24小时的使用图书馆，希望鼠标轻轻一点就能立即获取满意的答案，对等待零容忍，而且越来越多的用户不再注重信息载体的差别，而是注重信息的效用。

2.2.3　资源需求内容综合化

数字出版环境下，用户需求的学科覆盖面不断拓宽，且用户希望获取的资源是无缝集成、全面完整的。人们需要的是一种综合知识资源，而这种综合知识资源不仅包括正式出版的文献资源,还包括预印本库、机构知识库等开放存取资源。人们不仅要求能根据某个主题对不同类别信息资源进行综合发现和集成检索,而且要求能够在不同类别资源之间,根据信息内容的关系进行无缝链接的检索。

3 图书馆的“变与不变”——数字出版环境下文献采访的策略分析

数字出版环境下,图书馆正面临数字化、网络化生存,虽然文献资源载体结构发生了巨大的变化,但图书馆为读者服务的宗旨是永恒不变的。此外,图书馆重要的职能之一就是保存人类文化遗产,无论人类社会如何发展,总是需要有这样一种社会机构或机制来保存人类知识记录,保证人类的知识传承,而这种社会机构或机制,非图书馆莫属。

3.1 立足用户需求,调整文献采访思路

数字出版环境下,数字出版商可以绕过图书馆直接将服务延伸到用户,图书馆作为文献信息中心的地位已经受到了冲击。如果图书馆不能提出其与数字化相关的新的生存哲学,图书馆将冒被废弃的风险[11]。我们必须提供与用户需求相关的馆藏,所以,文献采访人员要花比以往更多的精力思考和探索用户的需求。

了解用户需求的手段有很多,如通过分析文献流通数据,了解哪些文献被高频使用,哪些文献是呆滞文献;分析电子资源使用数据,通过检索次数和下载量了解电子资源的使用情况;通过分析馆际互借数据,即对选定时间范围内馆际互借的文献按题名、学科、出版年对其借阅请求进行排序和统计,可发现借阅请求较高的文献,对这些文献,图书馆可以决定优先购买;分析用户查询书目产生的 OPAC 日志,了解用户的检索偏好和文献需求;利用大数据技术分析用户微博、QQ、微信等社交媒体中的阅读偏好和阅读体验等。以上这些方法综合运用,多重分析,可以为采访决策提供科学的数据支持,从而更有针对性的满足用户需求。

此外,用户决策采购(PDA)成为西方国家图书馆逐渐接受并采用的一种资源采购方式,在美国,其 250 家图书馆的三分之二以上已经开始发展或计划开展[12]。PDA 的采访模式下,由图书馆与书商确定符合藏书发展政策的预设文档之后,书商提供图书 MARC 记录;图书馆把 MARC 记录导入馆内自动化管理系统,读者通过 OPAC 查到书目记录后,或点击链接直接阅读该电子书,或要求提供印刷本,由图书馆统一付费购买。这种由读者决策采购的方式真正实现了购买决策由读者决定,而不是靠学科馆员的假想和预测等,从根本上改变了馆藏文献利用率低的状况,因此受到了读者的肯定和欢迎。

3.2 创新采访模式,拓宽采访渠道

图书馆发展至今已不单是拥有权和使用权的抉择,而是要创新采访模式,拓宽采访渠道,将不同的馆藏发展模式做适当的搭配来建立馆藏。

3.2.1 网络订购

随着互联网的普及和发展,各种书目核查工具和出版信息的获取,用户文献信息需求的征求及意见反馈,向书商订购、付款等一些传统的采集工作,都可以在网上进行。另外,文献信息选择的范围和渠道也大大拓宽了,图书馆可以通过网上的邮件列表、论坛、专家个人博客、社交网络等收集科研第一手资料提供给用户,以有针对性的满足用户对文献信息的多元化需求。

3.2.2 数字文献租用和借阅

2007年4月，加拿大科学技术信息研究所(CISTI)与MyiLibrary合作开展电子图书借阅服务，旨在将学术出版商存储在MyiLibrary平台的电子图书，通过借阅的方式提供给加拿大科学技术信息研究所的图书馆和终端用户，此项计划促进了用户对电子图书的利用，开拓了新的电子图书的获取方式[13]。德国学术出版社德古意特以其创新的PDA数字出版发行模式为图书馆带来了数字内容供应的新方式，即图书馆只需支付一定的PDA费用，便可以租用“德古意特在线”上的数字内容，供读者阅读。图书馆则可以根据读者的实际使用率调整图书的采购内容，开拓了出版社与图书馆合作的新模式[14]。此外，美国的西蒙与舒斯特出版社与纽约市的公共图书馆签署协议，试行电子书借阅服务。文献的租用和借阅成为图书馆数字文献采访的有效方式，租用和借阅的数字资源也成为图书馆馆藏的重要补充。

3.2.3 集团采购

联盟、集团性采购的文献比例正在逐年提高。数字资源的出版量增大，用户需求的学科覆盖面不断拓宽，图书馆资源建设的选择难度加大，各种数字知识库的品牌特色演变为“独家经营”，价格谈判的余地越来越小，图书馆意识到单凭一个馆的力量来购买数字资源，尤其是大型数据库的采购是一件非常困难的事情。因此，图书馆更愿意通过联盟或集团采购，争取到更好的优惠政策，以更低的价格获得更多的资源和服务。

3.2.4 网络信息采集

美国图书馆与信息资源委员会(CLIR)和数字图书馆联盟(DLF)在做了大规模调查后于2001年发布研究报告《用免费第三方网络资源构建可持续发展的藏书》。图书馆可以根据用户需求与资源建设要求，重新审视现有馆藏结构，以多重馆藏模式规划数字馆藏。图书馆应在充分合理规划的基础上，采集、整理和存储开放存取资源及网上免费资源来充实、拓展自己的馆藏资源，实现文献资源的可持续发展。开放存取的发展也促使图书馆不断反思传统订购模式，并不断探索更为合理、经济的信息资源建设方式。

3.3 数字资源和印本文献互相协调，相互补充

数字技术的发展带来了信息载体结构的多样化，将各种载体类型的文献融为一体，但又能体现各自不同特点，各种类型的文献资源互相补充，共同满足读者的多元化需求是我们文献采访的目标。

文献采访人员在数字资源与纸质文献间进行取舍时，应该兼顾读者需求、学科特性、文献资源代偿性，并确定以下采访原则：①对于更新速度快、知识衰变迅速的自然科学文献，应在保证购买纸质经典书刊的基础上偏重于数字文献的引进；②对于需要长期文化积淀、文献影响深远的人文科学文献，则应重视纸质文献的引进；③对于利用率高的阅读型文献，应以纸质文献为主；④对于学术性强、利用率低的工具书和检索型文献，应以数字文献为主；⑤注意保持适当的满足不同读者需求、不同学科领域的文献采购比例，兼顾相关文献的完整性、稳定性，特别是核心丛书、多卷书的连续性。

3.4 增强文献的时效性，改善馆藏体系

数字出版技术不仅为文献采访带来了挑战，还为文献采访工作带来了新的机遇，我们可以充分利用这一契机，增加馆藏数量，增强文献的实效性，完善馆藏体系。比如数字出版环

境下，出版社可以根据图书馆或其读者的需要，按需出版，满足用户的个性化需求，出版社还可以为图书馆“量身定做”急需的图书；出版社将拟出版图书的 MARC 数据，第一时间提供给图书馆以节省图书馆查找图书出版信息和进行分类、编目的时间，使图书馆或其读者在图书出版前尽快地知道将要购进哪些新书；此外，出版社成型的电子版文献可以直接传送到图书馆数据库中，供读者阅读，大大减少了中间环节，缩短了出版到利用的周期，大大增强了文献资源的时效性。

随着开放存取运动的不断深入，全球范围内可获取的开放存取资源日益增多，形式多种多样，质量和学术影响也日益提升。对于资金短缺的图书馆来说，有效开发和利用开放存取资源将为图书馆信息资源建设带来新的机遇。开放存取资源不仅是数字馆藏的有效补充，而且可以增强文献保障能力，降低用户信息获取成本，从而建立起合理的馆藏体系。

3.5 全方位、多层次合作

数字出版环境下，图书馆仅利用本馆馆藏满足用户需求已经不可能，独立建设馆藏的时代已结束，图书馆与相关机构之间的合作已成为必然。

3.5.1 馆际协作

随着数字出版技术的飞速发展，文献信息种类繁多、变化快、信息量大，再加上读者需求的多元化、动态化，以及受经费的制约，任何一个图书馆都不可能依靠自身的力量将所有专业、所有类型的文献尽数收藏，全面满足读者多层次的需求。只有加强图书馆间的馆际协作，开展联合采购、联合编目、联机检索，实现资源共享，构建一个可持续发展的馆藏保障体系才是图书馆文献采访发展的必然方向。

国外有一些学术图书馆制定了读者决策采购共享计划，多个图书馆的用户都可以访问合作馆购买的电子图书。读者决策采购计划(特别是针对电子图书的采购计划)将继续成为合作馆和图书馆联盟分担文献采访成本和共享资源的途径。

3.5.2 图书馆与其他非图书馆的信息机构的合作

图书馆正在尝试以新的方式进行馆藏建设、存储和共享方面的协作。非营利性组织在大量实现数字化的图书、期刊、手稿等印刷资料的共享和归档方面也取得了重大发展，其中既有很多学术图书馆与公共图书馆的合作(如 HathiTrust 项目)，也有公司和研究型图书馆的非营利性合作(如 Google 图书、Internet Archive 计划)，这些都为用户提供了以往只能以印本或本地存储方式使用资源的在线访问[15]。学术图书馆也将通过与第三方的合作扩展资源数字化和共享活动的规模。

4 结语

数字出版为促进科学研究的发展与学术交流提供了新的机遇。面对数字出版浪潮，图书馆不仅要仰望星空求发展，也要脚踏实地做服务。一方面，图书馆应在了解用户信息行为和需求变化的基础上积极调整文献采访思路，创新文献采访模式；另一方面，图书馆应抓住数字出版的契机，在实现资源扩容的同时，利用自己的中心地位，通过反馈图书馆及最终用户的需求来影响数字出版在学术领域的发展，并在新的学术交流体系中做出更大的贡献。

参考文献

[1] US PUBLISHING INDUSTRY ANNUAL SURVEY REPORTS MYM27 BILLION IN NET REVENUE, 2.6 BILLION UNITS FOR 2013[EB/OL]. [2014-06-05]. http://www.publishers.org/press/138/

[2] 美国电子书的销售额将在2017年超过纸质书[EB/OL]. [2014-08-06]. http://yuedu.dezhoudaily.com/dztx/2013/08/2013-08-05477972.html

[3] 英国电子书2018年销售额有望超印刷版本[EB/OL]. [2014-08-06]. http://info.printing.hc360.com/2014/06/051431538063.shtml

[4] Annual Reports and Financial Statements 2013[EB/OL]. [2014-07-08]. http://www.reedelsevier.com/investorcentre/reports%202007/Documents/2013/reed_elsevier_ar_2013.pdf

[5] Annual Review 2013[EB/OL]. [2014-06-08]. http://ar.thomsonreuters.com/financial-performance.html#financial-performance.html? tab=revenue-profile&_s uid=140730668296401778104155040366

[6][10] 曾建勋,丁遒劲,杨代庆. 数字出版变革中国家科技信息资源保障的应对策略[J]. 情报资料工作,2014(1):58-61

[7] Directory of Open Access Journals [EB/OL]. [2014-07-07]. http://doaj.org/

[8] Directory of Open Access Repositories[EB/OL]. [2014-07-07]. http://www.opendoar.org/

[9] 张晓林,李麟,刘细文等. 开放获取学术信息资源:逼近"主流化"转折点[J]. 图书情报工作,2012(9):42-47

[11] 初景利,杨志刚. 物竞天择,适者生存——图书馆新消亡论辩论[J]. 图书情报工作,2012(11):5-11

[12] 胡小菁. PDA——读者决策采购[J]. 中国图书馆学报,2011(2):52

[13] Bronwen, Woods. Book loans: An e-twist on a classic interlending service[J]. Interlending & amp Document Supply, 2008, 36(2): 105-115

[14] 2012—2013中国数字出版产业年度报告课题组. 中国数字出版产业发展的规模、态势及趋势分析[J]. 出版发行研究,2013(7):41-47

[15] 游祎,汪东升. 2013学术图书馆环境扫描[J]. 图书馆建设,2014(4):15-20

开放获取环境下文献资源建设的思考

宋仁霞　袁　硕(国家图书馆)

1　开放获取的发展现状

开放获取(Open Access,OA)是随着互联网的普及而逐渐兴起的一种学术信息传播模式。其内涵是通过对学术作品和科研成果无法律无技术障碍的免费获取及再利用,以提高科研和学术成果的利用率及实现科研投入效益的最大化,进而提升国家整体科技水平和实力。

开放获取运动开始于2001年12月在匈牙利首都布达佩斯召开的OA国际会议,翌年2月12日第一个OA宣言——《布达佩斯开放获取倡议》(*Budapest Open Access Initiative*,BOAI)发表。按照《布达佩斯开放获取倡议》[1]中的定义,开放获取是指某文献在Internet公共领域里可以被免费获取,允许任何用户阅读、下载、拷贝、传递、打印、检索、超级链接该文献,并为之建立索引,用作软件的输入数据或其他任何合法用途。用户在使用该文献时不受财力、法律或技术的限制,而只需在存取时保持文献的完整性,对其复制和传递的唯一限制,或者说版权的唯一作用应是使作者有权控制其作品的完整性及作品被准确接收和引用。

经过10余年的迅猛发展,OA运动对学术界和出版界产生了巨大影响,其"免费获取且自由使用不受限制"的特性,撼动了商业出版机构的垄断地位,打破了商业性学术期刊的价格壁垒,促进了学术信息的广泛传播。

根据国家图书馆研究院的一份调查资料显示:目前全球119个国家共出版有OA期刊9137种,机构知识库的数量到2013年5月初达到2272个,另由来自75个国家的数百名志愿者管理的RePEc经济学知识库目前存储的预印本也达120万篇。就出版社而言,2007年国际上共有425家学术类出版商出版OA期刊450种,而到2011年这一对数字就分别上升到530家和616种。除美国PLoS(the Public Library of Science,公共科学图书馆)和英国BioMed Central(生物医药中心)等专门从事OA期刊出版发行的出版商外,一些国际知名的大型学术出版商和学术组织,如Springer(德国)、Elsevier(荷兰)、IEEE(美国)等也陆续开始尝试OA期刊的规模化经营。

2　开放获取对出版的影响

随着网络技术的发展,开放获取模式打破了传统出版模式下的学术传播涉及订阅费在内的价格壁垒,同时弱化了版权因素产生的许可问题。经过2002年《布达佩斯开放获取倡议》、2003年《贝塞斯达与柏林宣言》,"开放获取资源"被更为权威的定义为"在通过数字媒体传播,在恰当表明来源的前提下,可以免费为任何目的复制、使用、分发、传送以及公开展示其内容,制作及分发其衍生内容……"[2]。如此在费用及权责双方面均自由开放的新生模式,对传统商业出版而言是不小的影响。

2.1 开放获取类型多样化

开放存取自出现以来,OA 期刊和仓储得以迅速发展。开放存取期刊是一种免费的网络期刊,旨在使所有用户都可以通过因特网无限制地访问期刊论文全文。此种期刊一般采用作者付费出版、读者免费获得、无限制使用的运作模式,论文版权由作者保留。在论文质量控制方面,OA 期刊与传统期刊类似,采用严格的同行评审制度。开放存取期刊不再利用版权限制获取和使用所发布的文献,而是利用版权和其他工具来确保文献可永久公开获取。根据开放的程度,开放出版分为好多类型:从期刊是否仍需付费订阅的角度,可分为全开放出版(所有论文开放获取)和复合开放出版(期刊本身仍需付费订阅,但部分论文开放获取);从论文开放时间角度,可分为立即开放出版和延迟开放出版。

OA 存储也称为 OA 知识库,包括基于学科的存储和基于机构的存储。学科 OA 存储最早出现在物理、计算机、天文等自然科学领域,采取预印本的形式在网上进行专题领域的学术交流。目前很多学科 OA 仓储仍主要以预印本资源库的形式存在,对某一学科领域或多个学科领域中的所有研究者开放,提供免费的文献存取和检索服务,以供交流、学习。机构 OA 存储的主体一般为高校图书馆、科研院所或学术组织,存储对象为组织或机构的内部成员在学术研究过程中产生的各种有价值资源,如项目研究成果(包括开题报告、中期报告、结题报告等)、调查研究报告、硕/博士学位论文、会议论文,甚至包括课程讲义、多媒体资料等。这些资料虽不一定曾正式发表出版,但是作为学术研究活动过程中的产出,仍具有一定的学术价值。如能通过积极的存储与管理使其得到有效利用,对促进与推动组织内部其他学者的科研创新活动,也必将起到积极的作用。

除上述两种形式外,各种其他形式的 OA 资源也陆续涌现,如个人网站、电子图书、博客、学术论坛、文件共享网络等。但这些资源的发布较为自由,缺乏严格的质量保障机制,较前两类开放存取出版形式而言,随意性更强,学术价值良莠不齐。

2.2 开放出版的新模式——SCOAP3

2012 年 10 月 1 日,来自中国、美国、德国、法国、英国等国和欧洲核物理研究中心(CERN)的代表齐聚 CERN,宣布 SCOAP3[3](粒子物理开放出版资助联盟计划,Sponsoring Consortium for Open Access Publishing in Particle Physics)正式启动,从 2014 年起实现高能物理领域高水平学术论文的开放出版。SCOAP3 由 100 多个高能物理资助机构和研究机构参加,由这些机构联合出资,根据公开竞争原则向出版高能物理高水平论文的出版社招标购买开放出版服务。凡接受 SCOAP3 资助出版的论文,在出版时通过出版社网站立即和永远开放获取;论文按照创作共用署名许可(CC-BY)方式允许广泛的再利用;出版社不再向作者收取任何费用;出版社必须为所有图书馆扣减相应内容的订购费;出版社必须将论文自动转存到 SCOAP3 知识库,并通过该知识库分发到作者单位的机构知识库长期保存。

SCOAP3 是一种创造学术信息交流历史的重大新举措,通过将原来用于文献订购的经费转为"开放出版服务费",将成熟的学术期刊直接转为开放出版,既维持了高水平的同行评议质量控制和学术期刊正常出版,又有效实现了整个领域学术成果的开放获取[4]。同时,SCOAP3 正在创造一种不同于传统图书馆文献采购机制的新的信息获取能力保障模式。它将源自科研教育经费的文献订购费用直接用于从源头上组织学术论文的开放出版,不仅保证了学术论文一出版就能开放获取,还有效保留了作者及其机构对论文的著作权,充分保障了社会对论文内容的再利用和长期保存,大幅度扩展了学术论文支持研究与创新的范围和程度,显著提升了这些经费及其支持的学术论文的社会效益和经济效益。

目前,经过公开的招标,7 家出版社的 12 种期刊参加了 SCOAP3 计划。SCOAP3 创新了开放出版的经济模式,目前国内在 NSTL 设立 SCOAP3 中国工作组,负责 SCOAP3 计划实施的相关工作。

3 开放存取对文献资源建设的影响

3.1 图书馆文献资源类型多样化

2008 年全球正式发表的全部科技论文中以 OA 模式发布的占 20%;2009 年 OA 学术论文发表量达 12 万篇,约占当年全球学术论文发表总量的 8%—10%。另据《OA 期刊目录》统计[5],目前在全球 119 个国家共出版有 OA 期刊 9137 种(约占国际在版学术类期刊种数的 32.5%),收录各学科领域的学术论文 107.91 万篇;而《OA 资源库目录》统计的机构知识库的数量到 2013 年 5 月初也已达 2272 个,美国(365 个)、英国(210 个)、德国(164 个)和日本(138 个)排名前四;学科知识库的规模也逐年扩大,如美国康奈尔大学图书馆设立的 arXig.org预印本(指尚未正式发表的学术论文、科研报告等)在线数据库,目前已收录物理、数学和计算机科学等学科领域的论文 84 万篇;另由来自 75 个国家的数百名志愿者管理的 RePEc 经济学知识库目前存储的预印本也达 120 万篇。OA 资源作为电子资源的一部分,极大地丰富了网络环境下的图书馆馆藏。

3.2 文献资源采购模式更加多元化

就图书馆而言,OA 出现之前,文献采访依据大多以进出口公司提供的期刊目录为主,以商业化的采购为主要方式。随着开放获取资源的增多,越来越多的商业期刊纳入到 OA 的行列,例如国家图书馆 2012 年馆藏现刊目录与 Scholar 开放存取资源一站式检索服务平台目录进行对比分析,发现重复品种数为 136 种。其中,套订期刊 9 种,全部开放存取 21 种(2012 年新转开放存取期刊 7 种),延迟开放存取 45 种,部分开放存取期刊 61 种。

2014 年国家图书馆馆藏资源中涉及 SCOAP3 计划的资源如下:

表 1 SCOAP3 涉及期刊与馆藏比对

刊名	纸本馆藏	电子馆藏
Physical Review. C	V1N1 至今	APS 电子期刊平台 V1N1 至今
Physical Review. D	V1N2 至今	APS 电子期刊平台 V1N1 至今
Physics Letters B	V24N1 至今	SDV24N1 至今
Nuclear Physics B	V1N1 至今	SDV1N1 至今
Advances in High Energy Physics	无	OA 期刊
Chinese Physics C	V32N1 至今	IOP/万方平台 V32 至今
New Journal of Physics	无纸	IOPV1 至今

续表

刊名	纸本馆藏	电子馆藏
Journal of Cosmology and Astroparticle Physics	无纸	IOP2003 至今
Acta Physica Polonica B	V1N1-V31N12(2000)	OA 期刊
Progress of Theoretical Physics (to become PTEP)	V1N1 至今	OUP
European Physical Journal C	V1N1 至今	SpringerLINKV1N1 至今
Journal of High Energy Physics	只有 V1	SpringerLINK2010Issue1 至今

根据 SCOAP3 计划,在 2014 年的期刊结算时,上述期刊都进行了不同程度的费用抵扣。

由此可见,期刊采选过程中不仅需要对期刊当前情况有充分的了解,且需要实时跟踪期刊的动态,把握其开放存取的政策,以便更好地做好采选工作。

3.3 文献资源的获取方式更加直接化

图书馆采购文献、建立馆藏的根本目的是为所在机构或社区提供信息保障,使用户能按需获得所需要的文献。只不过在纸本时代,图书馆必须事先采购、编目、入藏等,才能保证用户在需要的时候检索到和获取到所需要的具体文献[6]。在数字商业出版时代,用户已经可以通过网络搜索到所需要的文献,可以通过 pay-per-view 等方式实现即时获取,但由于规模经济的需要和避免个人付费的不方便性等,教育科研机构"保障数字信息供给"的主流方式仍然是图书馆事先订购数据库(因此构成"馆藏")、建立认证授权机制,以保证用户在需要时通过网络即时获得所需文献。

4 文献资源建设的思考

OA 资源的出现不仅在一定程度上缓解了图书馆长期面临的购书经费紧张问题,同时也为图书馆解决在数字和网络环境下因授权问题而难以开展的非到馆文献服务问题提供了机遇和可能。在现阶段,图书馆业界应充分利用自身优势,从以下几个方面开展 OA 资源的建设和服务。

4.1 加强 OA 资源建设

通过自建或者与其他 OA 资源所有者合作建库的方式,整合网上各类 OA 资源,建立符合知识发现规律和能满足读者需求的综合或专题 OA 仓储库。

4.2 完善相关技术标准

通过制定行业统一的标准规范,引导和逐步实现各类异构 OA 期刊和 OA 仓储库在数据交换、储存和发布等方面的标准化,促进 OA 资源的交流与利用。

4.3 提高对 OA 资源的利用率和服务效能

通过建设界面友好、操作简便的 OA 资源检索使用平台，积极开展馆藏和网上 OA 资源的推送和导航服务；同时，加大对图书馆员和用户培训力度，提高其对 OA 资源的检索、分析和利用能力。

4.4 积极推进馆际合作

通过统一标准、平台共用、馆际协作、联盟合作等形式实现不同系统图书馆之间 OA 资源的共享利用。

4.5 履行 OA 资源长期保存职责

通过建立向社会开放的 OA 仓储库，为教育、科研、出版、商事等机构，政府部门及学者个人提供 OA 学术资源的长期保存服务。

参考文献

[1] Budapest Open Access Initiative[EB/OL]. [2014-08-22]. http://www.budapestopenaccessinitiative.org/

[2] 开放获取概述(Open Access Review)——经同行评议的学术论文及其预印本的开放获取[EB/OL]. [2014-08-22]. http://www.docin.com/p-617089334.html

[3] SCOAP3. Sponsoring Consortium on Open Access Publishing in Particle Physics[EB/OL]. [2012-08-13]. http://scoap3.org/about

[4] Towards Open Access Publishing in High Energy Physics: Report of the SCOAP3 Working Party[EB/OL]. [2012-08-13]. http://www.scoap3.org/files/Scoap3WPReport.pdf

[5] Directory of Open Access Journals (DOAJ)[EB/OL]. [2014-08-22]. http://doaj.org/search

[6] 金梅. 学术信息开放存取对图书馆的影响及其对策[J]. 贵州教育学院学报(社会科学版),2008(4):77-81

国家图书馆俄文及小语种图书采访情况综述及思考

宋振佳　张　芳(国家图书馆)

国家图书馆是国内收藏俄文及小语种图书数量最多的图书馆。秉承“外文求精”的采访方针,经过半个多世纪的不断累积,国家图书馆已形成科学而完备的俄文及小语种图书馆藏体系。其丰富的馆藏成为普通读者了解有关独联体及其他相关国家政治、经济、文化、历史的重要平台,同时也为科研人员提供了各学科领域高质量的俄文图书资料,尤其是俄罗斯居于领先地位的航空航天科技、发动机制造技术等领域图书,得到了国内有关专家学者的赞誉。此外,作为国家图书馆外文图书馆藏重要的组成部分,俄文及小语种图书还为中央和国家领导机关以及社会组织提供文献信息服务,为我国与其他相关国家开展政治、经济、外交、文化等方面的交流提供了有力的文献保障。

1　国家图书馆俄文及小语种图书馆藏建设概况

1.1　图书采访途径

国家图书馆俄文及小语种图书的采访工作始于20世纪50年代初,采选范围主要涵盖俄文及由独联体各国、波罗的海三国,以及保加利亚、塞尔维亚和马其顿等18个国家出版的46种语言文字的图书。国家图书馆俄文及小语种图书的采访途径主要有以下几种:①购买。购买是俄文及小语种图书主要的采访途径。目前,与国家图书馆俄文图书采编组合作的图书代理商共有4家:中国图书进出口(集团)总公司(以下简称中图公司),中国国际图书贸易总公司(以下简称国图公司),国外书商俄罗斯“МК-Книги”有限公司(以下简称MK公司),美国East View公司(以下简称EW公司)。每年采购图书约为5500种。②国际交换。国家图书馆于1949年就与当时的苏联建立了文献交换关系,目前每年交换到馆的文献约为500册。③缴送。我国出版社出版的旨在对外宣传中华优秀文化,介绍我国历史、地理、政治、经济等情况的俄文图书,每年约为20—30册。④赠送。每年收到各类机构、书籍著者及收藏者等各方赠书约100册。

1.2　馆藏俄文及小语种图书结构和数量概况

长期以来,国家图书馆俄文图书馆藏以科技图书为主,科技类图书曾占到俄文馆藏量的50%以上。此外,马列书籍、俄苏文学名著、工具书、中国学以及俄侨在国外出版物、在华俄侨东正教传教士团成员著作、俄文善本书、满铁图书等是国家图书馆俄文图书的馆藏特色[1]。自1991年苏联解体后,馆藏结构逐步发生变化,社科类图书所占比例有所增加,科技类图书逐渐减少。俄罗斯及独联体各国的历史、政治、法律、文学及经济等类图书逐渐成为采访重点。以2001、2006、2012年为例,各类图书入藏比例如表1所示:

表 1　各类图书入藏比例一览表

2001 年入藏			2006 年入藏			2012 年入藏		
类别	种	百分比(%)	类别	种	百分比(%)	类别	种	百分比(%)
I	841	16.82	D	994	16.99	K	1382	22.27
K	807	16.14	K	954	16.30	D	1082	17.44
D	726	14.52	I	670	11.45	I	864	13.92
F	496	9.92	F	644	11.01	B	405	6.52
B	300	6.00	H	381	6.51	F	387	6.24
G	247	4.90	B	369	6.31	H	320	5.16
H	245	4.90	G	363	6.21	J	317	5.11
T	240	4.80	R	250	4.27	T	260	4.19
O	178	3.56	T	249	4.26	G	247	3.98
R	175	3.50	J	198	3.38	R	160	2.58
P	118	2.36	C	191	3.26	O	156	2.51
J	118	2.36	O	103	1.76	C	117	1.89
C	110	2.20	E	97	1.66	Q	102	1.64
Q	92	1.84	Z	77	1.32	E	102	1.64
Z	82	1.64	Q	68	1.16	P	83	1.34
E	68	1.36	S	63	1.08	S	54	0.76
S	48	0.96	P	56	0.96	Z	47	0.76
X	36	0.72	X	38	0.65	X	32	0.52
V	34	0.68	V	34	0.58	N	25	0.40
N	18	0.36	U	28	0.48	U	23	0.37
U	11	0.22	N	12	0.21	A	21	0.34
A	10	0.20	A	11	0.19	V	19	0.31
总计	5877		总计	5850		总计	6205	
其中：科技类	950	19.00	其中：科技类	901	15.40	其中：科技类	914	14.73

截至2012年年底，国家图书馆入藏俄文及小语种46种语言文字的图书，总量已达530 771种。其中，俄文图书占96.50%。俄文及小语种图书馆藏数量情况详见表2。

表 2　国家图书馆俄文及主要小语种图书馆藏数量一览表

文种	馆藏量(种)	百分比(%)
俄文	512 568	96.50
保加利亚文	10 060	1.89
乌克兰文	2814	0.53

续表

文种	馆藏量(种)	百分比(%)
塞尔维亚—克罗地亚文	688	0.12
马其顿文	653	0.12
白俄罗斯文	627	0.12
哈萨克文	429	0.08
立陶宛文	390	0.07
爱沙尼亚文	349	0.07
乌兹别克文	334	0.06
拉脱维亚文	313	0.06
格鲁吉亚文	291	0.06
阿塞拜疆文	253	0.05
亚美尼亚文	239	0.05
吉尔吉斯文	167	0.03
维吾尔文	113	0.02
塔吉克文	100	0.02

2 国家图书馆2012年俄文及小语种图书采访工作概况

2.1 2010—2012年俄罗斯图书出版情况

目前,俄罗斯只保留极少数几家国有性质的出版社,其余出版社均已改成私有制。据统计,俄共有出版企业约6000家[2]。2010—2012年俄罗斯图书出版量分别为121 738种、122 915种和116 888种,在世界主要出版国家中居于前列。翻译类图书在俄罗斯图书出版中占比重较大,一直占据国内市场总量的10%以上。2010—2012年俄文图书出版概况如表3所示:

表3 2010—2012年俄罗斯图书出版情况一览表[3]

年份		2010年	2011年	2012年
总计		121 738	122 915	116 888
图书	种数	102 790	103 151	97 996
	百分比(%)	84.4	83.9	83.8
初版	种数	104 083	106 058	99 071
	百分比(%)	85.5	86.3	84.8
译著	种数	14 268	14 333	12 515
	百分比(%)	11.7	11.7	10.7

按不同用途比较,学术类图书占图书总种数的比例逐年稳步上升,2012年达到2.5万种,占图书全部出版量的21.8%。2010—2012年各用途图书出版情况如表4所示:

表4　2010—2012年不同用途图书出版情况一览表[4]

用途	2010年		2011年		2012年	
	种数	百分比(%)	种数	百分比(%)	种数	百分比(%)
总计	121 738		122 915		116 888	
学术类	24 070	19.8	26 411	21.5	25 491	21.8
科普类	1652	1.4	1965	1.6	1698	1.5
工业标准类	2487	2.0	2302	1.9	2104	1.8
政府出版物	1128	0.9	1113	0.9	1113	0.9
教材教辅类	39 309	32.3	40 446	32.9	40 446	32.9

2.2　2010—2012年国家图书馆俄文及小语种图书采访情况

2012年,经过与书商多方沟通,在目录获取方面取得了较为理想的成绩。中图公司提供目录13 145条,国际书店提供目录6129条,МК-Книги(俄)提供目录12 397条,共计31 671条,基本涵盖了俄罗斯出版的学术图书。根据《2012年工作任务书》的要求,按照年度采选经费预算及国家图书馆性质和读者需求,2012年共完成图书发订7900种/8065册,验收登记6208种/6259册。2010—2012年俄文图书采访情况如表5所示:

表5　2010—2012年俄文图书采访情况一览表

年	发订图书	到书	购书经费(万人民币)
2010	6000种/6270册	5637种/5730册	210
2011	7000种/7566册	5577种/5655册	210
2012	7900种/8065册	6208种/6259册	220

除采购之外,还通过交换、缴送和捐赠分别获得各类图书531册、162册、31册。

在保证采访数量的同时,俄文图书采编组遵照《国家图书馆文献采选条例》的有关规定严格控制采访质量,重点加强了中国学、法律、获奖图书以及重点出版社学术著作和工具书等的采选。2012年通过订购、补订共采编有关中国的图书122种,法律图书共532种。值得一提的是,由于今年俄文图书的招标按出版地进行了分包,书商加强了俄罗斯以外地区图书目录的提供,由此也采选到了部分独联体国家的各类图书。与此同时,俄文图书采编组也加大了对小语种图书的采访力度。2010—2012年小语种图书编目情况如表6所示:

表6　2010—2012年小语种图书编目情况一览表

		2010年	2011年	2012年
苏联各加盟共和国小语种	种数	0	52	82
	百分比(%)	0	0.86	1.32
保加利亚文	种数	78	153	194
	百分比(%)	1.30	2.55	3.12
其他小语种	种数	0	11	76
	百分比(%)	0	0.18	1.22
本年度小语种总计占百分比(%)		1.30	3.59	5.66

3 国家图书馆俄文及小语种图书采访工作存在的问题和解决思路

3.1 俄文及小语种图书采访工作的成功经验和存在的问题

回顾2012年全年的采访工作,以下经验值得继承和发扬:首先,加强与书商的合作。保持与书商顺畅的沟通与磋商,扩大进书渠道,扩大书目涵盖的地区范围,保证全年采选工作的顺利进行。其次,质量是采访工作的根基。为提高选书质量,采访人员经常查证俄罗斯图书馆、出版社以及书商的网站,对读者推荐或从其他途径了解到的优秀图书也能做到及时补订。最后,对重点图书进行追踪。近年,由于要求书商在图书目录中对作者及其作品的获奖情况加以介绍,并对重点奖项进行跟踪,因此近年来采选的获奖作品及获奖者作品较多,其中包括俄罗斯比较大型的图书或文学作品奖项,如俄罗斯国家巨著奖、俄罗斯新闻出版署年度图书奖、俄罗斯布克文学奖、俄罗斯国家畅销书奖等。2011年入藏俄罗斯布克奖(Русский Букер)获奖作品 *Цветочный крест*(2010),以及俄罗斯巨著奖(Большая книга)一等奖作品 *Лев Толстой: бегство из рая*(2009—2010)和 *Письмовник*(2010—2011);2012年入藏俄罗斯国家畅销书奖(Национальный бестселлер)获奖作品 *Крещённые крестами*(2010)和 *Остромов, или Ученик чародея*(2011)等。在莫言获得诺贝尔文学奖之后,我们及时补订并入藏了他的唯一一本俄文版单行本著作 *Страна вина*(《酒国》)。

与此同时,在俄文及小语种图书采访工作过程中,也存在一些问题,主要包括:①自2011年起,为减少书商目录的重复率,俄文图书采购招投标开始按出版地分包,中图公司负责莫斯科地区出版的图书,国图公司负责莫斯科以外地区。由于俄罗斯书商及网上书店的目录中基本不提供出版地信息,给书商提供目录带来了不小的难题,造成了目录量减少、目录提供时间不稳定等问题。②俄文图书订户少、成本高,书商进书途径单一。③书商缺乏掌握俄语的专业人员,在一定程度上也制约了采访工作的运作。

3.2 未来俄文及小语种图书采访工作的新目标与新思路

展望未来的俄文及小语种图书采访工作,除了继承以往的成功经验和采访模式外,我们将重点关注以下几个方面的工作:①加大对小语种图书的采访力度。多年以来,小语种图书的采访量始终不高,主要原因在于书商提供的小语种目录少并且零散,除保加利亚文有专门的目录外,其他文种的目录均混杂在俄文图书目录中,较之俄文图书,小语种图书的购买渠道更为单一。未来几年,我们将逐步尝试选择几个重要国家作为关注点,如传统受到重视的保加利亚、独联体大国白俄罗斯和乌克兰、局势较为动荡的外高加索三国亚美尼亚、阿塞拜疆和格鲁吉亚,有针对性地补充馆藏。②加强对重点出版社、重点作家的跟踪与调研,争取做到重点出版社、重点作家的重点书籍无漏选。同时,积极听取读者意见,不断丰富图书推荐渠道,对读者推荐的优秀图书做到快速补订和入藏,最大程度满足读者所需。③着手对俄罗斯的电子出版物进行调研,评价其电子出版物的收藏价值。④充分发挥书商的作用,挖掘潜力,做好书商增值服务工作。⑤积极参加国际书展,把握图书市场最新出版动态,探索实施图书现采(包括国外现采)的可行性。⑥加强采访工作的规划性,尽力克服不可控因素带来的不利影响,有序推进预算的执行进度,避免疏密不均。

参考文献

[1] 张芳,徐小凤. 国家图书馆俄文图书采选工作现状与思考[C]//国家图书馆外文采编部. 数字时代的文献资源建设——第四届全国文献采访作研讨会论文集. 北京:国家图书馆出版社,2012:406 – 410

[2] 张洪波. 俄罗斯出版制度沿革[J]. 出版参考,2006(24):43

[3] Российская книжная палата [EB/OL]. [2013 – 08 – 20]. http://www.bookchamber.ru

[4] Л. А. Кириллова, К. М. Сухоруков. Книгоиздание России в 2012 г [J]. Библиография, 2013(1): 9 – 17

数字出版时代下馆藏资源建设刍议

——以文献采访为视角

苏志磊(福建省图书馆)

1 引言

与传统出版产业相对应,中国数字出版产业在各方关注的十年间经历了由小到大,从弱到强的发展历程。特别是在互联网、云技术、大数据等技术的支撑下,其发展速度和规模吸引了众多目光。新闻出版业的这场转型升级不仅在整个出版产业链中刮起了一场风暴,其影响范围也犹如多米诺骨牌般波及了图书馆的生存与发展。在蓬勃发展的数字出版时代,图书馆如何加强自身馆藏资源建设以增强对读者的新引力,特别是如何在文献采访的思路与模式上做以改变,以应对新闻出版业升级带来的冲击等问题,引发着业内理论者和实践者的研究与思考。

2 数字出版的内涵与发展现状

在新闻出版业转型升级的这场运动中,数字出版犹如一只来势汹汹的狼,搅乱了传统出版产业的生态模式。若要更为深刻的看到其对图书馆生存发展的具体影响,有必要先对数字出版有一个清晰的认识。古人云:“知己知彼,百战不殆。”

2.1 数字出版的内涵

提到数字出版,更多人首先想到的是图书、报纸、期刊等这些常见纸质文献载体的数字化过程,其实数字出版远非如此。只要使用二进制技术手段对出版的整个环节进行操作,都属于数字出版的范畴,其中包括原创作品的数字化、发行销售的数字化和阅读消费的数字化[1]。从版权、发行到支付方式以及最终的各种具体服务模式等都可视为数字出版。也就是说,数字出版不仅包含我们通常理解的以文字内容为核心的“数字化出版”,也包括互联网广告、网络游戏、网络动漫、在线音乐、手机出版(手机彩铃、铃音、手机游戏等)等。

2.2 数字出版的发展现状

文献采访不仅是图书馆的一项基础业务工作,就整个出版产业链来看,也是出版产业的一环。出版产业的狼——数字出版——来了,也引起一些图书馆管理者和文献采访人员的不安。譬如:“数字化出版后,纸质图书是否会被电子文献取代?互联网背景下,实体图书馆对读者的新引力下是否会下降?”等忧虑。其实,就目前而言,上述的问题可以放在数字出版的发展现状中去研究。

《2013—2014 中国数字出版产业年度报告》指出,2013 年我国数字出版全年收入规模达 2540.35 亿元,比 2012 年增长 31.25%,保持了快速增长势头。互联网广告、手机出版和网络游戏依然占据收入榜前三位。2013 年互联网期刊、电子图书、数字报纸的总收入为 61.75 亿元,在数字出版总收入中所占比例为 2.43%。而手机出版和网络游戏在数字出版总收入中所占比例分别为 22.82% 和 28.28%,合计占据半壁江山。意味着娱乐化产品在数字出版产业中占据了相当比重。

仅从数据上看,似乎一些图书馆理论和实践工作者所关心的电子图书、电子期刊等数字出版发展情况与想象确有不少差距,数字出版对图书馆读者群体的分流也不太明显,对处于出版产业链下游的图书馆馆藏资源建设的影响也不是那么大。然而,尽管相对远离新闻出版业转型风暴的中心,图书馆所面临未来发展的问题也早已卷入其中,亦不能独善其身。

3 数字出版时代图书馆面临的挑战

数字出版依托互联网、云服务等技术,使出版在信息创作、编辑设计、平台发布、阅读服务等环节突破了传统文献信息存储的物理空间限制以及文献信息载体纸质化制约。储存空间以及传播载体的突破极大地拓宽了传统文献信息的传播范围和影响。相反,图书馆则是历来以纸质版文献收藏为重点,到馆借阅为主要的信息传播方式。数字出版时代下,各种新技术、新思维方式冲击着图书馆以往信息资源中心的地位,挑战着图书馆旧有的馆藏结构。

第一,从纵向,即整个出版产业链的变化来看,图书馆信息资源的门户中心地位受到挑战。在传统出版业繁荣发展的背景下,图书馆作为出版业链条末端环节,是文献信息与读者的主要桥梁。文献信息的传播要经历作者、出版社、发行商等环节后,由图书馆文献采访、加工编目等之后才能与读者见面。而文献从产生到图书馆文献采访就要经历一段不短的时间,往往是文献采购回来,其对读者的阅读新引力已大打折扣。同时,读者阅读兴趣的复杂性与多样性也使得文献采访工作往往众口难调。在数字出版时代,借助网络技术与平台,文献创作者可以跨过图书馆直接将文献信息呈现在读者面前,而读者之间也能借助网络进行互动,打破了以往通过图书馆借阅各自阅读、交流性差的壁垒。

与此同时,各大网络搜索引擎也成为人们获取文献信息的首选。与数字时代文献信息快捷的时效、丰富的种类、个性化服务相比,传统文献信息采访所能提供的也就相形见绌了。知识信息从创作到传播的便捷性让图书馆信息资源门户中心传统地位受到动摇。图书馆界更要警觉的是,图书馆有被踢出文献信息产业链的风险[2]。

第二,从横向,即整个图书馆自身未来发展来看,数字出版也影响着图书馆馆藏结构的发展以及文献采访工作的开展。移动终端设备的快速发展让数字阅读成为可能。当代快节奏的社会生活让人们越来越倾向于利用手机、平板电脑等终端进行阅读。图书馆在提供纸质文献阅读的同时,也在加紧电子期刊、电子报纸、电子图书等资源的建设与提供。随着网络技术的应用,电子图书已经越来越占据着图书馆馆藏图书的重要比例,并渐渐地取代了原有的印刷文本文献的主导地位[3]。

当前,越来越多的图书馆加入了数字图书馆的建设行列,数字图书馆利用数字技术处理和储存各种图文并茂的文献信息,通过互联网传输,从而做到信息资源共享。从某种意义上讲,数字出版强劲的发展势头也是图书馆大力建设数字图书馆的重要推动因素。图书馆在一定时期内用于文献采访的资金是有限的，而数字资源的建设与发展必然会影响到文献采访资金的使用分配，即纸质文献与电子文献采访经费分配。目前，大多数图书馆电子文献采访与纸质文献采访部门是属不同部门的，部门间的工作沟通渠道不畅导致不同载体的文献采访存在着重复性和不协调性。数字出版的发展一定程度上促使着图书馆相关文献采访部门的协同合作。如何使有限的文献采访经费发挥更大的社会效益成为当前各文献采访部门共同思考的话题。

4 数字出版时代下馆藏资源建设策略探索

从数字出版产业年报中可以看到，一方面依托新兴技术的数字出版发展势头迅猛，不断蚕食传统出版产业的领地；另一方面数字出版产业目前以娱乐化产品出版为重的格局，使得其面临诸多问题。在今年的数字出版年会中，国家新闻出版广电总局副局长孙寿山也表示目前数字出版呈现出数字出版内容不少，但优质内容不多等低层次的繁荣等特点。

数字出版的发展趋势已经不可阻挡，在这种背景下，图书馆与其被动地接受改变，不如主动寻求探索适应之法。既要从其蓬勃发展的现状中看到挑战，也要看到其发展不均衡这一机遇，借此积极开展自身建设。

4.1 馆藏资源建设方面

数字出版是基于新传播载体的一种信息传播的新形式，但其本质依旧为信息的收集整理编辑和传播。没有优质内容作为基础，数字出版产业就丢掉了赖以生存的根本，只能是一个缺乏精气神的空壳[4]。肩负着人类文化收藏与传承责任的图书馆，最大的特点莫过于纸质文献的收藏。尽管在数字出版时代电子文献资源的利用率逐渐上升，但现阶段其在整个产业所占比重并不高。相比在文献资源占有量层面，图书馆具有一定的优势。

4.1.1 提高文献采访质量，做到“你无，我有；你有，我精”

进入21世纪，中国图书出版业呈现快速发展势头，图书出版量不断创新高。据出版年报统计，2012年全国共出版图书41.4万种，其中新书24.2万种，重版、重印图书17.2万种。出版图书总量的提升也带来了一些问题，比如市场经济的刺激下，出版社重量轻质，为追逐短期利益忽视图书质量的提升。这就造成出版的图书质量参差不齐，各种追逐一时社会风气或时尚的图书泛滥成灾。这种现象无疑加大了图书馆文献采访的难度。而随着国家对公共文化事业的重视，各地加大了对公共图书馆的资金投入，用于文献采访的经费也日益提高。一定程度上，面对庞大的出版市场，各个图书馆能采访和收藏的图书日趋相似。那么，在这种背景下，图书馆要建设优质的馆藏资源，就必须对出版的图书进行甄别，精挑细选。从出版社的资质及各自的出版强项等入手，注重文献收藏价值，并结合自身经费情况做到挑选具有权威性的图书版本，降低图书馆同质化文献的比率，从而为后期进行数字资源建设提供保障。

4.1.2 加强地方特色文献采访，特别是地方非正式出版文献的收藏

面对同一个图书出版市场，图书馆馆藏质量的保障除了依靠对正式出版文献精挑细选之外，还应当注重收藏地方非正式出版的文献资料。前者在资金充足的情况下，各地馆藏大同小异；后者则散落民间，具有特殊的地方文化特色，一定程度上不具备复制性，比如族谱、

家谱、家训等文献资料;前者确保了馆藏基本文献质量,后者则体现出不同图书馆的馆藏特色。数字出版时代归根到底比拼的是资源,图书馆对非正式出版的各类地方文献积极采购,可以在后期对其数字版权的控制上赢得先机。

4.1.3　注重地方非物质文化遗产的搜集与整理,建设有自主知识产权的数据库

数字时代下的图书馆除收藏现成的、学术研究性的、具有较高学术及文化价值的纸质类文献外,也要主动突破搜集视野和内容,参与动态知识信息的挖掘与整理。利用现代媒体技术进行拍摄、录音,搜集当地非物质文化遗产,对具有地方特色的社会风俗、文化礼仪等,特别是对一些即将消失的制作工艺、民间艺术等文化信息的搜集与整理。通过后期的加工制作与标引,建成具有自主知识产权的多媒体数据库。在对地方非物质文化遗产的搜集与整理方面,福建省图书馆近几年也投入大量的人力物力,比如建立了福建文化记忆数据库,将具有福建地方特色的曲艺、手工技艺、民间音乐与美术、传统医药、妈祖信俗等文化遗产进行后期制作记录;建立闽南文化数据库,系统介绍闽南艺术、民俗、宗教、建筑、饮食、方言等;建设客家文化(建设中)数据库等。对非物质文化遗产数字化一方面彰显着图书馆对文化传承义不容辞的责任,另一方面也为自身赢得在今后数字出版时代的资源话语权。

4.1.4　建设复合型文献收藏体系,电子文献与纸质文献互补

数字出版产业的发展推动了电子文献的发展,在图书馆界就电子文献与纸质文献的取代问题研究已经很多。尽管数字时代电子图书发展迅速,电子书借助终端设备的普及日益被人们接受,然而还是有很多人喜欢纸质文献的书香。从长远看,也许电子图书将取代纸质图书,但近期图书馆发展的方向则是电子文献与纸质文献共同收藏,建设多元化的文献收藏体系。电子文献与纸质文献优势互补,数字书香与纸质书香并存的局面也将为图书馆赢得更多的读者,在数字出版的潮流中有自己的一席之地。

4.2　部门运行管理方面

数字出版的时代潮流在推动图书馆朝向数字图书馆发展的同时,也改变着图书馆以往的管理和运行模式。优质的文献信息资源不仅是数字出版的根本性问题,也是图书馆在出版业这场转型升级中争取信息门户地位的制高点。未来图书馆的部门运行发展也将围绕着文献信息资源这一构成要素的改变而做出适当的调整。当前图书馆就处理各类文献信息方面来看,主要是依据不同的文献类型设置相应的部门及工作流程,如报刊部采编、中文采编、外文采编、电子资源采访、地方文献采编等各部门。现实中往往由于各部门沟通不畅,造成文献信息搜集的重复与低效。由于跨部门,中文文献采访工作人员并不清楚电子资源的购买种类以及使用情况,反之亦然,这样极易造成资源的重复购置与浪费。

纸质文献和电子文献的采访与使用,地方特色文献的搜集与整理,非物质文化遗产的采风与制作等馆藏资源建设工作的未来发展,要求图书馆打破以往比较闭塞、各自为营的部门分工,借助一定的技术交流平台转向互相协调沟通,分工中有合作,合作中有分工的一种“大部门”运行模式。各部门间的良好沟通与合作,一方面能够节约有限的人力和物力资源,另一方面也能使馆藏资源朝着合理、优质的方向发展。当然,这种未来图书馆的运行模式发展,还需要其他条件的支撑才能实现。

参考文献

[1] 郝振省. 2005—2006 中国数字出版产业年度报告[M]. 北京:中国书籍出版社,2007:20-221
[2] 程莲娟,寿叶丽,丁夷. 数字出版时代图书馆面临的挑战及其应对策略[J]. 浙江师范大学学报(社会科学版),2011(2):114
[3] 双林平. 数字出版时代图书馆的发展策略研究[J]. 中国报业,2012(6):201
[4] 孙寿山. 数字出版迈上新台阶[N]. 中国出版传媒商报,2014-07-22(2)

民间文献资源的价值和利用探讨

孙凤玲(国家图书馆)

一般所说的民间文献,指的是未正式公开出版发行的、非官方的但在民间一定范围内流传的,或具有私家性质的、在小范围内流通的、有历史价值或参考价值的图书、资料的总称。它包括契约文书、碑刻拓片、侨批、族谱、账簿、贴示、书信、日记等著述。本文所指的民间文献,主要是结合国家图书馆中文资料组(下文称“本组”)在文献征集工作的角度提出的概念,与学术界通常所认同的民间文献不同,主要指那些非正式出版的、由非官方机构或个人印行的图书或期刊,不包括文书、拓片及手书等的文献。

从国家图书馆目前所收集的民间文献来看,从内容角度来说,包含多个领域、多种形式的作品。主要有:民间文化类,诸如民间传说、民间故事、民间曲艺、民俗文化的资料集等;民间诗词或文学作品集,即个人或民间文学团体印行的文学类书刊及选集、全集;个人回忆录及回忆史料,即重大事件亲历记等;此外,一些政府机构和民间团体的研究报告等也占民间文献的主要比例。

1　民间文献资源的意义和价值

民间文献记录了百姓的日常生活和所思所想,承载着丰富的文化信息。其“原生态”的内容往往更能深刻地反映某一地域的社会经济、政治制度、历史、文化、教育、社会发展以及生产劳动、商业经营、社会交往、风俗习惯、宗教信仰等方面的最真实、最具体的状况,所以它们同样也是人类智慧的结晶,是社会生活、历史事件以及情感与思想的印记,无疑具有一定的文献价值,在国家图书馆的资源建设中也具有重要的意义。

1.1　弥补正式出版物的不足

民间文献揭示了底层民众的思想、信仰和观念。又由于它处于出版市场之外,相对于正式出版文献,文献由信息产出单位直接发布,作者更能独立于外部信息环境,揭示内容往往更忠于知识传播的原始意图。因此其内容更真实可靠,可以弥补正式出版物中对普通民众生活记录的不足。

如有关知青回忆录是本组重点采选的文献,以“知青”为关键词检索,本馆中文图书中有文献370余种,而本组有60余种,如《北京下乡知青边晓春个人资料汇编》《共和国知青画册》《打捞岁月:一位知青家长的书信集》《雅安知青史料:芦山卷》等。这些回忆录的作者都曾经亲身经历过那个特殊的年代,如今,他们中的大部分人已经或是即将步入老年,作为事件的亲历者,他们常以其独有的方式阐释那段历史,描述当时亲历的婚姻家庭、生活方式、风俗习惯、价值观念、精神状态、社会心理以至于整个社会的结构及运作方式等问题,其叙述的许多问题是正式出版文献未曾触及的。通过个人记叙与文献史料互证,更为全面、准确地揭示出不同时代的变革特征。

1.2 对社会发展的重要意义

民间文献大部分是一些基层民众的作品，由于一些原因很难通过官方的渠道而予以表达，只能以私人印刷的、手抄的甚至口传的形式，于是出现了各种非公开出版的个人诗文集等。相比于专业的作家和有文化的作者，他们无疑是最靠近底层群众的一层。一个社会如果不能满足不同阶层人民的文化需要，就会引起社会的不公平，进一步发展为严重的社会不稳定因素。所以，从社会和谐发展这个角度来说，来自于民间的文献就不应该被忽视。

还以回忆录为例，回忆录的作者大部分是老年人，目前我国正在步入一个老年社会，到“十二五”期间，我国老年人口将突破2亿，庞大的老年群体将是未来社会关注的焦点，如何为老年人的精神需求寻找支点，为他们倾诉的欲望寻找合适的方式，以他们的口述资料来撰写回忆录应该是比较好的方式，这也是我们收集的回忆录中数量丰富、质量上乘的一部分。

又如《岁月之痕——西芦城的述说》，本书不是一部简单的村史，其素材来源于乡亲们零星的回忆，既不是充满学术味儿的单调乏味的专著，也不是只顾趣味性和可读性而过于“戏说”，而是原汁原味地溶进了父老乡亲们情感的作品。这些文献的形成就使那些社会资源不具备优势的人们，包括普通百姓、少数族群具有了记录历史细节的可能性，使这些人的经历、行为和记忆也有了一个诉说的平台，最大限度地实现了社会发展中的多重关照意义。

1.3 对学术研究的重要性凸显

民间文献蕴涵深厚的文化底蕴，凝聚着一个国家和民族丰富的历史文化，是一个国家和民族文化传承的重要历史依据，不仅是政治史、经济史、法制史、社会史、历史地理学、历史人类学等史学分支开展研究的宝贵素材，而且对于转变旧的研究视角、拓展新的研究领域、催生新的研究热点甚至产生新的分支都具有重要价值。

一代大师陈寅恪曾说：“一个时代之学术，必有其新材料与新问题。”新材料的发现包含很多内容，而各类民间文献无疑是最重要的来源。改革开放以来日渐兴盛的并已得到承认的徽学，就是以保存在徽州地区的数十万件民间文书为学科基础而发展起来的。

如以“校史”为关键词检索，本馆中文图书约1110余种，而本组这方面文献就有228种，并且大多是现已消失的学校的珍贵资料，对研究各种学校历史具有重要意义。如：《华东人民革命大学三期六十周年纪念会纪念册》《巍巍太行烽火摇篮：晋冀鲁豫边区邯郸行知学校的前前后后》《校友风采：从太行烽火中走出的红十字方队1938—1949》《百年回眸：纪念上海市第十中学（原民立女中）建校一百周年》《国立北平大学校史研究》《革命摇篮永放光辉：新四军苏中公学建校六十周年纪念册1944—2004》《中国人民解放军中南军政大学广西分校建校六十周年纪念册》等。

又如《高校合并工作座谈会交流材料》一书中包含了四川大学、南昌大学、华中科技大学、武汉理工大学、太原理工大学等多所高校在合并改制工作中的一些经验和教训。书中都是当时座谈会的第一手发言材料，对我国高校教育体制改革工作应该说具有很高的借鉴意义。此外，一些民间团体和非政府组织的资料绝大部分也是非正式出版物，也占民间文献的主要比例。这些团体和组织通常会进行一些其关注领域内基础的史料整理或社会研究，有些领域是主流研究机构不愿意涉足的，其中有一些成立时间较长、具有一定管理规模的民间团体和非政府组织，如天则经济研究所、广西新四军历史研究会、辅仁大学校友会等；它们的研究资料的科学性和权威性虽然相对较弱，但也具有一定的史料价值和研究价值。如《关于城市管道燃气服务定价的研究》《关于水权体系和水资源市场的理论探讨和制度方案》《红军长征过广西纪事》《辅仁往事》《中国城市网络形象报告白皮书》等。这些报告通常内容广泛，数据可靠，对于研究国家政治和社会经济具有重要意义。

2 对民间文献资源的建设和利用探讨

2.1 根据资料内容，做好专题建设

民间文献中，回忆录和纪念文集系统收集后易成专题，且有史料价值；文学类文集虽然单个来看不成体系，但可以按照地域划归到民间诗词中，来反映某个地域某段时期内民间文学的发展水平；研究类文集可反映某个领域内的来自民间的研究成果，它具有和官方的研究成果所不同的特色；所以，可以按专题进行采访，突出文献的专题性，力争把某个专题做大做强。目前大致可分为以下几个专题：

表1 民间文献专题划分表

专题	内容	举例
民间文化	传说、故事、工艺、曲艺、民俗文化、非遗材料	《石城百谜》《走近涟水》《阳江小刀的故事和传说》
民间诗词	诗词、散文、楹联、谜语	《苍南诗词》《庐山名胜诗词选注》《清流历代诗歌选注》
回忆资料	战争（解放、抗日、抗美、中苏、中印、中越等）知青、校友、个人历程等	《华东军事政治大学》《辅仁往事》
研究性资料	政府机构及民间团体及非政府组织等的研究报告	《发展的伤痕——温州市发展教育项目纪实》《中国少数民族文化发展现状与前景调研报告》

在个人回忆录的收集工作中，可以寻求合作，探索一些新的思路。比如北京回忆久久文化传媒有限公司是一家专门为老年人提供回忆录采访、撰写服务的新型文化创意企业。他们广泛地关注老年人社会文化生活，为老年人提供全方位的人生经历采访、人物传记编写、珍贵文献典藏、经典照片整理等相关服务。旨在帮助社会大众解读老年人独有的文化生活理念，将老年人的生平经历在家族中予以传承。他们所制作的回忆录在我们的收藏中数量和质量都比较高。今后可以尝试与他们合作，把他们的回忆录全部送缴国图一份。

2.2 编制文献题录，做好二次开发

本组自2008年成立至今共入藏文献4万余种，在六年的时间里，本文献建设过程中对收藏范围进行了细化，逐步形成了民间诗文、研究报告、会议文集、资料汇编和其他文献等几大类。民间文献的具体数量目前来说应该是最多的，但具体有多少也不能很确切地统计出来，今后应结合专题建设，对民间文献编制专题题录，可以定期或不定期在一些相关平台进行发布，比如可以在国家图书馆官网发布，这样一方面可以使我们对收集的文献做到心中有数；另一方面，也可以使全国地方图书馆及其他相关收藏单位和我们互通有无，搭建一个信

息共享的平台。另外,也可使社会上关注此类文献的一些人了解我们的馆藏,以便进行捐赠,这样也起到了宣传作用。

2.3 配合馆内项目,充分挖掘利用

中国记忆项目是国家图书馆的一项重点项目,于2011年3月开始构思和策划。经过前期调研和项目建设方案的初步设计,国家图书馆将其作为2012年重点项目,推动项目进入实验阶段。项目内容是整理中国现当代重大事件、重要人物专题文献,采集口述史料、影像史料等新类型文献,收集手稿、信件、照片和实物等信息承载物,形成多载体、多种类的专题文献资源集合。而本组所收集的回忆性资料中有很多可以结合中国记忆项目来进行开展,如中国记忆项目试点专题——东北抗日联军专题文献资源建设,该专题经过对原有文献整理和对口述史料、影像史料等新文献及相关照片、手稿、实物等的采集和收集,形成了规模可观的专题文献资源库。类似这样的专题建设,本组有很多相关图书文献可以配合项目的进行。

2.4 整合全国资源,搭建共享平台

保存人类文化遗产是图书馆的社会职能之一,民间文献作为人类文化遗产的重要组成部分,收藏、整理民间文献是图书馆界所应承担的不可推卸的任务。然而,目前图书馆等文献收藏与整理机构对民间的文学资料较少加以关注,以至于研究者在讨论相关问题时,只能感慨资料的零星、分散、不易搜集,从而无法展开系统、深入的研究。对此,张廷银先生曾呼吁图书馆转变轻视、漠视民间文学资料的观念,改变被动接受甚至冷漠拒绝的做法,采取积极主动的采访方针,进行公开征集,全行业分工协作,确立切实的收集机制。从大雅之堂走入民间,是一个重要的转向,将为图书馆的藏书建设开辟一个极其辽阔的新天地。

近十几年来,意识到民间文献史料的重要价值,并着手进行采集和抢救工作的民间人士和专业研究者,已不在少数。但十分遗憾的是,这方面的工作迄今为止仍处于一种分散游击、割据自守的状况。

纵观全国其他地区收藏和利用情况,主要有三个方面:

第一方面是高校研究机构,如:①1997年清华大学社会学系孙立平和郭于华教授共同主持的大型研究项目"二十世纪下半期中国农村社会生活口述资料收集与研究计划"。②山西大学中国社会史研究中心收集的集体化时代农村基层档案资料。③南开大学中国社会史研究中心华北文书研究室收藏的华北乡村文献资料。④厦门大学民间历史文献研究中心承担教育部重大课题攻关项目"民间历史文献与文化传承研究",并与哈佛大学费正清研究中心合作建设"中国地方史数据库"。而且正陆续编辑专题性的《民间历史文献论丛》,即将由社会科学文献出版社出版。⑤暨南大学图书馆的"华侨华人民间文献展示室"是全国唯一以收藏华侨华人民间文献为主的主题展室。

第二方面除了上述几所高校外,一些学者通过田野调查,在搜集和整理当代中国口述资料、档案资料、个人日记等方面也取得了很大进展。一批珍贵的民间文献资源逐渐被发掘和整理出来,有的甚至已交由出版社出版。其中较为重要的如:《中国当代民间史料集刊——河北冀县门庄公社门庄大队档案》(华东师范大学中国当代史研究中心编);1997年清华大学社会学系孙立平和郭于华教授主持的大型项目"二十世纪下半期中国农村社会生活口述

资料收集与研究计划”,该项目旨在对长期以来相对空白的民间历史资料进行搜集和研究,用口述史的方式记录20世纪中国农民日常生活的状况及其改变以及对这些经历的感受、记忆和理解,最终将形成一部多卷本的学术专著《20世纪下半期中国农民的社会生活》。

第三方面是全国其他地区图书馆,大多只收集本地区的一些地方文献,并多注重地方史志类文献的采选入藏,由于收藏者多将自己搜集到的史料藏诸深山、秘不示人,从而使得原本就显得十分稀少的民间史料愈显奇缺。除极少数近水楼台者外,真正能够利用民间文献史料进行研究的还寥寥无几。消除门户意识,搭建一个资源共享的平台,使为数不多的民间文献资源为大多数人所利用,是目前的当务之急。而只有国家图书馆有能力有义务来搭建这样一个平台,对各地区的除地方史志之外的其他民间文献进行多层次和多角度的收集整理和研究利用,逐步建设以民俗文化、民间诗文、回忆录、纪念文集等为主要内容的民间文献研究中心。

参考文献

[1] 张廷银. 收集民间的文学资料的必要性与艰巨性[J]. 图书馆,2007(1):65-68

[2] 王磊. 现实采访环境下对灰色文献馆藏角色的主动选择——以国家图书馆为例[J]. 图书情报知识,2013(1):72-77

[3] 刘晓莉. 刍议图书馆民间文献资源建设[J]. 河南图书馆学刊,2008(4):90-93

[4] 曹青. 校史研究与学校发展[J]. 北京教育学院学报,2010(6):33-35

[5] 邓群刚. 当代中国民间文献史料的搜集、整理与利用现状综述[J]. 中共党史研究,2011(9):110-111

[6] 乔福锦. 挖掘民间文献的多重价值[N]. 人民日报,2009-07-17(7)

[7] 郑莉,梁勇. 第四届民间历史文献论坛简述[EB/OL]. [2014-08-12]. http://www.gmw.cn/xueshu/2013-02/20/content_6750778.htm

[8] 杨凌霄. 暨南大学华侨华人民间文献展示室保存侨史记忆[EB/OL]. [2014-08-12]. http://www.chinanews.com/hr/2013/06-11/4920129.shtml

[9] 王磊. 灰色文献体系化建设实践[J]. 图书馆建设,2012(12):25-28

[10] 中国国家图书馆主页[EB/OL]. [2008-08-14]. http://www.nlc.gov.cn/

公共图书馆配置数字出版物的考量

孙元睿(黑龙江省图书馆)

研究公共图书馆对数字出版物的选择考虑问题,对现代图书馆是一个硬指标课题,是全面提高公共图书馆核心竞争力的有效方法,要全面考量资源的选择,能否与传统资源相结合、相互作用,能否利于地区的协同发展,能否为读者带来全新的阅读与检索体验,对此我们一一分析。

1 数字出版环境与公共图书馆

数字出版是人类文化的数字化传承,它是建立在计算机技术、通信技术、网络技术、流媒体技术、存储技术、显示技术等高新技术基础上,融合并超越了传统出版内容而发展起来的新兴出版产业。数字化出版是在出版的整个过程中,将所有的信息都以统一的二进制代码的数字化形式存储于光盘、磁盘等介质中,信息的处理与接收则借助计算机或终端设备进行。它强调内容的数字化、生产模式和运作流程的数字化、传播载体的数字化和阅读消费、学习形态的数字化。数字出版在我国虽然起步较晚,但是发展很快,目前已经形成了网络图书、网络期刊等新业态[1]。

传统出版物的作用毋庸置疑,而公共图书馆是为市民服务的图书馆,一般由政府税收来支持。与专业图书馆不同,公共图书馆的服务对象可以针对儿童到成人,即所有的普通居民。公共图书馆提供非专业的图书(包括通俗读物、期刊和参考书籍)、公共信息、互联网的连接及图书馆教育,收集与当地地方特色有关的书籍和资讯,并提供社区活动的场所。

图书馆的历史进程从载体介质形式上可分为传统图书馆、现代图书馆与未来图书馆。传统图书馆都是传统介质载体,以抄刻印刷为主;现代图书馆则是以印刷出版物与数字出版物互占比重并存服务;未来图书馆将是印刷出版物占极小比重(国外已经有印刷与数字比达到1:9以上的图书馆出现)到纯数字出版物的图书馆[2]。

2 数字出版物对传统出版物的挑战

2.1 改变部分读者传统阅读习惯

新技术改变了出版形态,发掘了超量的信息资源,阅读也从早期的精度提炼型变成今天的数字检索型,特别是对老年读者影响较大。无线终端的利用更是让习惯了纸墨书香的读者体验了全新的阅读方式。人类就像大海里的鱼,随着海一样的信息流不断地从纸媒转向数字网络,终将慢慢游走,游进一片前所未有的海域,感受新文化。

2.2 图书馆传统经费使用需重新划分

经费不多的图书馆,尤其是经济欠发达地区县、乡一级的公共图书馆,自身纸本图书经费都难以保障,有的图书馆一年也购置不了几本新书,想利用数字出版物来进行服务,还是不能实现的理想之一。好在国家大力推广文化共享工程,全国各地市县及乡镇,都免费配补硬件设备,免费提供数据信息资源来进行阅读,但也有个别地区因人员、运营费用等原因未能较好地开展数字出版物服务工作。

2.3 图书出版市场空间的挤占

很多出版物已经没有印刷版,强迫原有出版形态进行变革,2013年数字出版总额已达到2500亿元,特别是对中文图书、期刊冲击最大。据2013年新闻出版产业分析报告称,2013年图书期刊出版增速明显回落,线下图书零售总额的不断下降,使店面经营陷入窘境,大型图书经营场所通过早期固定资产、规模营销等方式保持微利,而中小型零售终端则步履维艰,这加剧了印刷出版物生存环境的恶劣程度,也推动着传统出版物的变革[3]。

2.4 部分优质出版内容的缺藏

数字出版、众筹出版、合作经营出版、自营出版等新型出版方式,让正规出版物的收集增加了难度。很多数字出版的内容没有印刷版,对于缺少资金的中小型图书馆来说,很有可能与它擦肩而过;一本自营出版的图书,除了书号是出版社提供,其纸本、电子版权等经营方式与渠道等很多信息无从而知,如果采访人员不细心了解图书市场的话,从出版社的宣传和公司的书目中,很难觅其身影。这就是近年为什么有许多好的作品,尤其是文学作品,只有通过自营公司宣传的渠道才能注意到它的存在,而在一些"书目"或"推荐"等公开出版物上看不到。久之,图书馆将有缺藏的风险。

3 数字出版为公共图书馆带来的机遇

3.1 无限扩大公共图书馆的服务范围

传统图书馆服务的对象是以省、市、县、乡等地域行政划分的范围为限,很难拓展服务广度,比如省级图书馆很难大规模满足另一城市或更远地区读者的资料需要。如今资源的数字化,意味着只要有网络有终端,只要符合该图书馆服务范围,读者即便在最偏远的村镇抑或是在地球的另一边,同样可以用一个身份登录图书馆主站接受图书馆的资料服务,包括数字图书、数字期刊、数字影音等所有数字出版物,满足他对文献的阅读、查询、收集与利用。数字出版物的出现无限地扩大了公共图书馆的服务范围,夸张地讲,理论上一个公共图书馆的数字资料可以服务全人类。

3.2 图书馆馆藏变成超级存储

通常公共图书馆馆藏的印刷物数量主要受经费和其他诸多因素限制影响,从乡镇级千记数(行业内1000册以下的图书藏量通常称为图书室或图书站,而非图书馆)到国家级亿记数,数字出版物与数字化出版开放了这个局限。海量的公共资源可以在一个很小的图书馆进行访问与保存。也许一个县级图书馆原本只有50 000册印刷出版物的藏量,可当它购买或共享了一个图书的数据库,可能成为拥有百万馆藏的图书馆。数字化的出版模式让图书馆把知识的海洋又扩大许多倍。

3.3 更轻松高效的阅读，更快的检索

传统出版物的阅读是读者通过架位浏览逐页翻阅，数字出版与数字出版物的大量应用，为读者阅读提供了别样的体验。如果想阅读作者的一本书，通过数字出版物的阅读，不仅会发现原书原版内容，更有作者相关写作历程、资料、核心观点、扩展内容，并附有推荐相关各类型作品，包括传记、散文、随笔与诗歌等，读者可以轻松选择喜欢或需要的资料部分进行阅读。

3.4 节省大量的物理空间用于实体服务

资源的数字存储在很小的空间里，节省了现有图书馆的物理空间，这将为现代图书馆利用大量的物理空间进行实体服务带来便利。2002 年到 2012 年间，中国图书馆界刮起了建设新馆之风，最重要原因就是现有馆藏不足，难以满足印刷出版物的存储与新技术设备的配置。图书馆现在都在利用节省出的空间进行少儿活动、青少年阅读、弱势群体保障阅读、展览、多种读者活动区等，在经济高速发展、利益至上的今天，能够在图书馆文化知识的沐浴和熏陶中，摒弃世俗亲身进行一些体验活动与阅读，是多么的惬意与和谐。

3.5 可以建设突出本地域或本馆的特色资源

文献表现形式的多样化和技术实现的提前到来，可以让公共图书馆以更多数字化的形式进行本地域和本馆特色资源的再加工和出版，可以建设发布地方特色数据库，收集大量地方文献资料，合作开发或合作出版，让大量地方出版物或珍贵的地方文献通过数字化的方式与读者见面，阅读、欣赏与学术研究都享受到了数字资源带来的便捷与高效，而且还可以通过网络平台共享多地特色数字资源。

4 公共图书馆合理配置数字出版物的考量

4.1 资源配置是否符合公共图书馆服务的宗旨

如何合理配比印刷出版物与数字出版物在公共图书馆的标准，业界没有统一标准。以省级馆为例，多数为 6:4或 5:5，当然也要看实际经费的总量。但最终建设思想不要脱离公共图书馆的服务宗旨，提供各种形式的资源与服务来满足个人和团体在教育、信息和个人发展，包括娱乐和休闲等方面的需求，这就要求我们要综合考虑：能否为读者提供更多信息，能否更便捷地进行检索，是否适用本馆读者的基本需求，是否符合本馆采访政策要求。

4.2 配置是否相互补充并符合经济原则

数字出版物的建设，一定要充分考虑与印刷型资源互补不重复。数字出版物如果细分到单一资源的服务成本，会比纸本资源低很多，查阅起来也方便。有的文献是以印刷出版物的形态出现，有的是以数字出版物的形态出现，有交叉，也有独立出版，所以大部分的资源建设时一定要避免两者的重复建设，主要是可以节省资源建设的费用，用来建设更多优质的其他资源。

4.3 考虑区域性资源共享的因素

由于受众不同,流通成本高的原因,各图书馆建设文献资源时多数都是针对自身的服务对象。随着网络技术不断地发展,人们对知识产权的不断重视,多种合作共享经验的不断积累,目前省级公共图书馆的建设与采购已经实现了部分资源全省共享。未来是个联机率更高的时代,公共图书馆、高校图书馆、专业图书馆等各类文献组织与传播机构构架一个超大网络,分享自己拥有的资源,扩大服务交叉。比如公共图书馆与高校图书馆,公共图书馆服务市民多重社会科学,高校图书馆服务科教更重自然科学;公共图书馆有很多自建资源,有深入研究地域特点鲜明的数据库,而高校图书馆则有更专业的中外资源。未来是共享时代,我们建设资源要有超前思维,在建设数字出版物时,为今后地域共享做好准备,从资源的深度和广度,多维开展服务。

4.4 是否符合图书馆文献架构要求

每个图书馆都有自己的总体馆藏设计,现代数据资源品类繁多,质量也高低不同,是否适用,是否适合于图书馆整体收藏体系,采访人员要有能力把握,按照本馆的总体建设原则或文献采访工作准则选择数字出版物,不应无序地进行资源购买、自建和试用。如果整体设计不够规模,会影响图书馆核心服务内容,浪费公共资源,包括人力与财力,无序且不规范的试用数字库则会造成访问读者的流失和增加非准确数理统计的风险[4]。

4.5 甄别优质数字化资源服务商

数字出版物服务商的角色太复杂,传统资源的数字化改革潮加剧了数字市场的发展。据2014年7月中国数字出版年会上中国新闻出版研究院发布的《2013—2014中国数字出版产业年度报告》统计,2013年互联网期刊、电子书、数字报纸的总收入为61.75亿元,数字出版物19 806.29万美元。庞大的市场,引得很多角色冲到数字领域,传统资源供应商、数字出版商、出版社、资本力量,甚至部分图书馆也变身成参股数据商。图书馆面对的是形形色色的、国内国外的、公司化管理与作坊式管理的各种数字服务,选择合适的数字出版物服务商、辨别产品级别的高低,需要图书馆的采访人员与资源建设委员会细细考评。

4.6 理性思维前瞻,做好突发应急预案

数字出版物依托在科技进步之上,需要诸多电子设备佐之,数据安全与存储也成为图书馆重要的保障业务之一。在选择数字出版物的同时,要保护数字出版物的存储安全与版权安全[5]。要考虑好正确的存储方式与备用方案,至少利用两组服务器机群运行,布置硬件软件防火墙。另外对数字出版物的可替代性进行研究,并做出预选方案,不仅能激励同类数字出版公司产品优化,也能增加图书馆在签署购买合同时的谈判筹码。

5 结语

未来的数字图书馆,没有印刷出版物。公共图书馆未来的服务模式不会一成不变,全面考虑数字化资源的配置,能为公共图书馆的现实服务提供有利拓展与帮助,更合理利用资源

与经费，扩大服务读者的广度与深度。只要对数字代资源深入研究与挖掘，它会与传统印刷出版相辅相成，以更优质的资源、更快捷的检索、更方便的阅读、更多样性的选择为图书馆用户提供海量、不同载体类型的文献信息资源。

参考文献

[1] 商詹易. 数字出版[EB/OL]. [2014-04-04]. http://baike.baidu.com/view/504129.html

[2] 魏大威. 数字图书馆理论与实务[M]. 北京:国家图书馆出版社,2012:239-240

[3] 陈寿. 大规模数字化对文献资源建设对影响及对策[J]. 图书馆理论与实践,2009(7):6-8

[4] 申晓娟,周晨,韩超.《数字图书馆资源建设指南》解读[J]. 中国图书馆学报,2011(1):38-45

[5] 张茂玲. 图书馆数字资源建设与共享"十二五"展望[J]. 图书馆论坛,2011(28):253-254

从文献建设协调发展的角度看待国家图书馆的外文数字出版物采访

王瑜世(国家图书馆)

1 数字出版物的定义及范畴

数字出版是指用数字化的技术手段从事的出版活动,是人类文化的数字化传承,是建立在计算机、通讯、网络、流媒体、存储、显示等高新技术基础上,融合并超越了传统出版内容而发展起来的新兴出版产业。二十世纪七八十年代美国就有人提出"无纸社会",近几年我国也有人提出"无纸图书馆",甚至还有人认为传统图书馆将要消亡。这种观点虽然夸张,但也从一定层面上反映了新兴数字出版对传统印刷出版的冲击。面对有限的经费,引进数字出版物,特别是外文数字出版物不可避免会对原有印刷型文献的发展造成一定影响。要建立完备的外文文献资源保障体系,首先应协调好数字文献与印刷文献之间的关系,实现两种载体资源在文献资源保障体系中的动态平衡及协调发展。

印刷出版物是指图书、期刊、报纸等传统的印刷型文献,大多以纸质材料作为物理介质。印刷型文献具有实体性和直观性,需要一定的空间来进行保存。图书馆一旦拥有了印刷型文献,就相当于拥有了该文献的永久使用权和所有权。而数字出版物则主要包括光盘、电子图书、电子期刊、电子报纸及全文数据库、网络视频资源等。数字出版物将所有的信息都以统一的二进制代码的数字化形式存储于光盘、磁盘等介质中,信息的处理与接收则借助计算机或终端设备进行,它的存储是分布式的,但通过网络可满足多个图书馆共同享用。本文所探讨的"数字出版物",依据国家图书馆 2010 年发布的《国家图书馆文献采选条例》所描述的文献采选类型,主要由视听文献(不包括磁带、电影胶片及幻灯片)、电子出版物、数据库和网络信息资源等构成。

2 印刷出版物和数字出版物的关系

传统印刷型文献和新生的数字型文献,二者区别主要在于载体和传播手段的不同,而在传播知识信息方面的文献价值是相同的。相比印刷出版物,数字出版物最大的优势在于可以高效、准确地实现对文献本身及文献内容的检索以及能够方便、快捷的获取;但数字出版物依托于网络而存在,因此在使用过程中不可避免地受到网络病毒、设备损坏、网络中断等带来的影响。除此之外,关于数字出版物在使用过程中的版权问题也是各方争论的焦点。这些因素也在一定程度上限制了图书馆对数字出版物的收藏。

总体来说,印刷出版物和数字出版物的关系可以用"共存""互补""不可替代"三个词来概括。

2.1 共存

目前,印刷型文献依然是图书馆最基本的资源类型。长期以来,绝大多数图书馆的主要馆藏资源主要建立在印刷型文献的基础上,印刷型文献对传承人类文明和社会进步产生了深远的影响,在当下也继续发挥着传播知识和信息的作用;数字文献作为数字化社会的产物,具有信息储存量大,体积小,检索方便,界面生动、活泼,价格低廉等优点,又有利于资源共享、不受时空限制等优点。二者均拥有相对固定的受众群体。对于图书馆来讲,数字出版物可以节省储藏空间,减少文献加工环节,更快、更便捷地投入流通,因而发展迅速。二者均是图书馆服务读者、满足读者需求不可缺失的重要资源。

2.2 互补

从文献收集的层面来看,印刷型文献和数字型文献所涵盖的范围并非包含与被包含关系,某一特定文献同时具有印刷出版形态和数字出版形态的情况只占了很小的一部分,绝大多数文献仅有其中一种形态,即所谓的“E-only”和“P-only”形态。尤其是随着数字出版产业的发展,很多出版商往往直接跳过印刷型出版的步骤,将一部分数字资源直接在网上出版;Google 的网上图书馆计划和 Google 学术检索也在出版界引起了轩然大波。可以预见的是,今后还将有更多的“E-only”形态的数字出版物问世,它们将和传统的印刷型文献一起,构成完整的图书馆馆藏文献资源。

2.3 不可替代

当前,印刷型文献依然是图书馆最基本的资源类型,而数字型文献也已成为图书馆不可缺失的重要资源。但二者都具有各自鲜明的特征与优缺点:印刷型出版物适合深度阅读,符合大多数人的阅读习惯;而新兴的数字型出版物易于检索和获取,深受青年读者以及快节奏生活人群的青睐。印刷型文献购买经费相对便宜,且保存技术成熟完善;而数字型文献的购买由于多采取捆绑式销售,导致成本过高,用来储存数字资源的服务器和磁盘阵列也需要投入相对较高的费用进行购置和维护。数字出版物能够同时向更广范围的读者提供远程服务;但对于部分欠发达地区,印刷型文献仍是唯一的传播信息与知识的载体。因此在复合图书馆时期,印刷型文献和数字型文献构成了馆藏资源的有机统一体,缺一不可。在未来激烈的社会竞争中,它们也仍将长期并存,共同发展,相互无法替代。一味地夸大印刷型文献或者数字型文献的优势而忽略其缺点,或将两者完全对立起来都是片面的。实际上,两者相互并重,不可偏废。

3 外文数字出版物采访对于国家图书馆外文文献资源建设的意义

国家图书馆以“中文求全,外文求精”作为文献收藏的原则,而外文数字出版物的采选则可称得上“精益求精”。通过第一节的论述,已经可以说明数字出版物本身的文献价值以及图书馆对其进行收藏的必要性。对于国家图书馆而言,进一步加强数字出版物的采访还有如下几点特殊意义:

3.1 与国家数字图书馆事业的整体发展相匹配

国家图书馆外文数字出版物的收藏应与国家数字图书馆事业的整体发展要求相匹配，满足全国乃至国际性的数字图书馆服务需求，应根据国家数字图书馆工程发展目标和任务制定相应的文献资源建设目标。在对现有馆藏体系和结构进行评价的基础上，有针对性地引进体系化、规模化的外文文献数据库、期刊库等，从而提升国家图书馆外文数字出版物的馆藏质量和服务水平。

3.2 实现对现有外文文献资源结构的补充

数字型文献和印刷型文献构成了馆藏资源的有机统一体。应结合当前传统印刷型出版和新型数字型出版的发展趋势，重新界定两种不同载体形态文献的采选范围。由于国家图书馆的印刷型外文文献收藏已经颇具规模，因此可以以现有的印刷型外文文献馆藏资源为基础，重点收藏纯数字型出版物，即 E-only 型的数字出版物；适当补藏已有印刷型版本但使用频率较高的印刷型文献的数字版本；对于尚未开通文献采访或文献采访渠道不畅的国家和地区，可通过委托采购对象国或第三方发行的数字出版物来填补一定的文献服务空白。从而最终在信息覆盖面上、使用方式上形成互补，建立多类型资源于一体的文献资源保障体系。

3.3 更充分满足读者阅读需求

国家图书馆的定位及其服务目标群体决定了其除了要为到馆读者提供文献服务之外，还应根据不同的条件，向无法到馆的读者提供远程服务，而数字出版物则是远程文献服务的最主要内容。截至 2013 年年底，国家图书馆共拥有外购数据库 273 个，其中中文数据库 124 个，外文数据库 149 个，依据数字资源的授权权限，为国家图书馆物理卡用户、实名认证用户和虚拟认证用户提供不同资源的全文远程访问服务，以读者的需求为导向，满足了不同地区、不同年龄层、不同知识人群对数字出版物的分类需求，对完善国家图书馆服务职能发挥了非常重要的作用。

4 外文数字出版物采访应实现“三个协调”

4.1 “P”“E”协调

“P”“E”协调也可称为“纸电协调”，这里的“P”是指以纸质文献为代表的传统印刷型文献，“E”则代表电子资源或者说数字型文献。近年来，关于馆藏文献中的“P”“E”协调始终是业界热议的话题。所谓采访上的协调，主要可以从文献采购数量和文献采购经费两个方面来衡量。对于特定图书馆而言，“P”“E”协调的程度没有一个统一的标准，而是需要结合自身定位和服务目标具体情况具体分析。对于国家图书馆而言，从文献数量上看，由于外文印刷型文献采访具有相当厚重的积淀，而数字出版物的采访只是近些年才刚刚起步，远远无法和印刷型文献相提并论，因此想要在数量上实现均衡还有很长的路要走；从采访经费上看，2014 年度国家图书馆外文数字出版物采购经费占到全部文献采购经费的 12.15%，占全部外文文献采购经费的 17.58%，考虑到外文数据库购置费用普遍高昂，现有的采购经费理论上无法满足外文数字文献体系化建设的需求。要解决当前国家图书馆馆藏外文“P”“E”文献不均衡的问题,从根本上还应继续加大外文数字文献专项购置经费。

4.2 外文数据库多语种协调

国家图书馆现有外文数据库149个,语种涵盖了英语、日语、阿语、德语、法语、俄语、韩语(朝鲜语)等,但绝大多数仍以英语数据库为主,非英语数据库仅有9个,占总数的6%,内容往往侧重于某一特定领域的研究,无法系统涵盖对象国整体情况;外文实体音像及电子资源的采访方面,主要以西文为主,英语文献同样占了相当大的比例,约有八成左右。分析其原因,在一定程度上与英语国家文化发展水平较高,出版行业——特别是数字出版行业更加发达有关,英语和非英语文献在数字出版物方面体现出的差距也基本上与在印刷出版物方面的比例相似。但从另一个角度来看,加强多语种数字出版物的采访也是从整体上协调国家图书馆外文文献馆藏结构的一个机遇,随着当前世界一体化趋势的不断增强以及中国在周边地区的重要性日益提升,包括东西方在内的众多非英语国家的文献也受到社会越来越多的关注。国家图书馆在开展外文数字出版物资源建设时应该对非英语数字出版物给予更多的重视。

4.3 结构协调

外文数字出版物的采访在其自身内部结构上也需要调整并完善。外文数字出版物采购经费中的绝大部分为外文数据库购置经费,外文实体音像及电子资源仅占全部外文文献采购经费的0.3%,数量方面也只有几千种。对于国外的免费网络信息资源和可开放存取(Open Access)的外文数字资源尚未给予足够的关注。由于数字出版物在流通渠道的寿命本身就比印刷出版物更短,加之外文实体音像及电子资源的出版发行地在国外,外文的网络信息资源也要通过访问国外网站实现,所以如果错过了最佳采访时间,日后再想采购该资源的难度相当大。出于外文数字出版物馆藏结构完整性的考虑,应及时对各种类型的外文数字出版物采访进行统筹协调。

5 加强数字出版物收藏还应亟须解决的问题

5.1 进一步细化采访政策及收藏标准

国家图书馆1996年制定的《北京图书馆书刊文献采选条例》首次涉及电子出版物的采选,并提出加强电子出版物催缴工作的条款,但其所提及的电子出版物仅限制在实体电子资源,即光盘、磁盘等存储介质的出版物;2003年制定的《国家图书馆文献采选条例》,修订了电子资源的采选范围和采选原则,并且将网络文献补充到馆藏电子资源发展规划之中,对实体电子出版物和网络文献分别给出定义和采选原则;而现行的发布于2010年版的《国家图书馆文献采选条例》则进一步对数字出版物的类型进行了划分,并对各类数字出版物采选标准、重点、目标进行了描述。但在实际的外文数字出版物采选工作中,对于印刷出版物与数字出版物的恰当采选比例以及数字出版物内部结构优化等方面仍然还处于探索阶段,迫切需要制定更加具有针对性的细化政策及标准。

5.2 继续加强馆藏数字出版物宣传揭示,帮助读者便捷高效使用数字文献

为了更好地体现馆藏数字出版物的价值,提升读者文献利用能力,国家图书馆通过一系列的讲座、培训、演示等活动,向读者宣传介绍数字出版物的特点及便利性。例如国家图书馆二期新馆的数字共享空间面向读者开展了信息素养培训,并摆放了数字资源宣传册;国家图书馆的网站内也设有数字资源使用培训的专栏,以网上课堂和课件的形式,详细介绍了各个数据库的内容和使用方法;除此之外,国家图书馆还通过中国图书馆年会、世界读书日等大型文化活动,积极对数字资源进行宣传。通过上述一系列的活动,越来越多的读者开始对数字出版物有了更深层次的理解,数字出版物的利用率也有了稳步的提高。但是相比中文数字资源,外文数字出版物的使用情况与期望值仍有一定的差距。作为外文数字出版物的采访人员,相比一线服务者更加了解文献的内容和价值,应该与一线服务者共同承担起向读者宣传、推荐优秀外文数字出版物的责任。

6 结语

21 世纪是信息化的时代,21 世纪的图书馆是满足读者全方位、高效率、高质量需求的图书馆,21 世纪的外文文献采访工作,也将顺应时代发展潮流,满足读者日益增长的知识信息需求。外文数字出版物的采访,将会为外文文献采访工作注入新的活力,使国家图书馆外文文献资源建设水平更上一个新的台阶。

参考文献

[1] 冯雷. 试论图书馆电子资源与纸本资源的协调发展[J]. 南昌教育学院学报,2012,27(11):189 - 190

[2] 李咏梅,袁学良. 论纸本资源与电子资源协调发展的基本原则[J]. 图书馆,2010(2):57 - 64

[3] 王军武. 图书馆电子资源与纸本资源发展现状分析[J]. 四川图书馆学报,2012,5(189):44 - 48

[4] 王军武. 关于电子资源与纸本资源协调发展的思考和建议[J]. 图书馆,2012(5):105 - 107

[5] 张淑华. 浅谈图书馆纸质资源与电子资源的建设[J]. 科技情报开发与经济,2013,23(20):81 - 83

[6] 张艳. 电子资源与纸本资源协调发展的策略研究[J]. 佳木斯大学社会科学学报, 2013,31(5):188 - 190

[7] 朱硕峰,宋仁霞. 外文文献信息资源采访工作手册[M]. 北京:国家图书馆出版社,2014

基于 PDA 的 eBook3.0 采访

王志军(国家图书馆)

从 20 世纪 70 年代开始,出版业进入了高速发展的时期,图书资源日益丰富,图书类型不断增多,特别是近年来 eBook 电子书的出现和崛起使图书馆的文献采访又面临了新任务、新挑战。

1 eBook3.0 概述

全球数字出版的迅猛发展很大程度上得益于电子书产业的兴起和进化。从产品的特点来看,电子书可以分为三类:eBook1.0,eBook2.0 以及 eBook3.0[1]。eBook1.0 即为传统印刷图书所对应的电子版本,其内容源于印刷纸质书,版式也与印刷版相同或相近,一般来说先有纸质后有电子抑或纸质、电子同时出版。目前常见的 Amazon Kindle、Sony Reader 等电子阅读器中的图书多属于 eBook 1.0 范畴。eBook2.0 是原生电子书,它从产生到发布均为数字化形式,通常情况下只有数字版或者先出数字版,如我国比较著名的盛大文学网站上的原创文字内容多为 eBook2.0 形式。eBook3.0 也称增强型电子书,它是指除了文字、图、表等平面静态阅读要素以外,集成了声音、视频、动画及其他功能(如交互)模块等要素的多媒体读物。目前 eBook3.0 的类型从最初的儿童读物、技能培训、小说、历史等图书类别已经延伸到了地理、医学、工程技术等专业学科领域,体现了构成要素多元化、阅读群体年轻化、阅读设备科技化等鲜明的时代特点[2]。

在计算机技术和通信技术迅猛发展的今天,图书馆所面对的读者不再是只满足于被动式接受信息的个体,而是热衷于主动参与其中并利用先进技术和设备来增强阅读体验的“新人类”。读者手中的平板电脑、智能手机等阅读终端一方面丰富了读者的阅读种类、扩大了阅读范围,另一方面对于图书馆的馆藏文献也提出了更加严格的要求。读者需要 eBook3.0 这样内容形式多样的文献来丰富自身的阅读感受,图书馆也势必要为满足读者这类新需求来增加如此类型的馆藏。

2 读者决策采购(PDA)概述

网络环境下图书馆普遍存在着文献供需矛盾:读者文献需求的多样化,但图书馆过于专注印刷文献,所能提供的文献形式单一;读者所求的文献图书馆未收录、读者并不需求的文献却大量充斥着馆藏。这些矛盾迫切要求图书馆转变文献采访思路,大胆调整馆藏文献结构,积极改变文献采访策略。

2.1 PDA 的基本概念

目前国际上新兴的资源建设模式“PDA——读者决策采购”颠覆了现有的图书馆采购模

式,对图书馆界普遍存在的文献供需矛盾提供了一个新的解决思路,它将读者的被动接受调整为主动选择,使图书馆可以有针对性地采购文献,在有效避免资源浪费的同时提高馆藏文献的实际利用率。

读者决策采购又称需求驱动采购(DDA)[3],它是一种将采访人员"假设需求"的预先采购转变为读者"实时及时需求"的决策采购模式,是一种由读者来决定"买什么"的采访方式。eBook3.0 由于制作工艺复杂、科技含量高导致图书馆进行的采购成本居高不下,对于有限的图书馆购书经费来说,选择 PDA 模式来购买 eBook3.0 充实馆藏、进而满足读者多方位的需求似乎更加行之有效。

2.2 PDA 基本实施流程

PDA 的基本实施流程可分三个阶段进行[4](见图 1)。首先,图书馆要根据本馆年度购书经费中 eBook3.0 的实际预算比例来确定采购范围以及采购数量上限;其次,图书馆要选择 eBook3.0 的供应商,并及时要求供应商向图书馆 OPAC 或两者共建的阅读平台中导入其所能提供的电子书 MARC 记录和链接,随后图书馆进行查重筛选,并设定阈值;最后,当读者打开某本电子书的次数或者阅读持续时间达到系统所预设的阈值时,系统自动触发购买的指令。

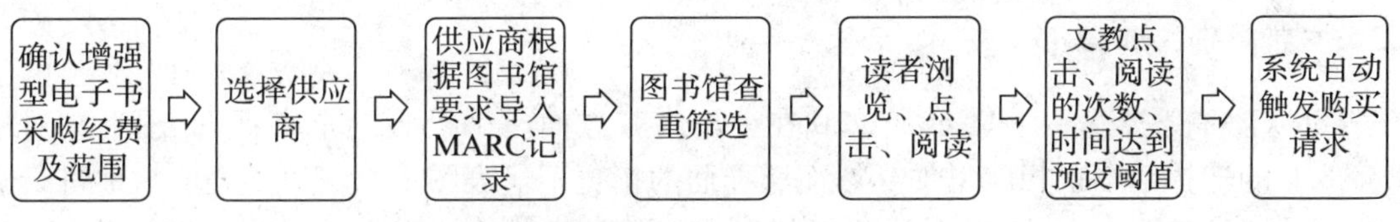

图 1　PDA 的基本实施流程

3　国内图书馆 eBook3.0 PDA 采购策略

根据我国图书馆馆藏建设的实际情况、eBook3.0 的文献特点、读者需求以及 PDA 采购的基本流程,可以从以下三方面来着力探索适合我国国情的 eBook3.0 PDA 采访策略。

3.1 eBook3.0 PDA 采购平台的建立

PDA 采购平台的建立是图书馆进行 eBook3.0 PDA 采访的重要基础[5]。首先,图书馆要根据历年读者对于 eBook3.0 的利用情况进行基础统计,统计指标主要体现在文献的学科类别、文献的利用次数、文献的阅读时长以及读者阅读兴趣的变化趋势等。其次,图书馆要根据统计结果对有实力的 eBook3.0 供应商进行甄选,根据需要选择一家或多家适合本馆馆藏需要以及读者需求的文献供应商进行合作。值得一提的是,专用电子书阅读器、平板电脑和智能手机是 eBook3.0 的主要阅读载体,各类 APP 商店和市场则为此类电子书提供了销售渠道,因此图书馆也可以和 APP 的商店市场进行合作,探索共建一个新型 PDA 采购平台。最后,图书馆要在所建立的 PDA 采购平台中设置预设文档便于书商上传电子书 MRAC 记录,同时设置阈值使文献点击次数、学科类型、文献价格或读者阅读停留时长等条件达到预设限定时自动触发购买请求。

3.2 采访人员的工作方式及理念的转变

传统的图书馆采访工作需要采访人员从最初的新书刊出版目录的遴选工作开始,包括书单发订、经费统计、到货验收登记等每一流程均要亲力亲为。新兴的电子书出版市场混乱多变,电子书出版社实力不一,所出版的电子书质量参差不齐,其出版市场没有传统印刷文献出版市场规范,因此传统的采访业务流程并不能很好适应电子书的采购要求,所以电子书的采访特别是 eBook3.0 的采访对采访员的工作方法提出了新的要求,即把以往“读者看什么书由我决定”的工作方法转变为“读者看什么书由他自己来决定”。PDA 的全部流程中图书馆采访员只是在前期平台建设、电子书目录筛选以及后期采购平台维护方面起主要作用,其余的大部分流程均是由读者和书商共同来实现的,因此可以说 PDA 对于图书馆采访工作的改变不只是流程上的变化,更多的是服务理念上的升华[6],采访员不再是读者的“贴身保姆”,而应该转变为读者的“后勤保障”。PDA 带给图书馆的不仅是馆藏建设中读者的参与程度的提高,更重要的是能够将图书馆挂在口头上的“为读者服务”的口号真正落在实处,图书馆要在读者选择利用 eBook3.0 的每一流程均可以提供个性化的、细致入微的周到服务,采访员要将 eBook3.0 的 PDA 采访工作看作读者、书商、图书馆三者之间的交联互动,这其中读者的意见和选择、书商的供应和服务以及图书馆维护保障缺一不可。

3.3 文献类别的选择

eBook3.0 较之 eBook1.0、eBook2.0 在书籍内容方面有了极大的丰富,因此图书馆对于 eBook3.0 的选择范围也相应增加。然而选择面的拓宽不代表图书馆可以随心所欲地进行文献采购,图书馆对于 eBook3.0 的采访要从根本上满足读者的使用需求。就目前电子书市场以及出版行情来看,儿童书、文学类、教参类以及外文原版书仍是 eBook3.0 的主要内容形式。就图书馆的绝大多数读者受众来说,教参类以及外文原本文献是其迫切需求的且在其他机构场所不易获取的,因此对于我国图书馆特别是高校图书馆来说外文原版类、教参类 eBook3.0 的引进采购就显得格外重要。

3.3.1 外文原版类

目前可提供 eBook3.0 PDA 购买模式的仅限于国外几家文献供应商,因此我国图书馆可以先在外文原版类 eBook3.0 方面做 PDA 模式的采购尝试。试行外文类 eBook3.0 PDA 模式采购的好处在于:首先,可借此机会让国内读者感受 PDA 采购模式的优势和特点,体会 PDA 模式对于读者个体需求的尊重,以便为以后国内各类别文献普遍采用 PDA 模式采购打下良好的群众基础。其次,通过图书馆与国外先进的电子书供应商合作,我国图书馆可在 PDA 平台建设、技术应用及平台维护以及 eBook3.0 文献筛选方面积累丰富的经验。最后,试行外文 eBook3.0 的 PDA 模式采购可以很大程度上缓解由于外文类文献价格昂贵但传统采访方式所采购的外文文献利用率低下所带来的图书馆购书经费“所用非读者所求”的尴尬境地,真正使图书馆有限而又宝贵的购书经费用到实处。

3.3.2 教学参考类

根据国外图书馆 PDA 采购经验和做法,教学参考类电子书一般是被排除在 PDA 平台预设文档之外的。但对于我国图书馆特别是我国高校图书馆来说,图书馆教参类文献采购入藏是高校更好开展科研教学活动的重要资源保障,因此国内图书馆可以考虑将 eBook3.0 的

PDA 平台与高校教职工教参采购系统相关联。每一学期初由高校教师在平台上集体提出本学期教参类 eBook3.0 的需求计划，如果本馆馆藏有入藏则即刻可进入预约状态；如果本馆未入藏则自动进入 PDA 平台采购计划。每一学期末教师可再通过该系统对本学期所采购的 eBook3.0 电子教参从文献内容、呈现效果、编排科学性等多角度进行点评，其点评内容能够促使图书馆的采访人员对于电子书供应商所提供的 eBook3.0 书目的分析筛选产生积极的影响。

3.4 经费的合理使用

美国多所大学的实践表明，从所购 eBook3.0 的读者利用率上来说，PDA 采购模式无疑是成功的，它解决了困扰图书馆已久的文献采购与文献利用比例失衡的矛盾，但同时也出现了读者随意提出请求购买所需文献，以致造成图书馆面临经费有限与读者无限需求之间的矛盾。针对上述矛盾，图书馆一方面要在经费预算上做出合理科学的安排，在利用 PDA 选择文献方面，预设文种、文献出版年份、学科范围甚至文献题材等限制，在实施 PDA 过程中与书商及时沟通交流，定期分析书商反馈的读者选择行为的报告，并根据读者行为报告适时更正配置文件，适时加强馆员对读者采购请求的干预。另一方面，图书馆要双管齐下，在加强 PDA 模式的同时不放弃传统采访方法，两种方式统筹应用，以保证图书馆馆藏建设的正常进行。

4 结语

电子书发展到 3.0 阶段无疑是电子书发展史上的一次巨变。尽管 eBook3.0 并不是电子书市场的主流，更不是全球文献市场的中坚，但它丰富的内容形态以及极佳的阅读体验使其具有了强大的生命力和发展力。同样，PDA 也是一个新兴事物，在使用过程中也存在着这样或者那样的问题。例如实施 PDA 使得购买图书的种类存在不确定性，还使得图书购买的持续性存在一些问题等。但它的存在和发展给予图书馆采访工作带去了极大的便利，解决了图书馆长期以来存在的顽症，更给予了读者自由的选择权。而 PDA 与 eBook3.0 两者的结合更是“新”上加“新”，正是这“新新”兴的文献采购方式使图书馆、读者、文献供应商三者更好地结合到一起，而这必定是图书馆馆藏体系建设未来发展的重要趋势，同时也是图书馆采访工作的有益尝试。

参考文献

[1] 程三国，马学海. 把握电子书产业的发展步伐[J]. 出版科学，2012(2)：10 - 14

[2] 毕艳芳，李泰峰，曹学艳. 高校图书馆增强型电子书馆藏建设模式探讨[J]. 图书情报工作，2014(3)：75 - 78

[3] 张甲，胡小菁. 读者决策的图书馆藏书采购——藏书建设 2.0 版[J]. 中国图书馆学报，2011(2)：36 - 39

[4] 薛淑峰. 基于 PDA 的高校图书馆文献资源建设模式探析[J]. 图书馆学研究，2012(17)：49 - 51

[5] 胡银霞. 基于 PDA 的电子书采选策略[J]. 图书馆工作研究，2012(5)：70 - 74

[6] 黄显堂. PDA 在图书馆中的应用浅析[J]. 国家图书馆学刊，2014(1)：38 - 42

馆配会利与弊及发展方向探析

武学良(国家图书馆)

馆配会就是为图书馆配书举办的图书展示、展销、交易会,也叫图采会、馆藏会。它是为更好地满足图书馆馆藏建设需要,增加出版社图书销售机会,为馆配产业链上下游创造效益,实现馆社供需见面、人员沟通交流、增进了解的创新之举。馆配会这一会展模式被广泛应用到各种图书订货会中,极大地丰富了馆配市场,为图书馆藏书建设做出了巨大的贡献[1]。在馆配会发挥重要作用的同时也存在许多不足之处,随着馆配会举办数量越来越多,一些现实问题也逐渐凸显出来。本文重点分析了馆配会各方面的利与弊,对如何办好馆配会,如何使其成为出版社、图书馆、馆配商三者之间良好的纽带和桥梁作了深入的探讨。通过模式创新、内容改变,对馆配会的发展提出了一些新的思路和建议,进而使其更好地为各方提供服务,满足各方的需要。

1 馆配会现状

所谓馆配,是指图书馆配供,即图书馆根据本单位的特点向馆配商订购适合本馆需要的图书,并要求供应商提供一系列配套服务,以加强本馆馆藏建设[2]。

2003 年 10 月,作为全国图书流通发行龙头企业,新华书店总店为了解决图书馆大规模采购难题,提高图书经费的使用效益,与中国图书馆学会联合在广州、佛山两地同时举办“2003 首届全国图书馆新书展示订货会”,为图书馆提供一个资源采集平台,建立一种集团采购模式,首创了全国图书馆新书展示订货会模式,即“馆配会”营销模式。

目前图书馆配供市场的馆配会可谓遍地开花,除了各地发行集团主导的区域性馆配会以外,全国性馆配会主要以北京图书订货会和全国图书交易博览会期间的馆配会为代表[3]。目前国内规模最大的馆配会是江苏省新华书店举办的“中国·南京馆藏会”,每年在江苏省新华书店库房区举办,春、秋季各举办一次,由于经费一般在年中就能定下来,故南京秋季图采会参会人员有数千人之多[4]。

据业内人士统计,2013 年全年有一定规模的馆配会达到 70 多场,且大多会议集中在 3—10 月份。仅以 2014 年 3 月为例,可以看出全国各地举办的馆配会就达到了 11 场(见表 1)。

表 1　2014 年 3 月全国各地举办馆配会一览

序号	名称	举办方	地点	举办时间
1	河南省新华书店馆配会	河南省新华书店	河南	03/04—03/06
2	北京百万庄图书订货会	北京百万庄图书大厦	北京	03/07—03/14
3	陕西嘉汇汉唐馆配会	陕西嘉汇汉唐	西安	03/07—03/09
4	第十届(春季)全国地方版图书博览会	武汉三新	武汉	03/10—03/15
5	2014 山东馆配会	山东省新华书店	济南	03/10—03/14

续表

序号	名称	举办方	地点	举办时间
6	辽宁省北方出版物配送馆配会	辽宁北配	河南	03/13—03/15
7	吉林省外文书店馆配会	吉林省外文书店	长春	03/17—03/19
8	广东省新华书店馆配会	广东省新华书店	广州	03/17—03/20
9	2014 南京春季馆藏图书展销会	江苏凤凰传媒	南京	03/17—03/21
10	青岛市新华书店春季馆配会	青岛市新华书店	青岛	03/18—03/20
11	浙江省新华书店馆配会	浙江省新华书店	杭州	03/24—03/28

2 馆配会的优势和作用

作为馆配产业链上中下游三方销售、交流与合作的平台,馆配会具有其独特的优势。

(1)资源优势。馆配会聚集了全国各出版社的图书,作为一个集营销与展示的平台,图书品种不仅全而且是最新版的图书。

(2)现采优势。在馆配会现场可以看到实物,现场采书,不仅直观性强,而且针对性高。采选后即可当场配书,到书快,到书率高,从而实现短时间、大规模、突出式采购。

(3)供需直接见面,便于沟通交流。通过馆配会出版社可以了解终端市场,图书馆也可以直观地了解出版发行动态。

(4)无须依赖书目,减少后续问题。通过馆配会,图书馆可以避免以往只能根据馆配商提供的书目单订货的局限,馆配商和出版社也可以减少因退货所带来的一系列问题。

馆配会由政府主导组织,能保证产品质量,规范交易行为,保护出版社和图书馆双方的利益。馆配会是图书馆与出版社交易合作的平台,是图书馆和出版行业每年的盛会,在满足图书馆采购需求、为出版发行企业创造效益等方面发挥重要作用。

(1)对图书馆的作用。馆配会为图书馆提供了一个规模大、图书品种丰富、专业性和针对性强的采购平台,图书馆能直接面对样书采购,满足图书馆的需求,促进图书馆的馆藏建设。

(2)对出版社的作用。馆配会为出版社特别是中小出版社提供了全国性的良好的交易平台,不仅能给出版社带来利益,还能提高效率、降低成本和风险。

3 馆配会的不足

目前我国馆配会还存在较多问题,如数量多、频率密、同质化和效益低、国际知名度也相对较低,在馆配会中出版社、图书馆、馆配商还未能获得理想的效果。

3.1 出版社方面

由于场地和组织能力的限制,馆配会往往只是集中了一些大的出版社的产品,使一些图书馆很需要的地方小社的专业性很强和馆藏价值很高的图书无法与图书馆见面。即使是对较大的出版社而言,馆配会后必然会产生大量退货,再加上后续服务工作,运作成本也会相当大。参加一次馆配会都要准备一套样书,一些大社一套样书就要十几万元。另外参展费用也是逐年提高,从前几年的一两千元,到现在少则数千,多则上万。加上人员成本、其他成本,使得整体费用直线上升,如果同时参加几个会,往往得不偿失。现在买方市场决定了出版单位不能得罪书店,所以不论馆配会效果如何,出版社是否愿意,有些馆配会都要必须参加,在馆配会上,一些书店、公司要求出版社让折扣,一些馆配单位将订单集中在馆配会报订,以期得到出版单位让利。

3.2 图书馆方面

图书馆的采访人员一年要参加几场甚至十几场馆配会。因为图书馆所需要的图书不可能在一次订货会上就全部买齐,通过参加馆配会可以对馆藏进行查漏补缺,同时也可以实地了解图书市场及图书类型的变化,以及同行们的新动向等,从这个角度来看图书馆采访人员参加馆配会是很有必要的。但是,在参加的馆配会中也遇到了另外一种情况,参加的诸多馆配会大同小异,没有任何的新意可言。作为馆配会的主角,图书馆采访人员各地奔波、忙来忙去,但是究竟效果怎样,现在还没有一个肯定的答案。各馆配会的模糊定位造成了图书馆的这种困惑,什么都有的结果可能是什么都没有。

3.3 馆配商方面

目前各馆配商仍处于市场竞争的初级阶段,跑马圈地,各类型的馆配会泛滥就是一个突出表现,而且折扣战打得很厉害,“先上车、后买票,先抢市场、后讲利润”的做法屡试不爽。有实力馆配商要靠全面的服务来争取更多的客户,为争市场而举办超级规模的馆配会的做法应该停止,从数量规模的竞争到质量效益的竞争,再到品牌特色的竞争,这是发展的必然趋势,也是持续发展的根本。

4 对馆配会建议

在馆配会越来越火的同时,业界各方还应更理性地面对。在一定程度上,馆配会给出版社提供了销售机会,增加了销量,同时也为图书馆采访提供了获取信息的平台。随着馆配会举办的数量越来越多,规模也越来越大,问题也随之显现,各方需要认真思考和分析目前的问题。每年举办数量众多的馆配会,是不是每一个馆配会都有自己的特色和不可替代的功能?馆配会如何协调好各方,既能够满足需求,也能获取利润,还能让各方节约成本,提高效率?馆配会的功能是否需要有新的定位?图书馆的采编部门也需要反思。譬如当前馆配工作的状态和工作效果如何?如何进一步优化采访工作流程从而保证馆藏建设的质量?要想办好馆配会,业界各方需要认真思考馆配会中遇到的这些问题并加以改进。

要办好馆配会,可以通过政府、行业主管部门、出版社、馆配商、图书馆等多方共同来协调和努力。作为政府或者行业主管部门,一应该根据不同情况,按时间和地域扶植5—6个大型的全国性综合展会,同时重点鼓励、扶持一些规模不大但有特色的专业性展会;二应加大行业的管理力度,建立一个健康有序的行业生态链;三应牵头建立类似“全国出版社新书发布平台”的网络系统,在出版社的配合下将书目资源作为国家战略资源予以统筹管理。作为馆配商应进一步规范自身工作行为,在注重经济效益的同时重点提高业务人员的专业水平,以期更好地为图书馆采购进行专业化的服务。作为图书馆采购人员也应进一步规范采购行为,提高选书水平。对于馆配会的功能需要进一步分化及细化,如按交易性质划分为著作权贸易型会、订货会(包括展示会)和销售会,按不同展会的目的、功能去策划、筹办可以满足不同客户的需求。

5 馆配会发展方向

馆配会不应过分地追求规模大、档次高,而应该以满足和适合图书馆馆藏需要为主要目标,在实现品种丰富的同时可做到"精"与"专"。馆配会不能千篇一律,要有自己的特色,通过先进的展会组织、商品物流、服务加工,从而打造科学化、现代化的图书馆采购供应模式,为出版社、馆配商、图书馆提供前沿行业信息交流的平台。

5.1 设置不同展区,方便订货采购

现在大部分馆配会采用的是一社一展区的模式,表面上看起来比较清晰,但是还是不利于图书馆采访人员的采选。而是应根据不同图书馆的特点,设立不同的展区,便于图书馆订货采购。如在馆配会中分为普通展区是和精品图书展区,普通展区展示近一年中出版的新书样本;精品展区展示近三年出版的具有馆藏价值的精品图书。设立精品展区不仅受到参展商好评,也能够吸引更多中小图书馆参展,图书馆可以挑选到针对性、实用性强的专业书、工具书、普及性读物,丰富图书馆的馆藏。2014 年 5 月举办的"北京 · 台湖全国图书馆采购订货会"设置了八大展区,包括新版图书样本订货区、精品馆藏图书样本订货区、"社会主义核心价值观"图书展示区、精品"藏书"现采区、港台版图书现采区、外文原版图书订采区、特价图书现采区和音像制品数码产品订采区。全方位的满足和方便了全国各地的图书馆客户和馆配商多元化采购需求,取得了良好的效果。

5.2 研讨合作与发展,打开国际视野

馆配会将馆配产业链中的图书馆、出版社、馆配商三方紧密地联系在一起,馆配会期间组织三方之间的座谈会或论坛,对加强三方之间的合作、促进馆配市场的和谐共赢起到重要的作用。如每年在馆配会期间举办的"全国馆社高层论坛",邀请图书馆、出版社、馆配商三方进行对话,为馆配产业链建设提出了建设性意见。另外馆配会的组织方在着力挖掘国内市场之余,应把目光投向港澳台地区,以及更广阔的国际市场。如在第 6 届海峡两岸图书交易会上特设了以合作为主题的两岸图书馆座谈会,图书馆采购商对两岸合作充满期待。中国图书进出口(集团)总公司在北京国际图书博览会期间策划组织图书馆馆长与国际出版社高层对话论坛,为馆配商们提供了国际化视角。

5.3 满足需求,提高服务质量

我国图书馆数量众多,截至 2013 年末全国共有公共图书馆 3112 家,除了公共图书馆以外还包括高校图书馆、各专业图书馆等。由于各图书馆面向的读者对象不同,所需要采购的图书品种也不相同,因此馆配会组织方不仅要邀请大型出版社参加,还要积极的邀请中小出版社也参与,通过全国各出版社之间的通力合作,使馆配会上的图书参展样本更加丰富和多

样，满足不同图书馆的采购需求。为满足不同图书馆的采购要求，馆配会上的参展图书及服务还需满足相应的要求（见表2），从而提高馆配会整体服务质量。

表2　馆配会图书和服务要求

图书和服务		需达到的要求
图书	图书数量	达到一定规模，满足复本量的需求
	图书品种	广泛地覆盖图书馆需要的所有范畴，特别是小版图书
	图书质量	要保证正版、保障图书馆利益
服务	采购服务	供货率要保证订单满足率90%以上
	物流配送	要迅速、高效，保证在承诺时间内到货
	销售折扣	要实惠，能保证图书馆在预算范围内采到满意的图书
	加工服务	要满足不同图书馆个性需求，服务质量高

5.4　建立大中盘，助推馆配会

根据市场发展的趋势，从馆配市场上下游环节的实际需要看，只有建立全国性大中盘才能更好地解决当前馆配市场中存在的各种问题。大中盘在市场中占有率高，具备图书资源的整合能力、对图书馆的供货能力以及将整个馆配上下游环节疏通的能力。与中小企业相比，全国性大中盘在全国范围内的区域覆盖能力、经济实力以及组织能力等都具有较强的优势，由全国性大中盘组织承办馆配会可以充分发挥馆配会的效用，搭建一个先进的采供模式和前沿信息交流的平台，既为出版社创造经济效益又满足图书馆采购需求，从而实现双赢。大中盘在开展馆配业务和展会服务方面具有较强的风险抵御能力，能够为馆配市场供应链提供专业的、高水平的服务，所以建立全国性的大中盘可以更好地推动馆配会发展。目前各方都在呼吁建立全国性大中盘，各馆配商正在加强相互之间的合作。如人天书店集团联合90多家馆配商，号召馆配商共同推动建立行业规范标准，确保馆配行业健康有序的发展。各馆配商要从采访、编目、采购，到后期的实物加工、数据加工等加强合作。馆配商之间的这些合作也是在为建立全国性大中盘做着前期的准备。

5.5　主题明确，提高采购精准度

在馆配会举办前确定一个主题，比如可以学术、精品、科技、地方版等为主，在馆配会主题确定以后，就可以有针对性的邀请相关图书馆参加，由于主题明确，图书馆采购人员在采选过程中也不会再出现面对大量图书无从下手、大海捞针的情况，而是会大大地提高采选精准度，也会大大的节省时间，提高采选效率。百万庄图书大厦每年春秋举办的馆配会就采取这种形式，他们与重点出版社合作，每次确定一个主题，经实践证明，出版社、图书馆、馆配商三方都感觉效果不错，图书馆通过这种采购方式更好地满足了其馆藏需要，出版社也很肯定此种方式，所以在馆配会中可以多尝试这种方式，或是在馆配会中设立不同主题展示展销区供图书馆采选。

6 结语

馆配会未来将在数量达到顶峰后出现调整,与此同时,馆配会不但不会消失,其功能还会进一步完善,办会条件会进一步改善,服务更加专业化。馆配会有利有弊,但利多弊少。图书馆、出版社和馆配商三方构成了馆配市场供应链的主体,在馆配会中也扮演着重要的角色,在市场不断发展过程中,三方既相互竞争又相互合作,既相互依赖又相互牵制,逐渐呈现出不同主体之间的博弈关系,要想办好馆配会就需要达到三方利益相对稳固,反之如果失去稳固性,经济链条中断馆配会无法再继续举办下去。图书馆、出版社、馆配商应通过馆配会实现图书采购、信息交流、感情交流,互相帮助,以最大的诚信履约,以创业的眼光办好馆配会,从而完成一个共同的目标——为图书馆推出好书,为图书馆馆藏建设做出贡献。

参考文献

[1] 黄金凤等. 图采会现实困境及其发展的思考[J]. 图书情报工作,2010(19):82-85
[2] 章翠柳. 馆配市场的现状、问题及图书馆应对策略[J]. 中小学图书情报世界,2007(12):42-44
[3] 穆宏志. 我们需要怎样的馆配会?[N]. 中国图书商报,2010-02-09(2)
[4] 肖军. 科技图书编辑营销常识——馆配篇[J]. 科技与出版,2013(8):59-61

数字出版时代图书馆采访模式新变化、新思路

曾　月(海南省图书馆)

随着科技的飞速发展,人类社会进入了大数据时代。出版业也跨入了数字出版时代,纸质出版与数字出版并驾齐驱。如何顺应时代变化,协调好纸质资源与数字资源之间的关系也成了出版人、图书馆人积极探索的问题。

1　数字出版的现状和发展趋势

数字出版是指利用数字技术进行内容编辑加工,并通过网络传播数字内容产品的一种新型出版方式。其主要特征为内容生产数字化、管理过程数字化、产品形态数字化和传播渠道网络化。目前数字出版产品形态主要包括电子图书、数字报纸、数字期刊、网络原创文学、网络教育出版物、网络地图、数字音乐、网络动漫、网络游戏、数据库出版物、手机出版物(彩信、彩铃、手机报纸、手机期刊、手机小说、手机游戏)等。数字出版产品的传播途径主要包括有线互联网、无线通讯网和卫星网络等。

1.1　数字出版的现状

全球数字出版产业发展势头依然迅猛,我国数字出版产业继续保持强势增长势头。《2013—2014 中国数字出版产业年度报告》指出:2013 年,我国数字出版产业整体收入规模为 2540.35 亿元,比 2012 年整体收入增长了 31.25%。其中,互联网期刊收入达 12.15 亿元,电子书(含网络原创出版物)达 38 亿元,数字报纸(不含手机报)达 11.6 亿元,博客达 15 亿元,在线音乐达 43.6 亿元,网络动漫达 22 亿元,手机出版(含手机彩铃、铃音、手机游戏等)达 579.6 亿元,网络游戏达 718.4 亿元,互联网广告达 1100 亿元。我们可以看出,2013 年互联网期刊、电子书、数字报纸的总收入为 61.75 亿元,在数字出版总收入中所占比例为 2.43%,这说明我国传统出版业数字化转型工作取得了一定的成效,另一方面也说明传统出版单位数字化转型仍需继续深化。

1.2　数字出版的发展趋势

专家分析,随着科技的飞速发展、资源的日益丰富、人类交往的日益紧密以及人类需求的多元化,数字出版将朝着丰富化、多元化、立体化、生动化、规范化、一体化、互动式、融合化、便捷化发展,即出版内容的丰富化、多元化、立体化、生动化,出版管理从出版到用户反馈的规范化、一体化,用户体验从静态阅读到分享阅读、互动阅读、社交阅读、个性阅读,内容传播的方式从多屏独立到多屏融合,纸质资源与数字资源将协调统一、相辅相成发展,数字资源的获取和阅读将更加方便、快捷,用户阅读的体验将更加丰富化、便捷化。

2 数字出版时代带来的阅读变化

由中国新闻出版研究院组织实施的中国国民阅读调查结果显示:2013 年成年国民图书阅读率为 57.8%,较 2012 年上升了 2.9 个百分点,数字化阅读方式的接触率为 50.1%,较 2012 年上升了 9.8 个百分点,各媒介综合阅读率为 76.7%,较 2012 年上升了 0.4 个百分点。

与 2012 年相比,传统纸质媒介中,2013 年成年国民对图书、报纸和期刊的接触时长均有不同程度的减少;新兴媒介中,上网时长和手机阅读的接触时长呈增长趋势,电子阅读器接触时长略有下降。在传统纸质媒介中,成年国民人均每天读报时间最长,为 15.50 分钟,但比 2012 年的 18.91 分钟减少了 3.41 分钟;人均每天读书时长为 13.43 分钟,比 2012 年的 15.38 分钟减少了 1.95 分钟;人均每天阅读期刊时长为 10.05 分钟,比 2012 年的 13.19 分钟减少了 3.14 分钟。以手机阅读为代表的数字阅读正在持续增温,相比之下,纸质阅读有所缩减。时至今年,数字阅读已从原先的 3% 飞升到了 51%,第一次超过了纸质阅读。

2010 年,在我国接触过数字化阅读方式的人当中,有 83.6% 的人表示阅读电子书后就不再购买其纸质版,2011 年该数据上升到 88.2%,2012 年又递增到 90.6%,2013 年则达到了 92.9%,呈逐年上升趋势。获取便利、方便随时随地阅读和方便检索信息是他们选择数字阅读的主要原因。

可见,随着数字出版时代的到来与发展,传统出版物正在受到不断的冲击,传统的阅读也受到了影响,大众阅读习惯正在随之改变。这就意味着传统的图书馆采访模式和服务模式已不能满足时代的要求,应做出适当调整,与时俱进。

3 数字出版时代采访模式新变化、新思路

3.1 数字出版时代采访模式新变化

随着数字时代的来临与迅猛发展,用户对图书馆知识服务的要求不断变化,随之带来图书馆文献采访工作环境的巨变、图书馆文献采访模式的新变化。图书馆的文献采访模式已从以往纸质资源为主的采访模式发展为纸质资源与数字资源并重、两者相辅相成的模式,而且随着用户对数字资源的需求不断扩大,数字资源在图书馆文献资源的采选比例逐年攀升。

3.2 数字出版时代采访模式新思路

3.2.1 调整采访队伍,适应时代变化

数字出版时代采访模式发生了新变化,自然对图书馆采访人员的要求也发生了变化。采访人员除了要具备以往要求的素质,还应具备运用新技术的能力、信息的高度敏感力、信息的分析和捕捉能力,具备对迅猛发展的新技术应变与学习的能力。所以,除了采访人员自身要转变观念,不断学习新技术、新知识,努力提高自身素质,适应数字时代对文献采访工作的要求外,图书馆在对采访人员的选择与培养方面也应做出相应调整,以适应时代发展的要求。并且,在这个大数据时代,共建共享成为大势所趋,图书馆应该加强人才的交流,可以借助图书馆联盟的平台实现人才的共享与优化。

3.2.2 构建一个全国性的资源共建共享平台

数字时代各种资源迅猛增长,信息大爆炸,人们对于信息资源的需求也更加丰富化、多元化。但我们发现,单个图书馆的有限经费、空间、人力资源难以支持日益上涨的文献资源和用户需求。唯有联盟合作、共建共享才是出路。而虽然国内图书馆联盟早已诞生,但不成体系、效率不高,难以发挥联盟应有的巨大力量,不能充分满足用户日益增长的资源与服务需求。应该建立一个更为有效的全国性资源共建共享平台。如由国家图书馆牵头,联合全国各图书馆共同建立一个类似"全国联合编目中心"的全国联合采访中心,搭建全国文献采访的一个沟通交流、共建共享平台。由专人专项管理,统筹全国文献资源和采访力量,开展一系列的文献共建共享活动,诸如在该平台共享各种与采访相关的信息、资源(当年的出版总书目、出版信息、出版情况,国内外图书馆的文献资源建设资讯,国内各馆的馆藏信息和采访信息,图书馆必备书目、专家推荐书目、最新出版推荐书目,各馆推荐书目的共享与下载等),开展全国图书馆文献资源建设的评估与指导,图书馆文献资源建设的经验、成果的交流与分享,图书采访工作的研讨,图书采访人员的培训,数字资源的统筹建设与共享,等等。这样,既可以避免资源与人力的重复浪费,又可以使有限的资源最大化,也可以为资源的有效利用与共同开发奠定基础,集众人之力把我国的文献资源建设工作做得更好。

3.2.3 丰富采选内容

随着移动互联网的飞速发展,移动多媒体阅读逐渐兴起,除了单一的纯文本电子书,丰富多彩、生动个性、集内容文字、图像、音视频于一体的多媒体形式即将成为移动阅读的主流。这就要求图书馆数字资源的采访应注意由单一走向丰富化,除了纯文本电子书、还应丰富其他集文字、图像、音视频于一体的资源。

(1)与移动互联网等读者喜闻乐见的媒体合作,为读者提供更加丰富多彩、生动有趣的信息资源。随着大数据时代的到来,各种数字阅读逐渐走入人们的生活。从电子阅读器到平板电脑,到移动智能手机,人们的阅读媒体日益丰富,阅读习惯逐渐由单一的纸质阅读转向多元化阅读。如今,整个世界已经被移动互联网覆盖。随时、随地可见人们手捧手机,或通讯,或游戏,或阅读。而由于手机"书源"的单一、有限以及收费等限制,手机这个很好的读书平台并未被充分利用。图书馆应该与移动互联网等平台精诚合作,充分开发、丰富手机的多样性阅读资源,探索手机阅读推广的无限可能,使任何读者喜闻乐见的科技成果成为图书馆延伸服务的良好平台。

(2)根据人们的需求与爱好,整合阅读资源,开展互动阅读、社交阅读。为什么微博、微信、游戏这么热火,这么令人着迷,甚至使人深陷其中难以自拔?因为它们不是被动地接受,而可以主动与人分享、与人互动,可以向别人自由地展现自我、表达自我,获得他人的共鸣。图书馆应该抓住人们的这种需求和特点,开发、采集、整合各种可以用于这类互动阅读、社交阅读的资源,推广互动阅读、社交阅读,使阅读成为一种良好的交互体验,把人们从玩游戏、玩微信拉回到图书阅读上来。而在人们的互动阅读中将会产生更多的智慧和资源,对丰富资源、促进社会和谐发展方面,将起到无法估量的作用。

4 结语

时代的发展日新月异,人们对资源的需求和阅读习惯也将不断变化。图书馆的采访模式和知识服务也会面临不断的挑战和无限的发展可能。只要紧跟时代的步伐,迎合读者的需求,图书馆的资源建设将不断迈向新台阶。

参考文献

[1] 数字出版[EB/OL]. [2014-08-14]. http://baike.baidu.com/view/504129.htm? fr=aladdin

[2] 转型升级之年的中国数字出版——2013—2014 中国数字出版产业年度报告[EB/OL]. [2014-07-18]. http://www.chinaxwcb.com/2014-07/18/content_298242.html

[3] 高凯. 调查指去年中国人纸质阅读时长减少数字阅读增温[EB/OL]. [2014-04-21]. http://www.chinanews.com/cul/2014/04-21/6088996.shtml

基于开放获取的外文特藏资源库建设①

——数字时代国家图书馆建设国际组织与外国政府特藏资源的挑战与思考

张蕾累(国家图书馆)

特藏资源的划分方法众多,本文将重点讨论以出版机构特点划分出的国际组织与外国政府出版物特藏。国际组织与外国政府出版物特藏资源是国家图书馆特藏文献的重要组成部分,是在特定的历史背景下形成。但是,随着计算机与互联网技术的迅速发展,各类信息越来越多地以数字形式产出并通过网络途径进行传播,特色资源的采访、编目、读者服务等业务工作也面临着许多新的问题与挑战,如信息技术的发展使印本文献出版量下降,网络资源大规模增加;较为闭塞的宣传途径影响馆藏文献的利用率;整合资源、创新读者服务模式的时代要求等。特藏资源建设面临数字时代的冲击该何去何从?

1　特藏资源建设面临的挑战

1.1　数字出版引发的冲击

数字出版具有信息量大、交互性强、传播范围广、成本低、易流通、易检索、节约资源等优势,近年来在全球迅速发展,并渐成气候。数字出版环境下信息资源的出版发行方式发生了极大的变化,除传统出版形式之外,还有电子出版形式、网络出版形式、按需印刷形式以及免费网络资源等,最为突出的是带来了新型的开放存取文献资源类型。从20世纪90年代中后期开始,开放存取运动在全球范围兴起。国际组织与外国政府所从事的出版行为大多不以营利为目的,具有很强的公益性,因此,越来越多的国际组织与外国政府加入开放存取的行列,利用互联网这一成本低廉、实效性强、受众面广的信息渠道来发布信息。许多重要的文献资源都通过网络免费获取,网络甚至成为某些机构出版物唯一的发布渠道。

2010年以来,国家图书馆国际组织与外国政府出版物实体文献的到馆量总体呈递减趋势,重要的国际机构和政府,如世界银行、加拿大政府已于2013年陆续发布正式通知,宣布从2014年起停止文献托存计划的实施,不再为相关机构提供实体文献的托存服务,转为在线数字资源的利用。提供文献资源类型的改变,必然要求在特藏文献资源建设、组织揭示、服务方式等多个方面做出巨大转变。

1.2　特藏资源建设的两难抉择:坚守传统还是吐故纳新

实体出版物总量萎缩,尤其对于外文文献资源更为突出。如果坚持以传统文献为主要收藏对象,那么在网上信息异常丰富的环境下,无形中必然会流失一部分图书馆用户,

① 本文系国家图书馆馆级科研项目“国际组织与外国政府出版物特藏资源建设及整合服务研究”(NLC-KY-2012-11)中期研究成果。

在信息社会中图书馆作为信息中心的地位有所动摇。放弃传统实体文献资源必然导致安全感的缺失，无论是图书馆员还是用户都会产生一种实体图书馆走向消亡的心理危机，“特色馆藏”也将名存实亡。因此需要兼顾不同类型和不同层次读者的信息需求，同时考虑不同信息载体形式的优势和劣势，兼顾印刷型和电子型，整合实体资源和虚拟资源，做到优势互补。

1.3 用户个性化需求日趋强烈

随着社会的发展，图书馆的服务对象发生着变化，用户需求呈现出多元化的趋势，个性化、专门化的需要越来越多，这就要求图书馆进行资源的优化组合，集中力量开发本馆的特色资源，建设特色资源库，以满足读者的一切需要。此外，网络的广泛应用，海量信息的出现给用户的检索、利用带来了极大的不便，因此，图书馆有必要根据本馆特色资源库建设的要求，对网络信息进行整合使其成为自己特色资源库的重要部分，方便用户使用。

2 外文特藏资源库建设的可行性研究

面临上述诸多挑战，我们感到对外文特藏资源进行整合的需求越来越迫切。利用数字资源的前提是能够获取资源，各机构数字资源开放获取的程度直接影响图书馆对该部分特藏资源的建设和利用。因此，国家图书馆“国际组织与外国政府出版物特藏资源建设及整合服务研究”课题小组于2013年10月—2014年5月间对国际组织网络资源开放获取程度开展了调研。

2.1 开放获取资源调查

国际组织与外国政府出版的外文特藏资源丰富，不仅包括在线图书、期刊等正式出版物的网络版、各机构的数据库，还包括移动通信设备发展的带动下新生的移动应用程序。本次调研采用典型调查的方法，选取31家重要国际组织与2家外国政府作为调研对象，针对其现有数字资源的形式、获取方式以及开放获取的相关政策等问题进行详细的调查。

由于数字资源发布形式多样，为了便于统计和分析，本次调研选取以下五种形式的数字资源作为主要研究对象：

(1)网络型出版物(Online Publications)，即印刷型出版物的在线版；

(2)数据库(Database)，指仅可在线使用或下载部分数据，无法将整库作为一个独立的文件获取；

(3)电子书(e-Book)，适用于手持阅读器的数字出版物；

(4)电子图书馆(e-Library)，汇集该机构的所有出版物与统计数据，便于集中检索与利用；

(5)移动应用程序(Mobile Apps)，可以下载安装到移动终端设备上独立使用的应用程序。

本次调研的33家机构不同类型资源的开放获取程度如下：

各机构5大类网络资源开放获取程度

机构名称	网络型出版物		数据库		电子书		电子图书馆		移动应用程序	
	数量(册)	是否有访问限制	数量(个)	是否有访问限制	数量(种)	是否有访问限制	数量(个)	是否有访问限制	数量(个)	是否有访问限制
联合国(UN)	约2500	是(部分)	42	否	约20 000	是(需付费)	0		8	是(需付费)
联合国贸易和发展会议(UNCTAD)	847①	是	1	否	0		0		0	
联合国儿童基金会(UNICEF)	180②	否	2	否	0		0		0	
联合国开发计划署(UNDP)	约900	是	1	否	0		0		0	
联合国环境规划署(UNEP)	—③	否	1	否	12④	否	0		0	
联合国人类住区规划署(UNHABITAT)	1403⑤	否	2	否	0		1	否	0	
社会发展研究所(UNRISD)	约800	否	0		0		0		0	
联合国大学(UNU)	—	否	0		0		0		0	

① 根据 UNCTAD 网站(http://unctad.org/en/Pages/Publications/Series.aspx)各系列出版物数量统计(2014-05-13)。

② 根据 UNICEF 网站(http://www.unicef.org/publications/)1995—2014年出版物数量统计(2014-05-13)。

③ 该符号表示难以获取准确数据。

④ 参见 http://www.unep.org/chinese/publications/contents/e-books.asp(2014-05-13)。

⑤ 根据 UNHABITAT 网站(http://mirror.unhabitat.org/pmss/Publications.aspx? start = 1640&sort = title&order = asc&page = bookFullListingAlphabetic&publicationType = 0)图书与期刊的数量统计(2014-05-13)。

续表

机构名称	网络型出版物		数据库		电子书		电子图书馆		移动应用程序	
	数量(册)	是否有访问限制	数量(个)	是否有访问限制	数量(种)	是否有访问限制	数量(个)	是否有访问限制	数量(个)	是否有访问限制
联合国促进两性平等和增强妇女权能署(UN WOMEN)	142①	否	0		0		1	是	0	
亚洲及太平洋经济社会委员会(ESCAP)	232②	否	3	否	0		1	否	0	
国际货币基金组织(IMF)	13 215③	否	36④	是(部分⑤)	约 13 000⑥	是(IP 控制)	1	是(IP 控制)	0	
联合国工业发展组织(UNIDO)	—	否	4	是	0		0		0	
国际劳工组织(ILO)	302⑦	否	13⑧	否	0		0		0	

① 根据 UNWOMEN 网站(http://www.unwomen.org/en/digital-library/publications)出版物数量统计(2014-05-13)。

② 根据 ESCAP 网站(http://www.unescap.org/publications)出版物数量统计(2014-05-13)。

③ 根据 IMF 网站(http://www.elibrary.imf.org/browse?type_0=booksandjournals&t1=urn%3Aeng&sort=datedescending&browsePage=newReleases)出版物浏览结果统计(2014-05-13)。

④ 根据 IMF 网站(http://www.imf.org/external/data.htm#sc)数据库统计(2014-05-13)。

⑤ 其中来自 IMF eLibrary DATA 中的数据库访问受 IP 控制。

⑥ IMF eLibrary 中的在线出版物基本上都提供电子书下载。

⑦ 根据 ILO 网站(http://www.ilo.org/global/publications/books/lang-en/nextRow-0/index.htm)1974—2014 年出版物数据统计(2014-05-13)。

⑧ 根据 ILO 网站(http://www.ilo.org/global/statistics-and-databases/lang-en/index.htm)数据库统计(2014-05-13)。

续表

机构名称	网络型出版物		数据库		电子书		电子图书馆		移动应用程序	
	数量(册)	是否有访问限制	数量(个)	是否有访问限制	数量(种)	是否有访问限制	数量(个)	是否有访问限制	数量(个)	是否有访问限制
世界银行(WB)	15 144①	是	1	否	0		2	是(其一)②	18③	否
世界卫生组织(WHO)	83 933④	否	4	否	244⑤	是(付费)	1	否	0	
联合国粮农组织(FAO)	—	否	8⑥	否	28⑦	否	1	否	1	否
国际民航组织(ICAO)	—	否	7	是(部分)	0		1	否	1	否
世界知识产权组织(WIPO)	3131⑧	否	11⑨	是(部分)	0		0		0	
世界旅游组织(UNWTO)	1385⑩	否	3	否	0		1	是(部分)	0	
国际农业发展基金(IFAD)	382⑪	否	0		约 1000	否	0		0	
国际海事组织(IMO)	199⑫	是(付费)	2	是(需注册)	199	是(付费)	0		0	

---

① 根据 WB 网站(https://openknowledge. worldbank. org/browse? type = title)统计(2014 - 05 - 13)。

② 世界银行目前有 2 个电子图书馆,一个是公开知识文库(OKR),内容全部公开访问,允许免费下载和使用;另一个是 WB eLibrary,需要付费购买才可以开通使用。

③ 参见 http://apps. worldbank. org/(2014 - 05 - 13)。

④ 根据 WHO 网站(http://apps. who. int/iris/? locale = en)1866—2014 年出版物数量统计(2014 - 05 - 13)。

⑤ 参见 WHO 在线书店:http://apps. who. int/bookorders/anglais/ElectronicBooks1. jsp(2014 - 05 - 13)。

⑥ 参见 http://www. fao. org/statistics/databases/en/(2014 - 05 - 13)。

⑦ 根据 FAO 电子书(http://www. fao. org/publications/e-book-collection/en/)统计(2014 - 05 - 13)。

⑧ 根据 WIPO 网站(http://www. wipo. int/freepublications/en/)17 类出版物数量统计,368 种/3131 册(2014 - 05 - 20)。

⑨ 参见 http://www. wipo. int/reference/en/(2014 - 05 - 13)。

⑩ 参见 http://www. wtoelibrary. org/content/? sortorder = asc(2014 - 05 - 13)。

⑪ 根据 IFAD 网站(http://www. ifad. org/pub/index. htm)出版物统计(2014 - 05 - 13)。

⑫ 参见 IMO 网站:http://www. imo. org/Publications/Pages/CatalogueAndBookCodeLists. aspx(2014 - 05 - 13)。

续表

机构名称	网络型出版物		数据库		电子书		电子图书馆		移动应用程序	
	数量(册)	是否有访问限制	数量(个)	是否有访问限制	数量(种)	是否有访问限制	数量(个)	是否有访问限制	数量(个)	是否有访问限制
国际电信联盟(ITU)	296①	否	1	是(付费)	0		0		0	
万国邮政联盟(UPU)	—	是(付费)	2	是(需注册)	0		0		0	
世界气象组织(WMO)	约 560②	否	7	否	0		0		0	
联合国教科文组织(UNESCO)	约 300	否	1	否	0		0		0	
国际原子能机构(IAEA)	2177③	否	3	否	0		0		1	否
世界贸易组织(WTO)	—	否	10	否	0		1	否	0	
亚洲开发银行(ADB)	4106④	否	6	否	0		0		1	否
经济合作与发展组织(OECD)	5563⑤	是(付费)	2	否	11510⑥	是(付费)	1	是(付费,IP 控制)	3	否

① 根据 ITU 网站(http://www. itu. int/en/publications/Pages/pubnoticelist. aspx)出版物统计(2014-05-13)。

② 根据 WMO 在线书店(https://www. wmo. int/e-catalog/index_en. php? SORT = N&q =)统计(2014-05-13)。

③ 根据 IAEA 网站(http://www-pub. iaea. org/books/IAEABooks/Serial_Publications)统计(2014-05-20)。

④ 参见 ADB 网站(http://www. adb. org/publications/search)(2014-05-20)。

⑤ 根据 OECD iLibrary(http://www. oecd-ilibrary. org/books)图书统计(2014-05-20)。

⑥ 根据 OECD 在线书店(http://www. oecdbookshop. org/oecd/results. asp? TAG = &CID = &LANG = EN&PLANG = &SORT = sort_date%2Fd&ds = %2C + %2C + %2C + %2C + All + Subjects%2C + E-book%2C + &sf_01 = title&st_01 = &sp_01 = AND&sf_02 = actors&st_02 = &sp2 = AND&sf_03 = identifiers&st_03 = &sp3 = AND&sf_04 = kwords&st_04 = &st_06 = &sf_06 = sort_date&sf_07 = VersionCode&st7 = E&st_08 = &sf_08 = LanguageCode&st_09 = &sf_09 = AvailabilityCode&theme = &st_10 = &sf_10 = SubjectCode&st11 = &sf11 = ContentTypeCode&st12 = &sf12 = SubVersionCode&DS =)检索结果统计(2014-05-20)。

续表

机构名称	网络型出版物		数据库		电子书		电子图书馆		移动应用程序	
	数量(册)	是否有访问限制	数量(个)	是否有访问限制	数量(种)	是否有访问限制	数量(个)	是否有访问限制	数量(个)	是否有访问限制
欧盟(EU)	4000①	否	4	否	346②	否	0		0	
兰德公司(RAND)	约13 000③	否	1	是(付费)	0		0		0	
美国政府印刷局(GPO)	121 703④	否	7	否	132⑤	否	0		4⑥	否
加拿大政府(GPC)	约120 000⑦	否	1	否	0		0		45⑧	否

① 根据EU在线书店(http://bookshop.europa.eu/en/search/advanced/)高级检索结果统计(2014-05-20)。

② 参见EU在线书店(http://bookshop.europa.eu/en/bundles/e-books-cbYlmep2IxFAgAAAE1qjUVbWEl/)(2014-05-20)。

③ 根据RAND网站(http://www.rand.org/pubs/overview.html)统计(2014-05-20)。

④ 根据GPO网站http://catalog.gpo.gov检索(2014-05-26)。

⑤ 根据GPO网站http://catalog.gpo.gov/F? func=find-b&find_code=WRD&request="gov+ebook"检索(2014-05-26)。

⑥ 参见http://gpo.gov/mobile/index.htm(2014-05-26)。

⑦ 参见GPC网站(http://www.publications.gc.ca/site/eng/search/eCollection.html)(2014-05-26)。

⑧ 参见加拿大政府网站http://www.canada.ca/en/mobile/index.html#record00004_0,共有54个应用程序,其中有9个是网页版(2014-05-26)。

由上述数据可以看出：

(1)现阶段，多数国际组织出版物同时提供印刷版和网络版，共有 26 家机构(约占 79%)的网络型出版物允许免费下载(包括需要注册用户名和密码，登录后可以下载)，其余 7 家机构没有明确的开放获取政策，存在不同程度的访问限制。

(2)此次调研的 33 家机构中有 29 家拥有数据库，且各机构的数据库类型多种多样，输出格式各不相同。其中 25 家机构(约占 76%)的数据库允许免费使用，其余 8 家机构的数据库存在不同程度的访问限制。

(3)提供适用于各种手持电子阅读设备的 e-book 资源的机构共有 10 家，其中 5 家机构(约占 15%)允许免费下载电子书，另 5 家机构设置了不同程度的下载限制。

(4)电子图书馆综合性强，集合了机构出版的图书、期刊、报告、统计数据等各种资源，目前共有 11 家机构通过电子图书馆实现信息资源共享。其中 6 家机构(约占 18%)的电子图书馆免费使用，其余 5 家设有访问限制。

(5)移动应用程序是近几年的新产物，许多紧随潮流、注重新技术应用的机构已开发出多款 APP 程序，尤其以加拿大政府和世界银行最为突出。调研的 33 家机构中有 9 家提供移动应用程序服务，其中 8 家机构(约占 24%)的程序允许免费下载和使用，仅有 1 家机构的程序需付费使用。

2.2 建设外文特藏资源库的潜在问题

特藏资源库的建设需要对现有特色馆藏资源进行分析、梳理、提炼与整合，对特色开放获取资源进行采集、挖掘、整合与利用。建设过程中需要思考和解决以下几个潜在问题：

(1)网络资源版权及授权许可问题；

(2)数据库数据的长期保存与开放存取的问题；

(3)资源的收集和内容质量控制的问题；

(4)书目数据标准化问题；

(5)可持续发展问题。

3 建设外文特藏资源库的作用

图书馆特色资源库建设能够促进传统的收藏观念、服务观念、管理观念的转变，增强资源共享意识，从而实现图书馆文献资源的合理分布。新形势下数字图书馆建设需摈弃以往"大而全"的资源建设理念，将特色资源库建设作为核心，树立特色观念，强化服务意识，提高图书馆文献资源的利用率。

3.1 提升特藏资源整合服务水平

国家图书馆于 2012 年 8 月正式发布了"国际组织与外国政府出版物网络资源整合服务平台"①，由于缺乏统一的采集、整理以及编目的标准，该领域的海量网络资源长期处于未触及、未开发的状态。对于不了解国际组织出版机构特点的用户，很难找到所需资源，造成资

① 具体内容可访问以下链接：http://www.nlc.gov.cn/gjzzywgzfcbw/。

源与用户长期脱节。该平台的建成也仅仅解决了信息来源地汇集的作用,并未真正实现信息资源本身的整合。因此有必要对已有编目数据的实体文献与未来采集到的网络资源进行整合,对于既有实体文献又有虚拟形式的资源建立有效链接,对于没有实体文献的网络资源建立新的书目记录,实现 OPAC 检索,由此构建一个外文特藏资源库,为用户提供资源检索、开发与利用的有效平台。

外文特藏资源库的建设不但丰富了图书馆的馆藏资源,还拓展了图书馆的信息服务功能。面对大量免费和高质量的开放存取资源,图书馆向用户提供的信息服务必然实现由浅层到深层次服务的变革,将分散在各个网络节点上的开放资源进行收集、整理并揭示,不再局限于对馆藏资源的揭示和标引。借助免费的开放存取资源深化传统图书馆的科技查新、定题服务、信息检索等咨询服务工作,进而有效提高图书馆信息服务的能力和促进服务层次的深化。

3.2 多元化应用

以用户服务为核心的数字图书馆发展阶段对资源的整合现在已经发展到个性化服务为代表的服务整合阶段,个性化服务平台的开发能够向用户个人或者用户群组提供个性化服务。外文特藏资源库建设的目的是为了给用户提供更加便捷和多样的服务,数字化技术发展带来特藏资源及其数字化成果的多元化,也让特藏资源提供多样化服务成为可能。资源库的架构和用户体验是影响应用效果的重要因素,"酒香也怕巷子深",在网络信息爆炸的年代,如何让有价值的特藏资源更容易为读者所了解是一个长期的课题。

3.3 数字化学习

特藏资源逐渐成为数字化学习(ELearning)的重要内容。台湾多样性知识网就是基于台湾数位典藏的内容,采用 Adobe Flex 技术,用丰富的互动设计和 Web2.0 为使用者创造分享的概念,带领读者漫游数字资源。读者可以在网站上建立个人的知识档,创作知识地图、时间轴、网上简报与电子书,并与所有使用者分享。外文特藏资源库可以借鉴其网站的结构和特色,突出用户的可操作性,提供数字化学习的互动平台。

4 结语

特藏资源是图书馆提高社会影响力、提升信息服务竞争力的核心资源。特藏资源往往能够体现图书馆在某项资源建设方面的优势,从而才能为其特定的信息用户提供更好的服务。因此,将这些资源进行集中形成特藏资源库是有必要、有价值的,从而实现特藏资源从资源独特性到功能独特性的转变。

外文特藏资源的学术资源丰富,进行有效整合后,创建一个真正的学术交流与资源共享的平台,为外文数字化特藏资源的管理与共享提供了一个崭新的模式,是数字图书馆发展的一个重要领域。外文特藏资源库建设是数字图书馆的重要内容,是数字时代图书馆发展的必由之路。国家图书馆将继续探讨外文特藏资源库的建设,并充分利用这一新资源,丰富自身的馆藏,拓展图书馆的服务功能。相信未来外文特藏资源库的建设,将成为图书馆在信息资源共享中体现优势和竞争力的价值所在。

参考文献

[1] UNCTAD Series [EB/OL]. [2014-05-13]. http://unctad.org/en/Pages/Publications/Series.aspx

[2] UNICEF Publications [EB/OL]. [2014-05-13]. http://www.unicef.org/publications/

[3] Publications and Other Materials [EB/OL]. [2014-05-13]. http://mirror.unhabitat.org/pmss/Publications.aspx? start=1640&sort=title&order=asc&page=bookFullListingAlphabetic&publicationType=0

[4] Publications [EB/OL]. [2014-05-13]. http://www.unwomen.org/en/digital-library/publications

[5] Publications [EB/OL]. [2014-05-13]. http://www.unescap.org/publications

[6] IMF eLibrary [EB/OL]. [2014-05-13]. http://www.elibrary.imf.org/browse? type_0=booksandjournals&t1=urn%3Aeng&sort=datedescending&browsePage=newReleases

[7] Books and reports [EB/OL]. [2014-05-13]. http://www.ilo.org/global/publications/books/lang-en/nextRow-0/index.htm

[8] WB OKR(Open Knowledge Repository)[EB/OL]. [2014-05-13]. https://openknowledge.worldbank.org/browse? type=title

[9] WHO IRIS(Institutional Repository for Information Sharing)[EB/OL]. [2014-05-13]. http://apps.who.int/iris/? locale=en

[10] WIPO Publications [EB/OL]. [2014-05-13]. http://www.wipo.int/freepublications/en/

[11] UNWTO ELibrary [EB/OL]. [2014-05-13]. http://www.wtoelibrary.org/content/? sortorder=asc

[12] IFAD publications [EB/OL]. [2014-05-13]. http://www.ifad.org/pub/index.htm

[13] IMO Catalogue & Code Listings [EB/OL]. [2014-05-13]. http://www.imo.org/Publications/Pages/CatalogueAndBookCodeLists.aspx

[14] ITU Publication Notices [EB/OL]. [2014-05-13]. http://www.itu.int/en/publications/Pages/pubnoticelist.aspx

[15] WMO Bookstore [EB/OL]. [2014-05-13]. https://www.wmo.int/e-catalog/index_en.php? SORT=N&q=

[16] IAEA Publication Series [EB/OL]. [2014-05-20]. http://www-pub.iaea.org/books/IAEABooks/Serial_Publications

[17] WTO bookshop [EB/OL]. [2014-05-20]. http://www.wto.org/english/res_e/booksp_e/bookshop_e.htm

[18] ADB Publications [EB/OL]. [2014-05-20]. http://www.adb.org/publications/search

[19] OECD Online Bookshop [EB/OL]. [2014-05-20]. http://www.oecdbookshop.org/oecd/results.asp?TAG=&CID=&LANG=EN&PLANG=&SORT=sort_date%2Fd&ds=%2C+%2C+%2C+%2C+All+Subjects%2C+Print%2C+&sf_01=title&st_01=&sp_01=AND&sf_02=actors&st_02=&sp2=AND&sf_03=identifiers&st_03=&sp3=AND&sf_04=kwords&st_04=&st_06=&sf_06=sort_date&sf_07=VersionCode&st7=P&st_08=&sf_08=LanguageCode&st_09=&sf_09=AvailabilityCode&theme=&st_10=&sf_10=SubjectCode&st11=&sf11=ContentTypeCode&st12=&sf12=SubVersionCode&DS=

[20] OECD iLibrary [EB/OL]. [2014-05-20]. http://www.oecd-ilibrary.org/books

[21] EU Bookshop [EB/OL]. [2014-05-20]. http://bookshop.europa.eu/en/search/advanced/

[22] RAND Publishing Overview [EB/OL]. [2014-05-20]. http://www.rand.org/pubs/overview.html

[23] Catalog of U.S. Government Publications [EB/OL]. [2014-05-26]. http://catalog.gpo.gov

[24] Publications of Government of Canada [EB/OL]. [2014-05-26]. http://www.publications.gc.ca/site/eng/search/eCollection.html

[25] IMF Data and Statistics [EB/OL]. [2014-05-13]. http://www.imf.org/external/data.htm#sc

[26] ILO Statistics and databases [EB/OL]. [2014-05-13]. http://www.ilo.org/global/statistics-and-databases/lang-en/index.htm

[27] FAO Databases [EB/OL]. [2014-05-13]. http://www.fao.org/statistics/databases/en/

[28] IP and technology databases [EB/OL]. [2014-05-13]. http://www.wipo.int/reference/en/

[29] UNEP E-Books(互动电子书籍)[EB/OL]. [2014-05-13]. http://www.unep.org/chinese/publications/contents/e-books.asp

[30] WHO E-Books [EB/OL]. [2014-05-13]. http://apps.who.int/bookorders/anglais/Electronic Books1.jsp

[31] FAO eBook collection[EB/OL]. [2014-05-13]. http://www.fao.org/publications/e-book-collection/en/

[32] OECD E-Books [EB/OL]. [2014-05-20]. http://www.oecdbookshop.org/oecd/results.asp?TAG=&CID=&LANG=EN&PLANG=&SORT=sort_date%2Fd&ds=%2C+%2C+%2C+%2C+All+Subjects%2C+E-book%2C+&sf_01=title&st_01=&sp_01=AND&sf_02=actors&st_02=&sp2=AND&sf_03=identifiers&st_03=&sp3=AND&sf_04=kwords&st_04=&st_06=&sf_06=sort_date&sf_07=VersionCode&st7=E&st_08=&sf_08=LanguageCode&st_09=&sf_09=AvailabilityCode&theme=&st_10=&sf_10=SubjectCode&st11=&sf11=ContentTypeCode&st12=&sf12=SubVersionCode&DS=

[33] EU Publications [EB/OL]. [2014-05-20]. http://bookshop.europa.eu/en/bundles/e-books-cbYlmep2IxFAgAAAE1qjUVbWEl/

[34] E-Books of U.S. Government [EB/OL]. [2014-05-26]. http://catalog.gpo.gov/F?func=find-b&find_code=WRD&request="gov+ebook"

[35] World Bank Mobile [EB/OL]. [2014-05-13]. http://apps.worldbank.org/

[36] GPO MOBILE [EB/OL]. [2014-05-26]. http://gpo.gov/mobile/index.htm

[37] Mobile centre [EB/OL]. [2014-05-26]. http://www.canada.ca/en/mobile/index.html#record00004_0

移动互联网时代电子图书与纸质图书的协调采访

张美萍　张轶雯(北京大学图书馆)

移动互联网时代,资源从多媒体出版向全媒体出版方向发展。全媒体出版是指一种内容、多种媒体,一次制作、多元发布、同步出版的全方位立体出版。一方面资源以传统方式进行纸质载体出版;另一方面又通过互联网、手机、手持阅读器等终端设备以数字载体形态进行同步出版。纸质载体和数字载体资源在时间维度上具有同步性,在渠道维度上具有多种载体同时发布的特点。它通过最密集的信息发布、最有效的资源整合,实现传播模式从"单一"向"多元"转型,从而带来版权价值最大化、信息传播广泛化、品牌传播具象化。移动互联网时代,图书出版的二元载体出现,给用户带来更加多样的使用体验,用户需求更为多样,在经费和空间有限的前提下,图书馆的资源选择更加困难。协调采访纸质图书和电子图书,适应移动互联网时代的用户需求,成为图书馆资源建设面临的重大挑战。

1　纸质图书和电子图书的特点

纸质图书是以纸张为载体,用印刷方式记录知识的文献。其特点符合人们的阅读习惯,经过编辑出版,具有权威性,其知识产权和版权受到法律的保护,便于长期保存。其不足之处,检索不便,不利于环保,不能大量复制,借阅不便,占用物理空间较大等。

电子图书又称 E-book,是指以数字代码方式将图、文、声、像等信息存储在磁、光、电介质上,通过网络计算机、各种阅读设备,在有线或无线网络上传播、下载、使用的图书。其特点为既可表达文字、图片等静态信息,也可表达集图、文、声、像为一体的动态信息,具有多媒体存储和传递功能,可重复使用,资源具有通用性和易复制性,传播速度快,使用范围广,便于移动使用,检索方便,信息存储容量大,占用物理空间小。其不足之处,信息使用受阅读设备限制,可信度较差,在长期存储、知识产权保护以及可移动借阅方面存在一定的问题。

2　移动互联网时代纸质图书和电子图书协调采访的原则

2.1　以信息环境的发展现状为指引

随着移动互联网环境的快速发展,新技术设备不断应用,如 4G、跨屏呈现智能终端升级换代,云计算、大数据等技术不断更迭升级,移动互联网的应用体验不断提升,用户和上网设备逐渐向以手机为代表的移动互联网迁移,网民数量持续大规模增长。信息技术环境的发展,推动着图书馆由实体图书馆向数字图书馆方向发展,数字图书馆、移动图书馆需要以数字资源作为基础馆藏资源,其中包括纸质图书的数字化揭示、商用数据库、电子图书、电子期刊、自建特色数据资源、网络开放获取资源等。电子图书作为一种数字资源,成为移动互联网时代图书馆馆藏资源的重要载体。随着电子图书不断升级增量发展,图书馆必须以信息环境的发展为指引,加快进行电子图书的建设,以便为移动图书馆的发展准备丰富的馆藏资源。

2.2 以图书出版现状为参考

移动互联网时代，纸质图书并未随着电子图书的出现而减少。2012年，全国共出版纸质图书41.4万种，与上年相比，图书品种增长12%[1]。2012年我国电子图书增加18万种，电子图书积累总量达100万种，连续8年位居全球单一语言电子图书资源库总量第一位[2]。电子图书与纸书图书相比尽管发行比重不大，但增速很快，2012年增速达20%。从图书出版现实来看，国内电子图书仍然以纸书图书的数字化版本为主，为了营销或版权等其他原因，出版社将新书数字化的时间推迟到纸书发行后的三个月甚至一年以上[3]；而国外电子图书一般为同步或先于纸质图书发行。国内外图书市场中也有以纯电形式出版的电子图书。鉴于此，纸质图书与电子图书的协调采访必须以出版发行的现状为参考进行。

2.3 以图书馆的现实发展为依据

现代图书馆作为移动互联网上的一个节点，由于其发展现状不一，其纸质图书和电子图书建设原则不一，各馆应在本馆现实馆藏发展的基础上，开展纸质图书和电子图书的协调采访，逐步地对纸质图书和电子图书的资源结构比例进行调整。不必一讲移动互联网的快速发展，看到别人E-only，就急不可待地一哄而上，盲目地调整资源的结构比例。

2.4 以用户需求为导向

用户需求是纸质图书和电子图书协调采访的最根本的遵循原则，离开用户需求，主观的协调是不切实际的盲目的协调。只有了解用户的需求，在信息技术环境、设备同步发展的前提下，进行协调采访，才能使图书馆资源发挥最大的使用效益。

3 移动互联网时代纸质图书和电子图书协调采访的策略

3.1 制订切实可行的政策指导

纸质图书和电子图书作为两种不同的载体，在移动互联网时代，都是用户需求的资源。对两种资源进行符合用户需求的选择对采访人员而言是一个巨大的挑战。在对纸质图书和电子图书进行选择时，各馆应制定相应的政策，从收藏范围、采访方式、采访策略、收藏语种、版本、收藏级别、收藏结构比例以及资源评价等方面对纸质图书和电子图书做出相应的政策规定[4]，尽可能做到重点突出、系统完整、具有特色。

3.2 在经费有限的前提下，构建以用户需求为本的合理的资源结构比例

资源的结构比例与现有的馆藏基数及目前的出版发行的结构比例有直接的相关性。合理的资源结构比例应该是满足用户对多元载体需求的最佳平衡点比例。所以，对纸质图书和电子图书没有千篇一律的结构比例标准。各图书馆应以用户需求为根本，以图书馆发展定位为导向，在用户对图书资源的使用过程中，逐步地对结构进行调整，以寻求满足用户需求的最佳平衡点。一种图书选择纸质的还是电子的，需要考虑的因素很多，其中包括图书的内容，图书的时效性、图书使用的目的性、图书使用的信息环境设备等，这些因素都与用户需求息息相关。在进行电子图书与纸质图书的选择时，要注意这些因素对用户需求的影响，以

避免主观臆断。随着移动互联网络的快速发展,电子图书出版发行数量不断增多,图书馆朝着泛在化、移动化、智慧化方向发展,逐步地加大电子图书的结构比例已经成为现代图书馆资源建设的大势所趋。

3.3 针对不同学科资源使用特点,确立纸质图书和电子图书的采访重点

学科资源的使用特点是图书馆进行纸质图书和电子图书选择的重要依据之一。在实践中,通过对学科资源的分类使用特点分析来看,时效性和目的性是确立纸质图书和电子图书最为重要的依据。理工科类图书,如计算机、工程、通信、医学、生化类等图书,由于其技术更新速度较快,研究者大都追踪于最为前沿的领域,其图书使用半衰期较短,选择电子图书更为适合。而文科类图书,尤其是文史哲等基础性学科,研究者需要认真的阅读思考,图书使用半衰期较长,则更适合于使用纸质图书,电子图书主要应以回溯补藏为主。从使用目的性来看,用户对于基础研究型的图书倾向于使用纸质图书,而对于技术类、学习考试类、消遣娱乐类图书则倾向于使用电子图书,对于具有检索特点的工具图书而言,则更倾向于使用电子图书所带来的方便、快捷检索功能。

4 移动互联网时代纸质图书和电子图书协调采访的方式

4.1 建立 Web3.0 模式下与出版商、集成商、用户密切联系的采访交互机制

通过创建采访交互平台[5],积极探寻 PDA(patron-driven acquisitions,读者决策采购)采访模式,形成以用户为中心,由资源采访人员实施的与出版商、集成商、用户进行即时交互机制,快速了解出版信息,发现资源,进行泛在采访、泛在展示、泛在通知、泛在评价。通过数据分析,了解用户需求,开展信息找人、适时推送等服务,实现以用户为中心的开放和互动,使采访工作朝着用户参与的多元化、实用化方向发展。

4.2 构建纸质图书与电子图书协调采访机制

对同一内容的多载体资源根据出版时滞,建立一种有效的互补机制。目前国内的电子图书与纸质图书相比出版时滞达三个月甚至一年以后[6],其采访方式有两种:一是单种采购;二是包库购买。

对于单种采购的电子图书,图书馆应优先选择仅以电子形式发行的图书,如果纸质图书先于电子图书发行,应优先以采访纸质图书为主。但为了能够满足用户的不同需求,纸质图书的采访复本应减到最小,目前整个图书馆纸质图书的采访复本呈逐年下降的态势。以北京大学图书馆为例,中文图书的采访复本由 2008 年 2.31 册下降至 2013 年 2.04 册[7-8]。有些图书馆纸质图书仅采购 1 册,这不失为一个好的抉择,既丰富了馆藏,节省的纸质图书所占用的馆藏空间,又节约了经费,为以后根据用户对纸质图书的使用情况来确定是否采购电子图书提供了一个很好的依据。如果电子图书先于纸本图书发行,应优先选择电子图书,并按照纸质图书的采访原则进行采访。

对于包库购买的电子图书,其中又分为出版商包库销售电子图书、集成商包库销售电子图书。出版商包库销售的电子图书质量较为明确,如果确定采购,按照电子图书采访程序完成即可。对于集成商包库销售的电子图书则应对其包库的内容进行深入的了解,根据使用

统计认真分析其中的每种图书，确定采购之后，要对一段时间内（至少半年）无人点击借阅的图书进行剔除下架，并与集成商进行新品种的替换，以保证所购图书能够具有更好的使用效益，提高馆藏质量。如北京大学图书馆 2013 年对超星百万册图书中 30 万册无人点击使用的电子图书进行下架替换，优化了包库图书的质量，提高了电子图书的使用效益。

构建纸质图书与电子图书的协调采访机制，应将不同载体的订购数据库建立在同一采访平台上，以方便相同载体文献的单独查重和多载体文献的交叉查重，避免同一载体的重复采购，根据查重结果分析其使用现状，确定是否购买或补充纸质图书或电子图书。

4.3 开展以特色资源建设为核心的纸质图书和电子图书协调采访

特色资源是指图书馆所收藏的独具特色和风格的信息资源，它以机构用户需求为依据，根据图书馆的学科特色、专业特色或地方特色，通过确定资源定位所进行的基础收藏；并在用户使用中以持续不断增值的特定方式对基础资源进行整理和揭示，通过资源精品化，突出亮点，构建具有本馆鲜明特色的资源建设体系。特色资源是提高图书馆社会影响力和信息服务竞争力的核心资源，移动互联网时代图书馆资源建设最为核心的内容是特色资源建设，它能够展示图书馆个性，形成人无我有，人有我优，形成特色，吸引用户。特色资源是移动互联网环境下衡量图书馆价值的重要标准，是有效开展馆际互借、资源共享的前提。图书馆应以本馆收藏的特色资源为核心来进行建设，在纸质图书和电子图书协调采访上，围绕着各馆的特色馆藏进行，应有选择地进行纸质图书采访，根据学科资源建设重点构建纸质图书馆藏体系，尤其在出版数量日益增多，印数越来越少的现实中，纸质图书的采访要注重收藏重点和使用效益，提高采访速度，以保证所采图书能够及时获得。同时，要特别加强时效性强、使用量大的电子图书建设，并通过电子图书开展纸质图书回溯补藏工作。在纸质图书与电子图书的选择上，应避免重复，同时考虑用户的阅读需求，力争做到纸质图书和电子图书能够相互补充，系统完整、高效利用。

4.4 建立纸质图书和电子图书的合作采访机制

移动互联网时代，信息资源以前所未有的速度增量发展。图书馆应树立大数据时代的大资源观，走联盟合作之路，尽快加入到联盟或合作组织之中。纸质图书要在组织内部或之间进行合作建设，推行通借通还，通过联合共建、开放数据、优势互补、网络传输和物流配送完成联机组织、公共检索、馆际互借和文献传递，以实现移动互联网环境下资源的共建共享。电子图书应通过区域更大范围的同行联盟，实现组团联合采购，其中有两种模式：一是联合挑选，多家使用，其优势在于可以节省人力、物力、财力，每个参团机构可以用少量的经费获得整团采购的电子图书，如 CASHL 组团采购的 Myilibrary；二是组团联合谈判，其优势在于可以降低电子书的成本价格，便于以后平台的规模升级，如 CALIS 组团采购的 SPRINGER 电子书等。此外，也可以在组织内部各单位之间进行合作采访，如北京大学图书馆在校内与分馆形成的联合共建纸质图书与电子图书等。

随着移动互联网的发展，电子图书将会越来越多，在进行纸质图书和电子图书的协调采访时，既要看到其发展的趋势，又要依据于图书馆的发展定位，根据用户的需求，客观地审视纸质图书与电子图书各自的特点，合理地、切合实际地构建纸质图书与电子图书的结构比例,科学规划,统筹采购,为用户提供更为丰富的资源。

参考文献

[1] 郝振省.2012—2013 年中国出版业发展报告[M]. 北京:中国书籍出版社,2013:3 - 33
[2 - 3][6] 郝振省.2012—2013 中国数字出版产业年度报告[M]. 北京:中国书籍出版社,2013:41 - 55
[4] 北京大学图书馆工作委员会资源建设组.北京大学图书馆文献信息资源发展政策[Z].2013 - 11
[5] 韩葆青.基于 Web3.0 理念的高校图书馆采访工作的升级探讨[J]. 甘肃科技,2013(9):100 - 102
[7] 北京大学图书馆 2008 年年度报告[内部资料],2008
[8] 北京大学图书馆 2013 年年度报告[内部资料],2013

浅析联合国大学网络资源的开放获取①

朱　虹(国家图书馆)

网络信息技术的发展日新月异,越来越多的网络信息资源逐渐替代实体型文献,读者的信息需求与阅读习惯也发生了很大改变,人们渐渐接受网络的存在,并享受着它带来的丰富与便利。图书馆作为文献资源的采集者、收藏者和传播者,面对信息环境的变化,也迅速进行着调整。数字图书馆自诞生以来一直做着不懈的努力,在外购数字资源、自建数字资源、网上免费数字资源加以组织以及自行开发检索工具等方面都取得了长足的进步。近年来人们对开放获取的呼声越来越高。开放获取是指在网络环境下传播信息和出版信息的一种方式,允许用户通过公共网络自由获取网上的信息和资源,可进行浏览、下载、拷贝、传播、检索等处理[1]。开放获取为学术交流及读者利用打开了快速通道,使得学术资源和读者范围都出现前所未有的态势。于是在新形势下进一步拓展图书馆的数字空间,开创数字化的新服务体系则成为图书馆面临的新任务。

联合国系统近年来也逐渐倾向于利用互联网这一通道共享其各类信息,许多文献资源都可以通过网络开放获取,有些机构甚至将网络作为唯一的资源共享方式。国家图书馆自1947年即成为联合国文献托存馆,是国内最早的联合国托存馆。经过几十年的发展,国家图书馆对联合国文献资料的收藏,无论是品种,还是数量,均在国内首屈一指。面对联合国实体文献数量逐年下降、网络资源日益丰富的事实,国家图书馆也在积极应对这一变化。自2008年起开始组织力量对这部分资源进行深入调研,本文仅就联合国下属机构之一,联合国大学网络资源的开放获取情况进行分析研究。

1　联合国大学

联合国大学是联合国下设的国际大学。与普通大学不同,联合国大学没有传统的大学概念,没有校园,也没有学生,是为达成联合国的诸项目标、研究国际共同课题及培养人才而设立的国际共同体。联合国大学作为联合国的自治机构,于1975年正式成立,总部设在东京。其宗旨是致力于实现《联合国宪章》规定的和平与进步,研究联合国及其各个机构所关心的有关人类生存、发展和福利等紧迫问题,促进国际学术的交流与合作,其经费来自各国政府捐款、财团和个人等民间赠款。联合国大学开展研究的领域有:人类的普遍性价值和责任、世界经济的新趋势、维护全球生命的体系、科学技术的进步、人口资源与福利等。

联合国大学的出版物一直免费赠送给国家图书馆内的联合国托存机构,近年来随着其网站的完善和相关政策的出台,大量文献已逐步转成网络资源,提供给用户共享。用户对这

---

① 本文为国家图书馆科研项目"国际组织与外国政府出版物特藏资源建设及整合服务研究"(批准号 NLC-KY-2012-11)的研究成果之一。

些开放获取的网络资源的利用方式可分为两大类：一是在线阅读，包括 PDF 格式、网页格式以及多媒体格式等；二是下载获取，包括浏览器下载、复制下载、截屏下载等。

2　网络资源内容及获取方式

联合国大学已将自己的出版物全部数字化，在其网站出版物界面上，所有内容分 8 个项目进行揭示[2]。

2.1　文章(Articles)

该项目可以通过专题和年代的选择，查找近 3 年的文章，每篇文章包括作者、发表时间、主题、全文浏览及文章的原始出处。但是该项目内的文章只能在线浏览不能下载。目前收录了近 4 年内的文章(2011—2014)共 220 篇。

2.2　“UNU 集合”(Collections at UNU)

“UNU 集合”是联合国大学的学者、学生和外部合作者出版物的存储库，包括书籍、书籍的章节、期刊文章、工作文件、简报和会议出版物等。该服务允许联合国大学社团的成员发布有关科学的信息用于开放获取。“集合”目前已经保存了 1495 条记录并仍在继续。“集合”采用快速搜索和高级搜索相结合的方式检索信息，同时也可以通过年代、作者、研究机构、UNU 主题进行浏览。作为可以开放获取的资料，“集合”列出了多个共享的通道，如：Share on Mendeley, Share on Researchgate, Tweet, Share on Linkedin, Share on Email, Share on Print。并且“集合”中的资料都可以以 PDF 的格式全文下载。共享和下载“集合”中的资料，首先需要在 UNU 网站设置账户，注册个人信息。

2.3　图书(Books)

该项目收集联合国大学出版社出版的图书和联合国大学学者所著的其他出版商出版的图书。目前网站在该项目中共收藏图书 340 种，通过对出版者及年代的筛选进行查询。点击选中的图书封面图像或标题，进入每种图书的详细介绍，包括出版信息简介、样本章节、目录和订购信息。该项目中的图书全部需要购买获取，不提供在线浏览或下载。用户可直接将选购的图书放入购物车，然后通过霍普金斯履行服务①来处理订单。

2.4　政策摘要(Policy Brief)

Policy Brief 是联合国大学出版的一套系列出版物，网站将其作为单独的项目列出。该出版物每一期都有独特的专题，可以作为独立的出版物发行。目前本网站共收藏 Policy Brief 160 期，可以通过限定范围(年代、机构、专题)进行查找。每一期除了显示简单的出版信息及摘要外，还可以以 PDF 的格式全文下载。

---

①　HFS(Hopkins Fulfillment Services)自 1977 年以来，霍普金斯履行服务为一些著名的并且日益增加的大学出版社和非营利院校提供订单处理、采集管理、仓储及履行服务。

2.5 研究报告(Working Papers)

Working Papers 是联合国大学 2013 年起新出版的一套系列出版物,目前已出版 3 期。这个工作文件系列的特点在于,是由联合国大学附属的作者发布的正式出版前的学术期刊文章、研究报告、书籍章节和政策摘要。联合国大学出版这个系列文件的目的是鼓励探讨、辩论和意见的反馈。读者可以通过电子邮件或评论直接与作者交流。Working Papers 系列提供比较详细的出版信息和内容介绍,同时可以以 PDF 格式全文下载。

2.6 年度报告(Annual Reports)

年度报告是联合国大学的另一套系列出版物,详细介绍了联合国大学一年的工作、活动、研究等情况,是了解联合国大学的重要工具。本网站目前收藏了 2000 年至 2013 年的年度报告,全部可以以 PDF 的格式全文下载。

2.7 我们的世界 2.0(OurWorld2.0)

OurWorld2.0 是联合国大学的网络版刊物,研究和讨论与联合国工作相关联的当代事务。此获奖网络刊物,由联合国大学负责维护,通过视频摘要、文章、辩论、照片随笔以及对公共事件的见解等表现形式,反映科学技术、社会发展、和平与安全、人道主义事务、人权等多个主题的内容。OurWorld2.0 于 2008 年 7 月首次启动,6 年来,已发布超过 700 余篇文章和 70 多个视频摘要。该网络刊物通过选择主题或直接在 Search 框输入查询词语进行检索,点击图像或标题直接进入,观看视频、照片或浏览文章。每个资源都设置了共享通道,可以通过 Email,Twitter,Facebook,Youtube,RSS 进行共享。共享 OurWorld2.0 的资料,需要先在网站设置账户,注册个人信息。

2.8 联合国大学出版社(UNU Press)

联合国大学出版社是联合国大学的出版部门,生产高品质的理论研究和学术性出版物,着重研究国际政策和联合国及其成员面临的问题,特别是和平与治理、多边主义、环境和可持续发展等领域的问题。所有的论题都由同行评审以保证其相关性和学术诚信。联合国大学出版社出版和发行的英文版印刷出版物和电子出版物遍及世界各地,读者包括科学家和学者、政策制定者、联合国及其他国际官员、经济和社会的领导者、机构与组织以及当地社区和团体等[3]。

本网站为联合国大学出版社开设了专门的通道。关于联合国大学出版社出版的图书和联合国大学学者所著的其他出版商出版的图书都可以在这里找到。关于图书的获取在“2.3 图书”一节已提到。

在该项目中,出版社为方便出版物的销售,对订购信息进行了详细的介绍。书店,可以通过当地经销商订购(列出了世界各地全部书商及其联系方式),或直接从出版社订购;图书馆,可能的情况下可以通过当地经销商或批发商订购,或直接从出版社订购;个人,可以通过当地书店、经销商、批发商购买,或直接从联合国大学出版社订购。期间遇到任何问题都可以和出版社联系,同时还就运费、折扣、付款方式等细节做了交代。

3 网络资源开放获取的相关政策及规定[4]

3.1 隐私声明

联合国大学网站以多种方式收集用户信息,并成为所收集信息的唯一拥有者。网站承诺不会将信息出售或出租给任何人,或是以任何方式分享这些信息。联合国大学使用收集的个人 IP 地址进行趋势分析、网站管理、跟踪用户活动以及获取地理信息,但不会泄露任何个人身份信息。联合国大学可能与联合国大学系统内的各机构和项目共享联系人及其信息,但不会与其他任何机构共享。

本隐私权声明仅适用于通过本网站收集的信息。联合国大学的网站包含其他网站的链接,联合国大学不负责这些网站的隐私政策。如果联合国大学决定变更其隐私政策,会将变更予以公示。任何时候,在决定使用个人身份信息时,联合国大学将通过电子邮件通知用户,用户有权选择是否允许使用。

3.2 版权政策

联合国大学对于版权、知识产权和学术出版都有详细政策。关于版权政策的提出最早是在 1979 年 6 月的联合国大学第 12 届会议上,1993 年经理事会批准进行了最后一次修订。根据该政策,在联合国大学唯一授权或联合赞助基础上进行的研究,其任何作品,联合国大学都拥有版权,除非做出其他规定。联合国大学保留以它的名义出版任何书籍、专著、期刊文章或合作研究报告的权利,这些研究成果来自于它唯一授权/赞助/合作的研究人员和机构所进行的研究活动。本网站收藏的内容,基于每个单独的提交,都有不同的版权限制。对于联合国大学没有拥有版权的作品,本网站提供其出版商或相关网站的链接。除另有说明外,本网站上的大多数内容(文字、视频、图形、摄影)都遵循知识共享协议。

知识共享协议(Creative Commons,CC),是近年来国际上为促进网络环境下版权作品的传播和利用而设计的一种版权解决方案,是一个非营利性组织。该组织的宗旨是向作者、科学家、艺术家和教育家们提供一些自由手段,使其可方便地在其创作的作品上标明该作品的自由使用度。CC 协议设定了 4 种授权模式,再由作者依据不同情况排列组合出 11 种授权方式,从"版权所有"到"保留部分权利",作者可以使用 CC 协议改变其版权条款[5]。联合国大学网络资源使用的 Creative Commons Attribution-Noncommercial-Share Alike 3.0 License 就组合了其中的 3 种方式,即 Attribution-Noncommercial-Share Alike(保留署名—禁止商业性利用—相同方式分享)。使用者可以复制、传播、展示和演出此作品,可以依据该作品演绎著作,但须提及原作者,且不得用于商业用途。基于该作品创作的演绎作品也必须采取同样的授权条款[6]。

4 结束语

随着网络资源在图书馆文献资源中的比例不断增加,无论是对网络资源采集内容的判断,还是对网络资源采集政策的研究,都需要图书馆员具有较高的综合素质和能力。总之,开发和建设网络资源的最终目的就是为了满足用户的信息需求,信息资源得以利用,信息需求得到满足,也就实现了其最终价值。

参考文献

[1] 高淑琴. 图书馆学情报学开放获取资源类型划分及其现状[J]. 情报科学,2007(2):315-320
[2] 联合国大学教育出版物[EB/OL]. [2014-08-20]. http://unu.edu/publications
[3] 联合国大学教育出版社[EB/OL]. [2014-08-20]. http://unu.edu/publications/unu-press
[4] 联合国大学网站[EB/OL]. [2014-08-20]. http://unu.edu/terms-of-use
[5-6] 翟建雄.《知识共享许可协议》及其司法判例介绍[J]. 图书馆建设,2007(6):41-43